d

Erich Hackl

Im Leben mehr Glück

Reden und Schriften

Diogenes

Die Jugend wartet ungeduldig auf unsere Berichte,
auf unsere Erzählungen. Das Herz hängt aber an
denen fest, die der Blick nicht mehr finden kann.
Anna Seghers, ›Der erste Schritt‹

Inhalt

Heimatkunde

Alphabet mit Auslassungen

Stichworte zum Thema Heimat, Land, Geschichte

ARBEIT Wer über ungetrübte Erinnerungen seiner Vorfahren verfügt, wird das Leben auf dem Land nicht a priori für das gesündere halten. Berichte von Mühsal und Armut, beides gemildert durch das Versprechen auf ein Jenseits, in dem die Äcker weniger steinig sind, die Rücken weniger gekrümmt … Aber ebensosehr wie die detailfreudigen Schilderungen meiner Eltern, die im Unteren Mühlviertel aufgewachsen sind, hat mich ein erfindungsreiches Gedicht des Schriftstellers Wulf Kirsten beeindruckt. Kirsten lebt seit langem in Weimar, stammt jedoch aus der Gegend um Meißen, deren Massiv wie das Mühlviertel aus Granit besteht, und ist dem ländlichen Österreich wie dessen kritischen Chronisten – vor allen anderen dem Kärntner Michael Guttenbrunner, dem Oberösterreicher Franz Kain – eng verbunden gewesen. Kirstens Vater war Steinmetz, seine Mutter ging zu Bauern arbeiten. Sie hatten fünf Kinder und ein Stück Land, das ihnen im Zuge der Bodenreform in der Sowjetisch Besetzten Zone 1945 übereignet wurde; das Gedicht *die ackerwalze* handelt davon, wie sie mangels Zugviehs sich selbst ins Joch spannten und statt einer eisernen Walze, die nicht aufzutreiben war, eine gestürzte Grabsäule übers Feld zogen, »bergauf, bergunter«, um Erdklumpen zu zerdrücken, das Saatbeet zu bereiten. Ihre Schinderei ist, im Gedicht, aufgehoben in der im Lehm sich abzeichnenden Inschrift auf dem gerundeten rollenden Grabstein: »geliebt, beweint und unvergessen«.

BRÜDERLICHKEIT Ohne Verweis auf ihre Seelenlandschaft lassen sich Leben, Werk und Gesinnung der Linzer Arbeiterschriftstellerin Henriette Haill nicht begreifen. Im Mühlviertel, hat sie einmal gesagt, sei sie aufgegangen, »als wenn ich es selbst gewesen wäre. Das Hohe, das Gigantische ist mir nichts, mir ist nur das Kleine, wie ich selbst bin, etwas. Die Hügel, die kleinen Erhebungen, das Herbe. Das Mühlviertel ist ja herb im Winter. Mich hat das Herbe so angezogen.« Darüber hat sie unzählige Gedichte, auch in Mundart, und viele Erzählungen verfaßt. Aber nicht diese will ich jetzt würdigen, sondern eine Reminiszenz aus dem Ersten Weltkrieg, bei der sich Haills Tugend erweist, mit dem Herzen eines anderen zu fühlen. Damals, 1915, mußten russische Kriegsgefangene einen alten Wasserspeicher am Linzer Römerberg instand setzen. Mit einem der jungen Männer, Porfiri Oleschko, freundete sich die elfjährige Jettel an. Porfiri erzählte ihr von seinen Eltern, den Geschwistern, der Not zu Hause in Odessa und davon, daß er im Krieg, aus revolutionärer Überzeugung, nicht auf die österreichischen Soldaten geschossen habe. Nach beendeter Arbeit, ehe der zerlumpte Trupp wieder abgezogen wurde, küßte er die rauhe, rissige Hand ihrer Mutter und strich dem Mädchen übers Haar, während er ihr seine Wahrheit zuflüsterte: »Du darfst nicht vergessen Porfiri Oleschko, einmal nicht mehr

Krieg, einmal alle Brüder.« Haill sah ihn noch einmal, nach Wochen, auf einem Gerüst am neuen Linzer Dom, wo die Gefangenen Handlangerdienste verrichten mußten. »Ich winkte und rief nach ihm, er aber sah und hörte mich nicht. Er stand und blickte nach Osten, wo in weiter Ferne Brüder einander immer noch töteten und seine arme, verwüstete Heimat lag.«

CHRISTKINDL, BESITZANZEIGEND Elektropost aus einer Heimat, die weder arm noch verwüstet ist, genau hundert Jahre später. Erstens: »Sehr geehrter Herr Hackl, wir möchten keine Flüchtlinge in unserer Christkindlsiedlung. Wir sind ganz sicher, dass Ihre Mutter das auch nicht gewollt hätte. Mit freundlichen Grüßen Ihre Gegenübernachbarn ███████ ███████ ███████ Von meinem iPhone gesendet 4400 Steyr.« – Zweitens: »Sehr geehrter Herr Hackl! Ich habe von Ihrem direkten Nachbarn in der Goldbacherstraße, Steyr Herrn Schober erfahren, dass Sie überlegen im Haus Ihrer verstorbenen Mutter Asylanten oder Flüchtlinge unterzubringen. Ich möchte Ihnen – nachdem ich Sie bislang nicht erreichen konnte – auf diesem Weg mitteilen, dass ich in unserer Siedlung keine Flüchtlinge oder Asylanten einquartiert haben möchte und ich mir das auch offen zu sagen traue. Mit freundlichen Grüßen aus der Wegererstraße Mag. Gerhard ██████ 4400 Steyr.«

DEFINITIONEN Die erste stammt vom spanischen Dichter Antonio Machado, der in der andalusischen Metropole Sevilla aufwuchs und in der kastilischen Kleinstadt Soria seine Erfüllung fand. *Uno es de donde nace al amor, no a la vida,* lautete seine Botschaft. »Einer ist von dort, wo er zur Liebe erwacht, nicht zum Leben.« Den zweiten Satz hat Machados Landsmann Max Aub geschrieben, der in Paris geboren und im mexikanischen Exil gestorben ist: *Se es de donde se hace el bachillerato.* »Man ist von dort, wo man die Matura macht.« Wo man also erste Bindungen außerhalb des Elternhauses eingeht, nach Orientierung sucht, das Bewußtsein von Recht und Unrecht schärft, Wissen und Ohnmacht im Umgang mit Lehrern und anderen Erwachsenen erfährt. Die dritte schlüssige Definition hat der Dramatiker Heiner Müller gegeben, im Monolog *Ajax zum Beispiel,* sie lautet kurz und bündig: »Heimat ist / Wo die Rechnungen ankommen sagt meine Frau.«

EINMAL NOCH … schrieb mein Vater am 13.3.1982 auf ein Blatt Papier, unter der Überschrift »Gedanken in der Intensivstation« … »möchte ich vorm Haus auf der Gasse beim Wasser spielen / neben dem Fluder kleine Wasserräder laufen lassen / in der Hammerschmiede spielen, den Wasserrädern zuschauen / mit Onkel Hans den Wehrkanal bis zur Weißen Aist abgehen / am Sonntag vorm. während des Hochamtes den Reiterweg mit meiner Großmutter begehen / mit meiner Mutter die Gärten spritzen / mit Tante Gusti in die Maiandacht gehen / in der Mühlkammer Holz bearbeiten u. basteln / auf dem Mühlboden alte Bücher und Schriften anschauen und lesen / dem Müller Onkel Max in der Mühle helfen / auf dem Mühlanger herumlaufen und in der Waldaist baden / meiner Mutter beim Brotbacken im großen Backofen helfen / im Herbst bei der Flachsbearbeitung mithelfen / Freunden und Gästen in der großen Stuben an langen Winterabenden zuhören / möchte ich Wiesen, Felder und den Wald begehen / dem Köhler das Essen bringen und beim Kohlenziehen helfen / den Handwerkern zusehen und kleine Hilfsdienste leisten / einmal noch möchte ich ein Kind sein wie vor 56 Jahren!«

FREUNDSCHAFT In Erinnerung der Partisanentätigkeit im Salzkammergut würdigte Franz Kain die Bedeutung der Großfamilie. Entfernte Verwandte, zu denen früher kaum noch Beziehungen bestanden hatten, seien den von den Nazis Gejagten beigestanden. »Eine alte, im Dialekt noch durchaus lebendige Bezeichnung für die Verwandtschaft ist ›Freundschaft‹. Der Ausdruck ›wir sind in der Freundschaft‹ heißt soviel wie ›wir sind miteinander verwandt‹. Diese Freundschaft hat sich bewährt in der schwersten Zeit als eine Freundschaft auf Leben und Sterben. Tauf- und Firmpaten, meist nur noch Formalität und freundliche Gefälligkeit, bekamen das Gewicht echten und tapferen Beistandes. Viele dieser ›Godn‹ und ›Gödn‹ haben in bewundernswerter Solidarität unter Einsatz ihres eigenen Lebens das der tödlich bedrohten ›Patenkinder‹ gerettet.« – Auch unter der Francodiktatur half der Familienzusammenhalt oft über politische Abgründe hinweg. Der österreichische Spanienfreiwillige Josef Kotz, der während des Bürgerkriegs Josefa Gimeno Charco geheiratet hatte und kurz vor der Niederlage der Republik nach Frankreich geflohen war, kehrte 1940, nach dem Überfall Deutschlands auf Frankreich, heimlich nach Barcelona zurück, wo er unter seinem katalanisierten Namen José Cots als Chauffeur arbeitete. Obwohl sie mit den Frankisten sympathisierte, hielt seine Schwägerin ihre schützende Hand über ihn, so daß er bis Ende des Zweiten Weltkrieges von politischer Verfolgung verschont blieb. 1946 ließ er sich mit Frau und vier Kindern repatriieren.

GEFALLEN Hier die Erinnerung des spanischen Chemie-professors Miguel Ángel Alario Franco, mitgeteilt in einem Leserbrief an die Tageszeitung *El País:* Im April 1965 war Miguel Ángel zusammen mit vierzig anderen jungen Leuten nach Perpignan gefahren. »Uns zog Europa an, ein magi-scher, beinahe mythischer Begriff für unsere Generation. Die Freiheit sehen. Vielleicht war das unser eigentliches Reiseziel gewesen.« Dort in der südfranzösischen Stadt be-gegnete er einem etwa dreißigjährigen Mann, ärmlich geklei-det, der einen zwei- oder dreijährigen Jungen an der Hand führte. Der Mann war Spanier, vertrieben mitsamt seinen Eltern. Als er herausfand, daß Miguel Ángel geradewegs von dort kam, fragte er: »Darf ich dich um einen Gefal-len bitten?« – »Ja natürlich«, sagte Miguel Ángel ein wenig überrascht. »Kannst du dem Jungen einen Kuß geben?« Und wie um sich zu rechtfertigen, fügte er hinzu: »Es ist … weil ihn noch nie jemand aus Spanien geküßt hat.«

HEIMWEH Frage Nr. 5 aus Max Frischs *Fragebogen* zum Thema Heimat: »Gesetzt den Fall, Sie wären in der Heimat verhaßt: könnten Sie deswegen bestreiten, daß es Ihre Hei-mat ist?« Eine Antwort darauf hat Fritz Kalmar gegeben, in einer seiner »Heimwehgeschichten aus Südamerika«, die er unter dem Titel *Das Herz europaschwer* veröffentlicht hat. Darin wird erzählt, wie im fernen Bolivien die aus Wien vertriebenen Juden Anfang 1945 in helle Aufregung gerieten, als sie von den Luftangriffen auf die Stadt erfuhren. In ihrem Urteil waren sie gespalten; während die einen die Zerstörungen für einen Akt der Barbarei hielten, erschienen sie den anderen als logische Folge der Naziherrschaft und der Gesinnungslumperei der Bevölkerung. Unter den Diskutanten saß ein alter Mann, Herschel Goldglas nennt ihn der Autor, der in Wien ein schlechtgehendes Kurzwarengeschäft geführt hatte, von den Nazis erniedrigt und verhöhnt worden war und in La Paz nur dank der Hilfe seiner Landsleute überleben konnte. Goldglas schwieg, er hörte sich nur an, was die Leute sagten. »Aber auf einmal brach es aus ihm heraus, eine Explosion war das. ›Zerstören sollen sie es!‹ schrie er, dieser stille Mensch schrie, brüllte beinahe, ›zerstören, zerschlagen, vernichten, bis nix mehr übrig bleibt als ein Haufen Trümmer, und dort sollen sie ein Taferl aufstellen, auf dem steht *Hier war Wien!*‹. In diesem Moment hielt er inne, schlug beide Hände vor die Augen und schluchzte, heulte: ›Aber zu dem Taferl möchte ich hinfahren, zurück dorthin und nie mehr weggehen von dort, mein Lebtag nie mehr weggehen!‹ Tränen rollten über seine Wangen, er weinte, schämte sich dessen und rannte davon.«

IDYLLE Was der Kommunistin Haill das Mühlviertel, ist ihrem Genossen Kain das südliche Salzkammergut gewesen: Landschaft, die seinem Wesen entsprach, nicht weil er sie, wie Haill, aus freien Stücken erwählt hatte, sondern weil er in sie hineingeworfen worden war. Sie gefiel ihm, aber er hielt sie weder für lieblich noch für idyllisch, denn, so schrieb er über sich in der dritten Person, »er weiß zu viel von ihr«.

JUBELN »Zirkusgasse! Heimat!« jubelte Fritz Kalmar, als wir von der Schrottgießergasse in die Zirkusgasse einbogen. Fritz war damals neunzig, er lebte seit 1939 im Exil, verbrachte aber jedes Jahr mehrere Wochen in seiner Geburtsstadt Wien. In der Zirkusgasse hatte er mit seiner Mutter und seinen Brüdern gewohnt, von hier aus war er jeden Morgen über Salztorbrücke und Rudolfsplatz ins Wasagymnasium gegangen, an dessen Fassade heute eine Tafel an ihn erinnert. Schräg gegenüber dem Wohnhaus hatte sein älterer Bruder ein Kaffeehaus betrieben, das nach der Annexion Österreichs arisiert und umbenannt worden war: von Café Mignon in Café München. Aus Fritz' Mund klang der neue Name wie ein Peitschenhieb. Auf derselben Straßenseite wie das Wohnhaus hatte sich der Türkische Tempel befunden, eine Synagoge, die in der Pogromnacht geschändet und niedergebrannt worden war. Jetzt stand dort ein Gemeindebau aus den achtziger Jahren. Das einzige Gebäude in der Straße, das noch genauso aussah wie in seiner Jugend und dem gleichen Zweck diente, war das namenlose Stundenhotel an der Ecke Schmelzgasse: Gruß der Heimat an einen Vertriebenen, der sie bejubelt.

KOMMUNISMUS Während der Vorführung des Films *Über die Jahre* des österreichischen Regisseurs Nikolaus Geyrhalter mußte ich an ein Bonmot aus der Zeit des Kalten Krieges denken, das Johannes Bobrowski einmal zitiert hat: »Kommunismus ist, wo allen alles gehört und niemand etwas hat.« Die Menschen, die Geyrhalter über zehn Jahre gefilmt hat, leben im nördlichen Waldviertel. Zu Beginn der Dreharbeiten, 2004, sind sie die letzten Arbeiter einer

Textilfabrik, die kurz darauf geschlossen wird. Ihre Ansprüche an das, was man für gewöhnlich das Leben nennt, sind – gemessen an den »Herausforderungen«, mit denen der Kapitalismus die Menschen traktiert – in ihrer Bescheidenheit derart subversiv, daß einem der Gedanke kommt, sie könnten sich nichts Besseres wünschen als den Kommunismus.

LOSER Der hegemonialen Auffassung zufolge gelten sie jedoch gerade ihrer beständigen Anspruchslosigkeit wegen als *Loser:* Verlierer, die um so verachtenswürdiger sind, als ihnen nicht in den Sinn kommt, das Leben für ein verpflichtendes Gewinnspiel zu halten. Ihr Widerstand ist beachtlich, trotz der Tatsache, daß ihnen Aufruhr und Empörung fremd sind. Vermutlich gehen die meisten von ihnen nicht einmal wählen oder geben jenen Parteien ihre Stimme, die gegen »Sozialschmarotzer« wie sie hetzen.

MACHADO Noch einmal der Dichter Antonio Machado: *Se canta lo que se pierde.* »Man besingt, was man verliert.« Die Kindheit, die Liebe, die Heimat, oder was man dafür hält.

NESTBAUEN Eugenie Kain zufolge, der Tochter des Schriftstellers, die selber eine bedeutende Schriftstellerin war, lassen sich zwei Menschentypen unterscheiden: die Nestbauer und die Zeltaufsteller. Mit den Nestbauern, die ihre Häuser in die Landschaft klotzen, umzäunen, mit allerlei *Schöner Wohnen*-Zeug, »Hier wache ich«-Schildern und Alarmanlagen dekorieren, wollte sie sich nicht anfreunden; das Zelten dagegen war ihr lieb und vertraut. Unterwegs sein, »daheim im Reisen – und auf der Hut«, das war Eugenies

Praxis wie Programm. Ans Wohnen stellte sie keine großen Ansprüche – ihr genügten ein Küchenradio, ein großer Eßtisch, ein eigener Schreibtisch, Platz für Bücher, ein ruhiger Raum zum Schlafen.

ORIGINALE Vor neunzig Jahren hat der junge Ernst Fischer sich an der Provinz abgearbeitet, an der Kleinstadt, die ihm im Gegensatz zur großen nichts, oder nur Abstoßendes, bedeutete, und mir scheint, sein harsches Urteil ist nicht überholt: »Hier in der Provinz, wo sich das Leben langsam im Kreise dreht, ist jeder, da große Aufgaben, lodernde Horizonte fehlen, immerfort mit sich selber beschäftigt, hier wuchert der Individualismus, hier wird man zum Original, weil es das einzige ist, was man werden kann. Der Pensionist, der Raunzer, der Nörgler, er ist das Urbild des Originals, und mannigfaltig variiert beherrscht der Typus die Stadt. Wunderliche Gestalten, geisterhafte Figuren, Sonderlinge und Eigenbrötler aller Art treiben sich in den Kaffeehäusern, in den Gärten und Gassen umher, und der Schatten, den sie werfen, ist grotesk, phantastisch, unwahrscheinlich. Kleine Absonderlichkeiten blähen sich auf und werden zur Weltanschauung, eifersüchtig wacht jeder von diesen Aposteln seiner selbst darüber, daß keiner ihm nachahme, keiner ihm ähnlich sei. Nirgends gibt es so selbstbewußte, so selbstgefällige Narrheit wie in der Provinz.«

PERIPHERIE Alberto Nessi ist im Mendrisiotto aufgewachsen, dem südlichsten Zipfel des Tessins, hart an der italienischen Grenze, der lange das Armenhaus der Schweiz war – die Männer suchten Arbeit in den Marmorsteinbrüchen von

Carrara, von wo sie mit Staublungen zurückkamen, oder wanderten nach Amerika aus, die Frauen verdingten sich in den Städten als Ammen oder Küchenhilfen. Man könnte also sagen, daß das Mendrisiotto an sich schon Peripherie war, geographisch wie sozial. Aber bereits als Jugendlichen zog es Nessi an die Peripherie dieser Peripherie, in das Niemandsland zwischen Fabrik, Halde und Gestrüpp, das ihm »ein Ort der Entdeckungen« war. Geheimnisvoll, ungebunden, frei. Davon ist nichts geblieben. »In meiner Umgebung wohnt heute an der Peripherie die Feindseligkeit. Jene Feindseligkeit, die wir dem Fremden entgegenbringen, wenn er die Grenzen heimlich überschreitet. Das ›Unbekannte‹, das ich in meiner Jugend gesucht habe, ist heute anderswo zu finden: in den Augen der Einwanderer, die ferne Wüsten und Meere gesehen haben, im kleinen Jungen aus Sierra Leone, der neben mir wohnt, in den Erlebnissen der Frau aus dem Iran, die ihre Heimat verlassen mußte, in der Geschichte von Karuna, dem Flüchtling aus Sri Lanka, der in einer Fabrik im Mendrisiotto arbeitet, in den Gesichtszügen des bosnischen Mädchens Alma, das vor dem Krieg geflohen ist und nun mit meiner Tochter zur Schule geht. Die neue Peripherie sind sie. Sie sind es, die Geschichten zu erzählen haben. Doch in diesen Geschichten spiegelt sich nicht mehr die Poesie des Geheimnisvollen, sondern das Drama der Entwurzelung.«

STIMMUNG In einem nachgelassenen Gedicht bringt Franz Xaver Hofer zur Sprache, was ihn zeitlebens geprägt hat – ohne den Begriff ›Prägung‹ überhaupt zu verwenden. Er kommt auch ohne die geläufigen Synonyme wie Herkunft,

Wurzeln, Kindheit, Formung oder Heimat aus. Das Wort, das er statt dessen setzt, trifft in seiner Verhaltenheit den Sachverhalt viel besser:

> Ich komme aus dieser Stimmung.
> Woanders komme ich nicht her.
> Ich gehe wohin, ohne das Woher
> vergessen zu können oder zu wollen:
> Ich komme aus der Stimmung
> des Kornspeichers
> der Scheune
> des Kellers
> und der schwarzen Selchkammer.

TOTSCHLAG Ein anderer Mühlviertler Autor, Bauernkind wie Hofer, der die Torheiten des heutigen Landlebens grimmig benennt und, stets gefährdet, darüber zu verzweifeln, die Fülle handwerklicher und bäuerlicher Verrichtungen rühmt, ist Richard Wall: »Wer sagt, das Einfamilienhaus ist eine Brutstätte von Mord und Totschlag, gehört nicht zu uns! Also, wohin gehöre ich?«

VAGABUND Der größte soziale Dichter des vergangenen Jahrhunderts, Theodor Kramer, hat den Vagabunden – einem Menschenschlag angehörig, der bei uns offenbar ausgestorben ist – wie allen Menschen am Rand jene Gerechtigkeit widerfahren lassen, die ihnen von den Behausten vorenthalten wurde, und in ihrer Bedürftigkeit, Verzweiflung, Verworfenheit, aber auch in ihrem Stolz ernst genommen. Daniela Strigl weist darauf hin, daß in Kramers

Gedichten Heimat nicht als Vorrecht der Bodenständigen erscheint, sondern auch den Landstreichern, Stromern, Vaganten zugestanden wird, und zitiert ein Rollengedicht Kramers über einen im Burgenland umherziehenden Vagabunden, der darauf besteht, das Land genauso zu lieben wie der Bauer – und sich durch das Verständnis, das er für ihn aufbringt, ein Stück weit über seinen Kontrahenten erhebt:

> Wie viel es, Bauer, sind, die mich vertreiben;
> an dir allein versteh ich Haß und Ruh.
> Ich lieg, der Erbfeind, hier vor deinen Scheiben,
> und liebe doch das Land so tief wie du.
> [...]
> Vielleicht muß einer düngen, pflügen, graben
> und ein Erhalter und Bewahrer sein,
> ein andrer aber nichts als Beine haben,
> die rastlos fallen in ein Schreiten ein.

WEITE UND WÜRDE In einem Gespräch über seinen Film *Seit die Welt Welt ist* hat Günter Schwaiger staunend festgestellt, daß Weite sich erst dann einstellt, wenn man die Nähe sucht. »Je näher man einer Figur kommt, desto mehr erweitert sich der Horizont. Je tiefer man in den Mikrokosmos dringt, umso größer wird der Makrokosmos. Die Figur von Gonzalo, die familiäre Beziehung, das Dorf, die Entvölkerung, die Landschaft – all das zusammen stellt etwas Universelles dar. Je länger wir dort arbeiteten, umso klarer wurde mir, daß dieses Dorf für so vieles symptomatisch ist, was nicht nur in Kastilien, sondern in der ganzen Welt passiert.« Nehmen wir Schwaiger den Ausrutscher, seinen

Protagonisten Gonzalo Martínez Arranz als »Figur« zu bezeichnen, nicht weiter übel; beeindruckend an dem Film ist nämlich gerade die mitgeteilte Tatsache, daß er durch den langen, geduldigen Blick auf einen oder einige Menschen, die er durch den Alltag und in der Arbeit begleitet, die Welt zu verstehen hilft. Aber da ist noch etwas, das Mitgefühl nämlich, ohne das Kunst entbehrlich wäre. Es prägt auch zwei andere Dokumentarfilme, die mich in letzter Zeit tief beeindruckt haben, Geyrhalters Langzeitprojekt, das ich schon erwähnt habe, und Volker Koepps *Landstück* über Natur, Glück und Ökonomie in der nordostdeutschen Ukkermark. In allen drei Filmen wird sichtbar, was sich selten offenbart: Würde. Die Würde im Widerstand, müßte man hinzufügen, gegen die hegemonial gewordene Auffassung, daß es im Leben darum geht, den Nutzen zu maximieren, dem Leiden anderer gegenüber indifferent zu bleiben. Alle Erfahrung abzustoßen, die der Geldvermehrung nicht dienlich ist. Der Druck wächst, sich in eine Akkumulations- und Tauschwertmaschine zu verwandeln. Das ist auch der Grund, warum viele in ihrer Enttäuschung oder Verwirrung die falschen Schlüsse ziehen und, selber bedürftig, die Bedürftigen zu ihren Feinden erwählen. Anders die Helden, Heldinnen dieser Filme. Ihnen zuhören, sie ansehen zu können, auf der Leinwand, im Kinosaal, weckt in mir:

ZUVERSICHT die wenigstens für die Dauer der Vorstellung und einige Stunden, Tage danach anhält. Schwer zu sagen, ob das viel ist oder wenig, in dieser Zeit.

(2017)

Geschichte, die immer erst anfängt

Ein zweites Mal im Friedhof am Perlacher Forst. Nachprüfen einer verwehten Erinnerung, an eine Geschichte der
Heimat. Die Öffnungszeiten sind gleichgeblieben: Oktober
bis Februar 8–17 Uhr, März und September 8–18 Uhr, April
bis August 8–19 Uhr. Das Mitnehmen von Hunden und das
Radfahren sind untersagt. Neu ist der Grablichterautomat
gleich neben dem Eingang. In einem Schaukasten wird das
Münchner Totenadreßbuch angezeigt, es ist im Buchhandel
oder direkt beim Verlag um 35 DM erhältlich. Ferner ergeht
die Bitte an alle Friedhofsbesucher, bei der Ermittlung von
Blumen-, Blumenschalen- und Vasendieben zu helfen. »Für
Hinweise, die der Überführung eines Täters dienen, wird
eine *Belohnung bis 2000* DM ausgesetzt.«

Angrenzend an den Friedhof, die Justizvollzugsanstalt
Stadelheim. Stahlbeton, Panzerglas, drei Wachtürme. Aber
die Eingangstür, der Türgriff und die getönten Fensterschei-
ben, hinter denen Beamte in Zivil vor Monitoren sitzen,
würden einer Bankfiliale gut anstehen. Vor dem Eingang
die Haltestelle der Autobuslinie 39, Radweg, Papierkorb,
Zeitungsständer. *Bild:* »Schulstreik gegen einen achtjährigen
Tyrannen«. *Abendzeitung:* »Münchner TV-Skandal: Warum
der ORF über Antenne kaum mehr zu empfangen ist«. *tz:*
»Die Royals: Das neue Skandal-Buch im Vorabdruck«.

Tief im Heute. Aber wer den Kopf in den Nacken legt, kann hinter dem Verwaltungstrakt den Giebel der alten Zuchtanstalt sehen, braun-weiß angefärbelt, und wer auf dem Friedhof eine Runde dreht, findet das Massengrab, davor die Tafel, auf der steht, was lang vorbei ist und immer erst anfängt. »Hier sind 4092 Opfer nationalsozialistischer Willkür zur letzten Ruhe bestattet.« Karl Punzer zum Beispiel. Und Franz Draber? Und Sepp Bloderer?

Ende und Anfang

Die Nachtschicht in den Steyr-Werken dauerte von halb vier bis halb eins. Jemand hatte Draber einen Packen Flugblätter ins Magazin gebracht, gegen den Naziwahn, in einer Arbeitspause legte er sie neben das Montageband, in die Autos, neben die Maschinen. Gegen Mitternacht stolzierte ein Kollege an ihm vorüber, das Hakenkreuz am Kragen, und rief ihm zu: Jetzt ist es soweit! Spinnst, antwortete Draber. Dann wusch er sich, schlüpfte in die Jacke und fuhr mit dem Rad nach Hause. Auf der Ennsbrücke kamen sie ihm schon entgegen, jubelnd, mit Fahnen.

Acht Stunden später, als Draber die übriggebliebenen Flugblätter im Klo runterspülte, fuhr Bloderer auf einer Puch 200 durch das Steyrtal. Er war mit Genossen am Kasberg skifahren gewesen, dann hatte er mit dem schwarzen Betriebsratsobmann Riha das gemeinsame Vorgehen bei der von Schuschnigg angesetzten Volksabstimmung abgesprochen. In Grünburg sah er zu seinem Erstaunen junge Männer in weißen Stutzen herumlaufen. In Neuzeug war es schon ein ganzer Trupp, in militärischer Formation, mit Hakenkreuzbinden und Fahne. Ein Putsch? dachte er. In Steyr war ab der Promenadenschule kein Durchkommen mehr, also lehnte er das Motorrad an die Mauer der Stadtpfarrkirche und folgte dem Menschenstrom, der sich über den Pfarrberg wälzte. Am Stadtplatz stand er, eingekeilt in der Menge, in der er viele Bekannte sah, alte, brave Sozialdemokraten, die plötzlich den Arm in die Höhe rissen.

Draber war völlig überrascht.

Bloderer traute seinen Augen nicht.

Vorstellbar, was Punzer empfunden hat an diesem Märztag neunzehnhundertachtunddreißig.

Überwindung der Schwerkraft

Draber war der erste. Er zögerte kurz, als er vor sich den Acker sah, auf dem zehn oder zwölf Häftlinge arbeiteten, dann lief er nach rechts, die Mauer entlang über die Wiese. Punzer hinter ihm hielt sich weiter links, das war ausgemacht, jeder sollte seine eigene Linie finden. Bloderer hatte es am schwersten. Er rannte schräg hinüber zum Friedhof, man konnte ihm also den Weg abschneiden.

Vier oder fünf Häftlinge nahmen, auf Zurufen der Aufseher, die Verfolgung auf, einer holte Bloderer ein, stürzte sich aber nicht auf ihn, sondern stürmte vorwärts, Punzer hinterher.

Draber war schon weit voraus, als Punzer stürzte, Bloderer sah es aus dem Augenwinkel. Draber behauptete später, er habe Schüsse gehört, Bloderer konnte das nicht bestätigen. Er hechtete über den lebenden Zaun, der den Friedhof vom Gefängnisacker trennte, lief geduckt zwischen Grabsteinen, während er schon rufen hörte: Da ist er. Da drüben. Er fand zwei frische Gräber, warf sich zwischen ihnen zu Boden, zog Kränze über sich. Stimmen, ganz nah, er war überzeugt, sein Keuchen werde ihn verraten. Dann der Hund dicht neben seinem Ohr, endlos langes Schnüffeln, schon wollte Bloderer aufgeben. Hat eh keinen Sinn.

Punzer, inzwischen, wurde zurück in die Zelle geschleppt.

Das war am 30. November 1944, kurz nach neun Uhr morgens, die Temperatur betrug zwei Grad Celsius.

Aber wie, aber wo

Draber war damals einundzwanzig, gelernter Werkzeugmacher, Jungsozialist in einer roten Stadt. Im Februar vierunddreißig hatte er auf der Ennsleite gekämpft, aber als die Heimwehr kam, saß er im Keller eines Bekannten und spielte Schach. Es war ihm nichts nachzuweisen, außerdem hatte er so ein treuherziges Gesicht. Bubenlächeln, eine Haarsträhne fiel ihm in die Stirn.

Sein Freund Karl Punzer war ein Jahr älter, hoch aufgeschossen, dabei zaundürr, von daher rührte sein Spitzname Gandhi. Er hatte eine Tischlerlehre absolviert, dann als Laufrichter in den Steyr-Werken gearbeitet. Punzer war belesen, er hatte die Menschheitsgeschichte im kleinen Finger. Wenn sie Ausflüge im Faltboot machten, zu zweit oder mit ihren Freundinnen, legten sie an einer Sandbank an, und dann erklärte ihm Punzer die Welt.

Bloderer war Jahrgang 1914, Schlosser, nach der Lehre arbeitslos, zweimal aus politischen Gründen eingesperrt, ein drittes Mal in Wöllersdorf inhaftiert. Mitte der dreißiger Jahre bereiste er als Instruktor der verbotenen Kommunistischen Partei Kärnten und die Steiermark, als er an Kinderlähmung erkrankte, legten ihn Genossen vor ein Wiener Spital. Gleich nach dem Einmarsch wurde er von der Gestapo in die Berggassenschule gesperrt und auf die Transportliste nach Dachau gesetzt. Ein ehemaliger Schulfreund setzte sich für ihn ein, Bloderer kam in die Steyr-Werke, wurde u. k. gestellt, für drei Monate zur Wehrmacht eingezogen, dann war er wieder in Steyr. Der Parteiauftrag lautete, abtauchen, stillhalten, nichts riskieren.

Auch Draber war unabkömmlich. Er arbeitete an den hydraulischen Aggregaten für die Messerschmittmaschinen, erzeugte Öldruckschalter, Bloderer mußte jedes Werkstück kontrollieren. Mißtrauen des Älteren, als Draber ihn zu Bergtouren einlud, an denen auch Punzer teilnahm. Ende vierzig, Anfang einundvierzig fingen sie an, die Widerstandszellen zu reorganisieren. Sie sammelten im Auftrag der Roten Hilfe ein paar Mark für Wenzel Wagner, dessen Sohn in Spanien gefallen war, oder für die Mutter von Herta Schweiger, die von der Gestapo totgeschlagen worden war. Hertas Vater hatte sich aus Verzweiflung kurz danach das Leben genommen.

Immer noch das Mißtrauen, die Mischung aus Angst und Ethos: Und wenn wir etwas Schmirgel reingeben. Dann stürzt das Flugzeug ab. Und der Pilot? Oder, später, der Plan, den Erzzug im Ennstal entgleisen zu lassen. Und der Lokführer. Und der Heizer. Dann, als die ersten aus ihrer

Gruppe hochgingen, die Überlegung: Noch ist Zeit unterzutauchen. Aber wie, aber wo.

Querfeldein

Am Abend des ersten Tages stand er an der Isar. Da wußte Draber, er war im Kreis gegangen. Einmal führte die Straße mitten durch eine Kaserne, und er hörte, wie links und rechts Alarm gegeben wurde. Einmal fand er eine weiche Birne. Einmal vergrub er seinen Abschiedsbrief. Einmal schneite es, und er deckte sich, zitternd, mit Reisig zu. Einmal lief ihm ein Hund nach. Einmal bat er eine Frau um einen Teller Suppe. Einmal sagten drei Männer, du bist verdächtig, du kommst mit. Einmal lief er mit letzter Kraft querfeldein. Einmal stürzte er. Einmal kam er nicht mehr hoch. Einmal wartete er, zerlumpt und durchnäßt, auf einem Bahnhof auf den Zug nach Ried, und draußen auf dem Vorplatz kontrollierte die Gestapo.

Verschärfte Einvernahme

Schuld war ein Genosse aus Bad Hall, der mit seiner Frau im schlechten Einvernehmen lebte. Der prahlte vor ihr, die Deutschen werden den Krieg verlieren, wirst sehen, dann bin ich hier Bürgermeister! Die Gestapo verlor keine Zeit. Zuerst holte sie sich den Riepl, dann Ulram, dann Palme, dann Koller. Bloderer und Punzer hatten zwei Zellen nebeneinander, mit Hilfe ihrer Trinkbecher, die sie gegen die

Zwischenwand hielten, konnten sie sich absprechen: Sammeln für die Frauen, deren Männer im kz sind, das geben wir zu. Mehr nicht! Bloderer wurde blutig geschlagen, Punzer so übel zugerichtet, daß ihn Draber nicht erkannte, als er ihm am Gang, auf dem Weg zu einem Verhör, begegnete. Der Gestapomann Neumüller renkte sich den Arm aus, nachdem er ihn gegen Draber erhoben hatte.

Angeordnet war: Verschärfte Einvernahme.

So spring doch

Bloderer folgte der Autobahntrasse. Einmal begegnete er einem Gendarmen. Einmal kam ein ss-Mann des Weges, und der Schäferhund ging mit gesträubtem Nackenfell auf Bloderer los. Einmal legte ein Flurwächter das Gewehr auf ihn an. Einmal suchte er bei einem Pfarrer Hilfe. Aber der alte Mann wies ihm die Tür. Einmal kroch er ins Heu. Einmal stahl er ein Fahrrad. Einmal ließ er jede Hoffnung fahren. Da stand er auf der Brücke über den Inn und hörte eine Stimme sagen: Spring, so spring doch.

Die Füße, zwei blutige Klumpen.

Das Verlangen

Die erste Verhandlung vor dem Volksgerichtshof, im August 1942, wurde vertagt, weil alle drei sagten, die Geständnisse seien aus ihnen herausgeprügelt worden. Sie saßen in Einzelhaft, drüben in Stadelheim, und rechneten sich gute

Chancen aus. Die zweite Verhandlung, im Mai 1944, dauerte zwei Tage. Dann wurden sie in den Todestrakt überstellt.

Das Schafott, der Galgen und die Todeszellen befanden sich im zweiten Stock. Die Hinrichtungen fanden in der Regel zweimal pro Woche statt, dienstags und donnerstags. Um neun kam der Staatsanwalt, die Kandidaten wurden aus der Zelle geholt, das Urteil verlesen und bestätigt. Es gab eine Henkersmahlzeit. Der Scharfrichter traf um siebzehn Uhr ein. Einmal beobachtete Draber Zigeunerkinder, die in der Armensünderzelle tanzten und lachten. Denen hat man wohl gesagt, sie kommen frei. Und Bloderer hörte einen tschechischen Arbeiter von neun bis siebzehn Uhr singen, auch dann noch, als ihm die Zähne ausgeschlagen wurden, heiser, röchelnd, immer wieder die Internationale.

In den zweihundert Tagen, die sie in der Todeszelle zubrachten, unternahmen die drei Steyrer vier Ausbruchsversuche: Einmal sägten sie das Fenstergitter durch; einmal kratzten sie mit einem Nagel ein Loch zur Nachbarzelle; einmal planten sie, den Schließer zu überwältigen; einmal sprengten sie mit einem Eisenkübel das Türschloß. Draber, der im Zuchthaus viel herumkam, weil er für die Aufseher Bienenkörbe flickte und Fahrräder reparierte, wußte, daß es irgendwo eine Pforte gab, die nicht versperrt war.

Am 29. November 1944 wurde durch eine Fliegerbombe die Wasserleitung zerstört. Die Aufseher befahlen ihnen, Wasser in Eimern nach oben zu schleppen, damit das Blut unter dem Schafott weggespült werden konnte. Am Morgen des dreißigsten wurden sie noch einmal zum Wassertragen geholt. Plötzlich ließen sie die Eimer fallen und rannten los. Halt! rief ein Aufseher. Draber, Punzer, machts mich nicht unglücklich! Und für einen Sekundenbruchteil spürte Draber das unendlich große Verlangen stehenzubleiben.

Zwischenzeit

In der Furtmühle bei Bad Hall, in einer Kammer unter dem Dach, erholte sich Draber von den Strapazen. Während er für den Müller das Roßgeschirr flickte, lief die Müllnerin nach Steyr hinüber, in der Tasche eine Zwirnspule, in der Spule, unter der Vignette, den zusammengerollten Brief an seine Eltern. Von ihnen erfuhr er, daß Punzer am fünften Dezember geköpft worden war.

Bloderer versteckte sich in Leonstein, bei einem alten Freund der Familie. Bevor dessen Sohn, der ein fanatischer Nazi war, auf Fronturlaub nach Hause kam, brachte ihn ein alter Genosse auf Skiern hinüber ins Ennstal. In Kleinreifling, in der Dachkammer eines Trafikanten, hielt er sich bis Kriegsende versteckt.

Nach der Befreiung

Zuerst trennte sie die Demarkationslinie, die quer durch Steyr verlief: Draber befand sich diesseits, Bloderer jenseits der Enns. Im Westen die US-Amerikaner, im Osten die Sowjets. Der Stadtverwaltung West stand ein Sozialdemokrat vor, der Stadtverwaltung Ost ein Kommunist. Im Osten, im Stadtteil Münichholz, wurde gleich nach der Befreiung eine Straße nach Karl Punzer benannt.

Bloderer übernahm Parteiaufgaben, war Personalchef im Erdölgebiet Zistersdorf und im Böhlerwerk Waidhofen, wechselte später in die Privatwirtschaft. Als ich ihn Anfang der achtziger Jahre besuchte, fiel es mir schwer, die Umgebung – einen soliden Bungalow in einer besseren Wohngegend oberhalb Urfahrs – mit seiner politischen Biographie zusammenzubringen.

Draber arbeitete bis zu seiner Pensionierung im Magistrat Steyr. Er war freundlich, fleißig, verläßlich. Da er auch Kommunist war, wurde seinen Ansuchen um Beförderung nie stattgegeben. Mit der Zeit lockerte sich der Kontakt zwischen den beiden, aber pünktlich an jedem dreißigsten November telefonierten sie miteinander. Bloderer starb im August 1994, Draber überlebte ihn um zwei Jahre. Seit 2011 gibt es am nördlichen Stadtrand von Steyr, hinter dem Krankenhaus, eine Franz-Draber-Straße. Von ihr zweigt, in westlicher Richtung, die Josef-Bloderer-Straße ab.

Für und wider

Er habe einige Male nachstudiert. Ob sich der Kampf gelohnt hat. Ob er ihn noch einmal führen würde. Und er müsse zu seinem Bedauern sagen, nein. Denn er sei von den Menschen enttäuscht worden, die drehen sich – großteils!, es gibt schon Ausnahmen – nach dem Wind. Und wenn er, Bloderer, sie so meckern hört …

Draber sagte, er würde wieder so handeln. Er habe auch nicht viel getan, nur gegen den Krieg gekämpft, und er habe sich nicht geändert, sei auch heute noch für den Frieden, wir

brauchen keine Waffen, und wenn mehr so denken würden,
stünde es besser um die Welt.

(2000)

Steckbrief Rudi Strittich

Der Vater Hilfsarbeiter in den Steyr-Werken, nach Ausbruch der Wirtschaftskrise die meiste Zeit erwerbslos oder nur tageweise beschäftigt, als Gerbergehilfe und Schneeräumer. Zwei ältere Schwestern. Die Mutter geht als Bedienerin. Sie stirbt, als Rudi sechs ist, 1928, nach einer Abtreibung, wie er später erfahren wird. Nach fünf, sechs Jahren heiratet der Vater wieder, was Rudi freut, weil es mit dem Durcheinander zu Hause und mit dem Schuldenhaben vorbei ist. Aber die Stiefmutter, die eine Handstrickerei betreibt, hat ihn nicht lieb. Er soll ihr möglichst selten unter die Augen kommen. Oder brav sein und stillsitzen. Eine Tante, Schwester der leiblichen Mutter, ist Krankenschwester in Wien. Sooft sie im Urlaub nach Steyr kommt, bringt sie ihrem Neffen einen echten Lederball mit. Deswegen lassen ihn die älteren Buben auch mitspielen, auf einer Gstättn in der Fuchslukken, unterhalb der Ennsleite, die zur Stadt hin steil abfällt.

Dem Fleischhauer ein paar Häuser weiter schießt er einmal die Auslagenscheibe kaputt. Der ist zwar versichert, aber weil Familie Strittich nicht bei ihm einkauft, muß der Vater für den Schaden aufkommen. 70 Schilling, das ist die Arbeitslose für dreieinhalb Wochen und bedeutet einen Monat Hausarrest. Die Lehrerin Trauner in der Volksschule ist eine fanatische Schwarze. Drei Jahre hindurch hat er in

Betragen einen Dreier. Sie lockt mit einer besseren Note für den Fall, daß er nicht länger bei den Roten Falken mitmacht. Auf den Tauschhandel läßt er sich nicht ein. Gemeinsam mit den anderen Buben von der Fuchsluckenpartie geht er zu Vorwärts. Mit acht debütiert er in der Jugendmannschaft, mit vierzehn in der Kampfmannschaft. 1936 beendet er die Hauptschule mit einem Vorzugszeugnis und beginnt eine Lehre als Bauschlosser in den Steyr-Werken.

Zuvor der Februaraufstand. Die Schutzbündler verschanzen sich auf der Ennsleite, vorn an der Rampe, in der Brucknerstraße, wo die Familie zur Miete wohnt. Als er zu Mittag von der Schule nach Hause kommt, hört er, sie haben einen Wachmann erschossen. Am Tabor gegenüber, jenseits der Enns, bringt das Bundesheer Feldhaubitzen in Stellung. Ein Geschoß trifft das Wohnhaus. Granateinschläge, Blindgänger, Maschinengewehrfeuer. Verletzte und Tote. Die Kinder sitzen im Keller, im Dunkeln, in der Kälte. Am übernächsten Tag, weiße Fahnen hängen an den Hausfassaden, marschiert die Heimwehr durch die Straßen, die Gewehrläufe drohend auf die geschlossenen Fenster gerichtet. Die Männer werden auf Schloß Lamberg getrieben, auch sein Vater, der nicht mitgekämpft hat. Es heißt, alle werden erschossen. Da rennen die Frauen und Kinder, erschreckt und schluchzend, hinterher. Nach ein paar Tagen wird der Vater entlassen.

Das Verbot aller sozialdemokratischen Organisationen trifft auch den Verband der Amateur-Fußballvereine Österreichs. Ein paar Wochen lang ruht der Spielbetrieb, ab Herbst macht Vorwärts in der Liga des Österreichischen Fußballbundes mit. Bis dahin haben es die oberösterreichischen

Arbeitervereine abgelehnt, Sport mit Geldverdienen zu vermischen, und in einer eigenen Meisterschaft um den Pokal gespielt. Die politische Niederlage schmerzt Rudi weniger als das schreiende Unrecht, daß der bürgerliche Lokalrivale Amateure den angestammten Vorwärts-Platz zugesprochen erhält. Was die eigene Mannschaft betrifft, ändert sich kaum was; bis auf einen oder zwei sind die Mitspieler nach wie vor auf der Ennsleite daheim und sozialistisch gesinnt. Irgendwann in der Verbotszeit stänkert Rudi junge Männer an, die mit weißen Stutzen aufmarschieren und Nazilosungen brüllen. Nach ein paar Tagen oder Wochen passen sie ihn auf der Straße ab, schlagen ihn zusammen und schleppen ihn in ihr Versammlungslokal, wo er sich herauszureden versucht, schuld sei sein Übermut und er habe doch gar nichts gegen sie. Ihr Anführer Eigruber, der spätere Gauleiter von Oberdonau, läßt ihn laufen.

Er weiß noch, er ist am Abend des 11. März 1938 ins Biograph-Theater gegangen, einen Film anschauen, und als er gegen zehn rauskommt, ist der Stadtplatz gesteckt voll mit Leuten. Die Arme zum Hitlergruß hochgerissen. Endlich hat sein Vater wieder Arbeit, im Kugellagerwerk, in der Rüstungsproduktion. Der Katzenjammer kommt erst später. Im Jahr darauf, als Rudi ausgelernt hat, vermittelt ihn der Sektionsleiter von Amateure zur NSTG Graslitz. In der tschechischen Kleinstadt, die jetzt zum Reichsgau Sudetenland gehört, hat er zum ersten Mal nichts anderes zu tun, als Fußball zu spielen. Die Mannschaft wird Gaumeister und unterliegt in der Endrunde Rapid Wien. Als er nach Steyr zurückkehrt, wird er wegen unerlaubten Verlassens des Arbeitsplatzes drei Wochen lang eingesperrt. Er wäre ja in den Steyr-Werken dienstverpflichtet gewesen. Mit achtzehn soll er einrücken, wird aber irrtümlich als heimatverwendungsfähig eingestuft. Er kommt nach Wien, zur Bahnhofswache, die zu kontrollieren hat, ob die Wehrmachtssoldaten auf dem Perron und in der Halle einen Urlaubsschein bei sich tragen. An unangenehme Zwischenfälle vermag er sich nicht zu erinnern. Manchmal, sehr selten, hat einer keine Papiere, den liefert er dann im jeweiligen Wachzimmer ab. Ein Zubrot von sechs Reichsmark pro Aufführung verdient er sich als Statist in der Staatsoper. In der *Tosca* steht er mit einem Holzgewehr auf der Bühne, er wird zeit seines Lebens nie gezwungen sein, ein anderes, richtiges in die Hand zu nehmen. Im übrigen spielt er wieder Fußball.

Natürlich hat er schon früher versucht, bei einem Wiener Verein unterzukommen. Johann Luef, der Spielertrainer von Vorwärts und ehemalige Läufer des Wunderteams, hatte ihm einmal zugeredet: »Sie, gehen S' zu Rapid, weil Ihre Spielweise paßt zu Rapid.« Er war nach Hütteldorf gefahren und hatte sich auf der Pfarrwiese einem Funktionär vorgestellt, der ihn kurz gemustert, dann weggeschickt hatte. »Kommen S' ein anderes Mal, wenn die Jugendmannschaft trainiert.« Rudi probierte es noch bei Vienna, aber die hatte damals so viele gute Spieler, da sah er keine Chance, jemals in die Kampfmannschaft zu kommen. 1937 war er der Austria empfohlen worden. Er hatte mit den Profis trainieren dürfen und war mit Schulterklopfen weggeschickt worden. Jetzt, fünf Jahre später, fordert ihn NSTG Falkenau für das Hauptrundenspiel um den Tschammer-Pokal gegen Vienna an. Falkenau gewinnt 4:0. Nach dem Match redet ihn Fritz Gschweidl an, der Trainer der Vienna (und Rechtsverbinder

des Wunderteams): »Hören S', ich hab Sie doch einmal gesehen auf der Hohen Warte. Wollen Sie nicht bei uns spielen?«
Eine Woche später tritt er zum ersten Mal für Vienna an, in
einem Meisterschaftsspiel der Gauliga Ostmark. Nach drei,
vier Spielen steht er schon in der Wiener Auswahl, die vor
90 000 Zuschauern in Berlin 1:1 unentschieden spielt.

1942 bekommt er auch zum zweiten Mal den Einberu-
fungsbefehl, als Soldat für die Ostfront. Er ist bereits einer
Marschkompanie zugeteilt, als ihn ein Offizier aus der Reihe
holt: »Strittich, Strittich … sind Sie nicht der Fußballer?«

»Nein«, sagt er vorsichtshalber, »das ist mein Bruder.«

»Tun S' nicht lügen!«

Er wird nach Linz überstellt, dann auf zwei Jahre
unabkömmlich geschrieben und in den Steyr-Werken
beschäftigt, im Kugellagerwerk. Jetzt spielt er wieder für
Vorwärts, das, kriegsbedingt, weil die meisten Stammspie-
ler zur Wehrmacht eingezogen worden sind, mit Amateure
zum FC Steyr fusioniert wird. In der Saison 1944/45, die nach
sieben Runden abgebrochen wird, verlieren sie auswärts gegen Mauthausen, dessen Mannschaft sich fast ausschließlich
aus Angehörigen des Wachpersonals zusammensetzt. Ein
ungutes Gefühl nachher, bei der Bewirtung durch ausge-
mergelte Häftlinge. Beklemmung auch beim Rundgang
durchs Konzentrationslager, das ihnen die Gastgeber stolz
präsentieren. Zucht und Ordnung, Rudi schaut nicht richtig
hin. Beim Rückspiel in Steyr will ein Scharführer aus Mauthausen den Schiedsrichter vom Platz weg verhaften, weil
dieser nach einem Foul im Strafraum der Gästemannschaft
auf Elfmeter entschieden hat. Wochen oder Monate später
kommt ein amtliches Schreiben mit der Aufforderung, sich

binnen Wochenfrist bei der ss in Graz einzufinden, zwecks Teilnahme am Endsieg. Rudi läuft damit zur Bezirksstelle des Wehrkreiskommandos, in der Johann Bloderer arbeitet, der Halbbruder des aus der Todeszelle geflüchteten Widerstandskämpfers. Bloderer nimmt das Schreiben, zerreißt es und steckt die Fetzen in die Jackentasche. Zwei Tage später ist der Krieg zu Ende. Beim Auftaktspiel gegen Bad Hall ist Rudi schon dabei.

Im Herbst 1945 kehrt er zur Vienna zurück. Offiziell arbeitet er als Bürodiener bei der Wiener Städtischen Versicherung. Ein Versorgungsposten, wie üblich für Halbprofis. Für Auswärtsspiele und Tourneen wird er freigestellt. Gschweidl stellt ihn an den rechten Flügel, neben Karl Decker, für den er lange nur »der Gscherte« ist. Bis ihm, bei einem Match in der Schweiz, der Kragen platzt. »Entweder der gewöhnt sich das ab, oder ich spiel nicht mehr weiter«, sagt er zu Gschweidl. Später verbringen Decker und er viel Zeit miteinander, auch ihre Frauen freunden sich an. Die Beziehung erkaltet erst, als Deckers Ehe zerbricht. Was Rudi damals, in der Schweiz, noch aufgefallen ist: daß Decker genug Geld hatte, um sich dort einen Anzug zu kaufen. Bis dahin hatte er in seiner Naivität angenommen, daß die Gage für alle gleich wäre.

Im Herbst 1946, beim 0:2 gegen Ungarn, steht er zum ersten Mal im A-Team der Nationalmannschaft. 1949 ist er beim 3:1 gegen die Tschechoslowakei und beim 5:2 gegen Jugoslawien dabei. Gegen Ungarn setzt es mit 3:4 erneut eine Niederlage. Auswärtsspiele sind bei den Spielern beliebt, man kann Waren über die Grenze schmuggeln, die auf dem Schwarzmarkt ein Vermögen kosten, Seidenstrümpfe und Lippenstifte sind in Ungarn begehrt, an Salami, Speck, Käse fehlt es in Österreich. Als Vienna einmal in Budapest antritt, wird die Prämie in Naturalien ausgezahlt, drei Liter Öl, fünf Kilo Mehl, aber erst nach dem dritten Spiel und heftigen Protesten der Spieler.

Über seine Stärken redet er ungern. Es war halt ein Naturdrang in ihm. Kraft und Ausdauer, Schnelligkeit, ein gutes Auge und genaue Flanken. Im Länderspiel gegen die ČSR, fällt ihm ein, hat ihn, zehn Meter vor der Strafraumgrenze, der Verteidiger am Leiberl gehalten. Er ist trotzdem weitergelaufen, hat den andern mitgeschleppt, in den Strafraum hinein, was einen Elfmeter eingebracht hat. Er wurde oft abgeklopft. Eine Woche nach dem Match gegen Jugoslawien, im Spiel gegen Austria, trat ihm ein Verteidiger gegen das Knie, er mußte wegen einer Meniskusverletzung vom Feld getragen werden. Vienna hatte damals eine Spitzenmannschaft, mit Ferdl Schaffer in der Verteidigung, Ernst Sabeditsch als Läufer, Bruno Engelmeier im Tor, Karl Decker im Sturm. Decker war beidbeinig, schußsicher, im Dribbeln eine Klasse für sich. Sie waren »gut zusammengedreht«, also ist es weiters kein Wunder, daß Rudi viermal ins A-, sechsmal ins B-Team berufen wurde, trotz der Konkurrenz an Flügelstürmern vom Format eines Ernst Melchior, eines Robert Körner.

Die Teamkarriere endet, kaum daß sie begonnen hat, nach einer Nahosttournee der Vienna. Sabeditsch wird in Beirut 850 Gramm Rohopium angeboten, von bester Qualität, trotzdem spottbillig, und er fragt Rudi und Schaffer, ob sie sich am Geschäft beteiligen wollen. Ohne viel nachzudenken, sagen sie zu. In Wien versucht Sabeditsch, den Stoff in einem von Schleichhändlern frequentierten Café loszuwerden und gerät dabei an einen Konfidenten der Polizei.

»Nach einem halben Jahr«, sagt Rudi, »ist die Schmier vor meiner Tür gestanden.«

Er und Schaffer werden in einem Prozeß, der die Öffentlichkeit stark beschäftigt, zu drei Monaten Haft verurteilt, Sabeditsch zu fünf Monaten. Ein Bagatelldelikt, wie der Rechtsanwalt meint, die Sachverständigen stritten darüber, ob das Opium nicht doch hundsgewöhnlicher Mohn sei, normalerweise wäre die Anzeige nicht weiterverfolgt worden. Aber es handelt sich um bekannte Sportler, die ein Vorbild für die Jugend abgeben müssen, außerdem steht der Ruf des Fußballbundes auf dem Spiel, schon seit langem wird in den Zeitungen das Schmugglerunwesen bei Auslandsreisen angeprangert.

Die drei sitzen die Strafe im Gefangenenhaus Wiener Neustadt ab, werden für Außenarbeiten herangezogen, zum Umsägen von Bäumen, Anlegen von Blumenrabatten und dergleichen. Nach seiner Entlassung bleibt Rudi für ein Jahr gesperrt und arbeitet bei Triestina, unter Béla Gutmann, als Jugendtrainer. Der Klub will ihn als Spieler verpflichten, ist sogar bereit, die von Vienna geforderte Ablösesumme von 250 000 Schilling zu bezahlen, aber der ÖFB beharrt auf seiner Sperre. Gerade da erreicht ihn eine Nachricht von Ernst Sabeditsch: »Rudi, ich hab ein Angebot aus Kolumbien. Fährst mit?« Er braucht nicht lange, um sich zu entscheiden. Dabei hat er sich in Triest wie zu Hause gefühlt, und mit Gutmann ist er gut ausgekommen. Aber Bananeros Santa Marta, das eigentlich Deportivo Samarios heißt und von Plantagenbesitzern finanziert wird, bietet ihm 5000

Dollar Handgeld, das sind nach dem damaligen Wechselkurs immerhin 150 000 Schilling. Der kolumbianische Fußballverband gehört der FIFA nicht an, die Sperre hat dort also keine Wirkung.

Nach vierzehn Tagen hat er sich an das feuchtheiße Klima an der Karibikküste gewöhnt. Dann läuft er zur Form seines Lebens auf. Man übersetzt ihm die Schlagzeile aus dem *Heraldo:* »Millonarios hat einen Di Stéfano, aber Santa Marta hat einen Strittich.« Die Mannschaft ist bunt zusammengewürfelt, außer ihm und Sabeditsch, der sich beim ersten Spiel den Knöchel bricht, hat Bananeros noch vier, fünf Ungarn und zwei Tschechen unter Vertrag genommen. Millonarios tritt überhaupt mit der halben argentinischen Nationalelf an, und Junior de Barranquilla hat sich mit Spielern aus Brasilien verstärkt. Sogar die Schiedsrichter sind Profis aus Großbritannien, unbestechlich, weil gut bezahlt. (Einem von ihnen, Sidney Donald Brower, widmet ein blutjunger Journalist namens García Márquez eine respektvollspöttische Glosse.) Die Heimspiele gegen Millonarios, die Meistermannschaft aus Bogotá, werden schon zu Mittag angepfiffen, in der Hoffnung, daß den Gästen aus dem Hochland die Hitze zu schaffen macht. Oben in der Hauptstadt, auf 2600 Meter Seehöhe, geht wiederum Rudi nach jedem Sprint die Luft aus. Freunde findet er in Santa Marta in der kleinen österreichischen Kolonie von jüdischen Emigranten, mit denen er am Ende der Saison auch Abschied feiert. Fast versäumt er die Abfahrt, im Hafen von Puerto Drummond wird schon der Steg eingeholt, mit einem Sprung schafft er es gerade noch, an Deck zu kommen. Zwei Wochen später geht der Frachter in Hamburg vor Anker.

Im Ruderleibchen, zwei Bananenbüschel geschultert, die Reisetasche in der Hand, trifft Rudi an einem trüben Novembermorgen im Wiener Westbahnhof ein. Er erfährt, daß er immer noch gesperrt ist, weil ihm der Österreichische Fußballbund die in Kolumbien verbrachte Zeit nicht angerechnet hat, und nimmt ein Angebot aus Zürich an, wo er in einer Fabrik arbeitet und in der Freizeit die Jugendmannschaft von Young Fellows trainiert. Bei seiner Rückkehr überredet ihn Joschi Walter, wieder bei Vienna zu spielen. Nach einem halben Jahr wird er um 250 000 Schilling an Besançon RC verkauft. Kaum angekommen, erleidet er einen Bandscheibenvorfall und kann nur noch auf Krücken gehen. Der Klubpräsident, ein frommer Mann, schickt ihn auf Wallfahrt, in ein Kloster, beten. In Lyon wird er operiert, erfolgreich, aber nach einem Monat oder zwei wiederholt sich der Vorfall, worauf ihn der französische Klub vorzeitig entläßt. Er absolviert einen Trainerkurs und übernimmt, 1955, die Mannschaft von Sturm Graz. In Graz der dritte Bandscheibenvorfall. Die zweite Operation. Er zweifelt daran, ob er überhaupt noch als Trainer arbeiten kann.

Überrascht, ja schockiert war er vom niedrigen Niveau der zukünftigen Trainer: Es gab nur drei oder vier Kursteilnehmer, die sich mündlich wie schriftlich halbwegs verständlich ausdrücken konnten. Er hat ein gutes Zeugnis bekommen, und er glaubt in aller Bescheidenheit auch, daß er ein guter Trainer gewesen ist. Er hat viel gesehen: »Von jedem Trainer kannst du was lernen. Und du mußt die Besonderheit eines Spielers erkennen. Wissen, wie du mit jedem einzelnen umzugehen hast.« Menschlich, ohne Arroganz, nicht ungehobelt wie der Schreihals Max Merkel, der sich nur deshalb behaupten konnte, weil den Deutschen die Hitlerzeit noch in den Gliedern steckte. Béla Gutmann, Ernst Happel: klasse Burschen. Sympathisch auch der ruhige, bescheidene Leopold Štastný, der ihn einmal angesprochen hat: »Herr Strittich, wir haben vor vielen Jahren gegeneinander gespielt, können Sie sich erinnern?« (Städteturnier Preßburg gegen Wien, Štastný linker Verteidiger der einen, Rudi Rechtsaußen der anderen Mannschaft.)

Die zweite Station als Trainer, von Walter Nausch vermittelt, ist der FC Basel. Er hat sich dort nicht besonders wohl gefühlt. Die Schweizer, sagt er, sind ja irgendwie eigen. Eingebildet, erhaben, ohne Schmäh. »Seien Sie froh, daß Sie bei uns sein dürfen.« In Griechenland, bei Apollon Kalamaria, hat er das keinen sagen hören. Wenn er am Ende der Saison Saloniki verließ, dann nicht deshalb, weil der Verein mit ihm oder er mit der Mannschaft unzufrieden gewesen wäre, sondern weil die Klubkasse leer war. »Ich hab immer nur Klubs erwischt, die kein Geld hatten.« Zum Beispiel, Jahrzehnte später, Real Murcia, das damals in der Zweiten spanischen Division gespielt hat. Als Trainer war man immerhin in der Lage einzufordern, was einem zustand. Aber die Spieler waren arm dran. In Murcia haben sie sich vor jedem Spiel den Bauch vollgeschlagen. »Ich konnte es ihnen nicht verbieten, sie waren einfach hungrig.« Auch haben ihn welche angefleht, sie aufzustellen, wegen der Prämie, damit sie finanziell über die Runden kommen. Ansonsten war er in Murcia nicht unzufrieden. Zum Übersetzen stellte man einen Schüler für ihn ab, betreut wurde er von einer Familie, die sich um ihn wie um den eigenen Sohn gekümmert hat. Neu für ihn war, daß nach jedem Tor, mitten im Spiel, sofort drei, vier Journalisten auf ihn zugestürzt kamen, um seine Meinung einzuholen.

In Dänemark ist er heute noch unvergessen. Die Ära Strittich, die zwanzig Jahre gedauert hat, beginnt und endet in Esbjerg, einer Hafenstadt im Jütland, in der die meisten Leute außer dänisch auch deutsch sprechen, was die Verständigung von Anfang an leichtgemacht hat. Dazwischen Aalborg BK, ein großer Verein, und Viborg FF, ein kleiner. Und natürlich das Nationalteam, sechs Jahre lang. Den Esbjerg fB hat er viermal zum Meistertitel geführt. Er rechnet sich das nicht als Verdienst an, er hat halt gut reingepaßt. Verblüfft war er nur im ersten Moment, weil ihn gleich alle geduzt haben, die Vorstandsmitglieder, die Spieler, die Spielerfrauen und die Leute auf der Straße. Er hatte sofort einen guten Draht zu ihnen, ist mit ihnen Ski gefahren und hat sie zu Weihnachten oder am Ende der Saison mit Uhren beschenkt. Im Training wollten die Spieler immer noch eine Übung anhängen, obwohl sie reine Amateure waren und keinen Groschen bekamen. Es war selbstverständlich, daß auch ihre Frauen und Kinder Zutritt zum Klubhaus hatten. Dort haben sie Skat gespielt, sich miteinander unterhalten, wehe, wenn er ihnen das Trinken verboten hätte. Nach jedem Match wurde eine Kiste Bier hereingeschleppt. Als Nationaltrainer stand er vor dem Problem, daß alle Spieler einem Beruf nachgingen. Er konnte nie länger mit ihnen arbeiten, bekam sie erst kurz vor einem Spiel zu Gesicht. Außerdem war ihnen Treue wichtiger als Karriere. Kaum einer opferte dem Ehrgeiz, um den Titel mitzuspielen, die Verbundenheit mit seinem angestammten Verein. Da war es nur logisch, daß er sogar Spieler aus der Dritten Liga in die Mannschaft gestellt hat. Immerhin ist es ihm gelungen, einen dritten Trainingstag einzuführen. Bis dahin wurde nur zweimal pro Woche trainiert. Gegen den Beschluß des dänischen Verbands, am Amateurstatus streng festzuhalten, hat er hingegen nichts ausrichten können. Spieler, die als Profis ins Ausland gingen, wurden automatisch für die Nationalmannschaft gesperrt, blieben es sogar noch in den ersten zwei Jahren nach ihrer Rückkehr nach Dänemark. Erst angesichts der Niederlagen im Europacup dämmerte den Vorstandsmitgliedern, daß eine Umstellung angebracht wäre. Als das Verbot, Geld anzunehmen, schließlich aufgehoben wurde, war er nicht mehr im Land. Aber seine beste Zeit hat er zweifellos dort verlebt, wo er wenig verdient, vieles erreicht hat, zwanzig Siege, elf Unentschieden mit dem Nationalteam und die Endrunde bei den Olympischen Spielen in München, in der sie Brasilien ausgeschaltet haben, die Dänen liegen ihm einfach mehr als die Österreicher, sie sind offener, aufrichtiger, nicht zufällig war er ja auch in zweiter Ehe, siebzehn Jahre lang, mit einer Dänin verheiratet, und sie sind nicht im Unfrieden auseinandergegangen, sondern hauptsächlich deshalb, weil sie nicht in Österreich leben wollte und ihn alles hierher zurückgezogen hat. Nach Steyr, obwohl gerade Vorwärts sich ihm gegenüber einigermaßen schäbig benommen hat.

Noch während er die dänische Nationalmannschaft betreut hatte, war ihm der Posten des österreichischen Teamchefs angeboten worden. Er hatte die Einladung ausgeschlagen, wegen der Intriganten und Wichtigtuer hierzulande. Als er dann doch, 1980, einen Trainerposten in Österreich übernahm, bei Austria Salzburg, bereute er bald seine Entscheidung. Er wurde nach 105 Tagen gefeuert, mangels Erfolg, eigentlich deshalb, weil er die dänischen Verhältnisse verinnerlicht hatte. Aber die Einstellung der Spieler in Salzburg war grundverschieden, sie brauchten nicht einen Trainer, sondern einen Peitschenknaller, der er nie gewesen ist. Ein paar Jahre später bekam er noch einmal zu spüren, was es heißt, in Österreich Trainer zu sein. Von einem Freund, der bei SK Enns Sektionsleiter war, ließ er sich überreden, den Verein zu übernehmen. Am ersten Trainingstag kamen zwanzig Zuschauer. Am zweiten zehn. Am dritten ein Vater, um sich bei ihm zu beschweren: »Warum haben Sie meinen Sohn nicht aufgestellt?« Beim ersten Match saß er auf der Betreuerbank und hörte, wie einer hinter ihm sagte: »Da ist er ja, der alte Tepp.« Nach drei Monaten hat er aufgehört.

Trainieren oder spielen? »Spielen ist schöner. Hast ja keine Verantwortung. Spielst einmal schlecht, na gut, wirst das nächste Mal nicht aufgestellt. Aber wenn 20 000 Zuschauer schreien: ›Hauts ihn aussi, den Strittich!‹, dann brauchst eine dicke Haut. Schuld geben sie immer dem Trainer. Ja, solange du Erfolg hast, ist es schön, Trainer zu sein.«

Er hat einiges von der Welt gesehen. Mit Vienna hat er in vielen Ländern und auf mehreren Kontinenten, sogar in Uruguay und in Brasilien, gastiert. »Eines muß ich aber schon sagen: Ich hab mir kein Museum von innen angeschaut. Weil wir waren immer zusammen, die Haberer und ich, und haben uns lieber irgendwo ein Viertel Wein gekauft.«

Der ewigen Debatte, ob früher besser oder schlechter Fußball gespielt wurde, kann er nichts abgewinnen. Heute fallen kaum Goals, denn es geht um einen Haufen Geld. Das Tempo ist viel höher. Die Anforderungen an die Trainer sind gestiegen. Zu seiner Zeit ist es nur selten vorgekommen, daß ein Trainer nach ein paar Runden abserviert wurde. Heute schon. Ganze Spielzüge sind ausgestorben. Wer weiß noch, was ein Stanglpaß ist. Trainiert wurde nur zweimal die Woche. Das System war ganz anders. Bei zwei Backs, drei Läufern, fünf Stürmern bist du kaum gedeckt worden. Deshalb sind auch so hohe Ergebnisse zustande gekommen. 5:1, 7:1. Schöner ... ja, schöner war der Fußball, den sie gespielt haben.

Ein ständiges Brennen im linken Bein und im Kopf. Ein Phantomschmerz, behaupten die Ärzte. Ein Nerv, der abgestorben ist und trotzdem weh tut. Es schmerzt höllisch, bei jedem Schritt. Wann immer es geht, lagert er das Bein hoch, wegen der Durchblutung. Auch rechts dieser Dauerschmerz, bis hinunter zum Knöchel. Das rechte Knie wäre zu ersetzen, durch ein künstliches Gelenk. Geht nicht, sagen die Ärzte. Er hat schon drei Operationen hinter sich, die nichts gebracht haben. Einmal am Tag geht er trotzdem aus dem Haus, humpelt den Hoferweg entlang, achtzig oder neunzig Meter weit bis zum Haus an der Ecke Goldbacherstraße, in dem ich aufgewachsen bin. Dort rastet er eine Weile, wobei er sich mit Armen und Oberkörper am Zaun abstützt, um die Beine zu entlasten und die Muskeln zu dehnen, und hält Ausschau nach meiner Mutter, mit der er sich gerne unterhält. Dann macht er sich wieder auf den Rückweg. Er ist heiter, gesellig, auch gastfreundlich wie Monika, seine Frau, die mir als Nachbarin seit meiner Kindheit vertraut ist. In einem Koffer im Kabinett lagern die Spuren eines langen Fußballerlebens. Zeitungsausschnitte und Fotos bunt durcheinander. Monika hat sich einmal bemüht, sie zu ordnen, dann den Versuch bis auf weiteres aufgegeben.

Fragen, die offenbleiben. Eine ganze Menge. Komm uns besuchen, sagt er am Telefon, wenn du das nächste Mal in Steyr bist. Und vergiß nicht, deine Mutter mitzunehmen. Und meine Mutter sagt, tags darauf, heute ist der Herr Strittich wieder am Zaun gelehnt und hat nach dir gefragt.

(2008)

Sonntagsausflug nach Brihuega

Eigentlich war ich auf den Spuren des Komponisten Sebastián Durón. Die Aufforderung, die Donaufestwochen in Grein zu eröffnen, hatte mich in Madrid ereilt, Mitte Februar 2011, und ich willigte ein, nachdem ich erfahren hatte, daß als Höhepunkt des Festivals Duróns Oper *La batalla de los gigantes* aufgeführt werden sollte. Der Barockmusiker stammte aus Brihuega, einer kleinen Stadt der Provinz Guadalajara in der landschaftlich herben, historisch bewegten Region Alcarria, die ich immer schon kennenlerne wollte und nie kennengelert hatte, obwohl sie – eine knappe Fahrstunde entfernt – vor den Toren Madrids liegt, an der Autobahn Richtung Zaragoza.

Duróns Leben und Schaffen war mir bis dahin unbekannt, genauso übrigens wie meinen Freunden in Madrid, die musikalisch gebildeter sind als ich, und der Spanische Erbfolgekrieg, der in seine Lebenszeit fiel, beschäftigt mich weit weniger als der Bürgerkrieg 1936 bis 1939, dessen Wirkungen bis heute andauern. Beide Konflikte verbinden sich mit Österreich; der eine, weil er einen Wechsel des spanischen Königshauses, von den bis dahin herrschenden Habsburgern zu den Bourbonen, zur Folge hatte, der andere, weil tausendvierhundert Österreicher, Männer wie Frauen, auf seiten der Republik die spanischen Faschisten bekämpften.

Auch der Erbfolgekrieg, von dem ganz Europa und ein Teil der spanischen Überseekolonien betroffen war, hatte in Spanien die Ausmaße eines Bürgerkriegs angenommen, wobei Kastilien Philipp von Anjou und Aragón den österreichischen Kaisersohn Karl favorisierte und sowohl Katalonien als auch das Baskenland zu Recht befürchteten, unter einer neuen Herrscherdynastie ihre Sonderrechte zu verlieren. Am 9. Dezember 1710, als Durón schon vier Jahre lang in Bayonne lebte, in der Verbannung, in die er der Witwe des letzten Habsburgerkönigs gefolgt war, wurde seine Geburtsstadt vom Bourbonenheer gestürmt. Tags darauf kam es unweit von Brihuega, bei Villaviciosa, zur großen Schlacht, die mit dem Rückzug der *Austriacistas* unter Generalfeldzeugmeister Guido von Starhemberg endete. Die Zahl der Toten in diesem und anderen Gefechten des Erbfolgekriegs, aus denen alle beteiligten Herrscherhäuser zum Schaden der Untertanen ihren Vorteil zogen, ist nicht auf die Nachwelt gekommen. Hingegen weiß man, daß Philipp – Felipe V. – den Bewohnern Brihuegas die infolge der Kriegshandlungen erlittenen Schäden mit dem Bau einer Königlichen Tuchfabrik entgolten hat. Die *Real Fábrica de Paños,* ein rationalistischer Gebäudekomplex, befindet sich heute, nach jahrzehntelangem Verfall, in einem bedauernswerten Zustand. Der Besuch der Gartenanlage, die alten Reiseführern zufolge den Vergleich mit der in Versaille nicht zu scheuen brauchte, ist wegen Baufälligkeit des Gemäuers ebenso verboten wie der Zutritt zu Innenhof und Kapelle. Das imposante, keineswegs wuchtige Rundgebäude, in dem einst 82 Webstühle Platz fanden, prägt freilich immer noch, von einem Hügel aus, das Stadtbild und wird, dessen bin ich mir sicher, nach jahrelanger Renovierung als Kongreß- oder Ausstellungshalle Verwendung finden, die, wieder ein paar Jahre später, wie in Spanien üblich, aus Kostengründen und mangels Nachfrage geschlossen bleiben wird, wenigstens in den Wintermonaten, in denen die Temperatur oft bis weit unter den Gefrierpunkt fällt.

Unter der Kälte hatten, Anfang März 1937, auch die erbärmlich ausgerüsteten Soldaten der republikanischen Volksarmee zu leiden, die in dieser Gegend den faschistischen Vormarsch auf Madrid aufzuhalten versuchten. Ihnen stand außer der motorisierten División Soria ein italienisches Freiwilligenkorps gegenüber, das so freiwillig nicht war, weil Mussolini es zur Unterstützung Francos auf die Iberische Halbinsel entsandt hatte. Die technische Überlegenheit des Feindes zwang die Republikaner zum Rückzug, ehe sie sich, verstärkt durch drei eilends herangeführte Bataillone der Internationalen Brigaden, zum Gegenangriff sammelten. In Hagelsturm und starkem Regen, der in Schneefall überging, blieben die italienischen Lastwagen und Zugmaschinen auf der Nationalstraße 11 stecken, während die republikanische Luftwaffe im nahen Madrid ungehindert aufsteigen und die Offensive der eigenen Truppen unterstützen konnte. So endete die Schlacht von Guadalajara mit einem opferreichen Sieg der Republikaner, die ihre Stellungen in und um Brihuega fast bis Kriegsende, zwei Jahre später, halten konnten. Dank Hans Landauer, der es sich, selbst Spanienfreiwilliger, als Pensionist zur Aufgabe gemacht hatte, ein Archiv der österreichischen Spanienkämpfer aufzubauen, wissen wir, daß mindestens ein Österreicher bei Guadalajara gefallen ist: der Wiener Hilfsarbeiter Johann Cimpa, ein begeisterter

Leichtathlet, der zwei Monate zuvor in Spanien eingetroffen war. Unbekannt, wo er begraben ist.

Der moralische Auftrieb, den der Erfolg, über seine militärische Bedeutung hinaus, den Verteidigern der Republik gegeben hatte, schlug sich auch in der deutschen Literatur nieder, in den Prosawerken der mitkämpfenden Schriftsteller Gustav Regler und Ludwig Renn. Und natürlich im Guadalajara-Lied mit seinem harschen Klang und holprigen Reim (»Bei Guadalajara im Monat März, in Kält' und Regensturm, da bebte manches tapfre Herz …«), das Ernst Busch populär gemacht hat. Wir sollten sie wenigstens einen Herzschlag lang nebeneinanderstellen: Busch, den hageren Sänger der Revolution, den Hunderttausende irgendwann bei einer Versammlung, auf der Bühne oder in einem Film gesehen und gehört haben, und Durón, den unermüdlichen Propagandisten der himmlischen wie der irdischen Liebe, von dem wir nicht wissen, wie er ausgesehen hat, und der vielleicht, hätte er zweieinhalb Jahrhunderte später gelebt, den antifaschistischen Abwehrkampf um seine Stadt und um das nicht allzuweit entfernte Burgo de Osma, wo er als Organist wirkte, zum Thema seiner Oper gemacht hätte. Er hätte der »Schlacht der Giganten« also den Titel belassen, aber einen anderen Sinn gegeben: keine Panegyrik der absoluten Monarchie mehr, sondern ein Traktat über den vorübergehenden Sieg der guten Sache, für mehr Gerechtigkeit und Gleichheit. Im Exil oder auf der Flucht, und trotzdem nicht als Gebrochene, wären die beiden in unserer Vorstellung einander begegnet.

Es heißt, Sebastián Durón sei in Spanien verdächtigt worden, jüdisches Blut in sich zu haben, weswegen er, um nicht seine Karriere am Hof und beim Klerus zu gefährden, eine beträchtliche Geldsumme aufbringen mußte, zur Fälschung seines Stammbaums, der ihn dann als Kastilier aus altem katholischen Geschlecht auswies. Der christlich begründete Antisemitismus, leider auch ein Faden, der zwischen hier und dort gespannt ist. Allerdings hat er in der Neuzeit in Spanien viel weniger Schaden angerichtet als hierzulande.

Als ich mich mit meinen Freunden Pilar Mantilla und Georg Pichler an einem Sonntagmorgen Ende Februar nach Brihuega aufmachte, fanden wir ungleich bessere Witterungsverhältnisse vor als die beiden Bürgerkriegsparteien 74 Jahre zuvor. Auch wenn es im Schatten noch kalt war, an den Südhängen und in den Niederungen des Río Tajuña blühten bereits die Mandelbäume. Unser erster Halt war in Torija, wenige Kilometer vor Brihuega. Die mittelalterliche Burg, die im Bürgerkrieg zerstört worden war und erst vor wenigen Jahren restauriert, beherbergt nun ein sogenanntes *Centro de Interpretación Turística,* was nichts anderes ist als ein Regionalmuseum, in dem sich bei unserem Besuch mehr Aufseherinnen tummelten – sehr auskunftsfreudige übrigens, und zwanghaft hilfsbereite – als Touristen. Ein Stockwerk ist der Flora und Fauna, ein zweites den romanischen und gotischen Baudenkmälern, ein drittes der Geschichte der Gegend eingeräumt, unter Aussparung des Bürgerkriegs freilich. In einem entlegenen Trakt, der sich über eiserne Wendeltreppen bis unters Turmdach schraubt, findet sich eine Sonderausstellung zu Camilo José Celas Buch *Viaje a la Alcarria,* das den literarischen Ruhm des späteren Nobelpreisträgers gefestigt hatte.

Cela war an einem Sommertag des Jahres 1946 zu einer

Fußreise durch die Alcarria aufgebrochen. Und er hatte, wie wir jetzt erfuhren, die Wanderung nicht allein unternommen, jedenfalls nicht auf allen Teilstrecken: Ab Brihuega hatten ihn zwei Fotografen begleitet, Karl Wlasak und Conchita Stichaner. Unsere Vermutung, es könnte sich bei den beiden um Österreicher handeln, fand ich später, in einer detailfreudigen Abhandlung über Celas Reiseerzählung, bestätigt. Wer weiß, wie Frau Stichaner zu ihrem typisch spanischen Vornamen gekommen ist. Was hat sie und ihren Gefährten ein Jahr nach Ende des Zweiten Weltkriegs in diese arme Gegend im toten Winkel der Hauptstadt geführt? In welchem Verhältnis standen sie zu Cela? Hatten sie sich schon vor 1945 in Spanien aufgehalten? Und warum? Vielleicht gibt es Fotohistoriker, die diese Fragen beantworten können, oder Nachkommen.

In Brihuega, das in einer Talsenke liegt, dachten wir nicht mehr an den Schriftsteller und seine Fotografen. Eigentlich wäre es Zeit für einen Aperitif gewesen, aber als erstes wollten wir herausfinden, ob Sebastián Durón hier gegenwärtig geblieben ist. Das Städtchen wirkte lebendig, die Geschäfte standen offen, die Kneipen waren gut besucht. Zwei alte Frauen wiesen uns den Weg zur Kirche Santa María de la Peña. Die andere, die wir sehen wollten, die Parroquia de San Juan, gäbe es längst nicht mehr. Sie sei doch eingestürzt, vor fünfzehn oder zwanzig Jahren. Ein Musiker namens Durón sei ihnen unbekannt. Die Verkäuferin in einer Bäckerei, der Inhaber einer Gemischtwarenhandlung, die Keramikerin in ihrem Gassenlokal wußten immerhin von seiner Existenz und daß im Gemeindeausschuß über eine Straßenbenennung diskutiert worden sei. Die Straße gibt es inzwischen wirklich, sie heißt Hermanos Durón, gilt also auch Sebastiáns älterem Bruder Diego, der ebenfalls als Komponist und Organist tätig gewesen ist, in der Kathedrale von Las Palmas auf der Kanarischen Hauptinsel.

In der Pfarrkirche San Juan, wo ihr Vater das Amt des Mesners versehen hatte, waren die beiden getauft worden. Im Seitenschiff ließ Sebastián Durón Anfang des 18. Jahrhunderts eine Kapelle zu Ehren der Jungfrau von Zafra errichten. Dort soll auch, zeitgenössischen Quellen zufolge, ein Bild zu sehen gewesen sein, auf dem er vor dem heiligen Antonius von Padua kniet und betet. Seit den Kämpfen 1937 ist es verschwunden. Auf einer Webseite über Brihuegas berühmte Söhne (Töchter waren nicht angeführt) wird allerdings auch Santa María de la Peña als Standort des verschwundenen Gemäldes genannt; Grund genug für uns, die Kirche aufzusuchen.

Das Bauwerk aus dem 12. Jahrhundert steht neben der Burg, in der allerlei Kriegsgerät und anderes Blechzeug untergebracht sein soll. Hinter ihr sind Reste der Stadtmauer zu sehen und ein verwittertes Schild, auf dem steht, daß sie mit Geldern der Autonomieregierung von Kastilien-La Mancha instand gesetzt wird. Weil gerade die 12-Uhr-Messe gefeiert wurde, schlenderten wir über den Friedhof, der stufenförmig in den Südhang eingepaßt wurde. Die Grabaufschriften im älteren Teil geben Auskunft über Besitzstolz, Not und Verbrechen. »Exklusive Grabstätte für Doña Francisca Ballestero, die hier ruht. Und für ihre Tochter Doña Carmen Pérez. Auf Wunsch der Eigentümerin sind weitere Beerdigungen untersagt.« In einem Winkel drei Nischengräber, für die Geschwister Pilar, Amalio und

Mariano Bahamonte y González, alle drei im Juli 1885 binnen weniger Tage verstorben, im Alter von zwei, drei und vier Jahren. Der Glaube ans Jenseits, als Tatsache verkündet: *Subió al cielo.* »Aufgefahren in den Himmel.« Und der in Stein gemeißelte dreifache Aufschrei der Mutter. *¡¡Hija mía!! ¡¡Hijo mío!! ¡¡Hijo mío!!* Versteinerter Schmerz auch ein paar Meter weiter, auf der Grabplatte von Manuel del Amo Perojuan, »ermordet am 5. Februar 1905 und † am sechsten desselben Monats im Alter von 33 Jahren«. »Ach, welch Sehnen, welch Schmerz, welch Kummer!« heißt es bei Durón.

Auf Brihuega trifft die Beobachtung, daß in Spanien kaum jemand zur Messe geht, offenbar nicht zu. Jedenfalls dauerte es lange, bis sich auch die letzten Kirchgänger aus dem schmalen romanischen Portal gedrängt hatten. Dann durften wir endlich hinein, überwacht vom Mesner, der schon ungeduldig darauf wartete, das Tor abschließen zu können. Unsere Hoffnung, vielleicht doch das verschollene Durónbild oder wenigstens einen Verkaufsstand mit Aufnahmen seiner Kompositionen zu entdecken, erfüllte sich nicht. Der mehrmals renovierte Innenraum konnte auch nicht mit der schlichten Schönheit der Fassade mithalten.

Im Grunde hätten wir gleich merken müssen, daß Brihuegas Hauptattraktion nicht der Komponist ist, sondern ein Illusionist und Hypnotiseur namens Juan Elegido Millán, der unter dem Künstlernamen Profesor Max ganz Spanien und dazu noch die halbe Welt bereist hat, denn überall in der Stadt waren Hinweisschilder angebracht, die zum Besuch seines »Ersten Miniaturenmuseums der Welt« einluden. Nach dem Mittagessen in einem riesigen Speisesaal, der mit alten Uhren, Kupferpfannen, Landschaftsbildern, einer Kühltruhe mit verstaubten Weinflaschen und einem Foto von vier Kampfstieren drapiert war, nahmen wir die »weltweit größte Sammlung der kleinsten Dinge« in Augenschein. *Es insólito ... maravilloso ... único.* Die Superlative, mit denen der Neffe des 1975 verstorbenen Sammlers nicht geizt, sind durchaus angemessen. Die meisten Ausstellungsstücke lassen sich nur mit Lupen erkennen: eine Kopie von Leonardo da Vincis *Abendmahl*, auf ein Reiskorn gemalt; die kleinste Zahnprothese der Welt, angefertigt vom katalanischen Prothesenbauer Juan Farre Pon; der Stierkämpfer Manolete bei seinem letzten – und tödlichen – Auftritt in der Arena von Linares, samt Stier auf einen Streichholzkopf gemalt; ein Porträt des venezolanischen Philosophen und Dichters Andrés Bello, vom Künstler Willy Muñoz in Ecuador auf den Kopf einer Stecknadel gemalt; ebenfalls auf einem Nadelkopf, die Erdkugel samt Nationalflaggen; drei Schrumpfköpfe der Jíbaros; millimeterkleine Statuen aus Kaugummi, Kreide, Seife und Wachs; ein Stempel mit dem Vaterunser in dreizehn Sprachen; chinesische Gedichte, in die Schale einer Paranuß gekerbt; ein Puppenhaus in einer Nußschale, jedes Zimmer komplett möbliert; zwei präparierte und penibel gekleidete Flöhe, der eine im Brautkleid, der andere im Frack; eine Visitenkarte, auf dessen Kante der Miniaturenkünstler Andrade Guerra geschrieben hatte: »Max Herr des Staunens, der einzige auf Erden, der per Telefon hypnotisiert.«

Nach dem Rundgang unterhielten wir uns noch eine Weile mit dem Inhaber, der mit dem Museum große Pläne hegt. Sein Onkel wäre im Bürgerkrieg um ein Haar erschossen worden, aber weil er dünn wie ein Faden gewesen sei, hätten sie ihn schließlich laufenlassen: *los rojos,* die Roten, wie er die Republikaner nannte, und der Wortgebrauch verriet uns, welchem politischen Lager er zugehörig war. Profesor Max hatte sich, wie die Mappe mit den Zeitungsausschnitten bewies, gern mit Lakaien des Francoregimes ablichten lassen.

Aber Brihuega ist kein Hort der Reaktion. Sonst hätte man den Platz vor dem Museum nicht nach Manuel Leguineche benannt, einem baskischen Journalisten und Schriftsteller, der sich vor vielen Jahren in der Stadt niedergelassen hat. Leguineche ist seit Anfang der sechziger Jahre bei fast allen Revolutionen, Kriegen und Katastrophen dabeigewesen, er hat am Oberlauf des Amazonas einen Überlebenden des KZ Mauthausen, und des Außenlagers in den Heinkel-Werken Floridsdorf, ausfindig gemacht und gemeinsam mit Jesús Torbado das Buch *Los Topos* geschrieben, das auch ins Deutsche übersetzt worden ist: über Republikaner, die jahrzehntelang in Kellerverstecken oder Erdlöchern zugebracht hatten, um der Hinrichtung oder Kerkerhaft zu entgehen. Meine Freunde vermuteten, daß Leguineche den alten, sorgfältig renovierten Herrensitz gegenüber dem Museum bewohnt, und einen Augenblick lang waren wir versucht anzuklopfen. Vielleicht wäre Spaniens rasender Reporter, zwischen Reisen nach Bolivien und Pakistan, gerade daheim gewesen, an diesem Ort »inmitten eines fast entvölkerten Universums«, wie er einmal geschrieben hat: »Das ist es, was mir an Spanien gefällt, das offene, weite, einsame, luftige Land.« Unlängst habe ich bei ihm gelesen, er habe sich die Platzbenennung schwer verdient, durch häufiges Zechen mit den Einheimischen und damit, daß er sie beim Mus – Spaniens populärstem Kartenspiel, über das er ein Buch geschrieben hat – so oft gewinnen habe lassen. Durchaus möglich, daß auch Durón leidenschaftlich gern Mus gespielt hat.

In seinem Führer zu den Stätten des Bürgerkriegs, *Itinerarios de la guerra civil española,* schreibt Eladi Romero, daß die blutigsten Kämpfe der Schlacht von Guadalajara um den ehemaligen Palacio de Ibarra stattgefunden hätten, ein paar Kilometer außerhalb von Brihuega. »Wenn der Reisende der Familie zu Gesicht steht, die sich heute um den Gutshof kümmert, dann darf er die Scheune besichtigen, in der seinerzeit das republikanische Lazarett untergebracht war.« Dank Georgs Spürsinn fanden wir das etwas abgelegene Gehöft auf Anhieb. Und offenbar waren wir dem stämmigen Verwalter sympathisch, der uns, aufgeschreckt durch das näher kommende Motorengeräusch und das Anschlagen seiner Hunde, vor dem Haus erwartete. Es seien schon viele Historiker hier gewesen. Wenn wir zu Hause Hühner haben, sagte er, dürfen wir gern auch eine Handvoll Körner mitnehmen. Er zeigte auf die Scheune, die nicht mehr war als eine gemauerte Baracke. Obwohl die Wände in der Zwischenzeit getüncht worden waren, fanden wir noch zwei mit Schablonen gemalte Pritschennummern. *Cama 4. Cama N° 5.* Wer weiß, ob hier nicht auch Hans Mayer gelegen ist, ein steirischer Landarbeiter in der Maschinengewehrkompanie des 3. Bataillons der 11. Internationalen Brigade, der im Feldspital von Tarancón, Provinz Cuenca, noch im März 1937 an den Folgen der bei der Schlacht von Guadalajara erlittenen Verletzungen gestorben ist.

Unsere letzte Station war Trijueque, das bei den Luft-

angriffen schwer beschädigt worden war. Von der halbverfallenen Parroquia de la Misericordia aus eröffnet sich ein
weiter Blick auf die Alcarria. Romero zufolge gab es hier
bis in die sechziger Jahre ein Denkmal zu Ehren der italienischen Gefallenen, das von den Veteranen eifrig aufgesucht
wurde. Der faschistischen Italiener, denn auch auf republikanischer Seite hatten welche gekämpft. Der Überlieferung
nach war es mit der Ehre nicht weit her, wenigstens nicht
mit der ihrer Offiziere: Der General Annibale Bergonzoli, der es später zu einer Gold-, einer Silber- und einer
Bronzemedaille für militärische Tapferkeit bringen sollte,
ergriff Hals über Kopf die Flucht, unter Zurücklassung
seines Koffers, der dem Kommandanten der 14. Division der
Volksarmee, dem Anarchisten Cipriano Mera, ausgehändigt
wurde. Mera, ein Maurer, der erst mit dreiundzwanzig Jahren Lesen und Schreiben gelernt hatte, fand darin Fotos,
auf denen der bärtige Bergonzoli in Frauenunterwäsche
abgebildet war. Er war davon so erschrocken, daß er befahl,
die Fotos zu verbrennen. Den Koffer behielt er. Wie dieser
siebzig Jahre später, zweiunddreißig Jahre nach Meras Tod,
vierunddreißig nach dem des italienischen Generals, auf die
Nachwelt kam, das ist eine Geschichte für sich, die will ich
jetzt nicht erzählen, weil sie zwar spanischen Verhältnissen
ein Licht aufstecken würde, aber nichts mehr mit unserem
Ausflug und schon gar nichts mit Sebastián Durón zu tun
hat.

Zurück in Madrid, setzten wir uns noch in eine Bar. So
schnell wollten wir nicht auseinandergehen an diesem Tag,
der für lange Zeit der letzte gemeinsam verbrachte war.
Pilar würde weiterhin ihren in Alter und Herkunft bunt-

gemischten Studenten Deutsch beibringen. Georg wollte nach Montpellier aufbrechen, um dort ein Seminar über österreichisches Theater zu halten. Ich war auf dem Sprung nach Wien. Es wäre schön gewesen, jetzt Tonadas von Sebastián Durón zu hören, die fast alle, wie seine Zarzuelas, um ein Thema kreisen. »Urwald verzaubert von Liebe«; »Die neuen Waffen der Liebe«; »Wenn die Liebe die Welt verläßt«; »Tod in Liebe ist die Abwesenheit«; »Gift ist Liebe aus Neid«; »O weh, ich vergehe vor Liebe im Feuer«. Und das schönste, innigste Lied: *La borrachita de amor.* Trunken vor Liebe die Frau, im Diminutiv, der sich nicht übersetzen läßt. Aber zu hören waren nur, wie überall in der Stadt, die sich überschlagenden Stimmen der Kommentatoren, während die Sonntagsspiele der Ersten Division auf zwei Bildschirmen flimmerten. Der allgegenwärtige Lärm von Madrid, das in und bei Brihuega gerettet worden ist, für zwei bittere Jahre.

(2011)

Dieses andere

Rede an der Gedenkstätte des KZ-Nebenlagers Bretstein

Vor dreieinhalb Jahrzehnten lernte ich in Mauthausen Manuel García Barrado kennen. Manuel, oder Manolo, Jahrgang 1918, stammte aus einem Dorf der Provinz Toledo und war in Madrid aufgewachsen, wo er eine technische Fachschule besucht hatte. Nach der Erhebung der Militärs im Juli 1936 kämpfte er in den Reihen der Republikanischen Volksarmee gegen die Francotruppen, floh im Februar 1939 mit Hunderttausenden seiner Landsleute über die Grenze nach Frankreich, wurde dort interniert und meldete sich zum Dienst in den französischen Streitkräften. Nach dem Überfall der Wehrmacht geriet er in deutsche Kriegsgefangenschaft. Vom Stammlager Trier aus wurde er Anfang März 1941 nach Mauthausen deportiert. Seine Befreiung erlebte er im Mai 1945 im Nebenlager Gusen. Bald danach lernte er seine spätere Frau Anna kennen, mit der er eine Familie gründete. Manolo arbeitete als Bauzeichner, eine Tätigkeit, die er unter unvergleichlich schlimmeren Bedingungen schon als KZ-Häftling ausgeübt hatte. Daneben spielte er, wie übrigens noch ein paar andere republikanische Spanier, einige Jahre lang in der Fußballmannschaft des ATSV Mauthausen. Im Jahr 1970, mit der Übernahme der Gedenkstätte durch das österreichische Innenministerium, nahm Manolo den Verwalterposten im ehemaligen Konzentrationslager an. Von nun an bis zu seiner Pensionierung Ende 1982, und darüber hinaus bis wenige Wochen vor seinem Tod am 5. Dezember 2006, war er fast täglich dort anzutreffen, wo er die leidvollsten Jahre seines Lebens zugebracht hatte.

In Spanien wurde einer breiteren Öffentlichkeit erst Anfang der achtziger Jahre bewußt, daß die nazideutsche Mordmaschinerie Tausende Landsleute – Männer, aber auch Frauen und sehr viele Jugendliche – erfaßt hatte. Den spanischen Journalisten, die damals, meist mit bescheidenen zeitgeschichtlichen Kenntnissen ausgestattet, nach Mauthausen reisten, war Manolo ein willkommener Interviewpartner. Erstens konnten sie sich mit ihm in ihrer Muttersprache verständigen; zweitens stand er der noch von Franco begründeten konstitutionellen Monarchie nicht grundsätzlich ablehnend gegenüber, ließ sich also in das harmonieselige Selbstbildnis der jungen Demokratie einfügen; drittens aber, und das schien ihnen unbegreiflich, lieferte seine paradox anmutende Arbeit in der Gedenkstätte die Sensation, ohne die die Berichterstattung über ein vermeintlich abseitiges, unaktuelles, dazu noch die Gespenster der Geschichte beschwörendes Thema schon damals nicht auszukommen glaubte: die Tatsache nämlich, daß ein Mensch sich freiwillig der Hölle verschrieb, der er mit Glück entkommen war. In den über ihn erschienenen Reportagen schwang mehr oder minder unverhüllt der Verdacht einer psychischen Abhängigkeit mit, ähnlich der als Stockholm-Syndrom bezeichneten Zuwendung eines Opfers zu seinen Tätern. Manolo war aber vollkommen frei von einer solchen zwanghaften

Bindung. Wenn schon, dann trieb ihn wohl das Verlangen an, seinen Leidensgefährten nahezubleiben. Ohne das Grauen zu verdrängen, begegnete er in seinem beruflichen Alltag zwischen Baracke, Appellhof und Krematorium auch den Bekundungen von Solidarität, den Hoffnungen, der Begeisterung, der Sehnsucht nach gerechten Verhältnissen, die ihn und die meisten anderen im Kampf angespornt hatte, und derentwegen sie hierher verschleppt worden waren. Das Lager war ihm also nicht Endstation auf einer Art lebensgeschichtlicher Rutsche oder Kippe, sondern bloß Zwischenhalt, um sich des eigenen Widerstands, und des Widerstands der vielen zehntausend anderen, zu versichern.

Mit diesem Beispiel will ich meine Behauptung legitimieren, daß wir nicht – oder nicht in erster Linie – aus staatsbürgerlicher Pflicht an einem Ort wie Mauthausen, Gusen oder Bretstein zusammenkommen, in immer erneuerter Abscheu über die hier begangenen Verbrechen, sondern um uns, versuchsweise, diese Verbrechen wegzudenken: so weit jedenfalls, daß sie nicht den Blick auf die Menschen verstellen, die hier geschunden worden sind. Den Blick auch auf das, was möglich gewesen wäre, für jeden von ihnen, wenn sie überlebt hätten oder, schon vorher, in ihrem Bestreben siegreich gewesen wären, damit ein Lager wie Bretstein, so eine Qual, ein Verrecken, erst gar nicht zustande gekommen wäre. Sie ahnen vielleicht schon, worauf ich hinauswill, auf Walter Benjamins als Verpflichtung den Historikern überantwortete Forderung, »im Vergangenen den Funken der Hoffnung anzufachen«, also nicht, wie die meisten staatstragenden Festredner, Festrednerinnen, immer von der »dunklen Seite unserer Geschichte« zu sprechen, der wir uns zu stellen hätten. Gehören denn die 170 oder mehr Häftlinge von Bretstein in die Dunkelheit gestellt? Doch eher ins Licht, denke ich, und was der Religionslehrer Franz Stuhlpfarrer mit seinen Schülerinnen unternommen hat, nämlich die Geschichte und den Standort des Lagers zu erforschen, wozu sich Bretsteins Bürgermeister Hermann Beren bekannt hat, was die Hispanistin Eva Feenstra allein und mit ihren Studenten angetrieben hat, was die Angehörigen und die politischen Funktionäre aus den Heimatgemeinden der hierher verbrachten republikanischen Spanier sowie die Mitgläubigen der ebenfalls in Bretstein inhaftierten Bibelforscher an diesen Ort geführt hat, das war eben nicht die Faszination für die dunkle Seite der Geschichte, sondern das Bedürfnis, sie ins Lichte zu tauchen, also sichtbar zu machen, den Menschen nach und nach ein Antlitz, eine Gestalt, eine Geschichte zurückzugeben, die ihnen von den Akteuren des Naziterrors aberkannt, abgeschafft, zerschlagen worden war.

Man könnte Benjamins Satz um einen weiteren ergänzen, einen von Herbert Marcuse, der der repressiven Toleranz der kapitalistischen Warenwirtschaft die befreiende Toleranz entgegengestellt hat: eine, die ihre Kraft aus der Vergangenheit schöpft, weshalb es Aufgabe und Pflicht der Intellektuellen sei, »an geschichtliche Möglichkeiten, die zu utopischen geworden zu sein scheinen, zu erinnern und sie zu bewahren«. Diese geschichtlichen Möglichkeiten – soziale Gerechtigkeit, Chancengleichheit, Freiheit der Berufswahl unter anderem – schienen in den zwanziger und frühen dreißiger Jahren des vergangenen Jahrhunderts vielerorts in Europa greifbar nahe zu sein, und es bedurfte der faschistischen wie der nationalbarbarischen Gewalt, ihre Realisierung zu verhindern. In den Vernichtungslagern sollte mittels industrialisiertem ebenso wie mittels antiquiertem Massenmord die Erinnerung an diese geschichtlichen Möglichkeiten ausgelöscht werden, und außerhalb der Lager durch die Strategie, möglichst viele Menschen zu Mittätern zu machen und ihnen kraft ihres schlechten Gewissens die Verlockungen dieser Möglichkeiten zu verleiden. Es ist dies eine Vorgangsweise, die wir nur allzugut kennen, auch aus jüngerer Zeit, wenn ich an eine Initiative des Vereins Gedenkstätte Hadersdorf am Kamp denke, der sich lange darum bemüht hat, das Andenken an die dort ermordeten politischen Gefangenen der Strafanstalt Stein – nein, nicht wachzuhalten, sondern in der Ortschaft überhaupt erst zu begründen. Von den Mandataren der Marktgemeinde und einem Gutteil ihrer Bewohner angefeindet, schrieben Aktivisten des Gedenkvereins vor ein paar Jahren die Namen der Ermordeten mit Kreide auf den Asphalt der Hauptstraße, worauf der damalige Bürgermeister die Aufschriften von der Feuerwehrjugend der Ortschaft wegspritzen ließ. Das war nicht nur ein Affront und ein – von den bürgerlichen Gesetzbüchern nicht zu ahndendes – Verbrechen, sondern auch ein abgefeimtes Mittel, diese Jugendlichen in Geiselhaft zu nehmen: Schwer vorstellbar, daß sie, durch ihre Mitwirkung an der Vernichtung von Erinnerung schuldhaft geworden, fähig sein würden, das Geschehene zu erkennen und als wahr anzunehmen.

Ich halte nichts von der hegemonialen Auffassung, daß in Österreichs Zweiter Republik jahrzehntelang über die Naziverbrechen und über diejenigen, die ihnen erlegen sind, geschwiegen worden sei und erst die Auseinandersetzung um einen erinnerungsschwachen Präsidentschaftskandidaten einen Umschwung herbeigeführt habe. Auch bezüglich anderer Länder mit einer vergleichbaren Geschichte – Spanien, Argentinien, Chile zum Beispiel – erscheint mir die These vom Schweigen unmittelbar nach dem Ende faschistischer Herrschaft, das allmählich, d. h. nach einigen Jahrzehnten, gebrochen wird, falsch und irreführend. Das kollektive Erinnern – die *memoria histórica,* wie der entsprechende Begriff in Spanien heißt – wird wie alles, was uns bewegt und umtreibt, von den jeweiligen politischen Kräfteverhältnissen bestimmt. So hat es in den ersten Jahren nach der Befreiung hierzulande sehr wohl Anstrengungen in diese Richtung gegeben. Wir brauchen nicht weit zu schauen: Der Historiker Heimo Halbrainer hat in dem von ihm und dem Museumsdirektor Michael Schiestl herausgegebenen Buch über Verfolgung und Widerstand in der steirischen Region Aichfeld-Murboden nachgewiesen, daß sehr früh Erinnerungszeichen im öffentlichen Raum (Straßenbenennungen, Denkmäler, Gedenktafeln) gesetzt wurden. Ähnliches ließe sich auch über schriftliche Lebenszeugnisse von KZ-Überlebenden und Widerstandskämpfern sowie literarische Werke sagen, die Zivilcourage und Engagement unter den beiden vorangegangenen Diktaturen behandelten. Erst nach dem Ausbruch des Kalten Krieges und nochmals nach dem Abzug der alliierten Truppen geriet der Antifaschismus in die Defensive und wurde, von offizieller Seite, in die Vergangenheit getaucht, aus der er am Tag der Fahne mahnend und schwach blinken durfte. Anders gesagt, es gab ihn, aber es war schwer für die nachfolgende Generation, zu der ich mich zähle, sich seiner zu vergewissern. So schwer, daß mir als jungem Erwachsenen eine Stelle aus Anna Seghers' Roman *Das siebte Kreuz* auf meine Gegenwart gemünzt schien: »Was beinahe nie in der Geschichte geschehen war, aber schon einmal in unserem Volk, das Furchtbarste, was einem Volk überhaupt geschehen kann, das sollte jetzt uns geschehen: ein Niemandsland sollte gelegt werden zwischen die Generationen, durch das die alten Erfahrungen nicht mehr dringen konnten. Wenn man kämpft und fällt und ein anderer nimmt die Fahne und kämpft und fällt auch, und der nächste nimmt sie und muß dann auch fallen, das ist ein natürlicher Ablauf, denn geschenkt wird uns gar nichts. Wenn aber niemand die Fahne mehr abnehmen will, weil er ihre Bedeutung gar nicht kennt?« Der da spricht, ist ein namenloser KZ-Häftling, ein politischer, wie sich unschwer erkennen läßt, der gegenüber den aus rassistischen Motiven deportierten privilegiert ist: nicht nur, weil er als Reichsdeutscher und »Arier« an der Spitze der Häftlingspyramide steht, sondern weil er rational nachvollziehen, also verstehen und begreifen kann, warum er und seine Genossen, Genossinnen von den Nazis verfolgt werden. Er beschreibt, habe ich eben gesagt, was auch mein Gefühl war, als ich mit zwanzig anfing, auf die Freiheitskämpfer zuzugehen, ihrer »alten Erfahrungen« wegen, die mir auch für mich und meine Umgebung lebenswichtig und lebensrettend vorkamen. Das Gefühl, dabei stets ein Niemandsland überwinden zu müssen, hat mich seither nicht losgelassen, und ich bin sicher, die meisten von Ihnen teilen es. Und vielleicht teilen sie auch, neben manchem Kleinmut, der einem dabei überkommt, neben Selbstzweifel und Verzweiflung, ob das Bemühen überhaupt dafür steht, die heimliche Gewißheit, daß es nichts Schöneres, nichts Erregenderes, nichts Erfüllenderes gibt, als sich der Gemeinschaft derer zu öffnen, die wie in einer Stafette die Fahne von einem Fallenden genommen und bis zum eigenen Fallen getragen haben. Derer, unter anderen, die hier in Bretstein gelitten haben, von denen einige auf dem Ortsfriedhof liegen und andere über Krematorien in Mauthausen oder sonstwo im damaligen Gau Oberdonau in den Himmel gestiegen sind und noch andere die Befreiung erlebt und bis zu ihrem Tod im Exil gelebt haben oder doch noch, spät, in die Heimat zurückgekehrt sind. Helden, nicht Opfer.

»Ich habe mir immer im Leben die einfachsten Sachen gewünscht«, läßt Seghers in ihrem Roman einen anderen Widerstandskämpfer sagen, »eine Wiese oder ein Boot, ein Buch, Freunde, ein Mädchen, Ruhe um mich herum. Dann aber ist dieses andere über mein Leben gekommen. Ist gekommen, als ich noch ganz jung war – dieser Wunsch nach Gerechtigkeit. Und mein Leben ist langsam anders geworden und jetzt nur zum Schein noch ruhig.« Nur wenn wir diesen Wunsch bewahren, damit notgedrungen das durch Unruhe anders gewordene Leben annehmen, ehren wir die Toten von Bretstein, wir die Menge jeden einzelnen von ihnen, wie in diesem Gedicht des Peruaners César Vallejo:

Menge
Am Ende der Schlacht,
und der Kämpfende war tot, kam ein Mann auf ihn zu
und sagte zu ihm: »Stirb nicht; ich hab dich so gern!«
Ach, der Leichnam starb weiter.

Es kamen zwei auf ihn zu und sagten aufs neue:
»Verlaß uns nicht! Hab Mut! Kehr ins Leben zurück!«
Ach, der Leichnam starb weiter.

Es eilten zwanzig, hundert, tausend, fünfhundert-
    tausend herbei
und riefen: »Soviel Liebe, und sie vermag nichts gegen
    den Tod!«
Ach, der Leichnam starb weiter.

Es umringten ihn Millionen von Menschen
mit einer gemeinsamen Bitte: »Bleib Bruder, bleib!«
Ach, der Leichnam starb weiter.

Endlich umgaben ihn alle Menschen der Erde;
der traurige Leichnam sah sie und war bewegt:
richtete sich langsam auf,
umarmte den ersten und ging …

(2012)

Wo Gott war

Unter den 927 spanischen Flüchtlingen, die am Vormittag des 20. August 1940 von deutschen Soldaten und französischen Gendarmen aus dem Lager Les Alliers zum Bahnhof von Angoulême eskortiert wurden, befand sich eine sechsköpfige Familie aus der aragonesischen Kleinstadt Calaceite: das Ehepaar Francisco Valsells Bielsa und Leoncia Casasús García sowie seine Kinder Bautista, Pilar, Dominga und Joaquín. Kurz vor der Eroberung der Ortschaft durch Francotruppen, am 1. April 1938, waren sie aus Calaceite nach Katalonien geflüchtet und dann, als auch Barcelona nicht mehr zu halten war, zur französischen Grenze, wo sie, wie Hunderttausende ihrer Landsleute, im Freien lagerten, ehe die Behörden des Nachbarlandes sich am 28. Jänner 1939 endlich bequemten, die Flüchtlinge ins Land zu lassen. Es war keine überstürzte Entscheidung der Eltern gewesen, Calaceite beizeiten zu verlassen; als ehemaliger Stadtverordneter der Republikanischen Linken wäre Francisco sofort erschossen oder erschlagen worden, und auch Bautista hätte, obwohl er damals erst fünfzehn war, als Mitglied der Vereinigten Sozialistischen Jugend um sein Leben fürchten müssen.

Nach dem Grenzübertritt wurde die Familie Valsells Casasús von der Garde mobile aufgegriffen und in eines der primitiven Sandstrandlager – Saint-Cyprien, Argelès oder Barcarès – gepfercht, tags darauf getrennt: Während Francisco mit dem älteren Sohn Bautista im Lager bleiben mußte, wurden die Mutter und die anderen Kinder nach Cognac überstellt. Dort fanden sie Arbeit auf einem nahe gelegenen Gut, Leoncia als Näherin, die Töchter als Erntehelferinnen, und sogar Joaquín verdiente mit dem Verkauf von selbstgefangenen Schnecken ein paar Francs. Ende 1939 war die Familie, im damals erst halbfertigen Lager Les Alliers, wieder vereint, was ihr trotz der prekären Lebensumstände kein geringer Trost gewesen sein mag. Noch ahnte sie nicht, daß die deutsche Wehrmacht ein halbes Jahr später Angoulême kampflos besetzen würde.

Im Bahnhof wurden die Flüchtlinge in zwanzig Viehwagen verfrachtet. Kurz nach vier Uhr nachmittags setzte sich der Zug, mit unbekanntem Ziel, in Bewegung. Die Hoffnung, sie würden in den unbesetzten Süden Frankreichs gebracht werden, zerschlug sich bald. Durch Ritzen zwischen den Wagenbrettern konnten die Deportierten aufgrund von Sonnenstand und Bahnhofsschildern erkennen, daß die Fahrt nach Osten ging, langsam und mit stundenlangen Aufenthalten auf freier Strecke. Nur einmal, schon in Deutschland, wurden sie verköstigt und konnten, um ihre Notdurft zu verrichten, für einige Stunden die Waggons verlassen. Es verwunderte sie, daß ihnen der Stationsvorsteher durch den Lautsprecher vor der Weiterfahrt »viel Glück und Freiheit« wünschte.

Am frühen Morgen des fünften Tages hielt der Zug in Mauthausen, einer Ortschaft, von der sie nie zuvor gehört hatten. Vorerst tat sich nichts, als daß die Türen entriegelt und ihnen von Häftlingen eine Wassersuppe vorgesetzt wurde, in der rohe Rüben und Kartoffeln schwammen. Offenbar war die Lagerleitung nicht davon unterrichtet worden, daß sich auch Frauen und Kinder in dem Transport befanden. Dringliche Telefongespräche hat man sich vorzustellen, von der Kommandantur Mauthausen ins Reichssicherheitshauptamt Berlin, von Berlin nach Madrid und zurück, Konsultationen des deutschen Botschafters Von Stohrer mit dem spanischen Außenminister Serrano Suñer. Dann stiegen ss-Männer in die Wagen und scheuchten alle Männer, auch Greise, Kriegsversehrte und Minderjährige, die ihnen schon arbeitsfähig erschienen, hinaus auf den Bahnsteig. »Raus!«, das erste deutsche Wort, das die Spanier lernten. »Schnell!« Das war das zweite Wort. Und das dritte und vierte: »Wie alt?« Die Frauen schrien, klammerten sich an ihre Söhne oder versuchten den Uniformierten, auf spanisch und mit den Fingern, klarzumachen, daß sie erst elf oder zwölf Jahre alt seien.

Francisco und Bautista Valsells verschwanden im Tumult aus Schlägen und Geschrei. Sicher konnten sie sich nicht einmal von der Familie verabschieden, und Leoncias ganze Aufmerksamkeit galt dem dreizehnjährigen Joaquín, dem ebenfalls befohlen worden war, den Wagen zu verlassen. Nachdem ein Zivilist ihn, wie die anderen für das Lager bestimmten Halbwüchsigen, in einem Verschlag mit einem Wasserschlauch abgespritzt hatte, wartete er nicht auf den Abtransport, sondern kletterte in einem unbeobachteten Moment zurück in den Wagen. Seine Mutter warf eine Decke über ihn, und seine Schwestern setzten sich so, daß er von draußen nicht zu sehen war. Nach einer letzten

Kontrolle, ob ihnen auch wirklich niemand entgangen war, ließen die ss-Männer die Türen verriegeln. Gleich darauf ruckte der Zug an. Mehr als sechzig Jahre später sollte sich Joaquín Valsells, im Gespräch mit den katalanischen Dokumentarfilmern Montse Armengou und Ricard Belis (*El convoy de los 927*, 2005), an dieses Erlebnis erinnern. Noch im Unwissen darum, was Mauthausen bedeutete, habe er gleich befürchtet, seinen Vater nie wiederzusehen. »Er war ein Mensch, der immer gut gelebt hat und es nicht gewohnt war, Strapazen zu ertragen.«

Die Irrfahrt der in den Waggons verbliebenen Frauen und Kinder dauerte mehrere Tage und verlief im Zickzack – zuerst ging es in den Norden, wo ihnen bei einem Halt nahe Berlin (Fürstenberg vermutlich) ausgezehrte Gestalten in Häftlingskitteln auffielen, dann westwärts durch Lothringen, Elsaß zurück nach Angoulême und weiter südlich bis an die spanische Grenze. Am 1. September 1940 wurden sie in Irún von den spanischen Behörden registriert und verhört, anschließend in ihre Heimatgemeinden geschickt. Nach Asturien, nach Andalusien, nach Murcia, nach Katalonien, nach Aragón ... Dort fallweise wieder verhört und eingesperrt.

Leoncia und ihre Kinder waren in Spanien noch zehn Tage unterwegs. Die letzten zwölf Kilometer bis Calaceite, von der nächstgelegenen Bahnstation Valle del Tormo aus, legten sie gemeinsam mit den anderen repatriierten Frauen aus der Ortschaft zu Fuß zurück. Im Morgengrauen trafen sie ein. Das Tor war versperrt, das Wohnhaus, wie auch die Ölmühle, die Olivenhaine und die Getreidefelder der Familie, konfisziert. Sie kamen bei Leoncias Schwester unter, lebten fortan wie Aussätzige, erzählten keinem, was sie erlebt und erfahren hatten. Nachts, das wußte man, wurden immer noch Nachbarn von Guardias oder Falangisten gefaßt und außerhalb der Stadt erschossen. »Hier waren wir alle blind, taub und stumm«, hat Joaquín zu den beiden Filmemachern gesagt. »Darüber darf man nicht sprechen, über das auch nicht … Einmal wurde ich wegen Gotteslästerung angezeigt, weil ich beim Dreschen über das Maultier geflucht hatte. Und es gab Sonntage, an denen mich die Guardia Civil von zu Hause abholte und mich zwang, zur Messe zu gehen. Außerdem waren wir mehr als zwei Jahre lang ohne Nachricht von meinem Vater und meinem Bruder. Wen hätten wir fragen sollen? Wie hätten wir etwas erfahren können?«

Tatsächlich war es den spanischen Häftlingen in Mauthausen bis Februar 1943 untersagt, ihren Angehörigen zu schreiben. Zu diesem Zeitpunkt war Francisco Valsells, wie Joaquín schon befürchtet hatte, nicht mehr am Leben. Vater und Sohn waren im Jänner 1941 in das Lager Gusen überstellt worden, wo Francisco mit vierundfünfzig Jahren an Erschöpfung, an Krankheit, durch eine Benzininjektion, unter den Schlägen eines Kapos oder unter den Fußtritten eines ss-Mannes starb. Bautista wurde Anfang 1942 mit vierzig anderen spanischen Jugendlichen in ein Steinmetzkommando versetzt, das für die Firma Poschacher Zwangsarbeit leistete. Sie waren bei den erwachsenen Häftlingen nicht nur deshalb beliebt, weil sie ihre bevorzugte Stellung zum Schmuggeln von Lebensmitteln und Nachrichten nützten, sondern weil sie fröhlich, hilfsbereit und aufsässig waren. In seinen nachgelassenen Erinnerungen (*De Calaceite a Mauthausen*,

2006) schreibt der ehemalige Bürgermeister von Calaceite, Raimundo Suñer Aguas, daß sie sich geschlossen der Anordnung des Unternehmers widersetzten, die Loren im Laufschritt zu beladen. Außerdem nahmen sie das Risiko auf sich, Negative der Lageraufnahmen, die ihr Landsmann Francisco Boix im Erkennungsdienst entwendet hatte, in ihren Schuhen versteckt nach draußen zu bringen. Eine Frau aus der Ortschaft, Anna Pointner, unterstützte sie nach Kräften und versteckte das Fotomaterial in ihrem Garten.

Unter den Dokumenten, die Joaquín Valsells über Vermittlung des Historikers Benito Bermejo dem Archiv der Gedenkstätte KZ Mauthausen überlassen hat, sind elf Postkarten, die sein Bruder zwischen dem 24. Februar 1943 und dem 28. Mai 1944 nach Calaceite geschickt hat. Erlaubt waren »nicht mehr als 25 Worte nur persönliche Familiennachrichten«, und der Inhalt wurde sowohl von der Lagerkommandantur als auch von der staatspolizeilichen Zensurstelle in Barcelona kontrolliert. Das galt auch für die Briefe, die ihm seine Mutter geschrieben hat. Immerhin durfte sie zweimal ein Foto beilegen, was ihn am meisten freute, und familiäre Ereignisse erwähnen: die Heirat der einen, dann der anderen Schwester. Bautistas Frage, wer denn die Schwager seien. Seine Verblüffung, daß er Joaquín auf einem Foto nicht erkannt habe. Die vorsichtig angedeutete Not der Familie, die er bekümmert zur Kenntnis nahm. Und immer wieder die Floskel, die nicht fehlen durfte: »Ich bin wohlauf, wie geht es Euch.«

Die erste Nachricht über den Verbleib von Mann und Sohn hatte Leoncia durch ein Schreiben der Konsulatsabteilung der Deutschen Botschaft in Madrid vom 8. September 1941 erhalten: Beide Schutzhäftlinge »erfreuen sich bester Gesundheit«. Die grausame Lüge wurde von Bautista erst zwei Jahre später, zwischen den Zeilen, berichtigt. Am 10. Juli 1943 schrieb er: »Seit 9. Oktober 1941 bin ich allein macht Euch um mich keine Sorgen.« Und am 13. November 1943: »Wartet nicht auf Francisco.« So kennen wir zwar den Todestag seines Vaters, nicht aber die genauen Todesumstände, weil Bautista die Befreiung des Konzentrationslagers nur um ein Jahr überlebt hat: Er starb 1946 in der französischen Kleinstadt Fumel, Département Lot-et-Garonne, bei Rangierarbeiten auf dem Gelände des Hüttenwerks von Périgord. Augenzeugenberichten zufolge klemmte er sich einen Fuß in einer Schiene oder Weiche ein, konnte sich nicht rechtzeitig befreien und wurde von einem Zug erfaßt. Seine Mutter und seine Geschwister hat Bautista nie wiedergesehen.

Außer den Lagerpostkarten ist nur ein Brief von ihm erhalten geblieben, den er seinem Bruder im August 1945 – zwei Monate nach der Rückkehr aus Mauthausen – aus Frankreich geschrieben hatte. »Unvergessener und geliebter Bruder!« Kein Wort über die qualvollen Jahre, die hinter ihm lagen, statt dessen die Bekräftigung seines Willens, die versäumte Jugend nachzuholen, durch Kinobesuche, Tanzvergnügen, eine bevorstehende Reise nach Paris. Er ermunterte seinen Bruder, das Leben nach Möglichkeit zu genießen, klagte darüber, daß auch seine Berufsaussichten schlecht seien, und äußerte die vage Hoffnung, die Familie irgendwann wiederzusehen.

Dann gibt es noch ein paar Bilder. Bautista allein oder in Gesellschaft seiner Freunde aus dem Kommando Poschacher, deren Väter ebenfalls in Gusen umgekommen sind: Jesús Tello Gómez, Jesús Grau Suñer, Pedro Suñer Nielles. Auch Grau und Suñer stammten aus Calaceite, ebenso ein hübsches Mädchen mit hochgestecktem Haar und in geblümter Bluse, das ihm ein Porträtfoto gewidmet hatte: »Bewahre diese zärtliche Erinnerung dieser Deiner Freundin, die Dich ihr Lebtag lang nicht vergißt und Dich sehr schätzt. Maria Roig.« Aufnahmen, Versprechen einer Zukunft, die es für ihn nicht geben sollte. Als letztes ein Bild seines Vaters Francisco, im Profil, mit ernster Miene, als ahnte er schon, was ihm bevorstand. Es wäre ein Trost zu wissen, daß Bautista bei ihm war, als er starb.

Jahre nach Kriegsende erhielt Leoncia Casasús von der Bundesrepublik Deutschland eine Entschädigung für die Ermordung ihres Mannes zugesprochen. Als der Pfarrer von Calaceite davon erfuhr, wollte er sie überreden, den Betrag der Kirchengemeinde zu spenden. Joaquín: »Er sagte zu meiner Mutter, die sehr katholisch war: ›Durch die Gnade Gottes werden Sie nun dieses Geld bekommen, und damit könnten wir eine neue Kapelle errichten.‹ Sie erwiderte: ›Padre Vicent, wo war Gott eigentlich, als man meinen Mann umgebracht hat?‹«

(2015)

Der gefundene Vater

Ein Gleichnis aus Mauthausen, 1945 und davor, danach

Siegfried Meir war acht, als er im April 1943 mit seinen Eltern aus Frankfurt am Main nach Auschwitz-Birkenau deportiert wurde. Sein Vater, ein gläubiger Jude rumänischer Staatsangehörigkeit, hatte ihm Gottvertrauen eingeschärft, und deshalb haßte Siegfried ihn, Gott und alle Religionen, sobald er die Greuel des Vernichtungslagers erlebte. Seine Mutter starb nach zwei Monaten an Flecktyphus; wie und wann sein Vater ums Leben kam, hat er nie erfahren. Als er selbst an Typhus erkrankte, wurde er in der Baracke gesund gepflegt, in der Mengele seinen pseudomedizinischen Ehrgeiz an Zwillingen stillte. Siegfried vermutet, daß ihm seine Ausnahmestellung als blondes, blauäugiges Kind, sein germanischer Vorname und sein aggressives Verhalten geholfen haben: Je mehr er verrohte, um so größer waren seine Überlebenschancen. Sein Vorbild waren sowjetische Häftlinge, die den ss-Männern direkt in die Augen schauten, auch wenn sie dafür erschossen wurden.

Im Jänner 1945, kurz vor der Befreiung des Lagers durch die Rote Armee, wurde Siegfried wie 2500 andere Häftlinge nach Mauthausen verschleppt. Während des Transports im offenen Waggon verlor er vor Kälte und Durst die

Besinnung, er glaubt zu wissen, daß Partisanen bei einem Halt das Feuer auf die Wachmannschaft eröffneten und die kräftigeren Häftlinge im Tumult die Flucht ergriffen, aber was dann geschah, daran vermag er sich nicht zu erinnern. Erst wieder an die Ankunft im Konzentrationslager, wo ihm, wie allen Neuzugängen, der Kopf geschoren werden sollte. Siegfried wehrte sich mit Händen und Füßen, Lagerführer Georg Bachmayer kam hinzu, der Junge schrie: »Die Haare nicht!«, und Bachmayer gab, verblüfft von seiner Furchtlosigkeit, dem Ansinnen statt. Er ließ sich von ihm erzählen, was er in Auschwitz durchgemacht hatte, und führte Siegfried zu einer Baracke der Spanier, wo er ihn dem Stubenältesten, Saturnino Navazo, übergab. Dieser trage ab sofort die Verantwortung für den Jungen. »Navazo und ich sahen uns an«, sagt Siegfried, »und sofort entdeckte ich in ihm den Vater, nach dem ich mich gesehnt hatte.« Einen, der ihm Geborgenheit gab, Vertrauen, Zuversicht.

Saturnino stammte aus Hinojar del Rey, einem Dorf der Provinz Burgos, und war in Madrid, bei Deportivo Nacional, Profifußballer gewesen, ehe er im Bürgerkrieg gegen die aufständischen Militärs kämpfte, nach der Niederlage der Republik nach Frankreich floh, dort den Deutschen in die Hände fiel und nach Mauthausen deportiert wurde. Seine Fußballkünste beeindruckten die Lager-ss, die ihn damit beauftragte, die Nationalspiele im Lager zu organisieren – eine ungarische Häftlingsauswahl gegen eine jugoslawische, eine polnische gegen eine spanische –, die meistens mit dem Tourniersieg der Spanier endeten. Er wurde dem Kommando Küchendienst zugeteilt und nutzte diese privilegierte Stellung, um Lebensmittel zu schmuggeln und Nachrichten der illegalen Widerstandsgruppe weiterzugeben. Siegfried immer hinter ihm her, in einer Phantasieuniform, die ihm Häftlinge geschneidert hatten, und »wie ein Hündchen«, sagt er. Denn: »Navazo hat mich gerettet.«

Nach der Befreiung am 5. Mai 1945 bemühte sich das Rote Kreuz darum, die jüdischen Überlebenden in Palästina, den Vereinigten Staaten oder der Schweiz unterzubringen. Aber Siegfried wollte bei dem bleiben, den er sich zum Vater erwählt hatte. Saturnino versuchte ihn umzustimmen, »wie sollen wir zu zweit durchkommen, ich kann dir nichts bieten, außer Fußballspielen habe ich nichts gelernt«. Siegfried weinte, bettelte, Saturnino ließ sich erweichen. Und er schärfte dem Jungen ein, sich als sein Sohn auszugeben. »Merk dir das: Du heißt Luis Navazo. Du bist in Madrid geboren, in der Straße Don Quijote Nummer 34, im Viertel Cuatro Caminos.« Der Schwindel ging durch, Siegfried bekam Papiere auf den Falschnamen ausgestellt, gemeinsam mit Saturnino fuhr er nach Frankreich, wo sie sich in Revel, einer Kleinstadt nahe Toulouse, niederließen. Dort verliebte sich Saturnino in eine junge Frau, bekam mit ihr vier Kinder und schoß die Union Sportive de Revel zu drei Regionalmeistertiteln.

Für Siegfried, oder Luis, ging das Konzentrationslagerleben weiter. Er stahl, was und wo immer er stehlen konnte, Würfelzucker zu Hause ebenso wie Geld bei mildtätigen Nachbarn, die ihn zum Essen einluden. Einmal wurde er von einem Dienstmädchen überrascht, wie er einem Gönner gerade ein paar Scheine aus der Brieftasche zog. Das erste, was Saturnino tat, war, sich bei dem Mann für ihn zu entschuldigen. »Bitte verstehen Sie sein Verhalten. Zum Überleben hat er im Lager stehlen müssen. Er hat nichts anderes gekannt.« Erst danach nahm Saturnino den Jungen beiseite. »Ich möchte, daß du ab jetzt vergißt, was du im Lager gelernt hast. Wenn du so weitermachst, landest du im Gefängnis. Das würde mir das Herz brechen.« Die Zärtlichkeit, mit der Saturnino zu ihm sprach, habe ihn dazu gebracht, sich zu ändern.

Anfangs hatten ihn die Nachbarn nach seinen Erlebnissen im Lager ausgefragt. Er hatte wahrheitsgemäß geantwortet. Aber er merkte bald, sie glaubten ihm nicht, hielten ihn für einen Aufschneider oder für übergeschnappt. Daraufhin redete er nicht mehr darüber. Wurde er auf die Tätowierung an seinem Unterarm angesprochen, erwiderte er, das sei bloß die Versicherungsnummer. Auch seinen Kindern, später, hat er nie von Auschwitz und Mauthausen erzählt. Er bemühte sich zu vergessen.

Erst als er mit Ach und Krach, und zur unbändigen Freude Saturninos, die Pflichtschule beendet hatte, nahm Luis Navazo wieder seinen alten Namen an. Er wollte Schauspieler werden, aber die Karriere scheiterte schon in der Anfangsphase, an seinem traurigen Gesicht. Daraufhin nahm er Gesangsunterricht und trat unter dem Pseudonym Jean Siegfried zwölf Jahre lang als Chansonnier auf. Er interpretierte Lieder von Boris Vian und Michel Legrand, bis Rock- und Beatmusik sich auch in Frankreich durchsetzten und das anspruchsvolle, von Jazz und Existentialismus geprägte Chanson allmählich verdrängten. 1967 ließ er sich auf Ibiza nieder, wo er als Modeschöpfer und Betreiber mehrerer Gaststätten und Diskotheken erfolgreich war. »Ich hab alles getan, damit mein Pflegevater auf mich stolz sein konnte.«

Siegfried Meir ist nie wieder nach Deutschland zurückgekehrt. Auch seine Leidensstationen Auschwitz und Mauthausen hat er nicht aufgesucht. Er hegt keinen Groll gegen die Deutschen, vermeidet es aber, sich der Muttersprache zu bedienen. Wenn in einem Restaurant am Nebentisch deutsch gesprochen wird, schnürt es ihm die Kehle zu. Dann muß er sich an einen anderen Tisch setzen. In Spanien, wo er heute noch lebt, ist Siegfried seines Retters wegen ansässig geworden, der am 27. November 1986 verstarb, friedlich und unerwartet auf einer Parkbank, am Heimweg vom Bäcker. Saturninos Tod stürzte ihn in eine tiefe Sinnkrise. Binnen weniger Tage verspielte er sein gesamtes Vermögen beim Pokern. Und das war, wie er sagt, auch ganz gut so.

Die Geschichte der beiden findet sich in einem Buch des Journalisten Carlos Hernández de Miguel. Es trägt den Titel *Los últimos españoles de Mauthausen* (»Die letzten Spanier von Mauthausen«) und ist im Jänner 2015, am Holocaust-Gedenktag, in Madrid präsentiert worden. Mit dabei war Siegfried Meir, der deutsche Jude, der in einem republikanischen Spanier seinen Vater gefunden hat.

(2015)

Tote, an die man mit Zuversicht denkt

*Rede über die Spanier von Bachmanning, einem
Außenkommando des Konzentrationslagers Mauthausen,
samt einigen Betrachtungen zur Instrumentalisierung des
Gedenkens an die Opfer des Naziterrors*

Das Generalthema, das vom Mauthausen-Komitee Österreich für die knapp achtzig Gedenk- und Befreiungsfeiern
des Jahres 2017 ausgerufen wurde, bereitet mir einiges Kopf-
zerbrechen. Es lautet: »Internationalität verbindet«, wie der
Werbeslogan eines Telefonanbieters oder einer Spedition,
und tatsächlich konnte man bei den Reden, die in Ebensee,
Mauthausen und am Wiener Heldenplatz gehalten wurden,
den Eindruck gewinnen, daß das Erinnern an Menschen, die
in den nazideutschen Konzentrations- und Vernichtungslagern gelitten haben, im Propagieren des als »Einigungs-
und Friedensprojekt« apostrophierten Wirtschaftsblocks
der EU untergegangen ist. Mir war beim Zuhören recht
mulmig zumute, und mich fröstelte, nicht nur wegen des
unbeständigen Wetters.

Bevor ich darangehe, die Gründe meines Unbehagens
an dieser Art von Vergangenheitsbewältigung darzulegen,
muß ich gestehen, daß mir Bachmanning als Stätte eines
Außenkommandos der Konzentrationslager Dachau resp.

Mauthausen bisher unbekannt war. Ich wußte nicht einmal, daß es eine Ortschaft dieses Namens gibt, in Oberösterreich, fünfzehn Kilometer westlich von Wels, in der eine kleine Schar Häftlinge – offenbar nie mehr als zwanzig – zwischen Juni 1942 und September 1944 Zwangsarbeit in einem Sägewerk leisten mußte, das die ss ihrem Firmenimperium einverleibt hatte. Neu war mir auch, daß fast alle von ihnen republikanische Spanier waren, also einer über Jahrzehnte kaum beachteten Häftlingsgruppe angehört hatten. Sie setzte sich aus Männern, Jugendlichen, auch Frauen zusammen, die nach der Niederlage der Republik nach Frankreich geflohen, dort den deutschen Invasoren in die Hände gefallen und mit Duldung des Francoregimes nach Mauthausen oder in andere Konzentrationslager deportiert worden waren. Von den rund siebeneinhalbtausend Spaniern im Lagerkomplex Mauthausen haben nach heutigem Wissensstand nur 2716 überlebt. Die Sterberate von 64 Prozent wäre noch höher, würde man diejenigen berücksichtigen, die nach der Befreiung an den Folgen der Lagerhaft verstorben sind (und deren Hinterbliebenen vom Nachfolgestaat des Deutschen Reiches, der Bundesrepublik Deutschland, eine Opferrente selbstredend nicht zugestanden wurde).

Mir liegt nur eine Bestandsliste des Außenkommandos Bachmanning vor, nämlich die in der Schreibstube Mauthausen gefertigte »Veränderungsmeldung für den 13. September 1943«. Darin sind die Namen, Geburtsdaten und Häftlingsnummern der Männer verzeichnet, die an diesem Tag hierher überstellt wurden, in alphabetischer Reihenfolge von *Aguilar Palos, Manuel* bis *Tomás Ortiz, Julio*. Achtzehn von ihnen waren Spanier; wie ich feststellen konnte, haben sie ihre Befreiung noch erlebt. Auch die zwei übrigen politischen Häftlinge, die Polen Józef Furtak und Ladislaus Stachurski, dürften mit dem Leben davongekommen sein, jedenfalls scheinen sie im Totenbuch Mauthausen nicht auf.

Diese unerwartet positive Bilanz wirft zwei Fragen auf. Erstens die nach den Lebens- und Arbeitsbedingungen im Außenkommando Bachmanning. Gut möglich, daß die Häftlinge im Sägewerk von mehreren couragierten Zivilarbeitern unterstützt wurden, daß die Verpflegung besser war als in den anderen Lagern, die Unterbringung menschengerechter. Aber entscheidend für ihr Schicksal waren Charakter und Geschick des Kommandoführers, über den ich nichts in Erfahrung bringen konnte. In zwei anderen Außenlagern von Mauthausen, in Vöcklabruck und Ternberg, stellten ebenfalls Spanier das Gros der Häftlinge. Sie standen unter dem Kommando ihres Landsmannes César Orquín Serra, eines Anarchisten aus Valencia, der nicht nur deutsch sprach, sondern es auch verstand, die ss-Männer für sich einzunehmen. Deren Wohlwollen nützte er dazu, die Lage seiner Landsleute zu verbessern. Mein Freund Francisco Comellas, der sich nach der Befreiung in Wels, dann in Leonding niedergelassen hat, bezeichnete Orquín als seinen eigentlichen Retter. Dieser habe an einem Ort, der mit wissenschaftlicher Präzision zur Menschenvernichtung bestimmt worden sei, Bedingungen zum Menschsein geschaffen. »Sicher beging er Fehler und Übergriffe, sehr wahrscheinlich war er zu eigenwillig, aber er bewahrte seine Integrität und seinen Anstand in den wichtigsten Belangen, so daß praktisch alle Häftlinge seines Kommandos mit dem Leben davongekommen sind.«

Angenommen, es hat in Bachmanning einen ähnlich umsichtigen Kapo gegeben: Das würde noch nicht erklären, warum alle zwanzig Männer auch später, nach ihrer Rücküberstellung, in Mauthausen, Ebensee oder einem anderen Außenlager überleben konnten. Ein Rätsel, das man gern lösen möchte, weil es für einmal das Grauen ausspart. Ihr Alter hilft dabei nicht weiter: Der Älteste, Joaquín Olaso Piera, war Jahrgang 1900, zum Zeitpunkt seiner Überstellung nach Bachmanning also dreiundvierzig Jahre alt, der Jüngste, der Pole Stachurski, gerade einundzwanzig geworden. Wenig aufschlußreich ist auch die geographische Verteilung der Spanier, die aus Andalusien, Aragón, Kastilien, der Mancha, Murcia, Valencia, Katalonien, aus dem Baskenland und von den Kanaren stammten.

Ich frage mich, wie sie mit den beiden Polen ausgekommen sind. Polen und Spanier gerieten im Lager oft aneinander, wegen der fanatischen Frömmigkeit der einen, des inbrünstigen Atheismus der andern, der auch Gläubige anderer Länder verschreckte. Im Gespräch mit dem katalanischen Historiker Josep Benaul hat sich Eduardo Garrigós Soler, einer der Spanier von Bachmanning, daran erinnert, wie ein Landsmann von ihm in Mauthausen einen tschechoslowakischen Geistlichen – vermutlich Otakar Švec, einen Domherren vom Prager Veitsdom – aufgefordert hatte, zum lieben Gott um ein paar Kartoffeln zu beten, wenn er schon an ihn glaube und als Kardinal außerdem noch himmlische Protektion genieße. »Soria, du bist ein kleines Teuferl«, habe der Tschechoslowake erwidert. »Ich weiß, daß ich ein Teufel bin, aber beten Sie erst mal um Kartoffeln.«

Es ist nicht viel, was sich über die Spanier von Bachmanning finden läßt. Keiner hat seine Erinnerungen veröffentlicht oder ist bisher mit einer ausführlichen Monographie gewürdigt worden. Vom 1911 geborenen Andrés Rubio Martínez aus Castilléjar (Provinz Granada) weiß ich nur, daß er vor Ausbruch des Bürgerkriegs in Librilla (Murcia) gelebt hat, und von Nicolás Tejera Martín wiederum, daß er in Murcia, nämlich 1919 in Puerto de Lumbreras, geboren ist und 1935 der sozialistischen Ortsgruppe von Íllora (Granada) angehört hat. Ähnlich dürftig sind die Suchergebnisse im Fall Manuel Muñoz Rodríguez, der aus Villanueva del Duque (Córdoba) stammte. Nach der Befreiung ließ er sich in der okzitanischen Kleinstadt Fleurance (Département Gers) nieder, wo er 1948 eine Exilspanierin heiratete, fünf Kinder hatte und als Maurer arbeitete, ehe er 1982, mit vierundsechzig Jahren, starb.

Die Nummer 10 auf der Bachmanninger Häftlingsliste, José Navarro Castilforte, ist 1912 in El Pedernoso (Cuenca) geboren. Nach einer Meldung der Tageszeitung ABC starb er am 25. September 1996 in Fuente Nueva, einem Höhlendorf der Gemeinde Orce, im nordöstlichen Winkel der Provinz Granada. Navarro Castilforte hinterließ eine Frau, drei Kinder sowie eine ansehnliche Sammlung von Büchern über den Widerstand gegen die Francodiktatur und den Hitlerfaschismus. Vier Jahre vor seinem Tod war er in Orce öffentlich geehrt worden; dort ist auch eine Straße nach ihm benannt.

Die Biographie von Vicente Méndez Hernández aus Santa Cruz de La Palma ist hingegen, lückenhaft, nur bis zur Befreiung am 5. Mai 1945 erschlossen. Dem Lokalhistoriker Pedro Medina Sanabria zufolge ist Méndez Hernández 1906 geboren, nicht 1916, wie in der Häftlingsliste angeführt. Von Beruf Zigarrendreher, wurde er im Mai 1937 wegen seiner Mitgliedschaft in der Tabakarbeitergewerkschaft der Insel verhaftet, der »bewaffneten Rebellion« – gegen die aufständischen Militärs, auf die das behauptete Delikt viel besser zugetroffen hätte – angeklagt und trotz Freispruchs gefangengehalten, bis man ihn im Zuge eines größeren Geiselaustausches im August 1938 mit dem Schiff aufs Festland brachte, nach San Sebastián, von wo er über Frankreich nach Spanien, und zwar auf republikanisches Gebiet, zurückkehrte. Der nächste lebensgeschichtliche Eintrag, aus dem Jahr 1941, betrifft seine Einlieferung in das Stalag Altengrabow in Sachsen-Anhalt, aus dem er nach Mauthausen überstellt wurde.

Eduardo Garrigós Soler habe ich bereits erwähnt. Er ist 1909 in Benilloba (Alicante) geboren, aber schon als Dreijähriger mit seiner Familie nach Katalonien emigriert. In Sabadell arbeitete er als Knüpfer in einer Spinnerei. 1932 heiratete er, 1934 wurde sein Sohn geboren, 1936 brach der Bürgerkrieg aus. Er kämpfte in der Columna Alpina, einer spontan gebildeten Milizkolonne, dann in der regulären Volksarmee und nahm als Politkommissar einer Einheit der Division Líster an den Schlachten um Teruel und an der Ebrooffensive teil. 1939 flüchtete er nach Frankreich, wurde der Reihe nach in vier Lagern interniert und 1940 als Angehöriger einer französischen Arbeitskompanie von deutschen Truppen festgenommen. Im Jänner 1941 traf Garrigós in Mauthausen ein, wo er zuerst im Steinbruch, dann in der Weberei, zwischendurch auch im Nebenlager Steyr schuften mußte. Er war maßgeblich an der Entstehung des spanischen Häftlingskomitees beteiligt. 1990 lebte er in Frontignan bei Montpellier, an der französischen Mittelmeerküste. Unbekannt, wann er gestorben ist.

Joaquín Olaso Piera ist der einzige Spanier des Außenkommandos Bachmanning, dessen Lebensgeschichte in vielen Details und noch mehr Legenden überliefert ist – die eines Berufsrevolutionärs, der als Kind armer Kleinbauern in Carcaixent (Valencia) zur Welt kam, mit zwölf Jahren in einer Druckerei zu arbeiten begann und als Fünfundvierzigjähriger in seinen alten Beruf zurückkehrte. Dazwischen liegen Jahre in Valencia, Barcelona, Paris und der Sowjetunion. Er gründete ein halbes Dutzend kommunistischer Parteien, organisierte einen Generalstreik, schürte die blutig niedergeschlagene Oktoberrevolution 1934, flüchtete aus dem Gefängnis, war an der Seite Ernő Gerős für den sowjetischen Geheimdienst tätig – als *Ojo de Moscú,* »Auge Moskaus«, wurde er bezeichnet –, beteiligte sich an der Liquidierung der als trotzkistisch verleumdeten, gegen die Politik der Volksfrontregierung opponierenden Vereinigten Marxistischen Arbeiterpartei POUM, baute nach dem Sieg Francos in Katalonien heimlich Widerstandszellen auf, kämpfte in der Résistance, wurde des Verrats verdächtigt, schließlich von der Gestapo verhaftet, gefoltert und in das Lager Neue Bremm in Saarbrücken gesteckt. Am 24. August 1943 traf er in Mauthausen ein. Bachmanning war sein erstes Kommando, was vermuten läßt, daß die illegale spanische Häftlingsorganisation bemüht war, ihn fürs erste dem unmittelbaren Zugriff der Lagerkommandantur zu entziehen.

Würde man Joaquín Olasos Leben erzählen, dürfte auch seine große Liebe nicht fehlen, die Lagerarbeiterin Dolores

García Echevarrieta aus einem Nachbardorf von Carcaixent, die er jung geheiratet hatte. In Barcelona stellte sie der chilenische Konsul, der Dichter Pablo Neruda, als seine Privatsekretärin ein. Ich weiß nicht, ob sie ihm 1935 nach Madrid gefolgt ist, aber in Paris soll sie 1939 wieder für ihn gearbeitet haben, als er sich von dort aus bemühte, republikanischen Spaniern die Überfahrt nach Chile zu ermöglichen. Jahre später war Dolores wie ihr Mann im französischen Widerstand tätig, wurde ebenfalls von der Gestapo gefaßt und im Rahmen einer Nacht-und-Nebel-Aktion nach Ravensbrück deportiert. Anfang März 1945 traf sie mit einem Konvoi weiblicher Häftlinge in Mauthausen ein. Die Begegnung zwischen ihr und Joaquín, im Krankenrevier des Stammlagers, soll die einzige in der Häftlingsgeschichte des Konzentrationslagers gewesen sein, in der es einem Ehepaar gegönnt war, einander zu umarmen. Dolores und Joaquín starben auch gemeinsam, am Abend des 31. Jänner 1954 in ihrer Pariser Wohnung, an Gasvergiftung, verursacht durch einen defekten Herd. Bis heute halten sich Gerüchte, daß es kein Unfall und auch kein Selbstmord gewesen sei.

Der letzte Häftling des Arbeitskommandos Bachmanning, von dem biographische Splitter zu finden waren, hieß Ángel Sánchez López. Er stammte aus Calasparra (Murcia), wo er 1919 geboren wurde, lebte jedoch seit seinem zwölften Lebensjahr in Manresa, sechzig Kilometer hinter Barcelona. Auch Sánchez López ließ sich nach der Befreiung in Frankreich nieder. Der Ehe mit einer Katalanin entsprangen vier Kinder. Er starb 1995 in Annecy. Anfang 2017 wurde in Manresa ein Stolperstein für ihn gesetzt.

Mit einem anderen KZ-Überlebenden aus Manresa kehre

ich an den Beginn meiner Ausführungen zurück. In seinem autobiographisch gefärbten Roman *K. L. Reich* hat Joaquim Amat-Piniella den »Lagergeist« von Mauthausen nüchtern, fernab jeder Verklärung beschrieben: »Der Wettkampf um die Plätze, die *wirtschaftliche* Macht bedeuteten, war erbarmungslos. Die *Devisen,* mit denen Anhänger, Einfluß oder sogar ss-Leute gekauft wurden, waren gestohlen. Jeder stahl, und überall wurde gestohlen. Die Kunst des Verschwindenlassens galt als bürgerliche Tugend, und der größte Dieb galt, wenn er erwischt wurde, als Held.« Unter den spanischen Häftlingen schwand diese Verrohung und Laxheit der Sitten erst nach der Ankunft mehrerer Dutzend Landsleute, die wie Olaso Piera für die Résistance gearbeitet hatten. »Mit ihnen kam der frische Wind des Maquis ins Lager, sie waren von der Entsagung und dem Heldentum des Kampfes im Untergrund geprägt; Herolde der Woge der Befreiung, die bereits an den Atlantikwall brandete. ›Zusammenhalt aller gegen den gemeinsamen Feind‹ lautete ihr Motto. Eine Welle der Begeisterung lief durch das Lager.«

Amat-Piniellas Darstellung der Laster liest sich wie ein Katalog neoliberaler Postulate: daß Güterabwägung das fundamentale Bewegungsmoment der Individuen ist; daß deren Verhältnis zueinander ein reines Benutzungsverhältnis ist; daß nur das gewinnsüchtige Individuum eine Überlebenschance im Daseinskampf hat; daß alle anderen ausgesiebt werden. Die Häftlinge verinnerlichten diese Postulate unter den Bedingungen des Terrors. Erst mit den eintreffenden Partisanen stellten sich zwei verschüttete Erfahrungen, Solidarität und Kampfgeist, ein. Könnte die Aktualität des Gedenkens an die Häftlinge von Mauthausen, Bachmanning und den anderen Lagern nicht darin bestehen, daß in ihrer kompletten Ökonomisierung die unsrige erscheint, in der Ankunft ihrer nicht korrumpierten Gefährten der von uns ersehnte Zusammenhalt, ohne den sich der Käfig des Kapitalismus nicht sprengen läßt?

»Die Erinnerung an die Vergangenheit kann gefährliche Einsichten aufkommen lassen«, hat Herbert Marcuse geschrieben, »und die etablierte Gesellschaft scheint die subversiven Inhalte des Gedächtnisses zu fürchten.« Die eingangs erwähnten Gedenkfeiern lagen fest in den Händen der etablierten Gesellschaft. Ein Vorsitzender mit vielerlei Funktionen, ein sendungsbewußter Schriftsteller, salbungsvolle Politiker, von der eigenen Ergriffenheit ergriffene Moderatorinnen. Fast alle brandmarkten den Nationalismus als die große, unser Europa bedrohende Gefahr, ohne einen Gedanken an die Frage zu richten, ob nicht beide – der Neoliberalismus als die hegemoniale Ideologie und Praxis innerhalb der Europäischen Union und die chauvinistische Variante des Nationalismus – auf Auslese und Unterwerfung setzen. Unter die Marktgesetze, den Standortvorteil, die Wettbewerbsfähigkeit der eine, zusätzlich noch unter die Eingeborenengemeinschaft, der alle anderen Völker minder sind, der andere. Und ob nicht, davon abgesehen, die Armen, Arbeitslosen, Prekären den Rassismus wie einen Knochen hingeschmissen bekommen. Solange sie an ihm kauen, kommt es ihnen nicht in den Sinn, eine politische Bewegung zu stärken, die wirklich ihre Interessen vertritt.

In Mauthausen forderte Willi Mernyi, so heißt der Vorsitzende des nationalen Mauthausen-Komitees, »allen Arten von Populismus und Nationalismus eine Absage zu erteilen«, also vermutlich auch Podemos, der Scottish National Party, dem Zionismus und – zu spät! – den deutschen Wiedervereinigern, und der Schriftsteller Robert Menasse erachtete, in Ebensee, die hypothetische Behauptung für zutreffend, daß »die europäische Idee, die vorläufig zur Europäischen Union geführt hat, in den Konzentrations- und Vernichtungslagern der Nazis entstanden« sei. Ich hätte zwar eher darauf getippt, daß diese Idee schon 1931 jemand anderem gekommen war, nämlich Carl Duisberg, dem Präsidenten des Reichsverbandes der Deutschen Industrie, bevor er verkündet hatte: »Erst ein geschlossener Wirtschaftsblock von Bordeaux bis Odessa wird Europa das wirtschaftliche Rückgrat geben, dessen es zu seiner Behauptung in der Welt bedarf.« Aber wie auch immer, die afrikanischen und aus Lateinamerika stammenden Häftlinge von Mauthausen hätten sich gewiß gefreut, so spät noch als Europaerfinder erkannt zu werden.

Gerade am Schicksal der Spanier erweist sich, wie unpassend das Motto der diesjährigen Gedenkfeiern ist. Die Spanische Republik unterlag in dem von den Militärs angezettelten Bürgerkrieg, weil die »Internationalität« der Rechten – faschistische Militärhilfe plus kapitalistische Nichtintervention – stärker war als der Internationalismus der Linken, ein Begriff, der nicht gedenkfeiertauglich war. Das Wort ›Antifaschismus‹ übrigens auch nicht, ich habe es von keinem einzigen Redner gehört. Am Leid, das über die Lagerhäftlinge gekommen ist, war offenbar nur eine überholte Weltanschauung schuld, ohne deren Mobilisierungskraft andererseits – wenn wir an Volksfront, Vaterländischen Krieg, nationalen Befreiungskampf, patriotischen

Widerstand denken – der Kontinent von Bordeaux bis – na, sagen wir: Athen damals deutsch geblieben wäre und es inzwischen auch wieder geworden ist, mehr oder weniger.

Ein Glück, daß es die Gedenkfeiern an den Stätten der kleinen Außenlager gibt. Man merkt den lokalen Einzelkämpfern, Antifa-Initiativen und Mauthausen-Komitees an, daß sie manches einstecken mußten – und weiterhin müssen. Das macht sie ausdauernd und verläßlich. Gegen Eitelkeit sind sie oft immun. Die Liste der Ehrengäste, die in Mauthausen des langen und breiten verlesen und beklatscht werden, ist vergleichsweise kurz, Prominenz eher schütter, die Anteilnahme echt. Es besteht die Möglichkeit, einige der Verfolgten und Geschundenen mit Namen zu nennen, Umrisse ihrer Biographien zu zeichnen, sie wenigstens in Worten auferstehen zu lassen, Tote, an die man mit Zuversicht denkt.

(2017)

Im Leben mehr Glück

Jorge Cafaro war hier. Er kam mit dem Flugzeug, traf in Wien alte Freunde, folgte den Wegen, die er mit Ana Mango gegangen war, seiner im Vorjahr verstorbenen Frau, blickte vom Eissalon gegenüber auf das Haus in der Praterstraße, in dem sie acht oder neun Jahre lang gelebt hatten, Ana und er mit ihren Töchtern Laura und Gabriela, wunderte sich über das Touristengewühl in der Innenstadt, erschrak über die infam hohen Wohnungspreise und berichtete bei einer Veranstaltung der Informationsgruppe Lateinamerika von den Erfolgen und Versäumnissen des Linksbündnisses Frente Amplio in Uruguay. Nach vier oder fünf Tagen reiste er ab, vom Flughafen Schwechat, der seit seinem letzten Besuch so sehr verschandelt worden war, daß er sich darin kaum zurechtfand.

Dort, in Schwechat, hatte Jorge zum erstenmal österreichischen Boden betreten. Das genaue Datum – Donnerstag, 23. September 1976 – ist ihm ebenso deutlich in Erinnerung geblieben wie der schwerbewaffnete Polizeitrupp am Eingang zum Flughafengebäude. Das martialische Gehabe paßte nicht zu seiner vagen Vorstellung von einem friedlichen Land im Herzen Europas, dessen Regierung sich bereit erklärt hatte, der vierköpfigen Familie und neun Landsleuten, die im selben Flugzeug angekommen waren, politisches Asyl zu gewähren.

Erst im Flüchtlingslager Traiskirchen erfuhren Jorge und Ana den Grund für die strenge Bewachung, nämlich den Überfall auf das OPEC-Hauptquartier, bei dem im Dezember 1975 ein Terrorkommando unter Führung des Venezolaners Ilich Ramírez Sánchez drei Menschen erschossen und sechzig Geiseln genommen hatte. Davon hatten sie in Buenos Aires, ihrem ersten Zufluchtsort, nichts mitbekommen und, wenn doch, dann im Strudel der Ereignisse wenige Monate später wieder vergessen. Denn nach dem Staatsstreich vom 24. März 1976 rückten in Argentinien militärische Einsatzkommandos aus, um Oppositionelle in Folterlager zu verschleppen oder an Ort und Stelle zu liquidieren. Von der Verfolgung blieben auch Zehntausende Exilierte aus anderen Staaten Lateinamerikas nicht verschont. In Uruguay hatten die Militärs schon im Juni 1973 geputscht; nun arbeiteten sie in der Subversivenbekämpfung mit ihren argentinischen Waffenkameraden zusammen. Bald hatten sie auch Jorge und seine Familie im Visier.

Er ist mir immer als der Idealtyp des Gewerkschafters erschienen. Verläßlich, aufrichtig, anspruchslos in materiellen Dingen, anspruchsvoll in Fragen der Moral. Beständig und ohne Interesse, sich wichtig zu nehmen. Kaum hatte er, mit achtzehn Jahren, in Montevideo in einer Bank zu arbeiten begonnen, war er von seinen Kollegen auch schon in den Betriebsrat gewählt, bald darauf in den Ausschuß der Fachgewerkschaft Asociación de Bancarios del Uruguay delegiert worden, dann in die Arbeitskämpfe der sechziger Jahre verstrickt gewesen, in denen der wirtschaftliche Niedergang des Landes zum Vorwand für Massenentlassungen und Lohnkürzungen genommen wurde. Neben seinem gewerkschaftlichen Engagement war er in der Resistencia Obrero-Estudiantil aktiv, einer nicht nur für Lateinamerika ungewöhnlichen Organisation, weil in ihr anarchistische Tradition und marxistische Programmatik miteinander verschmolzen. Unter dem Namen Partido por la Victoria del Pueblo, »Partei für den Sieg des Volkes«, besteht sie auch heute noch und bildet eine kleine integre Fraktion innerhalb des Frente Amplio.

Jorge lebte seit April 1974 in Buenos Aires. Zu Beginn der *Semana de Turismo,* wie die Karwoche im laizistischen Uruguay bezeichnet wird, war er mit Ana, die im achten Monat schwanger war, und der dreijährigen Laura in den Badeort Parque del Plata gefahren. Deshalb blieb ihm verborgen, daß am Donnerstag oder Freitag darauf Armeeangehörige ihre Wohnung in Montevideo gestürmt hatten. Aber der Nachbar über ihnen hatte den Einsatz mitbekommen und Jorge telefonisch gewarnt, zwei oder drei Mann des Kommandos seien in der Wohnung zurückgeblieben, um ihm dort aufzulauern. Damit war klar, daß er das Land so schnell wie möglich verlassen mußte. Er suchte die Hilfe von Arbeitskollegen, die für sein Ticket zusammenlegten und ihn zum Flughafen Carrasco begleiteten. Obwohl er auf der Fahndungsliste des Heeres stand, konnte er ungehindert ausreisen. Denn Carrasco wurde von der Luftwaffe kontrolliert, und die Rivalität zwischen den Streitkräften verhinderte damals noch eine wirkungsvolle Koordination ihrer Aktivitäten.

Auch Ana wurde nicht weiter behelligt, als sie ihm mit Laura und der inzwischen geborenen Gabriela fünf Monate später folgte. Trotz der Entbehrungen bemühten sie sich, in

Buenos Aires ein normales Leben zu führen. Laura ging in den Kindergarten, Ana kümmerte sich um die kleine Gaby, und Jorge arbeitete in der Buchhaltung einer Gießerei, die einem Österreicher oder Deutschen gehörte. Aber nach dem Putsch mußten sie immer häufiger die Wohnung wechseln, weil die Schergen des Regimes hinter ihnen her waren, und zuletzt blieb Jorge nichts anderes übrig, als seine Stelle in dem Gießereibetrieb zu kündigen. Geheimdienstleute hatten dort nach ihm gefragt. Zum Glück war er gerade nicht dagewesen.

»Überhaupt habe ich«, sagt er, »in meinem Leben mehr Glück als Pech gehabt.«

Ein Glück war es zum Beispiel auch, daß der Vertreter des UN-Hochkommissariats für Flüchtlinge in Buenos Aires (ein Franzose namens Brum oder Brin, sagt Jorge) die Familie in einer geschützten Wohnung unterbrachte und sich gleichzeitig bemühte, die Visaerteilung für sie zu beschleunigen. Trotzdem dauerte es noch eine ganze Weile, bis er ihnen mitteilen konnte, daß ihre Einreiseanträge vom schwedischen Außenministerium genehmigt worden seien.

Warum gerade Schweden? »Man durfte seine Wunschländer angeben«, sagt Jorge. »Wir haben Frankreich, Belgien, Schweden genannt. Die ersten beiden, weil Ana Französischlehrerin war. Mit ihren Sprachkenntnissen hätte sie uns in der ersten Zeit durchbringen können. Und Schweden deshalb, weil es ein besonders großes Kontingent für uruguayische Flüchtlinge bereitgestellt hatte. Außerdem hatte sich herumgesprochen, daß sie dort gut behandelt wurden.«

Aber als Jorge Visa und Tickets abholen wollte, erfuhr er im Büro der Organisation, die für den UNHCR die admini-

strativen Tätigkeiten erledigte, daß sie noch gar nicht eingetroffen seien. Auch seine Vorsprache eine Woche später war
vergebens. Nur durch Zufall stellte sich schließlich heraus,
daß ihre Namen auf der Liste für Österreich eingetragen
worden waren.

»Später habe ich gehört, daß die beiden Männer, die diese
NGO geleitet haben, die Listen manipuliert und mit den
begehrten Schwedenvisa gehandelt haben. Unsere Plätze
wurden an vier andere Flüchtlinge vergeben, die eigentlich
für Österreich vorgesehen waren. So sind wir statt ihrer
hierhergekommen.«

Ana und Jorge bereuten es nicht, denn sie waren von
Anfang an entschlossen, sich auf das Land und seine Bewohner einzulassen. Erstens, weil sie die Lage realistisch
genug einschätzten, als daß sie einen baldigen Umschwung
in Uruguay, überhaupt in Südamerika, erwartet hätten;
zweitens, weil sie überzeugt davon waren, daß sich jeder
Ort dafür eignete, gesellschaftlich nützliche Arbeit zu verrichten; drittens, weil sie es ihren Töchtern gegenüber nicht
verantworten konnten, ein Leben auf Abruf zu führen. Sie
merkten, wie schnell sich Laura und Gabriela in der neuen
Umgebung zurechtfanden. Angstfrei zu leben, das allein
rechneten sie ihrem Gastland hoch an. Außerdem betrach-
teten sie das Exil auch als Chance, Erfahrungen zu machen,
die ihnen in Uruguay und sogar in Argentinien versagt geblieben wären. Schwer fiel ihnen eigentlich nur die Sprache,
aber sie redeten drauflos, und mit der Zeit konnten sie sich
ihren Nachbarn und Arbeitskolleginnen gegenüber halbwegs verständlich machen. Und sie hatten ja einander. Sie
genügten einander. Die Paarkrisen, von der viele Flüchtlinge

im Exil erfaßt wurden, blieben ihnen erspart. Vielleicht lag es daran, daß sie schon so lange beisammen waren. Sie hatten sich in der Schule kennengelernt, zwei Klassenkameraden, deren Liebe weder durch politische Militanz noch durch Todesgefahr, noch durch das Leben im Exil zu erschüttern war.

Es ließ sich nicht vermeiden, daß sie Herkunfts- und Zufluchtsland miteinander verglichen. Da wie dort erkannten sie Eigenschaften und Errungenschaften, die das Zusammenleben erleichterten. Für Österreich sprachen Ruhe, Pünktlichkeit, Sauberkeit, die öffentlichen Verkehrsmittel, die Abfallentsorgung. Und natürlich die sozialen Maßnahmen, die medizinische Betreuung. An Konflikten mit Österreichern kann sich Jorge nicht erinnern. Die einzige Reiberei, die ihm einfällt, gab es durch seine Schuld bald nach der Ankunft in Traiskirchen, und zwar mit chilenischen Genossen.

»Ich fragte einen von ihnen: ›Was hast du in Chile getan?‹ – ›Ich war in Allendes Leibgarde.‹ Den zweiten, der eine Woche später eintraf: ›In der Leibgarde des Präsidenten.‹ Den nächsten: ›In der Leibgarde!‹ Die Antworten belustigten mich. Da beging ich den Fehler, laut zu fragen, ob eine Leibgarde denn nicht bis zum bitteren Ende durchhalten muß. Es kam zu einem fürchterlichen Eklat, die Chilenen waren zu Tode beleidigt. Ich mußte mich öffentlich entschuldigen, damit die Sache wieder ins Lot kam.«

Ana als Putzfrau in der Krankenhausküche Mödling; Jorge als Hilfsarbeiter der Wiener Gärtnereien in Meidling und der Firma Koreska in Liesing, als Kellner im Café América Latina, als Verkäufer in der gleichnamigen Boutique, zuletzt als Vertragsbediensteter in der Korrespondenzabteilung der

Länderbank: Sie empfanden ihre unterqualifizierte Arbeit nicht als Zumutung, sondern als Gewinn.

»Ich habe sogar ein Zeugnis bekommen, daß ich mit meinen zwei linken Händen den Schweißerkurs erfolgreich abgelegt habe. Österreich hat mir beigebracht, daß ich mehr als nur einen Bleistift halten kann.«

Ein Jahr lang war die Familie im Flüchtlingsheim in der Vorderbrühl untergebracht, dann wurde ihr vom Innenministerium die Wohnung in der Praterstraße vermittelt. Das Gymnasium in der Zirkusgasse, in das sie später ihre Töchter schickten, lag ganz in der Nähe. Aber zuvor, ein Jahr nach ihrer Ankunft, war Laura zusammen mit anderen Kindern aus Lateinamerika, drei aus Chile, einem aus Uruguay, in Mödling eingeschult worden. »Dreimal die Woche«, sagt Jorge, »ist die Lehrerin freiwillig eine Stunde länger in der Schule geblieben, um mit ihnen Deutsch zu üben.« Er ärgert sich, daß ihm ihr Name nicht gleich einfällt. Dagegen sind ihm die der Funktionäre geläufig geblieben, die für die politischen Anliegen der Exilierten ein offenes Ohr hatten und sogar bereit waren, sie materiell zu unterstützen. Der internationale Sekretär der SPÖ, Walter Hacker, dessen Mitarbeiterin Maria Jonas, der Vorsitzende der Gewerkschaft der Privatangestellten, Hans Sallmutter. Maria kam für die Reisekosten auf, damit Laura und Gabriela die Verwandten in Uruguay besuchen konnten, Sallmutter spendete Kleidung und Spielzeug für Kinder in Armenvierteln, Schreibmaschinen für die Gewerkschaft der Bankangestellten. Die Lateinamerikaaktivisten, allen voran Werner Hörtner und Hermann Klosius, auf die Verlaß war, sooft das Solidaritätskomitee für Uruguay Flugblätter verteilte oder Vorträge,

Debatten, Konzerte organisierte. Die Ärzte Claudio Weber und Reinhold Dörflinger, die noch während der Militärherrschaft nach Uruguay flogen, um Berichte über den Gesundheitszustand von politischen Gefangenen zu sammeln, ungeachtet der Gefahr, in die sie sich damit brachten. Unvergessen auch Lauras Schulfreundinnen, die ihr immer wieder geholfen haben, denen seine Tochter noch heute eng verbunden ist. Auch diese jungen Frauen, die inzwischen auf die Fünfzig zugehen, hat er bei seinem Wienbesuch getroffen.

Mit dem Ende der Diktatur Mitte der achtziger Jahre stellte sich die Frage, wie es für sie weitergehen sollte. Zurückgehen, hierbleiben? »Ana und ich wußten, daß die Entscheidung jetzt fallen mußte. Sie aufzuschieben hätte bedeutet, die Rückkehr auszuschließen.« Laura und Gabriela waren damals fünfzehn und zwölf, ein schwieriges Alter, um anderswo neu zu beginnen. Laura hatte sich gerade zum ersten Mal verliebt, und Gabriela kannte Uruguay nur von den Ferien, die sie noch zu Zeiten der Militärherrschaft bei ihren Onkeln und Tanten verbracht hatten. Die Verwandten hatten viel mit ihnen unternommen, es war also nicht ausgeschlossen, daß sie das Leben dort verklärten. »Ihr müßt sagen, ob wir zurückgehen oder dableiben sollen. Auf uns dürft ihr dabei keine Rücksicht nehmen. Vergeßt nicht, daß wir in Uruguay nur ein Zehntel von dem Wohlstand haben werden, den wir hier haben.« Für die Mädchen war die Sache klar. Die Warnung, daß es nicht leicht sein würde, drüben Fuß zu fassen, schreckte sie nicht. »Allerdings hatte ich das Gefühl«, sagt Jorge, »daß Gaby irgendwann zurückkommen würde.«

Er fuhr voraus, um eine Anstellung zu finden und sich nach einer Wohnung umzusehen. Nach den uruguayischen Restitutionsbestimmungen stand den politisch Verfolgten die gleiche Beschäftigung zu, die sie vor ihrer Flucht oder Verhaftung ausgeübt hatten. Bis das Gesetz tatsächlich angewendet wurde, arbeitete Jorge als Kassierer in einer Teigwarenfabrik, dann drei Jahre lang in der staatlichen Banco de la República. Ab 1990 war er in der Stadtverwaltung von Montevideo tätig, nach der Pensionierung, ehrenamtlich, im Verwaltungsrat der Bankkooperative, zuletzt als deren Präsident. Er ist nach wie vor in der Gewerkschaft der Bankangestellten und in der Bezirkssektion des Frente Amplio aktiv. »Wir treffen uns einmal in der Woche. Aber wir sind nie mehr als fünf oder sechs. Und alle über fünfundsechzig.«

Ana und die Mädchen waren ihm ein halbes Jahr später gefolgt, im September 1986. Das Entgegenkommen der Direktion ermöglichte es Laura und Gabriela, die Deutsche Schule im ersten Jahr gratis, dann zum halben Tarif zu besuchen, den sich ihre Eltern gerade noch leisten konnten. Nach dem Abitur arbeitete Laura im SOS-Kinderdorf von Montevideo. Seit langem ist sie Sozialarbeiterin in einem Armenviertel, unterrichtet aber auch an der Sozialwissenschaftlichen Fakultät der Universidad de la República und engagiert sich in der Menschenrechtsbewegung, die nicht hinnehmen will, daß die Verbrechen der Militärdiktatur ungesühnt bleiben. Sie hat zwei halbwüchsige Kinder und den festen Willen, nach dem Magister auch noch das Doktorat zu machen. Gaby ist, wie von Jorge vorausgesehen, in Europa ansässig geworden, in Hamburg, wo sie nach einem Psychologiestudium als pädagogische Betreuerin in der ambulanten Sozialpsychiatrie arbeitet. Sie ist gerade Mutter geworden. Das war auch der Anlaß für Jorges Reise, den er für einen Abstecher nach Wien nutzte, hierher, wo ihn alles an Ana erinnert hat, diese großmütige, herzensgute Frau, die ich immer nur lächelnd erlebt habe.

Als ich die beiden einmal in Montevideo besucht habe, hat sie mir erzählt, wie aufgeregt und stolz sie jedesmal sei, wenn im Fernsehen Bilder von Österreich auftauchten, die Landschaft, die Bauten, die Menschen, ihre Erinnerung an zehn gute Jahre. Nachdem sie den langen Kampf gegen den Brustkrebs verloren hatte, verstreute Jorge ihre Asche dort, wo sie oft Urlaub gemacht hatten, an den Stränden von Piriápolis und Colonia. Eigentlich hätte ich es auch Österreich vergönnt, etwas von ihr aufzuheben.

(2018)

Andenken

Verlustanzeige

1997 war ein böses Jahr, das Jahr der verlorenen Freunde: Im März ist Antonie Lehr gestorben, im April Elsa Leichter und Ruth Fischer, im Oktober Franz Kain, im Dezember Leopold Spira. Summiert man ihr Alter, kommt man auf 421 Jahre – so lange dauert unser Jahrhundert. Zieht man auf der Landkarte Linien zwischen ihren Geburtsorten (einmal Posern, einmal Brünn, einmal Czernowitz, zweimal Wien) und den Stationen ihrer Kämpfe, ihren Fluchtpunkten sowie den Stätten ihrer geplanten Auslöschung oder Verwahrung, dann verschwinden die Konturen Europas, des Maghreb und der Vereinigten Staaten von Amerika unter einem dichten Netz von Strichen: Moskau, Prag, Paris, Brüssel, Berlin, Basel, Barcelona, Teruel, Saint-Cyprien, Gurs, Isle of Man, London, Leicester, Glasgow, Auschwitz, Ravensbrück, Stockholm, Antwerpen, Nîmes, Neapel, Tunis, Oran, Casablanca, Aliceville, Fort Devens, Fort Kearney, Ellis Island, Boston, New York ... Abgesehen vom Jüngsten unter ihnen, dem Schriftsteller Franz Kain, dessen Romane und Erzählungen zwischen Linz und Goisern entstanden sind, waren sie bis ins hohe Alter unermüdlich Reisende. Toni Lehr zum Beispiel traf ich eine Zeitlang nur in den Transithallen und Zubringerbussen europäischer Flughäfen. Elsa Leichter, die als einzige das Exil der Rückkehr nach Österreich vorgezogen hatte, war neunzig, als sie während ihres obligaten Urlaubs im Salzburger Land zum letzten Mal zum Loferer Wasserfall wanderte. Ruth Fischer und Poldi Spira entsagten erst vor wenigen Jahren ihrer großen Leidenschaft, dem Skifahren. Franz Kain starb über seinen Manuskripten.

Fünf erfüllte Leben also, ein Trost. Mich tröstet auch, daß sie älter wurden als jene, die ihnen nach dem Leben getrachtet hatten; mich tröstet, daß sie so starben, wie Menschen sterben sollen: im Bett, im Kreis der Angehörigen, oder sekundenschnell. Sie starben nicht den Tod, der ihnen – Feinden und Verfolgten des Naziregimes – einst zugedacht war, in der Gaskammer oder am Galgen, unter der Folter oder im Kugelhagel.

Drei Trostpflaster, aber darunter der brennende Schmerz des Verlustes: Die Lücken, die sie hinterlassen, bleiben mir als Lücken bestehen – es sei denn, ich hielte es mit jenem Wiener Historiker, der davon schwärmte, daß mit dem Verschwinden der Überlebenden die Holocaustforschung eine neue Qualität gewinne, weil sie nun frei von störenden emotionalen Ausbrüchen sei. Oder ich stünde den vom Leninismus zum Neoliberalismus konvertierten Epigonen des Zeitgeistes nahe, die jeden Kommunisten so gern in Beugehaft nehmen möchten, statt sich selbst für ihr ekelhaftes Kalkül zu ohrfeigen. Mich beruhigt auch nicht die Aussicht auf das angebrochene Jahr – es wird uns noch mehr Freunde nehmen, weil die Menschen, die die sozialen Kämpfe unseres Jahrhunderts ausgefochten haben, mit Spira gesagt, biologisch am Ende sind. Die hinter ihnen aufrücken, können wir guten Gewissens vergessen. Die sind bestenfalls erfolgreich, tüchtig, effizient. Toter als tot.

Über Leopold Spira zu sprechen heißt zuallererst, von anderen zu sprechen. Die eigene Person war ihm nur wichtig, als sich in ihren Erfahrungen allgemeine Erfahrungen spiegelten. Spira ist 1913 in Wien geboren, stieß früh zur sozialdemokratischen Jugendbewegung, trat unter dem Eindruck der Niederlage im Februar 1934 der illegalen KPÖ bei, wurde wegen seiner politischen Tätigkeit verhaftet, verurteilt und von der Universität relegiert. Im Februar 1938 freigelassen, schloß er sich in Spanien den Internationalen Brigaden an. Nach der Niederlage der Republik fand er Zuflucht in Großbritannien, wo er seine spätere Frau Eva Zerner kennenlernte und wo die beiden Töchter Toni und Liesl zur Welt kamen, denen ein streng monarchistisch gesinnter Standesbeamte die Namen der Königstöchter Elizabeth und Margaret verpaßte. Nach der Rückkehr aus dem Exil war Spira als Propagandist der KPÖ tätig, die er nach dem gewaltsamen Ende des Prager Frühlings verließ. Er arbeitete in einem Meinungsforschungsinstitut, dann, schon als Pensionist, als Redakteur des *Wiener Tagebuch,* das für einen dritten Weg zum Sozialismus eintrat, jenseits von Sozialdemokratie und Stalinismus. Am Weltgeschehen hat er bis zuletzt grimmig Anteil genommen.

Von den Zeitungsausschnitten, mit denen er mich hin und wieder versorgt hat, trage ich den letzten immer noch in meiner Aktentasche herum. Es handelt sich um den Abdruck eines Interviews, das der Journalist Daniel Haufler mit dem marxistischen Historiker Eric Hobsbawm geführt hatte und dessen Überschrift auf alle meine Toten, und im besonderen auf Poldi Spira, zutrifft: »Ich bin auf der Linken ... da ist nichts mehr zu machen.«

Hobsbawms Äußerungen hatten ihn ergriffen, weil sie überzeugende Antworten auf Fragen gaben, die sich Spira selbst gestellt hatte – warum er Kommunist geworden war und weshalb er die Partei 1956, als ihr Scheitern zu erkennen gewesen war, nicht verlassen hatte: »Ich habe mich nicht persönlich für den Stalinismus verantwortlich gefühlt. Ich bin in die kommunistische Bewegung eingetreten, weil ich als Jugendlicher die Weltrevolution wollte, weil ich glaubte, mich für die Emanzipation der Menschheit einzusetzen. Wenn ich da nicht austrat, später, dann auch deshalb, damit die Leute nicht sagen: Er ist aus der KP ausgetreten, weil er Karriere machen will … Ich verteidige das nicht. Etwas anderes möchte ich allerdings verteidigen: Ich kenne die Leute, die ihr Leben für die kommunistische Sache aufs Spiel gesetzt haben. Ich habe es nicht gemacht. Ich habe ein normales und friedliches Leben geführt, ja sogar im Krieg ist mir nichts Dramatisches passiert. Da kann man sich nicht absetzen – das habe ich zumindest gedacht.«

Dann kam Hobsbawm auf einen Menschen zu sprechen, dem sich Poldi eng verbunden fühlte, einen der vielen Ehrenretter der Sache, die er verfocht: »Einer derjenigen, die mich nach dem Krieg und auch nach 1956 am tiefsten beeindruckt haben, ist ein österreichischer Kommunist namens Franz Marek. Er, ein Jude polnischer Abstammung, war in Frankreich während des Krieges, hat dort die gefährlichsten Aufträge für die Partei erfüllt. Er hat für die Organisation MOI (Main-d'œuvre immigrée) unter Artur London gearbeitet und Propaganda in der deutschen Wehrmacht gemacht. Er wurde am Ende zum Tode verurteilt und mit großem Glück gerettet. Seine beinah letzten Worte sind noch heute in der

Zelle zu lesen, eingekratzt in die Wand. Dieser Mann wollte nach dem Krieg die Kommunistische Partei Österreichs auf eine eurokommunistische, antisowjetische Linie bringen. Als er starb, paßte sein gesamter Besitz in zwei Koffer. Das waren die Leute, die ich gekannt habe. Leute, die ihr Leben geopfert und eingesetzt haben für das, was sie für eine gute und selbstlose Sache gehalten haben, und das war für sie die Kommunistische Partei.«

Damals, am 18. Oktober 1996, als Spira das Hobsbawm-Interview erwähnte, habe ich zum ersten Mal Tränen in seinen skeptischen Augen gesehen. Es waren Tränen der Hinfälligkeit, der körperlichen Schwäche eines Todkranken, die die emotionale Reizschwelle senkt; aber es waren auch Tränen der Selbstbehauptung, daß nicht alles, wofür seinesgleichen unter Todesgefahr und Mangel an Entfaltungsmöglichkeiten gestritten hatten, vergessen oder verhöhnt zu werden verdient. Wieder ging es um seinen Freund Marek: Spira wies mich auf Gretchen Dutschkes Erinnerungsbuch hin, in dem sie von ihrer letzten Schwangerschaft erzählt, und von Rudis Bestürzung, als er davon erfährt. Während sie noch das Für und Wider erörtern, findet Gretchen auf Rudis Schreibtisch einen Nachruf auf Franz Marek. »›Kanntest du Franz Marek?‹ fragte ich Rudi. Er sagte: ›Ja, ich habe ihn in Österreich kennengelernt. Er war ein guter Mann. Wir verlieren sie jetzt alle. Bloch, Marcuse, Franz Marek.‹ Ich wußte nicht, was ich darauf erwidern sollte, und schwieg. Aber nach einiger Zeit sagte ich: ›Marek, das ist ein schöner Name für unser Kind.‹ Rudi schaute mich erstaunt an. Dann sagte er: ›Ja. Das finde ich eine gute Idee. Nach Franz Marek können wir unser Kind nennen.‹ Damit war es entschieden.«

Ich glaube, daß Poldi Spira nicht nur wegen seiner Freundschaft zu Franz Marek gerührt war; in Mareks schwieriger Biographie ist, als Entwurf, auch Spiras vergleichsweise einfacher Lebensweg aufgehoben. In Gesprächen und zwei sehr eigenwilligen Autobiographien ist er immer wieder auf die möglichen Bruchstellen seiner Existenz und der seiner Angehörigen zurückgekommen. Daß er so alt wurde, daß seine Schwester und ganz spät noch seine Mutter den Mördern entkamen, daß auch die Familie seiner Frau dem ihr zugedachten Schicksal entrann, das alles ist Ausnahme und nicht Regel. Der Tod hat ihn und sie alle verpaßt: Was wäre gewesen, wenn er nicht wenige Tage vor dem deutschen Einmarsch, infolge der Schuschnigg-Amnestie, freigekommen wäre; wenn er bei der Flucht in die Schweiz, am 14. März 1938, angehalten worden wäre; wenn er im Spanischen Bürgerkrieg den Francotruppen in die Hände gefallen wäre; wenn er vom Lager Gurs nicht mit dem letzten Transport nach England gelangt wäre; wenn ihm gestattet worden wäre, in die Britische Armee einzutreten; wenn er im Exilland geblieben wäre; wenn er 1956 aus der KPÖ ausgetreten wäre; wenn er nach der sogenannten Normalisierung in der ČSSR, 1968, die Partei nicht verlassen hätte. Oder weiter zurück: Wenn seine vermutlich aus Speyer stammenden Vorfahren als Überlebende eines Pogroms von Böhmen nach Polen weitergewandert wären. Oder wenn sein Vater nach dem Ersten Weltkrieg nicht für Österreich, sondern für die Tschechoslowakei optiert hätte. Wenn er als »Rassejude« zwar den Naziterror überlebt hätte, aber ein Opfer der stalinistischen Säuberungen geworden wäre, oder wenn er sich (wie Zdeněk Mlynář den Faden weiterspann) gar an den Verbrechen des Regimes unmittelbar mitschuldig gemacht hätte?

Lieber Poldi, mit diesem Weiterdenken deiner Lebensgeschichte hast du das »Jahrhundert der Widersprüche« ausgelotet. Hier trifft sich dein Bemühen um Klarheit mit unserem Bedürfnis nach kollektivem Erinnern. Denn jede Katastrophe verschüttet Wege, Auswege, Umwege der Geschichte. Wenn wir den Schutt nicht abtragen, bleiben wir in der Gegenwart stecken. Die Zukunft nährt sich nicht von der Vorstellung des zu Erreichenden, sondern von der Erinnerung dessen, was uns bedrückt und beseelt. Deshalb fällt mir auch der Abschied von meinen toten Freunden, über die persönliche Verbundenheit hinaus, so schwer: weil sie uns allein durch ihr Dasein den Blick auf die Zukunft offengehalten haben.

Das bedeutet nicht, daß Erinnern an sich schon positiv wäre. »Die Erinnerung ist eine zweifelhafte Zeugin, auch dann, wenn man ehrlich sein will«, schrieb Spira in seiner ideologischen Biographie *Kommunismus adieu,* und er korrigierte sie anhand seiner eigenen Schriften, Fotos, Zeugnisse, Briefe, um über sein Tun und Denken Rechenschaft abzulegen. Ihn beschäftigte die Frage der Mitschuld nicht in ihrer statistischen Dimension, sondern hinsichtlich seiner Bereitschaft: inwieweit jenes System, zu dem der Kommunismus verkommen war, auf einen wie ihn hätte bauen können. Deshalb versetzte ihn auch die Behauptung seines Cousins Hermann Langbein, Spira habe ihn 1956, nach Langbeins Bruch mit der Partei, bespitzelt – schlimmer noch: sich öffentlich von ihm losgesagt, in tiefe Bestürzung. Der Vorwurf, von dem Spira erst nach Langbeins Tod erfuhr, erwies

sich offenbar als haltlos. Aber vorerst empfand er Scham –
bodenlose Scham, die uns überkommt, wenn unser Handeln
oder Versäumnis dem Gewissen zuwiderläuft –, nicht
den Trotz oder das Selbstmitleid überführter Bürokraten.

Die Beziehung zwischen Spira und mir war lange gestört.
Er schien mir zu nüchtern und zu gutwillig, und ich war
ihm wohl zu ungestüm oder zu streng. Unser Metier war
das Schreiben, und hierin unterschieden wir uns im Umgang
mit der Zeit; ihm konnte es nie schnell genug gehen, und
er faßte die Möglichkeiten der Sprache als unbegrenzt auf,
während ich, ihre Begrenztheit witternd, immer wieder
auf die Schranke stieß, dem, was in mir war, seinen angemessenen Ausdruck zu verleihen. Ich forderte Hingabe,
Zuneigung, Ablehnung; er: Distanz, Sachlichkeit, Analyse.
Aber in seinem letzten Lebensabschnitt, den er liegend und
gelähmt zubringen mußte, sind wir einander nähergekom-
men, leider im Pessimismus des Verstandes, wie Gramsci
gesagt hätte. Damals, als wir von Hobsbawm, Dutschke,
Marek redeten, auch später, im April 1997, als das blutige
Ende der Geiselaffäre von Lima bekannt wurde, war von
seiner typisch emotionslosen Einschätzung der politischen
Lage nichts zu merken. Er war erschüttert von der Ferne
jeglichen Aufruhrs.

Es gibt etwas, das Ruth, Elsa, Toni, Poldi, all die alten
Freunde des *Wiener Tagebuch,* die letzte Felonin aus dem
Kaiserpark und den letzten Mohikaner des Eurokommu-
nismus miteinander verbindet: Nie habe ich von ihnen jenes
unfaire Argument gehört, das ihren Erfahrungsreichtum
gegen unsere Erfahrungsnot ausspielt: Dazu seid ihr noch
zu jung! Oder: Ihr müßt erst selber draufkommen! Oder:

Dann werdet ihr an mich denken! Nie haben sie sich zu Älteren aufgeschwungen, so sind sie mir immer jung geblieben. Vergessen wir nicht, daß sie alle, und Spira mit ihnen, lange nicht das getan haben, was die Hüter der Gesellschaft für angebracht hielten: zu Kreuz zu kriechen, klein beizugeben, die bestehenden Verhältnisse als die gegebenen anzunehmen. Aber vergessen wir auch nicht, daß die österreichische Gesellschaft, so unzulänglich sie beschaffen sein mag, auch die Gesellschaft unserer Toten ist. Das ficht etliche Intellektuelle nicht an, die die ewige Litanei vom Land der Nazis, Land am Blute anstimmen und dabei die Widerstandskämpfer aus ihrem Österreichbild tilgen, ganz so, als wollten sie dem braunen oder blauen Pack einen Dienst erweisen. Über diese falschen Freunde hat sich Poldi Spira keine Illusionen gemacht.

Er war unsentimental – ich glaube, sogar feindselig gegenüber jedem Anflug von Sentimentalität –, und er ist es bis zuletzt geblieben. Amüsiert erwähnte er die vergeblichen Bemühungen seines muslimischen Pflegers, ihn zum Gottesglauben zu bekehren. Den Krankheitsverlauf verfolgte er mit Interesse an den Unzulänglichkeiten der eigenen Physis. Angst machten ihm nur – wie allen diesen alten Linken, die sich allein durch ihren Verstand und ihren Willen über die Enge der Verhältnisse erhoben – der Verlust geistiger Souveränität und das Wissen um die Unmöglichkeit, sein Leben dann von eigener Hand zu beenden. Die Neigung vieler Kinder österreichischer Kommunisten, das Judentum zu suchen, dem ihre Eltern oder Großeltern entflohen waren, hat ihm nicht gefallen. Er verfügte über einen gesunden Menschenverstand, ließ sich also selten von der äußeren Erscheinung blenden. Eitelkeit wie Demut waren ihm fremd,

Bescheidenheit nah, den trockenen Humor, den er besaß, galt es aufzuspüren, Sinn für Komik und Selbstironie (so, wenn er die eigenen Jugendgedichte kommentiert) finden sich in seinen Büchern ebenso wie die Kraft des Staunens.

Er war froh über seine Töchter, die Schwiegersöhne und die Enkelkinder. Über seine Frau Eva hat er, für meinen Geschmack, zu wenige Worte verloren. Ihre Liebe gehörte zur Privatsphäre, die keinen etwas anging. Für seine Freunde aber war und ist der eine ohne die andere nicht denkbar; deshalb will ich Evas Mut und Gabe rühmen, der schweren Krankheit zum Trotz das Leben als lebenswert verteidigt zu haben. Von der bedrückenden Krankenhausatmosphäre war im Hause Spira bis zuletzt nichts zu spüren, auch nichts von der aufgekratzten Euphorie, die der Depression folgt und vorangeht.

Wenn ich an Leopold Spira als an einen Abwesenden erinnere, dann will ich auch an ein Gedicht erinnern, dessen Autorin Karin Kiwus an den Fortschritt erinnert. So heißt das Gedicht nämlich, *Kleine Erinnerung an den Fortschritt*:

> Ja, damals, als wir Kinder waren,
> nach der Revolution, haben wir
> in Baschkirien noch
> den Großvater gesehen, wie er
> mit hellen lachenden Augen
> die erste Glühbirne verfolgt hat,
> die blitzend nackt durch unser
> Dorfschulzimmer gependelt ist,
> hin und her und hin und her.
>
> Aber nun?

Der letzte Vers reimt sich auf den Titel einer Lenin-Schrift, die damals, in Poldis Sturmjahren, viel gelesen wurde: »Was tun?« Über die Fallhöhe zwischen dem gleich klingenden Wortpaar, von Anfang bis Ende seines Lebens, hat er sich keine Illusionen gemacht. »Man muß als Linker auch damit fertig werden, allein zu sein«, meinte er vor ein paar Jahren. Lieber Poldi, du bist mit dem Alleinsein fertig geworden; du hattest ja uns. Aber wen haben jetzt wir?

(1997)

Harrys Angst

Ich möchte an Harry Spiegels Angst erinnern. Sie steckt in einem ungeschriebenen Buch, dessen Titel er von der Revolutionären Sozialistin Rosa Jochmann ausgeborgt hat: »Es lohnt sich doch, Widerstand zu leisten.« Das Buch sollte auf Harrys Erfahrungen in seiner lebenslangen Arbeit mit Menschen gründen; es war von ihm als Ermunterung gedacht, für seine Freunde und Freundinnen, »die schon vielfach resignierten Revolutionäre: Das wird man in dieser Zeit brauchen, in der kommenden, so mein ich das.« Aber er wollte es auch für sich selbst fertigbringen, als Entree fürs Jenseits, auch wenn er überzeugt war, ohnehin keine Zeit zum Sterben zu haben. Trotzdem, manchmal dachte er an das Revolutionäre Jüngste Gericht, nicht ohne Neugierde, wie es denn beschaffen sein werde, und dort hätte er, als Gedächtnisstütze und zur Rechtfertigung seines neunundachtzigjährigen Lebens, dieses ungeschriebene Buch ganz gern dabeigehabt.

Leider ist es nicht weit gediehen. Was vorliegt, sind zwölf Tonbandkassetten, auf denen er vom Hundertsten ins Tausendste springt, bis sich seine Erinnerungen in einem Netz, nein: in einem Knäuel von Lebensfäden verfangen. Während ich sie abhöre, die frohe leise Stimme im Ohr, sehe ich ihn vor mir, das feine Lächeln im faltenreichen und doch jungen Echsengesicht, den etwas schwankenden Gang in den schnellen Sportschuhen, die weißen Haarsträhnen, die ihm zu Berge stehen.

So, denke ich, wird Harry auch vor das Revolutionäre Jüngste Gericht treten, dessen Vorsitzende oder Vorsitzenden ich mir als eine Mischung aus Dorothee Sölle und Friedl Fürnberg vorstelle, ketzerisch und engstirnig zugleich, und wo es ähnlich gesittet zugeht wie bei einer Vollversammlung im Wiener Werkstätten- und Kulturhaus WUK, in dem Harry von Anfang an aktiv gewesen ist. Und wieder wird hinter allem, was aus ihm rausprudelt und was er aus dem Vorsitzenden wie aus den Beisitzerinnen heraushorcht – denn er war ein Meister darin, redend zuzuhören –, die Angst auftauchen, die auch sein ungeschriebenes Buch prägt. Angst, die sich seiner Überzeugung nach nicht wegmachen, nur umwandeln läßt, ins Gegenteil verkehren, mittels Kühnheit, mittels Chuzpe, mittels Fatalismus, der nichts anderes ist als die Ergebenheit zu einer für wahr erachteten Sache – das, was Harry Mut nannte und Vaclav Havel Gewißheit: »die Gewißheit, daß etwas Sinn hat, ohne Rücksicht darauf, wie es ausgeht.«

Aber nicht immer ist es Harry gelungen, die Angst umzulenken – manchmal ließen die Umstände nur das Verdrängen zu, das Herumschwindeln also, im Spanischen Bürgerkrieg zum Beispiel, und dann suchten ihn die Ängste sechzig Jahre später im Traum heim. »Ich wach oft auf mit schrecklicher Paranoia, die ganz konkret in den Träumen sitzt und noch nachwirkt beim Aufwachen, vielleicht nicht länger als eine halbe Sekunde, aber das ist ja lang. Angst, wenn ich verfolgt werde und mich mit einem Aufschrei selber wecke. Das geht bis zum Abmurksen, nur daß ich halt den Stich nicht mehr spüre.«

Harrys politisches Erwachen kannte keine Urangst, nur viele kleine Erfahrungen, die ihn der Bürgerwelt entfremdeten: das Geburtstagsfest seines älteren Bruders, bei dem dieser die Geschenkannahme verweigert, weil die Maurer und Zimmerleute nicht zur Jause geladen sind; der Herr Toibler, das Faktotum aus dem väterlichen Betrieb, der Harrys Mutter jeden Morgen halb unterwürfig, halb dreist mit dem Satz begrüßt: »Guten Tag, gnädige Frau, entschuldigen Sie bitte, daß ich lebe«; der Tag, an dem der fünfjährige Harry als Streikbrecher im Geschäft Kuverts sortiert, und sein Onkel ist zur Aufregung der Familie unter den Streikenden; der Fünfzehn- oder Sechzehnjährige, der Kautskys Broschüre über die historische Leistung von Karl Marx liest, und sein Vater sieht es und sagt: Was machen die Arbeiter schon ohne einen wie mich, der ihnen seinen Unternehmungsgeist zur Verfügung stellt, und Harry antwortet – »ganz nett hab ich es gesagt, ich hab sogar Vati gesagt: Vati, was machst du ohne die Arbeiter? Und es hat ihn nicht weiter aufgeregt, er hat nur gesagt, dummer Bua.« (Ein dummer Bua, meint Harry, ist einer, der es wagt, einem Erwachsenen, »ich möchte fast sagen: soziologische Antworten zu geben«.)

Während die politische Entwicklung also allmählich nach links verlief, auch organisatorisch gesehen: von den Pfadfindern hinüber zum Sozialistischen Wanderbund, und dann weiter zu den Kommunisten, gab es auf religiösem Gebiet ein einschneidendes Erlebnis, ein Urmißvertrauen, wie es Harry nannte, »man spricht sonst immer vom Urvertrauen«. Nämlich: Als er drei oder vier Jahre alt war, brachte ihm seine Mutter bei, jeden Abend vor dem Einschlafen ein Gebet zu sprechen.

Du darfst es nicht vergessen, denn Gott sieht alles, hört alles und weiß alles. Aber wenn du vergißt, wird er dich bestrafen!

Harry hielt sich an das Gebot; aber eines Abends vergaß er zu beten und wartete vergeblich auf die Strafe, und am nächsten Abend betete er justament nicht, und auch nicht am dritten, und von da an mißtraute er seiner Mutter und ängstigte sich nicht mehr vor Gott.

Angst, Todesangst hatte Harry bei seinem ersten Einsatz in Spanien, im August 1937, beim Sturm auf Quinto. Vom Kirchturm aus wurden die Angreifer mit einem Maschinengewehr beschossen, erste Verwundete lagen herum, Krankenträger hasteten gebückt durchs Gelände, die Artillerie schoß aus Versehen in die eigenen Reihen, Staub wirbelte auf, und Harry verlor die Orientierung. Er wollte zurückgehen, nur zurück, wußte aber nicht, welche Richtung er einschlagen sollte. Gerade in dem Augenblick, als in ihm der Drang zu desertieren übermächtig wurde, hörte er – wie in einem pathetischen sowjetischen Film – die Internationale, allerdings auf englisch gesungen, und im Staub oder hinter Rauchschwaden tauchten schemenhaft die Männer der Lincoln-Brigade auf und stürmten nach vorne, nahmen Quinto ein, und hinter ihrem Tank her, stolpernd, Harry als erster Österreicher. Und er wurde befördert. »In Anerkennung, daß ich gestürmt hab. Dabei war das keine Heldenleistung, sondern Glück, revolutionäres Glück. Und dann war ich eben Politkommissar.«

Angst war auch im Spiel, als Harry zusammen mit den

anderen Internationalen den Ebro überquerte. »Da sind wir zuerst in der Früh, ganz zeitig, auf unserer Seite noch in Zweierreihen gegangen, und es sind verirrte Kugeln gekommen, nicht gezielt, dafür waren die Schützen zu weit weg. Ich war an der Frontseite. Und neben mir ist einer gegangen, der keine Funktion innehatte, ich damals ja auch noch nicht. Aber ich bin mir wichtiger vorgekommen, und Todesangst war auch dabei, daß mich so eine Kugel trifft. Und ich hab versucht, mit ihm Platz zu tauschen. Da hab ich lang dran gekiefelt, an dieser politisch unmoralischen Handlung.«

Oder, immer noch in Spanien, die Angst beim Wacheschieben. Man kennt die Berichte von nächtlichen Überfällen, lautloses Anschleichen der marokkanischen Söldner in der Francoarmee, die ihren Feinden blitzschnell die Gurgel durchschneiden. Das sind so Situationen, meint Harry, die es kaum erlauben, die Angst umzuspeichern oder gar umzuwandeln. »Ich hab sie nur verdrängt, und ich weiß auch noch, wie ich sie verdrängt hab.« Erstens einmal hat er sie niemandem eingestanden, auch sich selbst nicht. Zweitens hat er jedes Geräusch studiert, das Schreien der Käuzchen, das Singen der Grillen, das Rauschen der Blätter. Er hat sozusagen alles, was ihm angst machte, sachlich wahrgenommen, als hätte es nichts mit ihm und mit seiner Gefährdung zu tun. »Ich hab gelernt, das so zu verdrängen, daß ich sogar lachen konnte, lachen über meine Angst.« Aber verdrängen ist, wie gesagt, die schlechte, die hastige Lösung. Besser, man nutzt jede Gelegenheit, die Angst mittels Ergebenheit zu einer Sache zu verändern. Schon in der Schule war das möglich, wo Harry, der nie ein Raufer war, »immer ganz große Richtungen angeführt hat, die Jakobiner gegen die

Royalisten«. Oder später im Gefangenenhaus, während des Austrofaschismus, wenn ein wildgewordener Aufseher jemanden niedergeprügelt hat und Harry gebrüllt hat: Aufhören zu schlagen!, und manchmal hat es geholfen, erstens die Angst umzuwandeln und zweitens dem Schlagenden in den Arm zu fallen, indirekt: weil dem durch Harrys Brüllen klarwurde, daß es einen Mitwisser gab. Oder noch später, in der Zweiten Republik, wenn Harry bei den Demonstrationen ganz vorne dabei war: aus reiner Angst, wie er sagt, denn in der ersten Reihe konnte er immerhin mit den Polizisten reden, anfangs wenigstens, daß er sie nicht um ihren Dienst beneide usw., und später wegen der Provokateure, damit er sie in den Schwitzkasten nehmen konnte, bevor sie eine friedliche Demonstration kaputtmachten. »Ist auch eine Form der Angst, die vor einem Provokateur.«

Im besetzten Frankreich, im illegalen Widerstand, war die Angst permanent. Und wie immer hat Harry versucht, sie frontal anzugehen. Zum Beispiel, als er in Lyon in den Zug stieg, mit einer Fahrkarte nach Marseille, einem ungeschickt gefälschten Ausweis und 1500 Franc in der Tasche: »Da hab ich mich zum Beispiel nicht getraut, in einen normalen Waggon einzusteigen. Ich hab mir einen gesucht, in dem nur Deutsche drinnen waren, aus Angst, daß es auf französisch nicht ohne weiteres klappen wird und daß die Kontrolleure meinen Ausweis genau anschauen.« Also hat sich Harry zu deutschen Offizieren gesetzt und mit ihnen gebrochen deutsch gesprochen, und kein Schaffner hat sich ins Abteil getraut. »Auch da wieder meine Überlegung: immer an die Front, das ist weniger gefährlich, nämlich an die leichtere Front. Die härtere Front, das waren damals die Franzosen.«

Harry war stolz auf seine praktischen Erfindungen. Seine größte Erfindung war schon erfunden, er hat sie nur richtig eingesetzt, im Saal der Psychopannenhilfe, die er für schwer depressive und suizidgefährdete Menschen gegründet und im wuk eingerichtet hatte: ein Tischtennistisch, der zwar niemanden von seiner Schwermut geheilt, aber für die Dauer des Spiels immerhin befreit hat. Harry hat einmal nachgerechnet bei einer jungen Frau, daß sie in den drei oder vier Jahren bei der Pannenhilfe 950 Stunden lang Tischtennis gespielt hat; »und in dieser Zeit war sie nicht depressiv«. Die zweite Erfindung war ein Verkohlungsofen, den Harry in den Pyrenäen konstruiert hat, in der Nähe des Weilers Cazaux-Debats, wo er mit anderen österreichischen Spanienkämpfern zuerst als Holzfäller und dann als Köhler tätig war. Auch die dritte Erfindung fällt in die Zeit der Résistance; mit ihr überwand er die Angst zu verschlafen, wenn morgens Punkt fünf unter einer Rhônebrücke Losungen gegen die Nazis gemalt oder über eine Kasernenmauer Flugzettel geworfen werden sollten. »Meine Angst bestand nicht nur darin, daß dann die zwei anderen, die Pünktlichen, in Gefahr geraten, denn wenn man zu dritt ist, ist die Gefahr geringer, weil die Deutschen ja nicht allen drei nachschießen können; Angst hatte ich auch davor, gegen die revolutionäre Linie zu verstoßen, zu versagen.« Harrys Erfindung war, daß er am Abend vor einem solchen Einsatz nicht mehr pinkeln ging. »Da ist in der Früh der Drang so stark, daß man sicher wach wird.«

Weil Harrys Gedächtnis bei der Frage nach Jahreszahlen oder Zeitspannen verläßlich versagte – »Da muß ich die Irene fragen«, hieß es, oder: »Die Vera weiß das« –, bin ich im unklaren, wie lange Harry in Marseille in der Bauaufsicht der deutschen Kriegsmarine gearbeitet hat. Jedenfalls war er, unter anderem auch wieder aus Angst, gleichsam zu hoch gefallen, als Angestellter der Rechnungsstelle. Offiziell hieß er Henri Verdier, stammte aus der Kleinstadt Lagny-sur-Marne ein paar Kilometer östlich von Paris, deren Amtshaus samt Unterlagen in Schutt und Asche gebombt worden war, so daß niemand nachprüfen konnte, ob dieser Verdier tatsächlich in Lagny geboren wurde, und hatte eine Wiener Mutter. Damit erklärte er seine – allerdings bewußt dürftig gehaltenen – Deutschkenntnisse. Aber er hatte Angst. Angst, daß seine wahre Identität bekanntwerde. Angst vor Arbeitskollegen, die ihm seinen Posten neideten. Angst davor, unwillkürlich zu gut deutsch zu sprechen. »Die Deutschen haben gesagt, ich bin ein Phänomen, ich hab in sechs Monaten perfekt Deutsch gelernt. Na, schon mit Accent.« Und dann hatte es ein französischer Kollaborateur – irgendein höheres Vieh in der Hauptbuchhaltung – auf ihn abgesehen. Da bekam es Harry wieder mit der Angst zu tun. Er überlegte einige Nächte lang, ehe er zu einer kleinen Offensive überging und dem andern Angst einjagte. »Die eigene Angst ist nie gut. Besser die fremde Angst.« Und Harry schritt in der Buchhaltung auf und ab, scheinbar in Gedanken verloren, und murmelte kopfschüttelnd: Eigenartig, gibt es hier Kollegen, die nicht wissen, daß deutsche Dienststellen überwacht. »Dann hab ich mich wieder an meinen Tisch gesetzt. Da haben s' Angst gehabt, daß ich von der Gestapo bin. Das hat hingehaut. Aber dann kam schon die nächste Angst auf mich zu.«

Eine, die offenbar nie Angst hatte, oder die, genauer

gesagt, Angst nicht mittels Ergebenheit zu einer Sache umzuwandeln brauchte, ist Harrys Frau. Irene Goldin war, als US-amerikanische Krankenschwester, mit dem ersten Service Sanitaire nach Spanien gekommen und arbeitete im Krankenhaus von Mataró. »Die erste Begegnung war nicht Liebe auf den ersten Blick, sondern Streit auf den ersten Blick.« Das war, als Harry, der in Gandesa verwundet worden war, mit seinem italienischen Freund aus dem Bataillon Garibaldi in einem großen Saal lag, nur noch sie beide, und »dann kommt so eine Krankenpflegerin in Weiß, schaut nicht nach links und nach rechts, tut da mit ›muchou‹ und ›pouco‹ herum und holt mir den Freund weg.« Harry hielt ihr in seinem Schulenglisch sofort einen großen politischen Vortrag – »aber sie hat mir nicht einmal zugehört, hat einfach ihre Arbeit getan«. Die beiden heirateten noch in Mataró, wo Irene weiter ihren Dienst verrichtete, als die deutschen Junkers und die italienischen Caproni schon um das Spital kreisten und die tapfersten Offiziere in Panik davonliefen oder -hüpften, auf einem Bein oder auf Krücken, während sie, unerschütterlich, die Schwerverletzten versorgte und Spritzen aufzog, um notfalls Sterbehilfe zu geben, »denn was die Faschisten mit den Internationalen gemacht haben, speziell mit ihnen, das weiß man ja«.

Irene hätte auch später noch, in Frankreich, zurück in die USA fahren können, aber sie ist einfach nicht gefahren. Sie blieb bei Harry, und als er dann von einem Lager ins nächste geschafft wurde und keine Gelegenheit fand, ihr eine Nachricht zukommen zu lassen, gelang es ihr immer wieder, ihn zu finden. Monsieur Spiegel, hieß es, oder in der Normandie, wo die Briten das Prestataire-Lager verwalteten:

Mr. Speigel! Mr. Speigel! Mrs. Speigel wants to talk with you. Und da stand sie wieder vor ihm. »Das nenn ich eine echte Liebe, eine Bindung, die kannst du nicht zerreißen, und die Jahre in Spanien und in Frankreich, die gehören einfach ihr, die werden immer ihr gehören. Überhaupt, wenn man manchmal von Heldentaten spricht: Sie war die große Heldin.«

Im Lauf der Zeit hat sich Harry vom Atheisten zum Agnostiker gewandelt. Das hat nun nichts mit Angst zu tun – mit der heimlichen Befürchtung, es könnte doch so was wie den strafenden Gott seiner Mutter geben –, schon eher mit seiner Obfrau in der Psychopannenhilfe, dieser »bolschewistischen Theologin«, vor allem aber mit seinem Konzept des Widerstands: Widerstand lohnt sich auch dann, wenn er zur eigenen Lebenszeit keine sichtbare Wirkung entfaltet. Jahrelang hatte Harry gehofft, dem Ziel seines Widerstands – der Beseitigung der Ausbeutung des Menschen durch den Menschen – ganz nah zu sein, es zumindest noch zu erleben. »Der Beginn der Resignation kommt mit dem Älterwerden, mit dem Erkennen der Rückschläge, der Konterrevolution.« Dann besteht die Gefahr, daß man anfängt, an gar nichts mehr zu glauben, und sich nur noch dazu aufschwingen kann, als gute letzte Tat den eigenen Körper dem Anatomischen Institut zur Verfügung zu stellen. »Und das hab ich nicht gemacht.«

※

Ich weiß nicht, ob auch am Jüngsten Gerichtshof Verhandlungspausen üblich sind. Denkbar wäre es, daß der

Revolutionäre Senat austreten muß oder die resp. der Vorsitzende ein Nickerchen einlegt, und in so einer Pause, stelle ich mir vor, wird Harry verfluchen, daß er das Handy nicht dabei hat, denn seine jetzige Lebensgefährtin Vera Frömel hatte ihm wie üblich noch ein paar Aufträge mit auf den Weg gegeben, und wie üblich hatte er keine Zeit mehr gehabt, sie sich zu notieren. Der eine war, Honig zu kaufen, aber einen, der nicht stockt, der zweite, sie für das Ernst-Fischer-Symposion anzumelden, und der dritte, irgend etwas mit dem Auto zu transportieren, aber was, das fällt ihm jetzt nicht ein. Hundefutter vielleicht? Nein, Blödsinn!

Überhaupt wird ihm Vera vor dem Revolutionären Jüngsten Gericht fehlen. Erstens würde sie, wenn er ins Schwadronieren kommt, die i-Punkte setzen, wo sie hingehören, auch wenn sie ihm damit die Pointen versaut. Zweitens würde sie darauf achten, daß er seine Tabletten nicht stundenlang vor sich liegen läßt, sondern zur vorgeschriebenen Zeit mit Wasser runterspült. Drittens würde sie das letzte Wort haben. Da würde Harry zum Beispiel was sagen, und dann würde sie sagen: Du machst ja eh immer, was du willst. Das würde ihn fürchterlich aufregen. Und dann würde sie sagen: Reg dich nicht auf. Das ist nicht gut für deine Angina pectoris. Jetzt er: »Reg dich nicht auf!« Da kannst du gleich sagen: »Hab keinen gebrochenen Fuß!« Und dann würde sie lachen. »Ja«, sagt Harry, »wir sind schon ein lustiges Paar!. Sie hat alles, was ich nicht hab. Sie ist so praktisch. Sie sagt immer, Probleme lösen sich von selbst. Ich dagegen renn jedem Problem hinterher. Sie kann tausend Dinge gleichzeitig tun. Ich kann das nicht. Sie arbeitet mit dem Weitwinkelobjektiv, ich brauch das Tele.«

Nehmen wir an, daß sich das Jüngste Gericht zur Urteilsfindung zurückgezogen hat. Wie es auch ausfällt, Harry wird es anfechten. Er hat schon vorher alle Varianten durchgespielt, und fast keine hat ihn befriedigt: Im Himmel oben ist es ihm zu kalt, in der Hölle zu heiß, und im All will er nicht herumschweben, das ist ihm zu fad. »Da fallen mir immer die Dreckseelen ein, die können nicht schweben, die zieht es nach unten.«

Auf die Erde, zu uns.

(2000)

Kalenderblatt 18. November

Heute hätte Harry Spiegel Geburtstag. Da wäre wieder Gelegenheit, über ihn zu schreiben, die Geschichte von dem alten Widerstandskämpfer, der sich an den jungen Widerstandskämpfer erinnert, der in ihm weiterlebt.

Widerstand, so Harry, ist Moral plus Überwindung der Angst plus Ergebenheit für eine Sache, die ich Mut nennen möchte. Ergebenheit ist was Gutes, birgt aber auch Gefahren, vor allem in Zeiten des Mangels: Wo nichts ist, entsteht Korruption. Davor muß man sich hüten.

Und Harry erzählt eine Geschichte aus Spanien, wo er zwei Jahre lang gegen die Faschisten gekämpft hat, im 12.-Februar-Bataillon der österreichischen Freiwilligen. Eines Abends sucht ihn Pauli Steiner auf, der eigentlich Peter Hofer heißt. Pauli ist Politkommissar, wie Harry, nur bei einer anderen Kompanie. Er hat ein Problem: Eine us-amerikanische Hilfsorganisation hat dem Bataillon eine Schachtel Bonbons gespendet, sechzig Stück, und jetzt weiß er nicht, was er damit machen soll.

Wieviel Mann sind wir denn im Bataillon, fragt Harry.

Na, siebenhundert.

Harry, der immer ein schlechter Rechner war, überschlägt im Kopf, wie viele sich ein Bonbon teilen müßten, und das Ergebnis überzeugt ihn nicht.

Er sagt: Das ist unfair gegenüber den Zuckerln, daß man sie zerbröselt.

Was dann, fragt Pauli. Sollen wir sie dem Stab geben?

Harry, entsetzt: Um Himmels willen nein! Eine undichte Stelle – und wir haben eine Korruptionsaffäre, daß es höher nicht geht.

Also was? Wegschmeißen? Vergraben? Zurückschicken?

Harry überlegt. Dann sagt er: Ich glaub, das Sicherste und Gerechteste ist, wir fressen sie selber.

Das taten sie dann auch.

(2000)

Am Leben lassen

Nachruf auf einen, der nicht angekommen ist

Am ersten Mai 2004 ist mir nicht nur ein Freund abhanden gekommen, sondern auch ein Stück Gewißheit, in einer Welt zu bestehen, die sich in die falsche Richtung dreht. Sechs Wochen später, am 17. Juni, wäre Pieter Siemsen neunzig geworden, er hat also ein Alter erreicht, das den meisten von uns versagt bleiben wird, und trotzdem ist er früh verstorben, als »Lebensanfänger«, wie er seine Erinnerungen an Kindheit, Jugend und Mannesalter in der Weimarer Republik, in Nazideutschland, Argentinien, der DDR und der BRD überschrieben hat, eingedenk einer Äußerung Charlie Chaplins, derzufolge wir alle Anfänger seien: »Das Leben ist zu kurz, um es weiter zu bringen.« Das Zitat ließe vermuten, daß er einer war, der in seiner Sehnsucht nach Erfüllung früh resigniert hat. Aber das stimmt nicht. Von Pieters Lebenslust und Lebenssucht haben alle, die ihn gekannt haben, profitiert. Er war begeisterungsfähig, er schwor seinen Idealen nicht ab, er vollzog nie den Bruch zwischen dem Überschwang der Jugend und der mürrischen Besserwisserei des Alters, die sich als Weisheit tarnt. Allerdings litt er unter dem Verdacht, sich aus äußeren Zwängen und persönlichen Fehlentscheidungen verzettelt zu haben, und kam immer wieder darauf zu sprechen. »Ich glaube«, heißt es in seiner Autobiographie, »ich bin überhaupt nie ganz reif geworden in meinem Leben. Vielmehr gehöre ich zu jenen nicht gerade glücklichen Früchten, die erst zu reifen beginnen, wenn sie bereits am Verwelken sind.« Und in einem Brief, den er mir im Mai 1994 schrieb, bezeichnete er das »Nichtankommen« als sein ureigenes Syndrom. »Mein ganzes Leben ist nicht angekommen, nicht en gros und nicht en détail. So verfolgte mich jahrzehntelang ein Traum: Ich verpasse immer wieder den Zug. Und erreiche ich ihn, dann fährt er in eine Richtung, in die ich gar nicht will. Und ich bin immer voller Sorge, daß nicht ankommt, was ich sagen möchte, daß Post verlorengeht, schwer Erarbeitetes im Winde verweht, Engagement und Sympathie in der Wüste versickert.« Freilich, gerade wegen dieser Selbstzweifel ist er bei seinen jüngeren Freunden stets angekommen, ist er uns so nahe geblieben, Bruder, nicht Vater oder Onkel, ungeachtet des Alters, der Herkunft, der Erlebnisse und Erfahrungen, die lange vor unserer eigenen Lebenszeit einsetzen und die er nie als Argumente vorgebracht hat, um bei Debatten recht zu behalten. Dabei war ihm das Bedürfnis, recht zu behalten, keineswegs fremd. Umarmen möchte ich ihn, auch jetzt noch, für seine Abneigung allen Floskeln und Kratzfüßereien gegenüber. Unverbindlichkeit war ihm ein Greuel. Und er war keiner, der andere je dafür kritisiert hätte, nicht mit beiden Beinen auf der Erde zu stehen. Schließlich denkt man immer noch mit dem Kopf und nicht mit den Beinen, und auch das Herz schlägt ein Stück weiter oben.

Pieter ist in einer Familie aufgewachsen, die es ihm wegen ihrer intellektuellen Redlichkeit, künstlerischen Begabung und politischen Klarsicht leicht und schwer zugleich gemacht hat. Leicht, weil er in ein geistig anregendes Elternhaus hineingeboren wurde, in dem nicht geprügelt und dem Einzelkind vieles nachgesehen wurde; schwer, weil die Talente seiner nahen Verwandten auch belastend gewesen sein müssen – wie und in welchem Bereich hätte er über sie hinauswachsen können? Sein Onkel Hans Siemsen, Mitarbeiter an Ossietzkys *Weltbühne,* schrieb berührend zarte, dabei keineswegs sentimentale Erzählungen über Kinder, Jugendliche, verbotene Liebe und arme Leute, seine Tante Anna war als sozialistische Pädagogin, Schriftstellerin und Politikerin ebenso bedeutend wie Pieters Vater August; beide gehörten zum linken Flügel der deutschen Sozialdemokratie, waren Reichstagsabgeordnete und Gründungsmitglieder der Sozialistischen Arbeiterpartei, ehe sie vor den Nazis ins Schweizer Exil fliehen mußten. Hans flüchtete über Frankreich in die USA, August emigrierte zusammen mit Pieters Mutter Christa weiter nach Argentinien. Pieter blieb, siebzehnjährig, in Deutschland zurück, nachdem er wegen »Belastung des Schweizerischen Arbeitsmarktes« 1934 aus der Schweiz ausgewiesen worden war. Im Jahr darauf wurde er zur Wehrmacht eingezogen. Erst Ende 1937 erwirkte er mit Hilfe eines vorgesetzten Offiziers die Erlaubnis, nach Argentinien auszureisen. Alle Bemühungen, seine minderjährige Freundin Eva Mamlock nachkommen zu lassen, waren vergeblich. Das Mädchen war die Anführerin einer Gruppe junger jüdischer Widerstandskämpferinnen, die nach ihrer Verhaftung im September 1941 zum Tode verurteilt, dann nach Riga deportiert wurden. Kurz vor Weihnachten 1944 soll Eva im KZ Stutthof umgekommen sein.

In Buenos Aires war Pieter neben seinem Brotberuf als Schriftsetzer und Linotypist publizistisch und politisch für das von seinem Vater gegründete und geleitete Exilbündnis »Das Andere Deutschland« tätig. Er heiratete Lene Laub, deren Eltern aus Österreich stammten, dem Ehepaar wurden zwei Töchter geboren, Cristina und Anita, die als Kinder die antifaschistische Pestalozzischule besuchten, an der ihr Großvater August Deutsch unterrichtet hatte. Nach der Scheidung kehrte Pieter, 1952, allein nach Deutschland zurück, übersiedelte zwei Jahre später unter mancherlei Schwierigkeiten und bitter-komischen Begleitumständen in die Hauptstadt der DDR, wo er als Redakteur, Spanischlehrer und Übersetzer arbeitete. Weder er noch seine Eltern, die Mitte der fünfziger Jahre ebenfalls nach Ostberlin gezogen waren, erfuhren hier größere Beachtung. August Siemsens Schriften wurden nie wiederveröffentlicht, seine Verdienste im Kampf gegen den Nazismus totgeschwiegen oder herabgewürdigt, wegen seiner antipreußischen Einstellung und weil er im »Anderen Deutschland« die nationalistische Komponente der Volksfront-Politik ebenso kritisiert hatte wie die Verteufelung Frankreichs und Großbritanniens nach Abschluß des deutsch-sowjetischen Nichtangriffspakts. Pieter wiederum merkte, daß seine Fähigkeit, auf Menschen zuzugehen und diese durch seine Offenheit zu gewinnen, von Vorgesetzten und Funktionären nicht erkannt oder als verdächtig angesehen wurde. Trotzdem hielt er den bürokratischen Sozialismus lange Zeit für reformierbar, sogar noch zu Beginn unserer Freundschaft Mitte der achtziger Jahre, die durch seine Behauptung, bei der Katastrophe von Tschernobyl handle es sich um antisowjetische Greuelpropaganda, gleich auf eine harte Probe gestellt wurde. Ebenso hart kam es Pieter an, sich vor seinen Freunden aus dem Westen von engstirnigen Volkspolizisten oder unwirschen Kellnerinnen demütigen zu lassen. Überhaupt dieses Gemisch aus Präpotenz, Gehorsam, Lethargie! Allerdings war auch einiges am gesellschaftlichen Leben in der DDR achtenswert, mehr als das Gros ihrer Bürger annahm, schließlich war sie nicht nur ein autoritäres Gerüst, das nach der Maueröffnung wie ein Kartenhaus zusammengefallen ist; in ihr und oft genug gegen ihre Obrigkeiten lebten Menschen wie Pieter und seine Frau Lilly, die nach Verwurzelung, nicht nach Karriere aus waren. An ihn, an sie denke ich, wenn der Name dieses Staates fällt, der außerhalb Ostdeutschlands fast nur noch als Gespinst aus Spießertum, Spitzelwesen und hohlen Phrasen begriffen wird, an jene Zwischenzeit im Frühling 1990 auch, als ich bei ihnen zu Besuch war und sich auf den Balkonen des Wohnblocks an der Köpenicker Landstraße drei rote Fahnen gegen Schwarz-Rot-Gold und Ährenkranz behaupteten. Fünf Monate später schrieb Pieter: »Inzwischen ist die Einheit Deutschlands vollzogen. Und damit der letzte Akt einer schaurigen Tragödie unter dem Titel ›Selbstmord einer Hoffnung‹. Oder war es nicht vielmehr Mord? Mord durch die Machthaber im ›realen Sozialismus‹, die einer hohen Idee und Menschheitshoffnung Stück für Stück den Garaus machten? Das Land, das einmal DDR war, liegt willfährig zu Füßen von Glücksrittern aller Art. Die aber die Revolution vom November 1989 tapfer initiierten, sind längst überrollt und hinfortgespült.«

Nicht erst nach dieser letzten politischen Enttäuschung hat Pieter sein Exilland Argentinien als Seelenlandschaft, als »Heimwehland«, wie es Nelly Meffert genannt hat, erkannt. Es war schon lange vorher seine Mitte, nicht nur der Freunde, nicht nur der Töchter wegen, die ohne Vater aufwachsen mußten und deren Mutter früh starb. Er hatte sich das Land damals nicht ausgesucht; aber er war jung und noch biegsam, als er in Buenos Aires eintraf, aufgeschlossen für eine neue Welt, in die er eintauchte, überwältigt von all den Eindrücken, Begegnungen, Geräuschen, Empfindungen. Er war glücklich in Argentinien. Dieses Glück hat er einigen seiner Freunde weitergereicht, geschenkt, mit ihnen geteilt. Er selbst aber konnte es nicht halten, und darin sah er sein großes Versäumnis. Im September 1990 schrieb er nach Wien: »Im Juli besuchte uns in Berlin und Senzig Tochter Cristina. Das war sehr schön, aber auch etwas bedrückend und wehmütig. Denn mit Cristina war die Abwesenheit präsent, das Unwiderrufliche, das Unwiederbringliche, die Vergangenheit mit ihren nicht realisierten Möglichkeiten und die zerrissene Gegenwart.«

In dieser Gegenwart fehlst du mir, Pieter. Mir fehlt dein scharfes Gesicht, wie eingesunken zwischen den Schultern. Deine klare Stimme. Deine schönen Sätze, druckreif gesprochen, pointiert, nicht gehaspelt. Überhaupt dein Sinn für die Schönheit der Sprache. Deine Aufrichtigkeit, ohne Wenn und Aber. Deine Aversion gegen alles Ungefähre. Deine Bereitschaft, Lob zu spenden. Dein feines Gehör für Zwischentöne, auch dann noch, als ein schreckliches Rauschen in deinem Kopf war. Deine Direktheit und Beobachtungsgabe. Deine jähe Härte, wenn man was Falsches gesagt hatte, aber auch deine Freimütigkeit, Fehler einzugestehen. Deine schroffe Reaktion, wenn man dich, deiner Meinung nach, nicht ernst nahm und verletzende Äußerungen milde entschuldigen wollte – du wolltest nicht entschuldigt werden. Deine Bitterkeit und deine Zärtlichkeit, und weil du ein Mensch, ein alter Mann warst, der ein Wort wie Zärtlichkeit auch gebrauchte. Dein lebendiges Interesse an Kindern, die du ernst genommen hast, ernster noch als Erwachsene. Deine Gabe, nicht nur Freunde zu gewinnen, sondern diese Freunde auch einander zu schenken. Durch dich habe ich Anita und Cristina und Jorge und ihre Kinder kennen- und schätzen gelernt, dir verdanke ich die Freundschaft mit Alfredo Bauer und Otto Wachtel in Buenos Aires, mit Nelly und Tina Meffert in St. Gallen, mit Eva und Dieter Siems, mit Gert Eisenbürger, Wolfgang Kaleck, die Bekanntschaft auch mit dem Widerstandskämpfer Rolle Müller, der uns an einem denkwürdigen Nachmittag Ende April am Senziger Krüpelsee die Geschichte seiner Flucht aus Nazideutschland erzählte, und wie es ihn in seinen achtzigjährigen Fäusten juckte, als Neonazis im Frühjahr 1990 die Versammlung eines antifaschistischen Komitees in Königs Wusterhausen sprengten. Einen von deinen Freunden, Esteban Urruti, habe ich bis heute nicht kennengelernt. Aber ich weiß, daß eine politische Diskussion zwischen euch in einen Riesenstreit ausartete. Nach langem Hin und Her konntet ihr euch schließlich einigen, und da sagte Esteban: *Valió la pena pelearse.* Ja Pieter, es hat sich meistens gelohnt, mit dir zu streiten.

Bleibt Lilly, die ihn am Leben erhielt. »Ein weiteres Pieter-Syndrom«, hat er mir damals, vor zehn Jahren, geschrieben, »ist die Sorge um Lilly, die ständige, denn sie stellt für mich das Gute dar in einer unguten Welt. Lilly um ihretwillen, aber auch aus Angst vor Einsamkeit und Hilflosigkeit, Angst vorm Leben. Sorge um unsertwillen.«

Wir sind ärmer ohne Pieter, den Compañero, der lebenslang auf *Compañía* aus war, denn nur gemeinschaftliches Tun ist den Menschen angemessen. Er kann nicht mehr um uns sein, und ich traure um ihn und hätte mich doch auch, wie Pieter einst beim Begräbnis von Lillys Vater, gern um Gedenkworte gedrückt, weil sie einem Abwesenden gelten. In seinen Erinnerungen hatte er geschrieben: »Aber ist es im Grunde nicht egal, ob man am Grabe eines Menschen noch ein paar Worte sagt, die er doch nicht mehr hören kann? Wichtig ist, daß man ihn im Leben würdigt. Muß einer denn immer erst tot sein, damit man ihn am Leben läßt?« Und darauf weiß ich keine Antwort.

(2004)

Herkulesstark und lebensfroh

Geburtstagsständchen für Dagmar Ostermann

Dagmar Ostermann braucht nicht daran erinnert zu werden, aber den Festgästen und -veranstalterinnen gegenüber will ich es wiederholen, weil es ihnen vermutlich nicht anders ergeht: daß mir von all den unglaublich glaubhaften Dingen, die sie aus ihrem Leben zwischen Wien, Dresden und Auschwitz erzählt hat, drei Episoden deutlich vor Augen stehen.

Die erste vom Abend des 11. März 1938, als Dagmar mit ihrer Mutter von der Wohnung in der Kolingasse, im 9. Wiener Gemeindebezirk, ins Café Herrenhof eilt, weil sie ihre jüdischen Freunde vor dem Einmarsch der Deutschen Wehrmacht warnen wollen. Am Ring, Ecke Schottengasse, neben dem Gebäude der Creditanstalt, sehen sie, wie ein Mann mit Hakenkreuzbinde einem dunkelhaarigen Passanten, der eine Brille trägt, den Weg versperrt. Der Nazi brüllt: »Du Saujud, dir werd ich's geben!« und schlägt dem andern ins Gesicht, daß die Brille in weitem Bogen wegfliegt. Da packt der Dunkelhaarige den Schläger an der Krawatte, haut ihm links und rechts eine runter und sagt ganz ruhig: »Ich bin kein Jud, auch kein Saujud. Aber für die Watschen, die du einem Juden hast geben wollen, kriegst du jetzt zwei zurück.« Dann bückt er sich nach der Brille, setzt sie auf und geht weiter. Da ist Dagmar Ostermann, damals Dagmar Bock, siebzehn Jahre alt.

Sie ist kaum dreiundzwanzig und als »Schutzhäftling« im Standesamt des Stammlagers Auschwitz mit Büroarbeiten beschäftigt (Striche ziehen, mit Tusche und Redisfeder, in den Leerspalten der Sterbebücher und Todesurkunden), als sie eines Tages Anfang 1944 zum Blockführer Hermann Kirschner bestellt wird. Beim Näherkommen sieht sie Kirschner vor der Baracke der Politischen Abteilung stehen, er zeigt verstohlen zum Ausgang, wo eine Frau in Zivilkleidung gerade dabei ist, das Lager zu verlassen. Dagmar erkennt sie sofort, an der Gangart: »Mama!« Dagmars Mutter dreht sich um, läßt ihre Handtasche fallen und läuft mit offenen Armen auf das Mädchen zu. Aber Kirschner macht eine ablehnende Geste. Daraufhin bleibt sie stehen, in einer Entfernung von etwa zehn Metern. Dagmar ruft ihr zu: »Mama, komm nie wieder nach Auschwitz!« Da bückt sich die Mutter nach ihrer Tasche und geht schluchzend weg.

Dagmar ist fünfundzwanzig, als sie nach der Befreiung aus dem Lager Malchow in Mecklenburg und nach einem Fußmarsch von etlichen zwanzig Tagen am 31. Mai 1945 in Wien eintrifft. Sie sucht das Wohnhaus in der Kolingasse auf und stellt fest, es ist eine Brandruine, das einzige zerstörte Haus in der ganzen Straße. In einer Mauerritze findet sie eine Nachricht von ihrer Mutter, auf dem vergilbten Zettel steht: »Liebe Dagmar, bin im Haus der Baptistengemeinde in der Mollardgasse. Mama.« Dagmar weiß nicht, wie lange der Zettel da schon steckt und ob ihre Mutter die Luftangriffe überlebt hat. »Immer hatte ich die Fassung bewahrt, aber da hab ich sie verloren, und nach langer Zeit kamen mir zum ersten Mal die Tränen.« Dagmar lehnt sich also mit dem Arm, auf dem die Häftlingsnummer von Auschwitz tätowiert ist, an die Hausfassade und weint. Plötzlich tippt ihr eine Frau auf die Schulter und fragt: »Was haben Sie da für eine Nummer am Arm?« Dagmar antwortet: »Das ist die Nummer vom Konzentrationslager.« Und die Frau sagt: »Haben S' vielleicht was zum Schreiben? Ich möcht mir nämlich die Nummer aufschreiben, weil wenn das Lotto wieder beginnt, will ich sie setzen.«

Dagmar Ostermann hat diese drei Geschichten aus einem langen Leben nach 1985 oft erzählt: Als Überlebende des Naziterrors und Zeugin der Größe wie des Elends derer, die von ihm erfaßt worden sind, sah sie es als Verpflichtung an, ihre Erfahrungen an Jugendliche weiterzugeben. In manchen Jahren besuchte sie bis zu sechzig österreichische Schulen, sprach vor zweitausend Schülerinnen, begleitete einige Male auch Klassen auf deren Fahrt nach Auschwitz. Sie hat Mitarbeitern des Dokumentationsarchivs des österreichischen Widerstandes ihre Verfolgungsgeschichte geschildert, ebenso dem Lehrer Martin Krist, der sie in einem Buch verschriftlicht hat, das unter dem Titel *Eine Lebensreise durch Konzentrationslager* 2005 erschienen ist. Schon zuvor, 1988, hatte Frau Ostermann es für den Regisseur Bernhard Frankfurter auf sich genommen, sich vor laufender Kamera mit dem ss-Arzt Hans Wilhelm Münch abzugeben, und zuletzt ist ein berührendes Filmporträt Marika Schmiedts entstanden, auf dessen Titel ich noch zurückkommen will. »Für mich«, sagte Dagmar Ostermann im Gespräch mit Martin Krist, »war und ist es eine Selbstverständlichkeit, über mein

Erleben in Auschwitz zu sprechen. An manchen Tagen ist es eine Erleichterung, manchmal tut es aber auch weh. Es gibt natürlich Dinge, die mich besonders berühren, wie die Ermordung meines Vaters als 59-Jähriger in den Gaskammern von Auschwitz-Birkenau.«

Jede Häftlingsgeschichte ist es wert, gehört oder gelesen zu werden, nicht nur wegen der geteilten, sondern wegen der besonderen, einzigartigen, unverwechselbaren Biographie. Im öffentlichen Bewußtsein hat sich nämlich die Sichtweise der Nazis durchgesetzt (wenn auch mit umgekehrter Deutung), die ihre Opfer als graue, einförmige, geschorene Masse von armseligen Gestalten wahrnehmen, bar jeder Individualität und Vorgeschichte. Dagmar Ostermann hat uns die ihre anvertraut, wobei sie – woran Krist erinnert – großen Wert darauf gelegt hat, auch ihre Kindheit, die verwickelten Familienverhältnisse und die Jahre nach der Befreiung zur Sprache zu bringen, »daß ihr Leben also nicht auf Auschwitz reduziert wird«. Zu rühmen ist dabei, daß ihr Erzählen frei ist von falscher Scham, ausgestattet mit jener Freizügigkeit auch in intimen Belangen, die für ein volksnahes Wiener Milieu sehr typisch ist, wo weniger auf Etikette und Dünkel als auf Lebensfreude geachtet wird, Liebeleien nicht verteufelt oder verschwiegen werden, kleinbürgerliche Moralvorstellungen wenig gelten. Dabei stammte die Mutter Gertrude Lauterbach aus einer einigermaßen strengen, zumindest nicht ganz unfrommen Dresdner Baptistenfamilie, bei der Dagmar in ihrer Kindheit und Jugend oft zu Besuch war. Die Brüder ihrer Mutter waren schon in den zwanziger Jahren nationalsozialistisch gesinnt, was sie nicht daran hinderte, das Mädchen gern zu haben, auch nach der Machtübernahme Hitlers und dem Beginn der Judenverfolgung. Dagmars Vater Oswald Bock, auch der Stiefvater Kurt Rosenfeld, der noch vor der Annexion Österreichs starb, waren Juden, Dagmar galt also nach den Nürnberger Gesetzen als Mischling ersten Grades, gehörte damit einer in Wien besonders großen Gruppe von Verfolgten und Bedrohten an, deren Leben unter der Naziherrschaft eine von Fall zu Fall ganz unterschiedliche Wendung nahm. Jedenfalls erschien Dagmar den deutschen Verwandten in Wien höchst gefährdet, deshalb nahm sie ein Onkel, der den Einmarsch der Wehrmacht mitgemacht hatte, mit sich nach Dresden. Doch auch dort konnte sie nichts gegen ihre schrittweise Entrechtung unternehmen. Im August 1942 wurde sie festgenommen und über Berlin-Alexanderplatz und Ravensbrück in einem Transport nach Auschwitz-Birkenau gebracht, wo sie am frühen Morgen des 6. Oktober eintraf.

Dagmar Ostermann wollte ihrem Buch eigentlich diesen Titel geben: »Ich schlafe ein mit Auschwitz, ich wache auf mit Auschwitz, ich lebe mit Auschwitz«, und Marika Schmiedts Film heißt, was durchaus im Sinn der Protagonistin ist, *Aber in Auschwitz will ich begraben sein*. Die fünfundzwanzig Monate, die sie in Birkenau, dann im Stammlager und wieder in Birkenau zubringen mußte, enden also nicht mit dem Rücktransport nach Ravensbrück, auch nicht mit Malchow, nicht mit dem Wiedereintritt in die Gemeinschaft freier Menschen, sondern bleiben gegenwärtig für immer.

Dagmar war auch im Lager nicht auf den Mund gefallen. Mag sein, daß die Schlagfertigkeit, die starke Selbstdisziplin, das Nutzen jeder Gelegenheit zur Körperpflege, die Fähigkeit, sich mit einem Leben »von der Früh bis zum Abend und vom Abend bis in die Früh« abzufinden, und die trotzige Grundhaltung gegenüber den Peinigern ihre Überlebenschancen erhöht haben. Aber letztlich war es reine Glückssache, daß sie davongekommen ist, daran läßt sie keinen Zweifel.

Ihren Mutterwitz und ihren auf eine gleichermaßen pragmatische wie unbändig vitale Lebenseinstellung gestützten Glauben an sich selbst hat Dagmar Ostermann sich auch im Nachkriegswien nicht nehmen lassen. Im Grunde ist sie das schöne blonde Kind aus dem Draschepark geblieben, das nicht weinte, wenn es sich die Knie aufschürfte, und auf die mitleidige Frage der Erwachsenen, ob es denn nicht weh getan habe, zur Antwort gab: »Nein. Ich bin ja ein Herkules!« 1947 heiratete sie einen Mann, der als Jude rechtzeitig aus Österreich geflüchtet war und den Krieg bei den jugoslawischen Partisanen überlebt hatte. Denn für sie war klar, daß nach den Jahren der Verfolgung und Vernichtung nur ein jüdischer Lebenspartner in Frage kam: »Wenn einmal ein Streit ist, und ich habe einen Christen geheiratet, dann sagt mir der in seiner Wut womöglich anstatt ›Du blöde Gans‹ ›Saujüdin‹ – da hätte ich solch eine Wut bekommen, daß ich wohl gewalttätig geworden wäre. Und ein Jude kann mir das nicht sagen!«

Aber er kann seine Frau überreden, die Tätowierung mit ihrer Häftlingsnummer entfernen zu lassen, damit nicht »einer, der deine Nummer sieht, sagt, die haben sie vergessen zu vergasen«. Oder sie bitten, aus der Israelitischen Kultusgemeinde auszutreten, mit der Begründung, dem gemeinsamen Kind dadurch »solche Schwierigkeiten, wie du sie hattest« zu ersparen. Nicht daß die kirchenskeptische Dagmar Ostermann der jüdischen Religion mehr abgewinnen konnte als den christlichen, die sie durch die Familie ihrer Mutter und durch ein katholisches Dienstmädchen kennengelernt hatte – aber dem Judentum fühlte und fühlt sie sich durch das erlittene Schicksal allemal eng verbunden. Und natürlich den Leidensgefährtinnen, den Um- wie den Davongekommenen, denen sie, erzählend, ein Andenken bewahrt hat, der ebenfalls aus Wien stammenden Marietta Gerngroß, deren Sterben in Birkenau sie nicht aufhalten konnte, der hübschen zutraulichen Irma J., die den schwarzen Winkel der Asozialen trug und ihrem im Lager geborenen Kind aus Dankbarkeit Dagmars Namen gegeben hat, den Kameradinnen im Standesamt, mit denen sie im Keller des Stabsgebäudes die Schlafstelle geteilt hat.

Ich habe eingangs drei Erlebnisse erwähnt, die mir deutlich in Erinnerung geblieben sind, fast so, als wäre ich dabei gewesen: weil sich in ihnen nicht nur Gewalt und Niedertracht äußern, sondern auch Aufsässigkeit, Gerechtigkeitsempfinden und unbeirrbare Liebe, die zwischen Mutter und Tochter, die sich wie ein roter Faden durch Dagmar Ostermanns Lebensgeschichte zieht, und man hört oder liest aufatmend, daß Gertrude, diese »prächtige Frau«, wie die Tochter sie nennt, 1977 ganz friedlich im Schlaf gestorben sei. Und weil diese Episoden, wenigstens die beiden in Wien angesiedelten, dank der Anschaulichkeit, mit der Dagmar Ostermann zu erzählen weiß, und ihrer Widerborstigkeit gegenüber jeder ideologischen oder sentimentalen Glättung über den amtlichen Stadtplan, den jede und jeder von uns in groben Zügen mit sich herumträgt, einen anderen legt. Er ist der Zeit des Terrors und den Erfahrungen jener geschuldet, die ihm erlegen sind oder widerstanden haben, liegt vor unserer Lebenszeit und ist uns, dank Dagmar Ostermann, doch zugehörig.

Zu den Fixpunkten auf meinem Ostermann-Wien-Plan gehört, seit ich sie davon reden gehört habe, außer der Kolingasse 3 und dem Gehsteig vor dem Gebäude der Creditanstalt auch ein Haus in der Rauhensteingasse. Dort war die Handelsschule Allina untergebracht, die Dagmar bis 11. März 1938 besucht hat. Weil ihre Betreiber Juden waren, wurde sie schon am Tag des deutschen Einmarsches geschlossen. Und wenn ich über den Graben gehe, muß ich an die Konditorei Lehmann denken, die aufgrund der exorbitant hinaufgesetzten Miete vor einigen Jahren für immer zusperren mußte, was die Schriftstellerin Marlene Streeruwitz zu einer kapitalismuskritischen Reminiszenz an exquisite Prager Rollen bewogen hat, die dort verzehrt wurden, nur hat sie leider nicht erwähnt, was Dagmar Ostermann gesehen hat: daß bei Lehmann am selben Märzmorgen achtunddreißig, an dem Dagmar am Schulbesuch gehindert wurde, ein großes gedrucktes Schild in der Auslage hing: »Juden und Hunden ist der Eintritt verboten!«, und im Wissen darum finde ich es ganz in Ordnung, daß es mit Lehmanns Nußrolle und Huhn in der Muschel für immer vorbei ist, und wenn es nach Frau Ostermann ginge, könnte auch das Apollinaris-Mineralwasser vom Markt verschwinden, dessen Flaschen – wie sie berichtet hat – von der ss im stillgelegten kleinen Krematorium von Auschwitz gelagert wurden.

Noch einen Fixpunkt weist mein Stadtplan auf, ein Haus nämlich in der Stumpergasse, darin Dagmar Ostermanns

Wohnung, in der sie mir ihre Erinnerungen an die Begleitumstände einer Trauung in Auschwitz mitgeteilt hat, zwischen dem aus Favoriten stammenden Häftling Rudi Friemel und seiner spanischen Braut Marga Ferrer. Außer Dagmar hatte auch Jenny Spritzer, ihre Kameradin im Standesamt Auschwitz I, an dieses halbvergessene Ereignis erinnert, in einem Buch mit dem Titel *Ich war Nr. 10291. Als Sekretärin in Auschwitz*. Im Anhang meines eigenen, eben über die Hochzeit von Auschwitz, hatte ich eine Bildlegende aus Spritzers Erinnerungen zitiert: »Man rechnet damit, daß es im Jahr 2010 keine Auschwitz-Überlebenden mehr gibt.« Und ich hatte hinzugefügt: »Nicht nur des falschen Datums wegen will ich diese Prognose nicht wahrhaben.«

Nun, acht Jahre später, halten wir in diesem Jahr. Bei uns ist Dagmar Ostermann, die morgen ihren 90. Geburtstag begeht. Ich habe also recht behalten, und in die Freude über ihr Dasein mischt sich tiefe Dankbarkeit dafür, daß sie uns an die Voraussetzungen erinnert, die Auschwitz möglich gemacht haben, und damit meine ich für diesmal nicht die Praxis der Aussonderung, sondern das Zögern, entschieden und im entscheidenden Moment dagegen aufzutreten, vor dem wir nicht gefeit sind. Dankbarkeit auch dafür, daß ihr genaues Erzählen mehr bewirkt hat als eines dieser großspurigen Denkmäler, die beanspruchen, Millionen Opfern zu gedenken, und in ihrer derben Symbolik – wie die Publizistin Hazel Rosenstrauch angemerkt hat – oft nur belegen, wie »das Scheitern der Aufklärung mit Vertrauen ins Gefühl beantwortet« wird.

Aber es geht ja nicht nur um Wirkung und noch weniger darum, persönliches Erleben am symbolischen Erinnern zu messen. Es geht auch um Schönheit. Einmal hat der Schriftsteller Michael Guttenbrunner der 1. Mai-Feiern in seiner Heimatgemeinde Althofen gedacht, bei denen zwei Blaskapellen aufmarschierten, »die abwechselnd spielten: die Sonnberger Bergknappen und Arbeiter der Treibacher Chemischen Werke. Und wenn die Sonnberger an der Reihe waren«, schreibt Guttenbrunner, »gebot unser Vater Stille und erhöhte Aufmerksamkeit. ›Die Knappen‹, sagte er jedesmal, ›spielen viel schöner, weil sie schwach auf der Brust sind und Staub in der Lunge haben.‹« Hier ist die Schönheit angesprochen, die wir Dagmar Ostermann, ihrem Leben und Vom-Leben-Erzählen zuschreiben: keine makellos glatte, strotzende, sondern eine, die sich in Hingabe, Pein und Mitleid entfaltet.

Allerdings – es hätte nicht der leidvollen Erfahrungen bedurft, Frau Ostermann zu der zu machen, die sie geworden ist; anders gesagt, sie wäre auch ohne Auschwitz, ohne ihr Erinnern daran so herkulesstark und liebenswert und lebensfroh geworden. Nur hätten wir, paradoxerweise, dann vermutlich nicht das Glück gehabt, sie kennenzulernen. Dieses Glück – und das Vergnügen, sie hochleben zu lassen.

(2010)

Reisen wir mit, bleiben wir da

Gedenkblatt für Eugenie Kain

Gläubige hätten es leichter. Alles sei geregelt. Die Verstorbenen kämen in den Himmel. Das gehe in der Regel schnell, deshalb auch die Eile, mit der sie den Zurückgebliebenen entrissen würden. Wenige Sätze nur, die bei einem christlichen Begräbnis über sie gesprochen würden. Dann müsse losgelassen werden. Die Toten würden übergeben und auf den Weg geschickt, und die Angehörigen blieben zurück mit den dürren Worten eines Geistlichen und sollten Zuversicht im Gebet finden.

»Am Urnenfriedhof«, hast du geschrieben, »bei den Begräbnissen ohne christlichen Ritus, war es umgekehrt. Es war wichtig, möglichst viel von den Verstorbenen zu behalten. Es gab kein Jenseits. Es gab nur die Erinnerung an die Verstorbenen. Und die Energie, die aus der Erinnerung an sie und an gemeinsam Erlebtes entstand. Diese Energie blieb.«

Diese Energie bleibt, Eugenie. Trotzdem ist es nicht einfach, sich ihrer zu vergewissern, so wie es der namenlosen Heldin deiner *Flüsterlieder* gelungen ist. Noch sind wir stumpf vom Wissen, daß du gestorben bist. Auch diesen Moment hast du in der Erzählung festgehalten. »So wie immer war es nicht mehr. Für alles andere war es noch zu früh.« Dabei hatten wir, leider und zum Glück, zweieinhalb Jahre Zeit, auf diese Energie umzustellen, um ab jetzt über sie zu verfügen, als wärst du noch da, als könnte man sich mit dir, der bedächtigen, uneitlen, unaufgeregten Freundin, auf eine Weile zusammensetzen in der Gewißheit, sogar noch aus der Einsicht, politisch und beruflich auf verlorenem Posten zu stehen, Mut zu schöpfen: erstens, weil man sich in deiner Gesellschaft, bei geteilter Meinung, gleich mehr zugetraut hat; zweitens wegen deines festen Wesens, ungezierten Auftretens und mundartlichen Sprechens (mit gelegentlichem Umschlag ins sogenannte Schriftdeutsch, dem jeweils akustische Gänsefüßchen wuchsen); drittens durch den Anblick deines großen gütigen Gesichts, das mit seinen Wölbungen, den schmalen Lidern, dem schrägen Mund, der Furche über der Nasenwurzel ausdrucksstark wie eine südliche Landschaft gewesen ist; viertens aufgrund deines Widerwillens, in das Geschwätz der von dir verachteten »selbstentzündlichen Künstlerinnen und Therapeuten« einzustimmen; fünftens wegen deines gemütvollen Lachens, das sich manchmal ungläubig angehört hat, wie ein Kopfschütteln über die Gemeinheiten derer, die sich besonders klug wähnen, dann wieder breit und vergnügt, wenn verzwickte Situationen zur Sprache kamen, die auch dir vertraut waren.

Wir haben es gut: Wir haben ja, was Eugenie geschrieben hat (bis auf manche Gedichte; die hat, wie sie in sarkastischer Beiläufigkeit erwähnt hat, ein entlaufener Hamster gefressen). Ihre Erzählungen gehen einem ebenso nahe wie das Erinnern an eine Begegnung und sind zudem verläßlicher als das eigene Gedächtnis. Sie bestechen durch die Genauigkeit in der Darstellung von Empfindungen, Sinneseindrücken, Handlungen und in der Kenntnis von Fertigkeiten, Gerätschaften, Naturerscheinungen, durch den herben Ton, den die Autorin anschlägt, die kühnen Bilder, die sie für alltägliche Verrichtungen findet, die Behutsamkeit, mit der sie ihre Protagonistinnen behandelt, die Geduld, die sie ihnen angedeihen läßt, die Zwischenräume, die sie den Leserinnen, Lesern öffnet, die Gefaßtheit ihrer Sätze, in denen gleichwohl das Wilde Platz hat, das sie nicht bändigen, sondern bewahren, als eine Art Erinnerung an die Zukunft, wenn die Verhältnisse sich endlich umkehren. Denn auch darin war Eugenie einzigartig. Weil sie von Frauen, Kindern, Jugendlichen, manchmal auch Männern geschrieben hat, die in den herrschenden Medien und in der hegemonialen Literatur nicht oder falsch vorkommen, über die sonstwo verkannte, verkitschte Zielgruppe der Sozialämter, der Ausbildungsprogramme für Langzeitarbeitslose, der Beratungsstellen für Kreditschuldner. Weil sie gezeigt hat, was reaktionäre Politik, ungehemmtes Profitstreben anrichten und welche Folgen es hat, wenn Aufruhr und Empörung ausbleiben oder sich, in Form von Gewalt, Angst, Anpassung, gegen die Langmütigen kehren. Vor allem stellte sie den inneren Reichtum armer Menschen dar, deren Gabe, sorgsam miteinander umzugehen, sich im Gegenüber zu erkennen, die eigene Sehnsucht zu hüten oder überhaupt erst zu wecken, sie sich nicht abjagen zu lassen, abkaufen, schlechtmachen. Eugenie war, einfach, eine revolutionäre Schriftstellerin in unserer restaurativen, sogar zur Konterrevolution drängenden Zeit. »Es fasziniert mich einfach, widerständig zu sein gegen die Lebensbedingungen, die einem zugemutet werden«, hat sie im Gespräch mit der Literaturprofessorin Marion Hussong gesagt. Sie hatte es leichter und schwerer als andere, die sich ebenfalls eine herrschaftsarme Gesellschaft wünschen. Schwerer, weil sie das kommunistische Kainsmal schon im Namen trug. Leichter, weil sie in einer Familie aufgewachsen ist, die ihr eine andere Perspektive als die des real existierenden Kapitalismus eröffnet hat. Sie hat sich das Wissen über Widerstand und Verfolgung nicht erst aneignen müssen; Verfolgte, Widerständige gab es in ihrem Umfeld zuhauf, den Vater, die Tanten und Onkel der Mutter, die alten Genossinnen, Genossen in der Partei. Der Kernsatz aus dem Erfahrungsschatz der überlebenden Angehörigen lautete: »Gib immer nur zu, was sie schon wissen.« Gestehen, was eh schon amtsbekannt ist. Mit dem Rücken zur Wand stehen, für den Fall, daß plötzlich wer zuschlägt. Kleine Gebrauchsanweisung, um über die Runden zu kommen, ohne Gewähr, daß sie auch ausreicht. Wenn nicht, hilft allenfalls noch das Untertauchen und Atmen durch ein Schilfrohr, wie in der gleichnamigen Erzählung von Anna Seghers. Mit der älteren Kollegin hatte sie einiges gemeinsam, mehr als mit ihren schreibenden Altersgenossinnen hierzulande, die flirrende Sprache, die Ahnung von Glück, den Glauben an Irdisches und an die Kraft der Schwachen. Und den zaghaften bis unbändigen Willen der weiblichen Gestalten, ein selbstbestimmtes Leben zu führen. »Ich bin keine Frau, die sich gerne füttern läßt«, sagt eine von ihnen, »und ich bin keine Frau, die füttert.«

Vieles von dem, was ich als Eugenies Kunst ausgewiesen habe, trifft auch das Vermögen ihres Vaters. Franz und Eugenie Kain teilten das soziale Gespür, die politische

Einstellung, die anschauliche, aus dem Handwerk übernommene Begrifflichkeit, mit der sie Auskunft gaben über ihr Schreiben. Der ehemalige Holzknecht hatte ihr beigebracht, Bäumen Geschichte und Eigenart anzusehen. Nicht zufällig hat sie seinen Tagebuchaufzeichnungen aus den letzten Lebensjahren dieses Zitat als Titel vorangestellt: *Man müßte sich die Zeit nehmen, genauer hinzuschauen.* Der Komparativ, ihre gemeinsame Poetik. Als Korrektiv und Ergänzung der letzte Absatz aus einem Aufsatz, den Eugenie vor mehr als fünfzehn Jahren über sich und ihn geschrieben hat: »Die Tochter ist – auch – vom Vater geprägt. Sprache und Lebensweise werden halt nicht mit der Post ins Haus geschickt, sondern haben Wurzeln. In diesem Zusammenhang übersehen Besserwisser und Gschaftlhuberinnen meist die Mutter und ihren Beitrag zum vermittelnden Blick auf die Welt und alles, was in 34 Jahren sonst noch gelebt wird. Die Tochter für ihren Teil geht gern in städtische Bäder, sofern dort zwischen ›Erlebnisbereichen‹ und Wasserrutschen noch Platz zum Schwimmen ist, und sie läßt sich gern in der Donau treiben. Den schreibenden Vater nimmt sie als Ansporn. Nicht um besser zu schreiben, nicht um anders zu schreiben, sondern um weiterzuschreiben.«

Kein Zufall, daß sie hier die Donau erwähnt hat; in jedem dritten Aufsatz, in jeder zweiten Erzählung kommt der Strom vor, beileibe nicht als Hommage an Vater oder Kindheit, sondern aus eigenem und aus dem existentiellen Bedürfnis ihrer Heldinnen: »Der Donau möchte ich nahe bleiben. Sie gibt mir die Sicherheit, daß es weitergeht«, heißt es in *Chill out.* Und ein paar Seiten weiter: »Aber sie haben die Donau nicht ganz im Griff. Das beruhigt mich.« Der

Wasserlauf ist nirgends daheim, überall zugehörig, er weitet die Enge der Provinz, die durch seine Schlepper und Lastkähne und Matrosen mehr an Welt gewinnt als, beispielsweise, durch ein europäisches Kulturhauptstadtspektakel. Eine periphere Welt, müßte man hinzufügen, die Eugenie generell den Zentren vorgezogen hat, auf Reisen ebenso wie beim Zuhausebleiben. In ihren Erzählungen sind jene Stätten aufgehoben, an denen Arbeit, Geschichte und Natur zueinanderfanden, nebeneinander bestehen konnten, ehe die Fabriken gesprengt, die Häuser abgerissen, die Gärten betoniert, alle zusammen durch Einrichtungen zur synthetischen Freizeitverbringung ersetzt wurden. Wer wird sich nun, da Eugenie tot ist und mit ihr die vernichtete wie die weiterhin resistente Stadt ihrer großen Chronistin entbehrt, um Hafengelände und Industriezeile kümmern, um Dampf und Nebel, um Drosseln, Kirschbäume, Hoffnungsträger, Ausreißerinnen, Schneckenkönige, all die Menschen, die sich ihre ungeordneten Träume nicht haben austreiben lassen.

Es gab, neben der Schriftstellerin, auch die Vermittlerin Eugenie Kain, die das kulturpolitische und literarische Leben ihrer Stadt befruchtet, gefördert und in Hunderten Glossen kommentiert hat. Operatives Schreiben war ihr ebenso wichtig wie gemeinschaftliches Arbeiten in unterschiedlichen Disziplinen, das ohne die Bereitschaft, aufeinander einzugehen, nicht denkbar ist. Sie leitete Schreibwerkstätten für Obdachlose und Hochwassergeschädigte, machte beim Zeitungsprojekt Hillinger mit, schrieb regelmäßig für die KUPF, die Zeitung der Kulturplattform Oberösterreich, gestaltete Sendungen für das kommerzfreie Radio Fro – einen Sender, den sie noch auf der Palliativstation gehört hat. Selbst auf diese für den Tag bestimmten, aber die Schreibanlässe überdauernden Beiträge trifft zu, was die Ich-Erzählerin ihres Prosastücks *Unterwegs* behauptet: »Ich sammle Geschichten, bevor sie verblassen, verstummen, sich auflösen im offenen Raum des Vergessens.« In manchen Erzählungen, die sie schon im Wissen um ihre unheilbare Krankheit geschrieben hat, tritt Eugenie fast unverstellt hervor, als eine Frau namens Rosa, die ihre Angst, ausgelöst durch das Wissen um die »gestundete Zeit«, am besten im Freien zu beherrschen vermag und ihre Wut an den Zuständen am wenigsten gut bei der Lektüre österreichischer Tageszeitungen. »Denn beim Lesen hatte sie das Gefühl, es werde von einer anderen Welt berichtet. Von einer Welt, in der es sie nicht mehr gab. Sie war vorzeitig pensioniert worden. Aus gesundheitlichen Gründen. Das hatte sie aus dem Wahrnehmungsbereich geschoben. Von ihr war kein Geld zu erwarten und keine Sensation. Rosa kämpfte ums Überleben, ganz normal, ohne Scheinwerfer und Mikrophon. Es gab keine Nachfrage nach solchen Leben. Das Angebot war zu groß.«

Diese bitterwahre Bilanz ist nicht das Ende. Lieber begleiten wir Eugenie durch die Erzählung *Sonnenstadt,* zwängen wir uns alle – ihre Tochter Katharina, ihre Mutter Margit, ihr Bruder Franz, Tante Renate, Alenka Maly, dahinter die restlichen Verwandten und Freundinnen und Genossen – in den ohnehin schon überfüllten Triebwagen der Straßenbahnlinie 41, der plötzlich, mit einem Ruck, einem Rumpeln, vom Boden abhebt. Dem ebenso unerwartet vier Schimmel vorgespannt sind, die der Fahrer, nackt unter der Uniformjacke, nein: unter dem Kittel Apollons, mit Zügel und Peitsche in steilem Winkel dem Himmel, der Sonne, dem Kommunismus zuführt. »Tief unter ihnen lag die Stadt. Wattewölkchen über Chemiepark und Stahlwerk. Die Donau eine Riesenschlange. Das Netz der Straßen ein Gespinst, dicht gewebt in den Zentren, mit langen Fäden in Ebenen und Hügelland verankert.« Reisen wir mit, bleiben wir da, surrt die Energie, die uns mit Eugenie Kain verbindet. »Wir werden sehen, wie sich die Dinge entwickeln.«

(2010)

Die leise Laute

Zur Erinnerung an die Schriftstellerin Friedl Hofbauer

Starten wir, um an Friedl Hofbauer zu erinnern, mit drei Fremdgedichten. Das erste stammt von Gerhard Schoenberner, dem Berliner Publizisten, der vor ihr verstorben ist, im Dezember 2012, und geht so:

> Die Toten brauchen dich nicht
> Sei freundlich zu den Lebenden
> Verschieb nichts auf morgen

Das zweite von der polnischen Nobelpreisträgerin Wisława Szymborska, die wegen ihrer heiter grundierten, menschenfreundlichen Lyrik glatt als Friedls Zwillingsschwester durchgehen könnte. Es trägt den Titel *Die drei seltsamsten Worte*:

> Sag ich das Wort Zukunft,
> vergeht seine erste Silbe bereits im Zuvor.

> Sag ich das Wort Stille,
> vernichte ich sie.

Sag ich das Wort Nichts,
schaffe ich etwas, das in keinem Nichtsein Raum hat.

Das dritte Gedicht hat der baskische Schriftsteller Bernardo Atxaga verfaßt, der – wie Friedl Hofbauer – für Kinder wie für Erwachsene schreibt. Es heißt *Das Leben nach Adam* und handelt davon, wie Adam im ersten Winter nach seinem und Evas Weggang aus dem Paradies an Grippe erkrankt und seiner Gefährtin, die er nicht mit ihrem Namen, sondern mit einem Kosewort anspricht, erschrocken die Krankheitssymptome benennt, Husten, Fieber, Kopfweh, dazu noch die Wörter Liebling, Angst und Tod erfindet. Das waren, schreibt Atxaga, nur die ersten Vokabeln einer neuen, nicht mehr dem Paradiesischen verpflichteten Sprache – weitere Begriffe kamen hinzu: Erschöpfung, Schweiß, Gelächter, Gesang, Zärtlichkeit, Kerker, »und je mehr es wurden, um so faltiger und schlaffer wurden ihre Körper«.

Der Tod, der wirkliche, ereilte Adam, als er schon sehr
  alt war,
und davor wollte er Eva mitteilen, was er gelernt hatte,
  seine letzte Wahrheit.
»Weißt du«, sagte er zu ihr, »die Vertreibung aus dem
  Paradies war eigentlich gar kein Unglück.
Trotz der Mühsal, trotz des Malheurs mit dem armen
  Abel, trotz aller anderen Konflikte
haben wir erfahren, was man gut und gern als Leben
  bezeichnen kann.«

Dann starb er, Atxaga zufolge, und auf sein Grab fielen Tränen aus Wasser und Salz – die meisten vergoß, paradoxerweise, sein Sohn Kain –, und Eva erinnerte sich voll Rührung daran, wie sehr Adam bei seiner ersten Grippe erschrocken war, »und alle beruhigten sich und gingen heim und tranken einen Schluck und verspeisten einen Krapfen«.

Schoenbergers mahnende, Szymborskas bündige, Atxagas die Schöpfungsgeschichte bereichernde Verse könnten auch von Friedl Hofbauer stammen, sind ihren genialen literarischen Einfällen jedenfalls wesensverwandt. Deshalb hätte ich sie gern vorgelesen oder nacherzählt, ihr, die ein Gedicht *Aus dem Jahre Schnee* mit dem Satz begonnen hat: »Ich hab mich unterfangen / zu fragen, was Leben ist«, ein anderes, aus der Warte eines philosophierenden Goldhamsters, mit tierischer Zuversicht enden ließ: »Voll Abwechslung, so mein ich, ist das Leben. / Man muß nur Ordnung halten und nicht Ruhe geben« und im *Liebeslied* für ihren ersten Ehepartner Kurt Mellach, den Journalisten und ehemaligen Buchenwald-Häftling, geschrieben hat:

> Tod, sei scheu
> ein Kuß kann dich töten.
> Duck dich, Tod,
> bis das Gewitter der Küsse
> vorbei ist.

Bei meinem letzten Besuch, an einem heißen Sommertag in der nach einer blinden Pianistin benannten Wiener Paradisgasse, die sie in zwei anrührenden Gedichten zur Paradiesgasse geadelt hatte, sagte Friedl zu mir: »Ich bin eine leise Laute. Aber ich bilde mir darauf nichts ein.«

Es fällt mir schwer, meine Dankbarkeit angemessen mitzuteilen. Dafür, daß ich sie kennenlernen durfte, und dafür, daß sie geschrieben hat, was in der Verbindung von Zärtlichkeit, Übermut und Verstand in der österreichischen, sogar in der Universalliteratur der letzten neunzig Jahre einzigartig ist. Karl-Markus Gauß' Stoßseufzer: »Ach, herrschte doch wenigstens in der Literaturgeschichte jene Gerechtigkeit, deren wir schon sonst im Leben bitterlich genug entraten müssen«, könnte auch auf Friedl Hofbauer gemünzt sein, denn es ist ein Elend, daß ihr umfangreiches Werk im öffentlichen Bewußtsein nur eine allzu dünne Spur hinterlassen hat. Dabei sind Generationen von Kindern von Friedl aufs beste unterhalten, zum Lesen verführt, dazu noch unaufdringlich belehrt und in ihrem Glücksverlangen bestärkt worden.

Der Aufschwung der österreichischen Kinderliteratur ab den frühen fünfziger Jahren verdankte sich dem antifaschistischen Dreigestirn Mira Lobe (1913–1995), Vera Ferra-Mikura (1923–1997) und Friedl Hofbauer (1924–2014). Lobe, als Hilde Mirjam Rosenthal in Görlitz geboren, war 1936 nach Palästina geflüchtet, wo sie den Schauspieler und Regisseur Friedrich Lobe heiratete. 1951 ließ sich das Ehepaar in Wien nieder. In Tel Aviv hatte Mira Lobe, noch auf hebräisch, ihren ersten Kinderroman veröffentlicht. Ferra-Mikura, wie Friedl in Wien geboren, hatte als Laufmädchen, Stenotypistin und Verkäuferin in der Tierfutterhandlung ihrer Eltern gearbeitet, ehe 1946 ihr erster Gedichtband erschien. Damals studierte Friedl Hofbauer noch Germanistik an der Universität Wien, spielte bei einem Studententheater mit, dem Österreichischen Hochschulstudio, und verfaßte für

Unsere Zeitung, das Organ der KP-nahen Demokratischen Vereinigung Kinderland, die von Susi Weigel illustrierte Bildergeschichte *Pipsimaus.*

Gemeinsam war diesen drei Frauen, daß sie Naziterror und Krieg bewußt, mit Abscheu und Entsetzen erfahren hatten, ferner ein ausgeprägt republikanischer Patriotismus (ein kritischer also, keine Hurra-und-es-war-ja-nichts-Gesinnung), die Abneigung gegen alles Frömmelnde, Biedere und Brave, die Selbstverständlichkeit, mit der sie sich der österreichischen Umgangssprache bedienten, und die ebenso gelassene Zuwendung zu den Armen, Schwachen und Aufsässigen. Es schmälert nicht den Rang und die Bedeutung von Autorinnen wie Christine Nöstlinger, Renate Welsh und Lene Mayer-Skumanz, wenn ich behaupte, daß sie es, dank ihrer Vorgängerinnen, ein wenig leichter hatten: weil sie sich einer von diesen begründeten literarischen Tradition versichern konnten.

Während sich Lobe und Ferra-Mikura nach vielversprechenden Anfängen mit Erzählungen und Gedichten ausschließlich der Kinderliteratur zuwandten, hat Friedl immer wieder auch für Erwachsene geschrieben. Die Grenze zwischen beiden – wie soll ich sagen: Fraktionen? Lagern? Sektoren? – war allerdings fließend, denn sie hat ihr Leben lang die Konvention mißachtet, derzufolge Kinder durch ernste Anliegen gelangweilt und Erwachsene durch verrückte Einfälle unterfordert werden. Ihr erster Roman, *Am End ist's doch nur Phantasie* (1960), handelte von den letzten Tagen des Dramatikers Ferdinand Raimund und wies bereits alle Vorzüge ihres Schaffens auf: das genaue Gehör dafür, wie Menschen sich äußern; die nüchterne Sprache; die Fähigkeit,

Einbildung und Vorstellung als der Wirklichkeit zugehörig zu begreifen, nicht als etwas davon Abgehobenes, Getrenntes. Auch das Märchen-, Sagen- und Zauberhafte ist dem menschlichen Bedürfnis nach Austausch und Gemeinschaftlichkeit anverwandt.

Bei Erscheinen des Romans hatte Friedl ihre literarischen und publizistischen Gehversuche längst absolviert. In der kommunistischen Presse der fünfziger Jahre, vor allem der kulturpolitischen Zeitschrift *Tagebuch,* läßt sich ihr Herantasten an den eigenen Ton, die ihrem Temperament entsprechende Poetik nachprüfen. Die ersten dort veröffentlichten Prosastücke waren Skizzen aus dem engen Alltag junger Menschen, eine Sommergeschichte zum Beispiel, in der Not durch Liebe gemildert wird, zwei Dialektgedichte mit politischer Wirkungsabsicht und ein gemeinsam mit Otto Horn verfaßter Bericht von den Kapfenberger Kulturtagen 1951, in dem die beiden die Bedingungen erörtern, unter denen Arbeiter für die Literatur zu gewinnen wären. In der 1954 erschienenen Anthologie *Der Kreis hat einen Anfang* ist sie mit der Erzählung *Toni* vertreten, dem Requiem auf eine Mitschülerin, die an Tuberkulose gestorben und an der unerfüllten Liebe zu einem Wehrmachtssoldaten zugrundegegangen war. Schon diese frühen, noch unsicheren Versuche strafen die bis heute als Gewißheit kolportierte Behauptung Lügen, in der österreichischen Nachkriegsliteratur habe es keine Auseinandersetzung mit Terror, Krieg, Schuld und Sühne gegeben. Aber natürlich, Friedl Hofbauers Schaffen fiel die längste Zeit in die Ära des Kalten Krieges, und sie stand darin, wie der viel zu früh verstorbene Kurt Mellach und wie ihr zweiter Mann, der Übersetzer und Dramaturg

Edmund Theodor Kauer, auf der schwächeren, gesellschaftlich zunehmend isolierten Seite.

Erstaunlich, wie wenig ihr diese soziale Vereinsamung anhaben konnte. Noch erstaunlicher ist der rasche Zuwachs an literarischem Vermögen und der Mut, ihre Bestimmung zu finden. Friedl schrieb über das, was sie aus eigenem Erleben kannte, erwarb aber einen Reichtum an Ausdrucksformen, der einen beim Wiederlesen sprachlos macht, stumm vor Bewunderung und Entzücken. Ich denke dabei an ihre in der *Traumfibel* (1969) und einem »Porträt«-Band der Zeitschrift *Podium* (2004) gesammelten Gedichte, auf die ich noch zurückkommen werde, aber auch an die Prosabände – zwei Romane, eine Erzählung – *Eine Liebe ohne Antwort* (1964; »Die Papierrose« sollte das Buch, wenn es nach der Autorin gegangen wäre, heißen), *Der kurze Heimweg* (1971) und *Der Engel hinter dem Immergrün* (1981).

Alfred Andersch hat bei Gelegenheit den walisischen Literaturwissenschaftler Idris Parry zitiert, demzufolge Kunst nicht von Abstraktionen, letzten Fragen, Unendlichkeit und Ewigkeit handle, sondern von Knöpfen. »Das eigensinnige Insistieren auf Knöpfen«, so Andersch, »möchte einen Namen haben, eine Rechtfertigung, die Weihe durch eine übergeordnete Idee. Aber die Dinge, Sachen, entziehen sich jeglichem Idealismus. Sie sind. Daher meine Vorliebe für die Beschreibung.« Anzunehmen, daß dem deutschen Schriftsteller, hätte er sie gekannt, »Die Papierrose« ein schlagender Beweis seiner Vorliebe für den von ihm propagierten Nominalismus gewesen wäre: die Geschichte von ein paar jungen Arbeitern – Halbstarken, gemäß der damaligen Diktion –, die an der Peripherie einer Stadt, und im

Niemandsland zwischen Eigennutz und Moral, ihren Träumen hinterherrennen: denen von Geld, Stärke und Liebe. Das Geschehen wird in kurzen Hauptsätzen und ebenso knappen, treffsicheren Dialogen erzählt, sachlich und in einem rauhen Ton, aus dem unvermutet immer wieder Funken der Poesie sprühen: »Die blaue Todeskuppel über der Landschaft war zersprungen, ein leiser Ton, wie wenn Glas angestoßen wird, war hörbar, und wie aus Kübeln stürzten Licht und Hitze herunter.«

Der kurze Heimweg entzieht sich überhaupt jedem Vergleich. Ein Roman, der, gäbe es die von Gauß beschworene Gerechtigkeit, hunderttausendmal gelesen und in literaturwissenschaftlichen Seminaren als Höhepunkt deutschsprachiger Erzählkunst behandelt werden würde. Er beginnt fulminant, mit dem Eindringen eines Fremden (der von einem andern Planeten oder aus einer unbekannten Hemisphäre stammt) in die Familie der Ich-Erzählerin, und hält den Leser, die Leserin bis zuletzt in höchster Spannung. Es ist, als hätte Friedl Hofbauer ihn im Zustand der Gnade geschrieben, all ihr Talent samt den erworbenen Fähigkeiten – die Lakonie, die Ausgelassenheit, die überbordende Phantasie, die traumhaft scharfen Bilder – in diesen 350 Seiten zusammengeführt: um Grundthemen des Menschseins zu ergründen, spielerisch und verbindlich zugleich: Liebe, Trauer, Tod, dazu die Sehnsucht nach »Bundesgenossen«, einer Gemeinschaft also, der sie sich als Kinderbuchautorin im übrigen immer wieder versichert hat: Sie hat unter anderem mit Käthe Recheis, mit Lene Mayer-Skumanz, mit Georg Bydlinski, oft auch mit ihren Kindern Anna und Alexander Melach Geschichten und Theaterstücke verfaßt.

Dabei war das Erscheinen dieses überwältigenden Romans, wie sich Alexander erinnert, eher ein Zufall und der Hartnäckigkeit der Autorin zu verdanken: Der Claassen-Verlag hatte das Manuskript angenommen, aber nach einem Besitzerwechsel alles unternommen, um den Vertragsabschluß rückgängig zu machen; Friedl weigerte sich, dem Ansinnen des neuen Eigentümers zu entsprechen, der es schließlich in kleiner Auflage und ohne Bemühen um Resonanz, also unter Ausschluß der literarischen Öffentlichkeit herausbrachte.

In einem Feuerwerk von Einfällen spielt Friedl immer neue Situationen durch, wobei sie die herkömmliche Logik außer Kraft setzt. Der Fremde geht durch geschlossene Türen hindurch, muß sich erst an den Hintersinn unserer Sprache gewöhnen, zeugt mit der namenlosen Erzählerin ein Kind, das von der Umwelt nicht als Menschenwesen erkannt wird. Mit einem Fotoreporter, der dann bei einem Verkehrsunfall stirbt und wiederaufersteht, fährt die Erzählerin durch vermintes Gelände, spricht mit dem Bewohner eines nahen Dorfes, der sich beim Handgranateneinsammeln Arme und Beine weggesprengt hat. Einer Journalistin, die sie wegen eines Interviews aufsucht, läßt sie Badewasser ein und schreibt ihr, während diese in der Wanne liegt, eine Reportage über ein neueröffnetes Wellenbad. Sie bindet sich zum Schlafen Bücher wie Sandalen an die Füße, verkehrt mit einer Nebenbuhlerin, der Geliebten ihres Mannes, tätschelt das Rückenfell der Dunkelheit, verwandelt sich in die eigenen Träume, dann in Nebel, um »fröhliches Aufsehen« zu erregen, legt sich auf Schienen, auf denen, wie eine Raupe, der Schnellzug, Rad für Rad, sich über sie hinweghebt.

Sie erkundet Stimmungen und entdeckt geheime Leidenschaften, übt sich im Aberglauben, in der Zärtlichkeit, im Schmerz, fängt an, »Enttäuschungen zu lieben«, auch die große, »die mich glücklich macht«, ein Kind zu haben, das »in sein eigenes Leben« findet. *Der kurze Heimweg* ist wie ein langer inniger Traum und zugleich ein selten realistischer Roman, in dem Friedl Hofbauer unser Dasein verhandelt, ein Spiel auch mit »literarischen Erwägungen« zur Zeit, die uns gegeben ist. Die Summe eines Lebens, ihres Lebens, und dabei war die Autorin, als sie ihn schrieb, erst vierundvierzig Jahre alt.

Dann *Der Engel hinter dem Immergrün:* Erinnerungen an eine geborgene Kindheit, mit einer Mutter, die als Friseurin die Familie ernährt, und einem Vater, der – ungewöhnlich für damalige Verhältnisse – Hausmann ist, seit er im Hotel Sacher einen Kellnerstreik organisiert hat und deshalb entlassen worden ist. Friedls karge, aber an Einfallsreichtum üppige Kindheit, in die unversehens die Politik einbricht: Ein Kochrezept, das sie liest, mündet in einen Aufruf zum Kampf gegen den Austrofaschismus, und der Engel hinter dem Immergrün erweist sich als flüchtiger Februarkämpfer, dem die Eltern für ein paar Tage Zuflucht gewähren. Das Sehnsuchtsvolle dieser Prosa, ihr fesselnder Duktus, die einfache, aber anschauliche, deshalb betörend schöne Sprache.

Friedl Hofbauers Gedichte möchte man am liebsten gar nicht würdigen oder zusammenfassen, sondern der Reihe nach zitieren. Wegen ihrer lustigen Ideen. Wegen ihrer abgrundtiefen Trauer. Wegen der genauen Beobachtung und der daraus erwachsenden Stimmung. Weil ihre Verfasserin Märchen umdichtet, durcheinanderwirft, vollendet. Weil sie heiter Tag und Nacht besingt, das Arbeiten, das Einkaufen, das Kochen, das Staubsaugen, das Kinderkriegen, das Eintreffen und Wegschleichen dieses oder eines anderen Geliebten. Weil sie Straßen und Plätze der Wiener Vorstadt schmucklos, sehnsuchtsvoll darstellt. Weil sie von Liebe spricht, so, wie noch niemand von ihr gesprochen hat, aber auch die leisen Abende, den Einzug in eine neue Wohnung, die Müdigkeit und das Vogelgezwitscher nicht verachtet. Weil manche Verse der toten Schwester, dem toten Mann, dem toten Vater gelten. Ach, mir eignet kein Lieblingsgedicht dieser Autorin, ich möchte sie alle vorlesen. Auswendig lernen und aufsagen. Besser noch, sie in ihrer Stimme hören, der einer Frau, die einmal geschrieben hat: »Und ich bin so neugierig, was es alles gibt. Ich liebe deine Augen, die manchmal ohne Zärtlichkeit sind. Deine Augen aus Stein. Dann versuche ich, die Zärtlichkeit der Steine zu ergründen.«

Nun komme ich nochmals auf den *Kurzen Heimweg* zu sprechen. Ich rühre an eine Stelle, die sich mit dem Anlaß dieses Gedenkblattes verbindet, dem Abschied von Friedl Hofbauer, die am 22. April 2014 in einem Ehrengrab der Gemeinde Wien beigesetzt worden ist, genau einen Monat nach ihrem Ableben. Ich will dafür das federleichte Gewicht ihrer Autorität ins Treffen führen, mit ihren eigenen Worten auftrumpfen: »Wenn ich einmal sterbe, dann lade ich mir Freunde ein. Wir werden reden, und ich werde sie beobachten. Ich werde mich an einer Nackenlinie erfreuen, die sich gegen die helle Wand des Hintergrundes abhebt, selbständig, nicht dem Menschen zugehörig, der von ihr in diesem Augenblick nichts weiß. Meine Freunde werden mich verstehen und werden Manieren haben, wenn ich sterbe, die Trauer, daß sie mich verlieren, wird (so hoffe ich) in ihnen sein, und so werden sie ihre Nackenlinie vergessen, ihre Sorgen um den schütter werdenden Haarwuchs, um die Falten im Gesicht. Und mich wird es freuen, weil ich sie eben darum liebe. Um des schütter werdenden Haarwuchses willen. Um dieser Falten willen, die sie mir kenntlich machen. Ich liebe ihren Kummer. Ich liebe den Abgrund in den Augen meines Mannes, der zuviel Tod gesehen hat. Der Tod färbt ab. – Ich glaube nicht an den Tod. Ich habe nie an ihn geglaubt. Ich will ihn weder überlisten, noch will ich vor ihm flüchten, ich weiß, daß es ihn nicht gibt.«

(2014)

Wer da liegt

Abschied vom letzten meiner ganz alten Freunde

Man könnte sich, um das Wesen Hans Landauers zu ergründen, am Friedhof seiner Heimatgemeinde Oberwaltersdorf umsehen, einer von Weingärten, Wiesen und schütteren Wäldern umgebenen Ortschaft im niederösterreichischen Industrieviertel, dreißig Kilometer südlich von Wien. Der Friedhof ist mir seit langem vertraut, obwohl ich ihn erst beim Begräbnis meines Freundes zum ersten Mal betreten habe. Vor zehn oder mehr Jahren hatte mir Landauer nämlich Dutzende Bilder von Gräbern gezeigt, die er, einer jähen Eingebung folgend, fotografiert hatte. Nicht die Steine und Kreuze hatten es ihm angetan, sondern die eingravierten Namen, die bezeugten, daß viele der hier Begrabenen oder ihrer Vorfahren keine gebürtigen Österreicher waren. Die Nachkommen aber, mit ihren verballhornten slawischen und magyarischen Nachnamen, frönten der Ausländerfeindlichkeit, die Landauer gegen den Strich ging. Er stammte ja selber aus einer gemischtkulturellen Familie, deren tschechischer Zweig jene Herzenswärme aufbrachte, die ihm unvergeßlich blieb.

Denn auch damit könnte man anfangen: mit seinem Geburtshaus, dem bäuerlichen Anwesen seiner Großeltern mütterlicherseits, nur ein paar hundert Meter vom Friedhof entfernt. In einer autobiographischen Skizze hat Landauer zwei Tugenden genannt, die er dort von klein auf erfahren hat: Liebe und Vertrauen. Drei weitere Eigenschaften – der Hunger nach Büchern; der Wille, für die Sache der Armen und Rechtlosen einzustehen; die Weigerung, aus dem, was einem Amt oder Berufung ist, persönliche Vorteile zu ziehen – sind ihm von seinem Großvater Karl Operschall zugefallen, der bis zum Verbot der Sozialdemokratischen Arbeiter-Partei im Februar 1934 als Bürgermeister der Gemeinde gewaltet hatte. (Ungeduld und Starrköpfigkeit hingegen dürften eher vom Landauerstrang der Familie herrühren.)

Das Kindheitsglück, die Vorbildwirkung des Großvaters, die Prägung durch Kinderfreunde und Rote Falken. Die Lektüre der aus Brünn eingeschmuggelten Zeitungen (*Arbeiter-Zeitung, Der Schutzbündler, Die Rote Fahne*), die der vierzehnjährige Hansi auf Geheiß des Großvaters mit dem Fahrrad Genossen in Tattendorf, Guntramsdorf, Möllersdorf überbringt. Das Wissen um den Putsch der spanischen Generäle, den Widerstand dagegen und darum, daß die Zukunft Österreichs auch auf der Iberischen Halbinsel entschieden wird. Dazu die jugendliche Abenteuerlust, die Mundpropaganda in der ortsansässigen Mechanischen Weberei A. Rudolph, einer den Behörden als Revoluzzer-Hochburg bekannten Fabrik, in der er nach dem Besuch der Hauptschule als Blattbindergehilfe arbeitet, die aufgeregte Nachricht eines Bekannten seines Großvaters (»Du, der Haiderer Franz aus Blumau kämpft in Spanien gegen die Faschisten!«), ferner der Vorteil, einen gültigen Reisepaß zu besitzen, im Gegensatz zu den meisten Spanienwilligen also nicht darauf angewiesen zu sein, illegal mehrere Grenzen zu überwinden – alles zusammen vermag zu erklären, weshalb einer mit sechzehn Jahren von zu Hause ausreißt und in Wien eine Fahrkarte 2. Klasse nach Paris löst, wo er in einem Café den Kontaktmann der Transportorganisation mit allerlei Tricks dazu bringt, ihn trotz seines Alters (das er geistesgegenwärtig nach oben korrigiert) nicht heimzuschicken. Auf der Fahrt nach Madrigueras, dem Ausbildungslager der Internationalen Brigaden, sieht er in Figueras, dem ersten Halt nach der Grenze, ein Plakat mit dem Foto toter Kinder: »Hoy España, mañana el mundo«. Es sollte Landauer für den Rest seines Lebens nicht aus dem Sinn kommen. Denn es stellte dar, was ihn zu seinem Entschluß gedrängt hatte, und nahm vorweg, was bis Februar 1939 sein Leben ausmachen sollte: diejenigen zu bekämpfen, die diese Kinder auf dem Gewissen hatten.

Über seine Erlebnisse in Spanien hat sich Landauer gern und ausführlich geäußert. Aber es war kein Schwelgen in Heldentaten (»nach dem Wurstverkäufer-Motto: ›Darf's a bißl mehr sein?‹«), vielmehr ein nüchternes, faktenreiches, abwägendes Berichten. Das Pathos der Kampflieder mißfiel ihm. Den Veteranentreffen konnte er wenig abgewinnen. Und früh schon trug er sich mit dem Gedanken, die häufig verschlungenen Lebenswege seiner Gefährten systematisch zu sichten. Zu sichten und zu sichern: Ort, Zeit, Zahl. Von der sozialdemokratischen Gesinnung seines Großvaters hatte er sich während des Bürgerkriegs losgesagt und war sowohl der Vereinigten Sozialistischen Jugend Spaniens als auch der Kommunistischen Partei Österreichs beigetreten. Schwer zu sagen also, ob er als überzeugter Jungkommunist bereit gewesen wäre, auch diejenigen Spanienkämpfer zu würdigen, die gegen die Generallinie der republikanischen Regierung opponiert hatten. Ganz zu schweigen von den Überläufern, den Verrätern wie Kurt Koppel und Karl Zwifelhofer, die Hunderte Genossen unters Henkerbeil gebracht haben, anderen, die später gewalttätig oder kriminell wurden. »Mit solchen verlier ich nicht meine Zeit«, meinte er später. Und verlor sie doch. Gerade das sollte nämlich den Wert seiner Forschungsarbeit ausmachen: daß er sich in der detektivischen Spurensuche nicht von ideologischen Prämissen und moralischen Ansprüchen beirren ließ.

Er selber war, wie die meisten österreichischen Freiwilligen, nach der Niederlage der Republik in die französischen Anhaltelager Saint-Cyprien, Argelès-sur-mer und Gurs gepfercht worden, dann den deutschen Besatzern in die Hände gefallen. In Gewahrsam der Gestapo wurde Landauer über Paris und Wien Anfang Juni 1941 nach Dachau deportiert, wo er nach kurzer Zeit in die Porzellanmanufaktur Allach kam. Er verdankte dieses relativ privilegierte Kommando – privilegiert, weil er vor Witterung geschützt und außerdem nicht gezwungen war, für die deutsche Rüstungsindustrie zu arbeiten – einem Mithäftling, dem Grazer Spanienkämpfer Josef Martin Presterl, der drei Jahre nach der Befreiung in Ljubljana, in einem Schauprozeß gegen angebliche Kollaborateure und Spione, hingerichtet wurde. Im selben Jahr, 1948, hat Hans just wegen des Ausschlusses Jugoslawiens aus dem Kominform die KPÖ verlassen. »Von da an bin ich politisch geschwommen. Als Freischwimmer.«

Anders als dem Gros der Freiwilligen war es Landauer in Spanien leichtgefallen, sich mit der einheimischen

Bevölkerung zu verständigen. Er war jung, er war neugierig, er war sprachbegabt, er war sogar bis über beide Ohren verliebt in das Bauernmädchen María Teresa Sancho aus dem Dorf Marsá, in der Provinz Tarragona, auf die leider auch der Argentinier Fernando Iaffa ein Auge geworfen hatte. (Lange nach dem Krieg sollte er die beiden, die inzwischen geheiratet hatten, wiedersehen.) Und sowohl das 12. Februar-Bataillon der XI. Internationalen Brigade als auch das Spezialbataillon der 35. Division – die beiden militärischen Verbände, in denen Hans bis zum Rückzug der Internationalen Brigaden kämpfte – waren mit immer mehr Spaniern aufgefüllt worden. Der Kontakt zu ihnen setzte sich in Gurs und Dachau fort. Daran erinnert eine Episode, die der KZ-Häftling Prisciliano García Gaitero aus Mieres nach seiner Befreiung in einem französischen Sanatorium aufgeschrieben hat: Im November hatte er in einer Gruppe von Landsleuten Mauthausen mit unbekanntem Ziel verlassen. »Gegen Mitternacht bleibt der Zug stehen, die Türen werden aufgeschoben, draußen steht ein Lastwagen der ss, und da sind Häftlinge in blau-weiß gestreiften Hosen und Jacken. Sie reden uns auf spanisch an, sehr höflich. *Ven, español. Despacio.* Ich habe sie überrascht angestarrt, ich wußte auch nicht, wo ich mich befand, am meisten hat mich erstaunt, daß sie spanisch sprachen. Ich frage sie: ›Seid ihr Spanier?‹ – ›Nein, wir sind deine Brüder. *Somos internacionales.*‹ – ›Wo bin ich?‹ – ›In Dachau, hier sind viele Internationale, wir werden dir helfen.‹« Im selben Augenblick, schrieb García Gaitero, seien seine Lebensgeister erwacht. Kein Gedanke mehr an den Tod, den er eben noch herbeigesehnt hatte, damit das Leiden ein Ende hat.

Neben den vielen ideellen Gaben, mit denen mich Landauer bedacht hat, ist eine, die ursprünglich ihm zugeeignet worden war: ein von Hand bemaltes Billett mit dem Schriftzug »Dachau 1945«, vorne Stacheldraht, darüber der Dreizack der Internationalen Brigaden, hinten die Trikolore der Republik. Es sollte Landauer für alle Zeiten an die Überlebenden jenes Transports erinnern, und tatsächlich hat er sie nie vergessen. García Gaitero starb übrigens drei Jahre nach der Befreiung an den Folgen der Entbehrungen. Ihm zu Ehren hat Landauer seinem ältesten Sohn den Zweitnamen Prisciliano gegeben. Er hat auch das Manuskript seines Freundes gerettet, das vor neun Jahren in Spanien erschienen ist, und hierzu vermerkt, »daß ein Ansuchen der Mutter García Gaiteros um Gewährung einer Opferrente von der Rentenbehörde Nordrhein-Westfalen unter Hinweis darauf, daß ihr Sohn mehr als acht Monate nach Ende der Haft gestorben ist, abgelehnt wurde«.

Bald nach der Rückkehr aus Dachau trat Landauer in den Polizeidienst ein. In Niederösterreich stieß er auf Kollegen, die mit Duldung der sowjetischen Besatzungsmacht einen schwungvollen Handel mit Unbedenklichkeitsbescheinigungen betrieben, ließ sich deshalb nach Wien versetzen, in das Bezirkskommissariat Simmering, ehe er der Einladung nachkam, in die Abteilung IIc des Innenministeriums – NS-Kriegsverbrechen – einzutreten. Weil er zu eifrig ermittelte, wurde Landauer zur Hotelkontrolle versetzt, in der wiedereingestellte Nazibeamte Dienst schoben, war für kurze Zeit Sekretär des sozialdemokratischen Innenministers Hans Czettel, zwei Jahre lang Verbindungsoffizier beim UNO-Polizeikontingent auf Zypern. Dort machte er auf die neonazistischen Umtriebe eines Kärntner Polizisten aufmerksam. Statt des Kollegen wurde strafweise er nach Österreich zurückgerufen, auf Anordnung des damaligen Innenministers Otto Rösch (SPÖ, vormals NSDAP). Den Verlauf dieser Affäre, bei der ihm Simon Wiesenthal beistand, betrachtete Landauer als die bitterste Erfahrung seiner beruflichen Laufbahn. Ein Jahr lang war er Sicherheitsoffizier an der Österreichischen Botschaft in Beirut, dann kehrte er auf seinen Posten in der Hotelkontrolle zurück. Als ihm dort ein neuer Gruppenleiter vor die Nase gesetzt wurde, »einer, der höchstpersönlich die saure Milch erfunden hat«, ließ er sich pensionieren. »Ich bin mit großen Illusionen zur Polizei gegangen. Ich habe gehofft, wir könnten die Ideologie, die innerhalb dieses Korps herrschte, samt ihren Methoden ändern. Aber ich habe mich geirrt. Die Polizei ist, das ist mir viel zu spät klargeworden, zu allen Zeiten und in allen Systemen ein Unterdrückungsinstrument.«

Kaum im Ruhestand, wollte Landauer endlich sein Vorhaben in die Tat umsetzen, Dokumente zu möglichst allen österreichischen Spanienkämpfern zusammenzutragen. Aber so einfach ging das nicht. Zuerst mußte er als ehrenamtlicher Mitarbeiter im Dokumentationsarchiv des österreichischen Widerstandes »zwei Jahre lang den Dodl machen«, Hilfsdienste verrichten, Akten herumtragen, Papiere lochen. Dann jedoch widmete er sich ganz seinem Lebenswerk und schuf über zwei Jahrzehnte die weltweit größte Dokumentensammlung eines Spanienkämpferkollektivs. Dafür durchforstete er nicht nur alle einschlägigen und zugänglichen Ämter, Archive, Gedenkstätten und Institute in fünf, sechs Ländern, sondern machte auf seinen

Spanienreisen überall dort halt, wo sich Krankenhäuser und Erholungsheime der Internationalen Brigaden befunden hatten oder wo österreichische Freiwillige eine Zeitlang einquartiert gewesen waren. Er klapperte Rathäuser, Stadtarchive, Standesämter ab, lief auf Friedhöfe, freundete sich mit Lehrerinnen, Lokalhistorikern, Gemeindepolizisten an, die ihm bei der Suche behilflich waren. Noch mit fünfundachtzig war Landauer täglich, oft auch am Wochenende, damit beschäftigt, neue Unterlagen zu sichten oder Anfragen zu bearbeiten, immer bereit zu helfen, so wie sein kongenialer Zimmergenosse im Dokumentationsarchiv, der Volksbibliothekar und Arbeiterliteraturexperte Herbert Exenberger, der ihm diese Widmung in sein letztes Buch geschrieben hat: »Hans, Du bist mir immer ein Vorbild gewesen!«

Erstaunlich war, daß Landauer seine Arbeit nie zur Routine geriet. Er blieb empfindsam, wißbegierig, begeisterungsfähig und geriet in Rage, sooft er – etwa in den berüchtigten *Características,* Dienstbeschreibungen durch die Kaderabteilungen der Komintern – die über Spanienfreiwillige gefällten Fehlurteile las: »undiszipliniert«, »indifferent«, »un petit trotskiste«, »vollkommen demoralisiert«, »mieses Element«. Besonders hat ihn das Schicksal derer berührt, die auf eigene Faust, mittellos, zu Fuß oder mit dem Rad nach Spanien gelangt waren, dort schon nach wenigen Tagen gefallen waren und nichts weiter hinterlassen hatten als den Inhalt ihrer Hosentaschen, ein paar Céntimos, ein abgegriffenes Leninbild, ein zusammengefaltetes Blatt mit der Anschrift der Mutter oder der Braut. Spuren von Menschen, die dank Landauer in ihren Umrissen erkennbar, jedenfalls der Anonymität entrissen wurden.

Als ich ihm vor zwölf Jahren dabei half, die Ergebnisse seiner Recherchen zu einem *Lexikon der österreichischen Spanienkämpfer* zusammenzufassen, meinte er wehmütig, er habe den richtigen Zeitpunkt versäumt. Wieviel mehr über die Freiwilligen herauszufinden gewesen wäre, hätte er die Arbeit zwanzig Jahre früher begonnen! Aber das stimmt nicht. So traurig es ist – erst der Zusammenbruch des Staatssozialismus hat die politischen Zwistigkeiten und persönlichen Animositäten unter den noch lebenden Spanienkämpfern verringert. Einige von ihnen hatten Landauer nie verziehen, daß er seinerzeit aus der Kommunistischen Partei ausgetreten, über Jahre sogar Mitglied der SPÖ gewesen war. Ihr Mißtrauen hat den Fortgang seiner Arbeit lange gehemmt, nun verkehrte es sich in Anerkennung und Zuspruch. Die Frage, wie stehst du zur Sowjetunion, verlor an Schärfe, als es sie nicht mehr gab. Eine positive Nebenwirkung der politischen Katastrophe lag für Landauer auch darin, daß er – dank der Mithilfe seines Kollegen Barry McLoughlin – in die bisher gesperrten Moskauer Archive, für kurze Zeit wenigstens, Einsicht nehmen konnte.

Dennoch bestanden gegensätzliche Auffassungen fort. Landauers Kontrahenten in der »Vereinigung österreichischer Freiwilliger in der Spanischen Republik« jammerten über die Geldverschwendung, sooft er den Steinmetz beauftragte, auf dem Spanienkämpferdenkmal im Wiener Zentralfriedhof einen neuen Namen zu meißeln, weil er auf Dokumente bis dahin unbekannter Freiwilliger gestoßen war, die ihre Gesamtzahl nach oben korrigierte. Und sollte man nicht besser Kurt Landau unterschlagen, den aus Wien stammenden Trotzkisten, der im September 1937 in Barcelona entführt und mit Sicherheit von Handlangern des sowjetischen Geheimdienstes ermordet worden war? Wochenlang wurde auch um die Frage gestritten, ob sich die Vereinigung an den Herstellungskosten des Spanienkämpferlexikons beteiligen sollte. Wichtiger als eine elendlange Liste von 1400 Männern und Frauen sei doch, der heutigen Jugend etwas vom Kampfgeist der Freiwilligen zu vermitteln, von der gelebten Solidarität und vom politischen Ziel. Und das Geld wäre in Hilfsprojekten für Menschen in Kuba und Serbien besser angelegt. So führte Landauer seinen Kampf um die Erinnerung in Form eines Dreifrontenkrieges: gegen das falsche Nützlichkeitsdenken; gegen Pathos und Verklärung; gegen die hegemoniale Mißachtung des antifaschistischen Kampfes. In seinen Worten: »Gegen die Marschierer, gegen die Arschlöcher, gegen die Superarschlöcher.«

Die letzten sieben Jahre seines Lebens hat Landauer in seinem Geburtsort verbracht, bei seiner Tochter Linda, die ihn umsorgt und gepflegt hat. Hin und wieder zog er Bilanz: »Ich habe soviel Glück gehabt in meinem Leben, und das größte war, daß ich nicht auf Kosten anderer überlebt habe.« Ein weiteres Glück: »daß ich nie in die Lage gekommen bin, über das Leben anderer entscheiden zu müssen.« Das dritte, »daß ich in Spanien war, und zwar auf der richtigen Seite, daß ich nie die braune Uniform getragen habe, daß ich nie gezwungen war, bei einer Gaunerei mitzumachen«.

Bleibt die Frage, was ihn trotz aller Enttäuschungen und Anfeindungen davor bewahrt hat, an der Gegenwart zu verzweifeln. War es Humor, Wille, Treue? Die Freude über ein Dutzend Enkel und Urenkel? Die Erinnerung an eine helle Kindheit, an die Bücher des Großvaters, mit denen sein Weg in die Welt begann: *Meyers Konversationslexikon, Brehms Tierleben, Das Kapital*? Landauer war ein Pessimist geworden, das schon. Die Gründe hierfür legte er mir oft dar, und ich vermochte sie nicht zu entkräften: Fast alles, was wir in den letzten Jahren an nationalen wie internationalen Ereignissen registriert haben, geht in die falsche Richtung, weg von einer sozialistischen Revolution, weg sogar von der Aussicht auf eine für Menschen bewohnbare Erde.

»Trotzdem«, sagte ich, »muß man es immer wieder probieren.«

Und Landauer, der da schon zu schwach war, von seinem mit Büchern überladenen Bett aufzustehen, erwiderte: »Keine Frage.«

Er war der letzte meiner ganz alten Freunde. Der innigste auch, weil er mir vertraut und mich ebenso gern gehabt hat wie ich ihn. Weil er rauh und zärtlich zugleich war. Ich weiß deshalb im Moment nicht, wie es weitergehen kann, ohne ihn. Ich weiß nur, was auf seinem Grabstein stehen wird: Hans Landauer 19. April 1921–20. Juli 2014. »Nichts sonst. Wer mich gekannt hat, weiß schon, wer da liegt.«

(2014)

Links und glücklich

Kurz bevor mich die Nachricht vom Tod meines Freundes Werner Hörtner stumm und fassungslos machte, las ich in der Zeitung, daß Linke meist eher unglücklich sind. Daten aus siebzig Ländern hätten dies ergeben: je weiter links, desto unglücklicher. Die Meldung ist nicht so dumm, wie sie sich anhört: Links sein heißt ja in erster Linie gegen etwas sein, angesichts der Beschaffenheit einer Welt, für die man Verantwortung trägt, und die unerfüllte Sehnsucht nach kollektiver Veränderung mindert das individuelle Glücksvermögen. Deshalb sind wir oft unleidlich, ungeduldig, verzweifelt. Das war auch mein erster Gedanke während der Lektüre; aber dann fiel mir – als personifiziertes Dementi der Umfrage – Werner ein, der sein Leben lang das Unrecht beharrlich bekämpft hat und sich doch nicht anstecken ließ von der heimlichen Sorge, daß unser Bemühen vergeblich sei. Er war in materiellen Dingen von einer geradezu asketischen Anspruchslosigkeit, sprühte aber vor Lebenslust, bewahrte sich das schwärmerische Gemüt der Jugend, hielt den alten Freunden die Treue und schloß auf rätselhafte Weise ständig neue Bekanntschaften.

Von unserer ersten, noch flüchtigen Begegnung vor vierzig Jahren, bei einer Solidaritätsveranstaltung für das unter der Militärdiktatur leidende Uruguay, haben sich mir seine

Besonnenheit und seine Verläßlichkeit eingeprägt. Mit Verläßlichkeit meine ich Werners Tugend, in der Hingabe für eine Sache immer auch an andere zu denken, denen das Wissen, das er sich eben beschafft hatte, nützlich sein könnte; mit Besonnenheit nicht Vorsicht, sondern die Geduld zuzuwarten, bis sich der Charakter seines Gegenübers enthüllte. Ein Urteil fällte er erst, wenn er seiner Sache sicher war. Diese Haltung prägte auch seine publizistischen Arbeiten; obwohl sie fast immer der politischen Aktualität verpflichtet, also unter Zeitdruck entstanden waren, wirkten sie nie gehetzt. Aber er war ja, zusammen mit seinen Gefährten der Informationsgruppe Lateinamerika, 1976 auch angetreten, die von Oberflächlichkeit und ideologischem Interesse bestimmte Berichterstattung zu Lateinamerika, zumal in Österreich, zu korrigieren – mit der Organisation von Veranstaltungen, Journalistinnenbetreuung und der weiterhin erscheinenden Zeitschrift *Lateinamerika anders*.

An Mut hat es ihm nicht gefehlt: An seinen jährlichen Reisen durch Kolumbien, das ihm zur zweiten von mehreren Heimaten geworden war, hielt er auch in den schlimmsten Jahren des staatlichen, privatwirtschaftlichen oder unter dem Deckmantel der Befreiung betriebenen Terrors fest, und daß er jedesmal unbeschadet zurückkehrte, kann ich mir nur mit seiner Unschuld erklären, die sogar Strauchdiebe, Paramilitärs und anderes Gesindel davon abhielt, ihn auszurauben oder abzumurksen. Seine Reportagen trumpften nie mit der Autorität des Selbsterlebten auf; auch hierin war er zurückhaltend aus Veranlagung und Prinzip. In den beiden Büchern über Kolumbien, die er rasch und mit der ihm eigenen Disziplin verfaßt hat (*Kolumbien verstehen*

2006; *Kolumbien am Schweideweg* 2013), tritt er nur an einer Stelle als Chronist hervor: als er die indigene Gemeinschaft der Nasa im Cauca schildert, die sich ebenso hartnäckig wie erfolgreich gegen die Militarisierung ihres Gebietes wehren – und mit gewaltlosen Mitteln. Friedfertigkeit als Voraussetzung würdevollen Lebens, das war ihm Appell und Praxis zugleich. Deshalb mochte er es nicht, wenn man andere vorschnell, rechthaberisch oder gar gehässig kritisierte.

Werner Hörtner war immer für Überraschungen gut. Als ich ihn und seine Familie (seine Frau Stella Muñoz, die Kinder Pablo und Maria) 1984 in Managua besuchte, wo er ein Jahr lang für die alternative Nachrichtenagentur APIA arbeitete, las er zu meiner Verblüffung gerade Heimito von Doderers Roman *Die Strudlhofstiege:* Mitten in den Tropen, in einem von konterrevolutionärer Gewalt bedrohten, von Mangel und Armut erschütterten Land, in dem sich die Familie, so gut es ging, zu behaupten versuchte, versenkte sich Werner nach dem ersten Hahnenschrei morgens eine Stunde lang in den Kosmos des gehobenen Wiener Bürgertums der zwanziger Jahre. Eigentlich absurd, könnte man meinen. Allerdings ist bei Doderer eine Position angesprochen, die Werner zeitlebens eingenommen hat: die der Apperzeption, also die Bereitschaft, das Leben in all seinen Facetten anzunehmen und zu feiern. Das Besondere, Eigenwillige an ihm war, daß er trotzdem – wie die Apperzeptionsverweigerer – soziale Veränderungen und revolutionäre Brüche für wünschens- und erstrebenswert hielt. Man wird wohl nie erfahren, wie viele politisch Verfolgte, Gewerkschafter, Vertreterinnen indigener Völker und von den österreichischen

Behörden um ihr Existenzrecht betrogene Flüchtlinge Werner über Wochen und Monate bei sich aufgenommen, ihnen Schutz und Hilfe geboten hat.

Es kostet mich viel Überwindung, über ihn im Imperfekt zu schreiben. Weil er einem so gegenwärtig ist, mit seiner etwas gestauchten Gestalt, seinen bedächtigen Gesten, seinem zögernden Sprechen, seiner Neugier, einer Sache auf den Grund zu gehen, seiner Begeisterung über Wind, Wetter und Weinkeller, in denen unsere Wanderungen für gewöhnlich endeten, ja sogar mit seiner zunehmenden Unart, mitten im anregendsten Gespräch oder bald nach dem Vorspann eines Films einzuschlafen. Weil er in meinem Leben auch dann anwesend war, wenn er gar nicht dabei war. Als tröstliches Leitbild, weil ihm der Umgang mit dem Computer und die Suche nach verschwundenen Dateien ein ewiges Ärgernis war, oder weil man sich an seiner Zufriedenheit reiben konnte, und weil es mit ihm fast immer lustig war. Unvergeßlich sein detailfreudiger Bericht über einen Workshop für angehende Schamanen, irgendwo im oberösterreichischen Krems-, Enns- oder Steyrtal, bei dem alle außer ihm – es gab, vom Kursleiter abgesehen, keine anderen männlichen Teilnehmer – in Trance gerieten und von allerlei groben Geistern gebeutelt wurden, während er heimlich dem Alkohol zusprach und somit als einziger einen klaren Kopf behielt. Einmal besuchten wir gemeinsam Alfredo Bauer, dessen Romanzyklus *Die Vorgänger* Werner später für die Theodor Kramer Gesellschaft lektoriert hat. Auch bei meinen anderen Freunden in Buenos Aires hat er, nicht nur seines beachtlichen Trinkvermögens wegen, bleibenden Eindruck hinterlassen. Seit er als Redakteur der entwicklungspolitischen Monatsschrift *Südwind* in Pension gegangen war, blieb ihm mehr Zeit, seine vielen Pläne in die Tat umzusetzen. Er war damit beschäftigt, seine Tagebücher zu sichten, in denen er – in einer Art Personalunion aus Goethe und Eckermann – seine Gedanken und Erlebnisse über Jahrzehnte ausführlich festgehalten hatte, machte sich an die Übersetzung eines Romans des Kolumbianers Gustavo Álvarez Gardeazábal, schrieb an einem Buch über ein Heim für drogenabhängige Straßenkinder, das der katholische Ordensbruder Gabriel Mejía Montero in Medellín mit ungewöhnlichen Heilmethoden, hoher Erfolgsquote und dem unbändigen Glauben an die Kraft der Liebe leitet. Dieser Glaube hat auch Werner beseelt. Nicht zuletzt deshalb vermisse ich ihn so sehr.

(2015)

Dichtung und Wahrheit

Kalmar in Büttelsburg

Ich stelle mir vor, Büttelsburg liegt in Baden. Besser an der Mosel. Oder im Salzkammergut, oder vor den Toren Wiens in der Wachau: Winzerdorf mit lieblicher Umgebung, die zum schwärmerischen Gedanken verführt, die Menschen wären offener als anderswo, sanfter, teilnahmsvoller, menschlicher eben. In einen Weinort gehört die Weinstube ›Zum guten Tropfen‹, in der manchmal die Musik aufspielt, ferner eine Kirche mit Opferstock, Pfarrer und Köchin, eine Tankstelle, ein Kaufmannsladen, eine Apotheke, eine Schule mit Lehrerin, ledig und eifrig, ein Gemeindeamt natürlich, darin der tüchtige Bürgermeister waltet, einige Wirtshäuser und Frühstückspensionen sowie der gutbürgerliche Gasthof ›Zum weißen Hirschen‹, denn der Fremdenverkehr blüht, wenn auch bescheiden. Habe ich etwas vergessen? Die Bahnverbindung natürlich, die Büttelsburg mit der großen Welt und mit dem Nachbarstädtchen Blunz verbindet.

Am Bahnhof wird eines Tages ein Sarg aus dem Waggon geschoben. In ihm kehrt Jakob Kellermann in die Ortschaft zurück, die er samt Frau und jüngerem Sohn 1939 verlassen hat, nicht aus freien Stücken, ehe er irgendwo in Südamerika ansässig, aber nicht heimisch geworden ist. Es gilt, Kellermanns letzten Willen zu erfüllen, in Heimaterde begraben zu werden. Die Gemeinde ist gerührt, das Ehrengrab bereits geschaufelt, der Bürgermeister hält eine geräusperte Rede, dann tragen sechs Männer den Sarg zum Hauptplatz, wo er noch einmal abgesetzt wird, zwecks stillen Gedenkens und der gelogenen Wahrheit: Er war ja doch einer von uns, der brave Herr Kellermann. Der Laden gleich gegenüber, in dem jetzt die Familie Margreiter hantiert, der hat einst ihm gehört.

Endlich ist die Schweigeminute vorüber, der Bürgermeister nickt den Trägern zu: Auf zum Friedhof!, aber der Sarg läßt sich nicht hochheben. Die Männer versuchen, ihn von der Stelle zu rücken, schieben und ziehen aus Leibeskräften, Unruhe kommt auf, Unmut macht sich breit, wer will schon eine Totenkiste dahaben, mitten auf dem Platz, tagaus, tagein, ein Traktor wird vorgespannt, vergebens, nach ein paar Tagen ergeht ein Hilferuf nach Blunz, das einen Bautrupp schickt, mit Preßlufthämmern, die auch nichts ausrichten, irgendwann legt jemand Feuer, das den Sarg verschont, noch später fallen die Ortsbewohner mit Äxten und Sägen über ihn her, doch dem Sarg ist nicht beizukommen. Er steht, wie angegossen. Ein negatives Wunder.

Zumindest eine Attraktion. Erst kommen die Journalisten, dann die Wissenschaftler, dann das schaulustige Volk. Der Sarg wird geschmückt, vermessen, fotografiert. Büttelsburg erlebt einen unerwarteten Aufschwung: Die Gästezimmer sind ausgebucht, in den Wirtshäusern drängeln sich Schweinshaxen und gemischter Salat, die Kassen klingeln heimelig. Ein Jahrmarktstreiben setzt ein, Tanz und Sackhüpfen rund um den Sarg, Küren einer Schönheitskönigin, Trachtenumzug, Blasmusik, frohes Geschrei. Aber: »Das Eigentliche blieb ungesagt.« Ein kleiner Satz mittendrin, der sich fast verliert, so wie den Fremden bald jegliches Interesse an Kellermanns Sarg abhanden kommt. Büttelsburg fällt zurück in seine Bedeutungslosigkeit. Schlimmer, es ist, als würde der Sarg das soziale Gefüge der Ortschaft auflösen, zum materiellen Niedergang gesellen sich Zank und Mißgunst, allmählich zeichnen sich die Konturen der Geschehnisse ab, die im Vergessen aufgehobene Geschichte kehrt wieder. Wie geht man mit ihr um, und was passiert, wenn man sie nicht haben will?

Ein allwissender Erzähler breitet seine Kenntnisse vor uns aus. Manchmal schlüpft er in die Gedankenwelt ehrsamer Bürger, führt uns die Wirrnis vor, in der sie sich selbst belügen, falsche Sühne leisten, die Schuld auf andere wälzen. Ihre Herzen, Mördergruben: »Immer hintenherum, die Juden«, oder: »Komische Leute waren das. Fahren weg und verabschieden sich von keinem Menschen«, oder: »Ich hab sie sehr gern gehabt, auch wenn sie eine Jüdin war.« Sie, das ist Jakob Kellermanns Tochter Ilse, die von einem Büttelsburger Braunhemd geschändet wurde und sich aus Verzweiflung und Verlassenheit umgebracht hat. Ihr älterer Bruder Richard, verraten und im Konzentrationslager erschlagen. Kellermanns Laden, arisiert. Die Täter leben noch, im Roman. Sie kommen darin zu Tode. Aber es zeigt sich, Buße ist nicht Reue. Denn der Sarg steht weiterhin dort, wo einmal der Hauptplatz war, lange nachdem die letzten Büttelsburger – unter ihnen das Apothekerehepaar, die einzig Gerechten, und der Pfarrer, der einzig Verstehende – den Ort verlassen haben, lange nachdem die Häuser verfallen sind, lange nachdem die Natur von ihnen Besitz ergriffen hat.

Das wirkliche Wunder von Büttelsburg bleibt also aus. Es gibt keine Wiedergutmachung, nur eine Kette von neuem und altem Unrecht, eine Abfolge von Särgen, die sich nicht in die Erde versenken lassen, und wenn doch, springen sie aus den Gräbern, weil »Geschehenes, längst Abgetanes, wieder geschieht und wieder, immer wieder geschieht, ohne Ende«. So steht es im »Nach- und Vorbericht« des Romans, trotzdem redet sein Autor nicht dem Fatalismus das Wort. Eher meint er: Wir müssen Böses um seiner selbst willen bekämpfen, ohne Aussicht auf Erlösung, Schadensbegrenzung oder Belohnung. In Büttelsburg haben sich, im Gefolge der Aufregung um den Sarg, auch ein paar junge Menschen zusammengetan, die wissen wollen, wie alles gekommen ist. Einer von ihnen ist der Sohn des Bürgermeisters. Er erfährt, wie tief die eigenen Eltern in die Verbrechen an der Familie Kellermann verstrickt sind. Der Schmerz darüber treibt ihn in die Ferne. Aber der Pfarrer, durch den der Autor spricht, will ihn zurückhalten: »Tu dein Werk in Büttelsburg. Hier grab die Wahrheit aus!«

Fritz Kalmar hat viele Erzählungen, Gedichte und Songtexte geschrieben, die um Erinnern und Exil kreisen. *Das Wunder von Büttelsburg,* das ich als Testament zu Lebzeiten lese, ist im Gegensatz zu seinen Heimwehgeschichten aus Südamerika kaum wahrgenommen worden. Nicht nur deshalb habe ich den Roman nacherzählt – mit der Forderung, herauszufinden, was bei uns in Büttelsburg geschehen ist, nicht auszuweichen in Ersatzhandlungen anderswo, treffen sich Preisträger und Preisgeber, der exilerfahrene Schriftsteller Fritz Kalmar und die von der Gegenwärtigkeit seines Schreibens überzeugte Theodor Kramer Gesellschaft. Um sie brandet ein Meer von Stimmen, die lauthals Klage führen über das ach so himmelschreiende Vergessen und vor lauter Jammern nicht dazu kommen, die Vergessenen, Verschwiegenen endlich wahrzunehmen. Dabei wäre es so einfach: Kalmars Erfahrungen zu suchen, ihn anzuhören, seine Bücher zu lesen.

Mit der sorgfältigen Personenzeichnung, der Darstellung eines überschaubaren Kosmos, dem Sinn für Humor und Situationskomik sprengt *Das Wunder von Büttelsburg* die Grenzen der Parabel, der literarischen Fallstudie. Es ist auch kein autobiographischer Bericht, wenngleich der Autor schon bei seiner ersten Reise ins wiedererstandene Österreich, im Winter 1957, Gelegenheit hatte, die Büttelsburger Gemeinde kennenzulernen. Kalmar und seine Frau gingen damals in Genua von Bord und nahmen den ersten Zug nach Wien. Nach der Grenze, bei Arnoldstein, stieg eine Frau zu, keuchte ins Abteil, setzte sich und fragte nach einem Blick auf die Überseekoffer, woher sie denn kämen.

Aus Uruguay, Südamerika.

Südamerika! Und wie lang sind Sie schon dort?

Seit 1939.

Hinter der Stirn der Frau, erzählt Kalmar, begann etwas zu rattern, Jahreszahlen und Ereignisse wurden abgespult, und gleich darauf sagte die Frau: Ah, da haben Sie ja gar nichts mitgemacht. Den Krieg, die Entbehrungen.

Ja, nichts mitgemacht, höhnt der feine, zarte, höfliche Fritz Kalmar. Sein Vater war schon 1927 gestorben, der Mutter und den drei Brüdern gelang die Flucht aus dem von Nazideutschland annektierten Österreich. Ihr Schicksal unterscheidet sich also von dem der Familie Kellermann.

Trotzdem gibt es eine Übereinstimmung im Detail: Im Roman wird Richard Kellermann verhaftet, weil das Hausmädchen im Gemeindeamt meldet, daß er Karikaturen des Führers angefertigt habe – wie Kalmars Cousin Richard Hönich, der seine Zeichnungen in der Schreibtischlade aufbewahrt hatte. Die langjährige Haushälterin der Familie hatte dies den Behörden verraten. Im Hotel Metropol, dem Sitz der Wiener Gestapo, wurde der junge Hönich halb totgeprügelt, im kalten November mit Wasser übergossen, dann nach Dachau verschleppt. Nach zwei Wochen kam die Nachricht: An Lungenentzündung verstorben. Richards Vater wollte die Urne nicht haben. Wer beweist mir, daß seine Asche darin ist, und nicht die eines Hundes.

Drei Jahre später wurden Kalmars Onkel und Tanten nach Riga deportiert. Es hält sich das Gerücht, daß sie Giftkapseln bei sich trugen.

Hoffentlich ist es ihnen gelungen, sie einzunehmen, sagt er. Ich würde es ihnen wünschen.

Kalmar ist promovierter Jurist. Er machte das Gerichtsjahr, arbeitete dann in der Anwaltskanzlei von Dr. Karl Graus in der Wiener Grünangergasse. Nach der Annexion Österreichs mußte Graus sein Büro schließen, er konnte sich später nach Shanghai retten. Fritz Kalmar war einige Monate lang in der Buchhaltung seiner Onkel Jordan und Siegfried Hönich tätig. Die Häuseradministration Hönich in der Schreyvogelgasse stand bereits unter kommissarischer Verwaltung eines ss-Mannes, es ging um die reibungslose Abwicklung des Unternehmens. Eines der verwalteten Häuser gehörte dem norwegischen Reeder Harald Stange, der Fritz als Seemann unter Vertrag nahm. Auch dessen jüngstem Bruder Heinz verhalf Stange solcherart zur Ausreise aus dem Dritten Reich. Das erste Exilland war Bolivien, wo Fritz bereits von seinem anderen Bruder Ernst erwartet wurde. Als auch die Mutter nachkommen durfte, war die Familie komplett.

La Paz bot den exilierten Österreichern wenig Entfaltungsmöglichkeiten. Zuerst arbeitete Kalmar bei seinem Bruder, der Lampenschirme fabrizierte, dann als Maler und Anstreicher, erfolgloser Anzeigenakquisiteur und Radiosprecher. Die Bekanntschaft mit dem Regisseur und Dramatiker Georg Terramare und dessen Frau, der Schauspielerin Erna Terrel, wurde bestimmend für sein weiteres Leben. Sie bestritten kulturelle Veranstaltungen, die das Heimweh nach Österreich lebendig hielten. Und nicht nur das, sagt Fritz Kalmar: Wir weckten es in denen, die aufgrund der erlittenen Verfolgung und der Enttäuschung über das Verhalten ihrer Landsleute von Österreich nichts wissen wollten. Wir, das war die *Federación de Austriacos Libres*, die Kalmar bis zu ihrer Auflösung Jahre nach Kriegsende leitete. Terramare starb 1948, sein Freund und seine Witwe wurden ein Paar. 1953 heirateten sie und übersiedelten nach Montevideo, an den Río de la Plata, wo die Menschen offen waren, der Horizont weit.

Ich vermute, Fritz Kalmar wäre unter den ersten gewesen, die nach Kriegsende nach Österreich zurückkehrten, auch wenn nie eine offizielle Einladung an die Vertriebenen erging. Aber man hörte von Menschenraub durch die sowjetischen Besatzer, Terramare war aufgrund seiner monarchistischen Gesinnung – als k. u. k. Republikaner im Grunde seines Herzens – von einem Reemigranten angefeindet worden, und Erna Terrel befürchtete deshalb Unannehmlichkeiten. Später reichte das Geld nicht, und noch später fand sich das Ehepaar mit seinen zwei halben Heimaten ab, zumal Kalmar als österreichischer Honorarkonsul in Montevideo hoch angesehen war. Als seine Brüder Anfang der siebziger Jahre mit ihren Familien nach Österreich zurückkehrten, fragte er Erna: Meinst du nicht auch, daß es an der Zeit wäre, und sie antwortete, nach Österreich gern, so lang wie möglich und so oft wie möglich, aber immer wieder zurück in unser geliebtes Uruguay. Erst nachdem sie einen Schlaganfall erlitten hatte, träumte Erna Terrel davon, für immer nach Wien zu gehen. Da war es zu spät. Dann starb sie, und Kalmar war allein. Er hat Grund zur Annahme, daß er einen kalten Winter in Österreich nicht überleben würde. Trotzdem würde er es riskieren, auf Teufel komm raus. Anders als die Hutmacherin Finnerl, die Heldin einer seiner Geschichten, fühle er sich in Südamerika nämlich nicht »wie zuhaus«. Es sei ihm nie gelungen, seine heimatlichen Gefühle in die andere Kultur zu übersetzen. Was ihn dort halte, sei seine uruguayische »Ersatzfamilie« – ein jüngeres Ehepaar mit Kindern. Da muß ich an Kalmars Erzählung *Der Tränensucher* denken, die sich in seinem Band *Von lauten und leisen Leuten* findet. Sein Held hat alles im Leben falsch gemacht, so hat er zwar einen Haufen Geld, aber keinen Menschen, der ihm auch nur eine Träne nachweinen wird. Bei Fritz Kalmar ist es genau umgekehrt. Daß wir ihn so sehr lieben, hüben wie drüben, führen wir gegen seine Gewißheit ins Treffen, nur eine Heimat zu haben.

Die schon erwähnte Föderation Freier Österreicher hatte von Bolivien aus auch materielle Hilfe geleistet. Während des Krieges gingen die Einnahmen aus den Theateraufführungen und Bunten Abenden an das Rote Kreuz, nach Kriegsende wurden hungernde Kinder und Künstler in Österreich mit Carepaketen unterstützt. Eines der ersten Pakete schickte Fritz Kalmar an eine Frau namens Maria Vlahović, die in der Häuseradministration Hönich gearbeitet und ihm dort wahrscheinlich das Leben gerettet hatte: SA-Männer auf Judenfang rüttelten zur Mittagszeit an der Bürotür, und Frau Vlahović hielt sie so lange hin, bis Kalmar durch den Hinterausgang entwischen konnte. 1999, als *Das Wunder von Büttelsburg* erschien, war sie schon Mitte achtzig. Sie schickte mir das Buch mit der inständigen Bitte, es doch in einer Zeitung zu besprechen. Ich rief sie im Pflegeheim an, sie war diskret und bescheiden, erwähnte die Episode im Haus in der Schreyvogelgasse mit keinem Wort. Hingegen erinnerte sie sich an einen »merkwürdigen Silvestertag« 1938, den sie dort mit Kalmar verbracht habe. Von ihm erfuhr ich dann, daß sie wenige Monate nach unserem Gespräch verstorben war. Auch diese Maria Vlahović gehört zu Büttelsburg. Hier hat sie ein kleines Wunder bewirkt. Fritz Kalmar hat es nicht vergessen.

(2002)

Von der Angst, daß einem
einer abhanden kommt

»Niemand ist berechtigt, sich mir gegenüber
so zu benehmen, als kennte er mich.«
Unbekannter Autor (1878–1956)

Deshalb versuche ich es erst gar nicht. Außerdem bin ich
Niklaus Meienberg nie begegnet, habe höchstens zwei
Briefe von ihm erhalten, dazu noch ein Widmungsexemplar
seines *Plädoyers für einen frischen gäbigen Patriotismus,* geschrieben zu Hagenwil und vorgetragen auf einem Gewerk-
schaftskongreß 1991: »Ach ja, uns haftet an der entsetzliche
Aussatz der Geduld …«
Es hätte auch keinen Grund gegeben, Meienbergs Nähe
zu suchen, Verehrung ist keine tragbare Basis für Freundschaft, außerdem war er mir gegenwärtig in Wort und Tat,
seit ich seine große Reportage über die Erschießung des
Landesverräters Ernst S. gelesen hatte, 1977, in der Taschen-
buchausgabe von Luchterhand: »Oben wurde pensioniert,
unten wurde füsiliert.« Von der Schweiz wußte ich bis
dahin wenig; ihre gesellschaftliche Verfassung – oder zumindest das Bild, das man sich auswärts von ihr machte:
inklusive Nummernkonten, Uhren, Sturmgewehr im Klei-
derschrank – erschien einem vom real existierenden Sozial-

demokratismus zerknautschten Österreicher mit Drang ins Spanische wenig attraktiv. Der orientierte sich im wesentlichen am Stoßseufzer seines Landmannes Alexander Roda Roda: »Es ist schön, in der Schweiz geboren zu werden, es ist schön, in der Schweiz zu sterben. Aber was macht man dazwischen?«

Meienberg ist nicht der einzige Autor, der mir dieses Dazwischen vertraut machte, gerade weil er davon absah, es ausländischen Lesern zu erklären – aber er stand am Beginn, weckte meine Neugier auf eine Gesellschaft und auf eine Literatur, die in ihr wurzelte, zugleich universale Gültigkeit beanspruchte. Erst die Bekanntschaft mit seinem Werk öffnete mir einen Kosmos von Stimmen, Gestalten, Fertigkeiten, der mir auch zu größerer Gelassenheit meinem eigenen Herkunftsland gegenüber verhalf: Ich sah, daß bei allen Unterschieden gemeinsame Probleme bestanden, die sich erörtern, nicht wegschimpfen ließen.

Das Interesse ist geblieben – nach wie vor beeindruckt mich die verhaltene Zuversicht einer Literatur, die sozialen Verästelungen nachspürt und trotz oder gerade wegen ihrer akribischen Darstellung kleinstaatlicher Verhältnisse und des scheinbaren Verzichts auf Artistik Provinzialismus durchleuchtet, ihm aber nicht erliegt. Diese Literatur behauptete sich gegen die herrschende Konvention und gründete auf der Überzeugung, daß eine andere Schweiz machbar sei. Ein Land mit Menschen, die ihre Beziehungen zueinander zwar mittels verinnerlichtem Obrigkeitsdenken regeln, aber inmitten einer von Trott, Anstand und Besitz verpesteten Landschaft Reste von Armut und Aufruhr weitertragen, auch dann noch, wenn der Aufruhr sich bloß in einer unbestimmten, folgenlosen Sehnsucht äußert. (Ich beziehe mich auf Geschichten von Loetscher, Nessi, Bichsel, es könnten auch andere Namen dastehen.) Selbst einer Autorin wie Mariella Mehr, die die erlittene Gewalt in ihren Romanen und Gedichten gleichsam herausschreit und lange Zeit nur noch außerhalb der Schweiz zu leben vermochte, unterstelle ich Einverständnis mit diesem kritischen Patriotismus – schließlich steckt auch sie, in verzweifelter Negation, der Schweizer Demokratie ein Licht auf.

Meienberg war also weder der einzige noch der letzte Schriftsteller, der mir die Schweiz, so wie sie war und hätte sein können, begreiflich machte. Aber seine Reportagen, Glossen, Einwürfe setzten sich gleich über mehrere Grenzen hinweg. Es wundert mich deshalb, daß sein Werk in der Schweiz – auch von denen, die ihn schätzen und rühmen – eher eng gefaßt wird, so als hätte ihn ausschließlich der Gegensatz von Herrschenden und Beherrschten interessiert, und da die Lage der Beherrschten nur als Alibi, sich mit den Herrschenden anzulegen und in ihnen zu spiegeln. Meienberg, der Neinsager. Mag sein, daß er dieses Mißverständnis selbst befördert hat, mittels einer Äußerung Charles de Gaulles (gegenüber Hubert Beuve-Méry, dem Gründer und Herausgeber von *Le Monde*) zum Beispiel, die als Zitat einem seiner Bücher voransteht: »Sie sind der Geist, der stets verneint.« Meienbergs Kunst bestand jedoch darin, daß er nicht von vornherein verneinte. Er nahm sich die Mühe, jedes neue Objekt seiner Neugier aufzusuchen, anzusehen, anzuhören. Allerdings verzichtete er darauf, Objektivität zu heucheln, wo es Objektivität nicht gibt. Er nahm sich wichtig, aber er machte sich nicht wichtig (oder nur ein bißchen, von außen gesehen). Er näherte sich der eigenen Biographie, er spürte fremden Erfahrungen nach, er behielt Frankreich im Auge. Er schrieb für den Tag, und es gelang ihm trotzdem, die Aktualität dessen, worüber er berichtete, über den Anlaß hinaus zu bewahren. Und dann der Humor! Der österreichische Publizist Konstantin Kaiser schrieb in einem Aufsatz über Karl Marx, er sei gerne bereit, jedermann die Notwendigkeit, Konzessionen zu machen, **zuzugeben**. »Nur daß einer vergißt, was alles noch nicht getan ist, was in unserem Tun *vor*läufig ist, halte ich für einen Mangel an Humor.« Meienberg war sich dieser Vorläufigkeit bewußt, das verlieh seinen Arbeiten nicht nur einen grimmigen, auch einen heiteren Unterton.

Seinen Reportagen und Erzählungen, schrieb ich einmal, merkt man die Qualen beim »Hören sehen riechen fühlen« nicht an, nur die Lust am Schreiben. Ich vergaß hinzuzufügen, daß eben auch dies zu seiner Kunst gehörte: den Leser, die Leserin glauben zu lassen, die Arbeit sei ihm glatt von der Hand gegangen. Aber Meienberg – der Historiker und Journalist Stefan Keller ist mein Zeuge – hat sich furchtbar geplagt, jedes neue Projekt war der Beginn einer neuen Tortur, er fand nie zu jener Geläufigkeit, von der wir alle insgeheim träumen, mußte immer bei null ansetzen und war stets aufs neue gefährdet. Seine Fähigkeiten beim Recherchieren, die dabei benötigte Geistesgegenwart, das scharfe Gedächtnis, die Genauigkeit der Beobachtung erweisen sich bei der Lektüre, davon berichten auch seine Freunde und Gefährtinnen. Hingegen finden sich kaum Belege über den Vorgang des Schreibens, ab dem Moment, in dem das Material allmählich Gestalt annimmt. Darüber hätte ich mich gern mit Meienberg verständigt: wie er es organisiert, was er wegläßt und warum, ob er nachschaut, wie Kollegen, Kolleginnen bei vergleichbaren Themen und Stoffen vorgegangen sind, wie er sich überhaupt einstimmt, ob es Vorhaben gab, mit denen er nicht zu Rande kam, die er liegengelassen, später vielleicht wieder aufgenommen hat, und warum sie ihm dann geglückt sind oder ob er sie, umgekehrt, für immer begraben mußte. Und ob er fortan Umgang hielt mit manchen seiner Helden, Heldinnen, ob sie ihm als Freunde zuwuchsen, was beglückend ist, aber auch beschwerlich sein kann. Ob der erste Satz erzwungen ist oder sich irgendwann von selber schreibt, ob er sich gleich von Anfang an um die Feinstruktur kümmert, also nicht weiterkommt, solange er sich des bisher Geschriebenen nicht sicher ist, oder ob er erst einmal, im Groben, die Geschichte aufs Papier wirft und dann, in immer neuen Durchgängen, strafft und präzisiert. Auch der Faktor Zeit hätte mich interessiert: Machte es ihm zu schaffen, auf Auftrag zu schreiben, auf einen bestimmten Termin hin, oder haben ihn die Frist und die Aussicht auf Veröffentlichung beflügelt. Setzte er sich mit leerem oder mit vollem Kopf an die Schreibmaschine. Brauchte es den zündenden Einfall, und wenn ja, ließ sich das Warten darauf verkürzen, wodurch. Wie ging er mit dem Stillstand um, dem eigenen Unvermögen, dem Selbstzweifel. Hat er in einem durchgearbeitet oder nach einiger Zeit abgebrochen, in der Gewißheit, daß es am nächsten Morgen zügig weitergeht. In welchem Ausmaß begann sich eine Geschichte schon im Stadium der Recherche abzubilden. Wahrscheinlich sind das alles nur rhetorische Fragen, insofern sie Aspekte des Schreibens behandeln, die sich im Gespräch oder schriftlich

kaum erörtern lassen, eher noch in der Praxis einer Schreib-
werkstatt, und auch da muß etwas vorliegen, als Grundlage
für Korrekturen und Reflexionen.

Aus Anlaß seines 60. Geburtstags haben Marianne Fehr,
Erwin Künzli und Jürg Zimmerli im Jahr 2000 eine Auswahl
aus Meienbergs Prosawerk getroffen. Im Vorwort zu den
beiden umfangreichen Bänden heißt es, sie wollten vor allem
»der jüngeren Generation, die ihn nur noch dem Namen
nach kennt, einen leichteren Zugang zu seinem Werk« bieten.
Die Begründung klingt vernünftig, aber auch bedrohlich: Ist
denkbar, daß die Wirkung Meienbergs allmählich erlischt?
Ich stelle mir die Frage selbst, hinsichtlich meiner eigenen
Wahrnehmung des Autors. Er hatte mich ja, zu seinen Lebzeiten, ein Stück weit von meiner Einsamkeit befreit. Es war
leichter durchzuhalten im Wissen darum, daß es einen wie
ihn gab, dort drüben in der Schweiz oder meinetwegen auch
in Paris, und in Gesellschaft seiner Schriften. Was ich selbst
zustande brachte, verdankte sich unter anderem seinem
Vorbild, ich las seine Arbeiten nicht nur des intellektuellen
Gewinns und des ästhetischen Genusses wegen, sondern
auch, um mich an ihnen weiterzuhangeln, um in Schwung
zu kommen, Mut zu fassen, Anfang und Ende zu finden,
den richtigen Ton, kurz eine Möglichkeit, meinen jeweiligen
Stoff zu strukturieren. Wie lange geht das, wenn vom Autor
nichts mehr nachkommt? Seltsame Gedanken gehen einem
in diesem Zusammenhang durch den Kopf, zum Beispiel
rechne ich unwillkürlich nach bei diesem oder jenem Prosastück, das hat er verfaßt, da war er neun oder sieben Jahre
jünger als ich jetzt, und beim nächsten war er genauso alt,
und es dauert nicht mehr lang, dann bin ich so alt, wie er

niemals geworden ist. Abschweifungen, die wir uns meist nur hinsichtlich der eigenen Eltern gestatten, beim Blättern in Fotoalben oder Kramen in Schuhschachteln, mein Vater 1970 und ich heute, von ihm ging damals Vertrauen aus, das ich, im gleichen Alter, nicht zu geben vermag ...

Der rasante Verlust der Gegenwärtigkeit also, die Angst, daß einem einer abhanden kommt. Das würde, im Fall Meienberg, bedeuten, daß sich auch seine Schreibanlässe verflüchtigen, daß sein Werk eine Welt (und Schweiz) festhält, die es so nicht mehr gibt. Ich habe gelegentlich – bei Erscheinen von Martin Durrers und Barbara Lukeschs Sammelband *Biederland und der Brandstifter. Niklaus Meienberg als Anlass,* dann bei Meienbergs *Weh unser guter Kaspar ist tot* – überlegt, ob und mit welcher Wirkung der Autor in Österreich vorstellbar wäre, und die Anflüge von Vergeblichkeit, die schon Ende der achtziger Jahre spürbar waren, mit dem gesellschaftlichen Wandel, dem Wandel im öffentlichen Bewußtsein der Schweiz in Verbindung gebracht: hin zu österreichischen Verhältnissen, die für mich gekennzeichnet waren mit dem Drang zur Unaufrichtigkeit, zum Grantigsein bestenfalls, zum Vorurteil, alles und jeder sei austauschbar und deshalb lohne es sich gar nicht, Umschwung und Umsturz überhaupt zu denken (außer in die falsche Richtung, nach rechts).

Die Geschichte der Schweiz, in die Meienbergs literarische und journalistische Tätigkeit fällt, weist eine Reihe von Skandalen auf, neuen wie übertragenen, die weithin erst nach Jahrzehnten als solche erkannt wurden: Verstrickung von Banken, Militärs und Industriellen in die Naziverbrechen, Zerstörung jenischen Lebens, Vernichtung durch Psychiatrie, Bespitzelung, Korruption, Ausschaffung ausländischer Asylwerber. Aber diese Skandale haben auf Dauer offenbar nicht den Widerstandsgeist gestärkt, eher die Resignation befördert und das Bedürfnis gesteigert, sich von der Schweiz loszusagen – und in einem Aufwaschen auch von der Last, sich auf sie zu beziehen. Bei einem mittelgroßen Auftrieb Schweizer Autoren an der Universität Mannheim, Oktober 1998, hörte ich Matthias Zschokke sagen, beim Wort Nation überkomme ihn jedesmal »eine bleierne Müdigkeit«, und Hansjörg Schertenleib warf den Schweizer Buchhändlern »Chauvinismus« vor, weil »Schweizer Autoren in der Schweiz Heimvorteil« hätten. (Andererseits, ihr brutales Debakel bei Auswärtsspielen, von Schertenleib klangvoll rapportiert: Er habe auf der Frankfurter Buchmesse mit seiner englischen Agentin ausländische Verlage abgeklappert, und alle hätten entsetzt abgewunken, sowie das Wörtchen *swiss* fiel; ein traumatischer Fall von chauvinistischer Geschäftsstörung sozusagen, die im Juni 2003 auch von der *Wochenzeitung* gegeißelt wurde. Auf lange Sicht, schrieb dort der Marktforscher Tan Wälchli, dürfte wohl nur Robert Walser »unser Land im Kanon der deutschsprachigen Literatur vertreten«. Und wer ist diesmal schuld? Der »leere Begriff« der Schweizer Literatur, dieses garstige Nichts.) »Am liebsten sehe ich den Schriftsteller schreiben«, hatte Schertenleib in Mannheim verkündet, und Zschokke war ihm eifrig beigesprungen. Ah ja, die Schriftsteller schreiben, die Politiker politisieren, die Häuslbauer bauen, und die Rauchfangkehrer fegen den Kamin, damit gemütlich die Scheiter knistern, jetzt, wo die Bagage Frisch, Dürrenmatt, Walter & Meienberg endlich tot ist u. bleich.

Erste Anzeichen dieser Tendenz zur Konvention, die sich als unkonventionell ausgibt, hat Meienberg noch registriert. Was tun, wenn man überbleibt als »Meienberg-on-the-rocks«, als helvetischer Don Quijote, der, »doch wieder verzweifelt, weil da nur Unrecht ist und keine Empörung, die alte Rosinante satteln muß«, während die potentiellen Gefährten, die jüngeren Kollegen mit dieser Schweiz auch eine andere Schweiz »als die gegenwärtig grassierende« abschreiben, sie für nicht mehr veränderbar halten? Meienbergs Antworten im Gespräch mit dem österreichischen Publizisten Klemens Renoldner, am 6. und 7. Mai 1991, verraten etwas von dieser Ratlosigkeit, auch von der dünngeschabten Haut, die beweist, daß er nicht mit der Routine des Protests gepanzert war wie so viele Dichter und Denker, Männer wie Frauen, die zu allem sofort und auf Bestellung ihre Meinung äußern und der Tatsache, daß die Erde sich in die falsche Richtung dreht, immer noch was abgewinnen können, Zugeld, Ruhm, Präsenz, einen Roman hier, einen Reisebericht da, eine Kolumne dort. Aber das Wissen um die eigene Integrität ist ja kein Trost, und irgendwann ist die schützende Haut durchgewetzt, und es ist niemand da, der oder die einen im Sturz auffangen könnte, und es ist den Freunden auch kein Vorwurf zu machen – der Verzweifelte hat die Fähigkeit eingebüßt, seine Not zu signalisieren. Er richtet die ihm verbliebene Energie gegen sich selbst.

Wieder muß ich an Kaiser denken. In seinem lyrischen Nachruf auf Josef Hassler, den Betriebsratsvorsitzenden des Vorarlberger Textilunternehmens Hämmerle, beschreibt er, wie gefährdet einer ist, der sich im Widerstand aufreibt, preisgibt, der keine Vorsichtsmaßnahme trifft, keine

Deckung sucht, nicht untertaucht, nicht gelernt hat, »den Himmel zu atmen durch ein Rohr«. (Hassler hatte sich, allein gelassen in einem Konflikt mit der Unternehmensleitung, das Leben genommen.) Im Schilf zu liegen, unter Wasser, unbemerkt von den Häschern – auch dieser Vorschlag setzt den Glauben an bessere Zeiten voraus, zumindest den Vorschein eines gemeinschaftlichen Lebens und die Möglichkeit einer Verständigung über die Anliegen des Diesseits. Meienberg, das war sein Credo, hielt die Nation für den Ort, an dem diese Verständigung erfolgt und von dem jede Veränderung ausgeht. In den Jahren seit seinem Tod ist keine Alternative erkennbar geworden, es sei denn, man huldigt der Illusion, Groß-Europa stärke die Demokratie, so wie jüngst Daniel Cohn-Bendit, als er meinte, die ehrenwerte EU werde sogar den Ehrenmann Berlusconi zivilisieren. Aber die falsche, fixfidele Schweiz hat sich, fast ohne Einspruch von links, im Spektakel der Landesschau 2002 selbst gefeiert, im Nachäffen dessen, was Eventkommissaren und -kommissarinnen zwischen Indianapolis und Görlitz in den Sinn kommt, und die nationalen Aufklärer echauffieren sich, 2002/03, im Finanzstreit um die Direktion des Zürcher Schauspielhauses, bei dem zwei Fraktionen des eidg. Bürgertums miteinander raufen. Es geht um Kultur, also nicht um Kunst und Politik, oder genauer: nur noch um die Simulation des Politischen. Was hätte Meienberg dazu geschrieben? Und was zur Verschärfung der internationalen Lage? Seine weithin unverstandene Aufregung beim ersten Krieg der USA gegen den Irak war aus heutiger Sicht angemessen, der *worst case* ist verzögert und in anderer Form als von ihm befürchtet eingetreten, am 11. September 2001 ff.

Vielleicht ist es gerade die Gültigkeit von Meienbergs Diagnose, die seine Vergänglichkeit befördert, nicht als Autor, aber als Zeitgenosse: Es hat sich seit seinem Ableben nichts verändert, es ist nur schlimmer geworden. Im Nachwort zur Wiederauflage von Meienbergs Frankreich-Reportagen (*Das Schmettern des gallischen Hahns*, 1987) hatte Lothar Baier sein eigenes Dilemma in der dritten Person beschrieben: »Gibt er zu verstehen, daß diese Reportagen aus dem Frankreich der späten sechziger und frühen siebziger Jahren nichts von ihrem Wert verloren haben, obwohl sie vergangene Zustände beschreiben, macht er sie zur schönen Literatur und stellt ihren Autor auf das Podest eines Klassikers (diese Strafe hat Meienberg noch nicht verdient). Betont er dagegen ihre ungebrochene Aktualität, dann bagatellisiert er die Veränderungen, von denen Frankreich in der Zwischenzeit erfaßt worden ist und verstößt damit gegen die unausgesprochene Arbeitsmaxime der Meienbergschen Berichterstattung: Den Verhältnissen auf den Leib rücken, nicht darüber hinweghuschen.« Die Wahrheit aber sei, jenseits dieses Dilemmas, daß Meienberg Strukturen dargestellt habe, die sich nur langsam ändern, also immer noch gelten. Ich bin unentschieden, ob ich mich dieser Meinung, so viele Jahre nach Baiers Diktum, anschließen kann. Aber diese Unentschiedenheit gründet nicht auf dem Verdacht, daß sich die Verhältnisse doch radikal verändert haben, rührt vielmehr von der Trauer um das Vergehen eines gemeinsamen Projekts her, das ohne unseren abwesenden Gefährten viel bequemer entsorgt werden kann.

Trotzdem. »Sorgt doch, daß ihr die Welt verlassend / Nicht nur gut wart, sondern veranlaßt / Eine gute Welt«, heißt es in einem Stück des anfangs zitierten Unbekannten. Ich weiß nicht, wie gut Meienberg als Mensch war (durchschnittlich, vermute ich, wie die meisten von uns), ich weiß wohl, es wäre nicht schlecht, auch ohne ihn der Aufforderung nachzukommen.

(2003)

Im Blick immer ein Gegenüber

Dieter Masuhr und die Kunst des Mitleids

Der Publizist David Rieff hat sich im Oktober 2005, bei einem Vortrag im Fotomuseum von Bogotá, mit dem Anspruch der Fotografie beschäftigt, die Wirklichkeit treu abzubilden und sich überdies der Wahrheit zu nähern, also jenem fernen Punkt, zu dem Erkundung und Erfahrung, Wissen und Mitgefühl verschmelzen. Anlaß war das letzte Buch seiner Mutter Susan Sontag, *Das Leiden anderer betrachten,* in dem sie nach einem Vierteljahrhundert das Thema ihres Essays *Über Fotografie* wieder aufnahm. Seinerzeit hatte Sontag für eine sparsame »Ökologie der Bilder« plädiert, weil deren massenhafte und beliebige Verwendung die Betrachterin abstumpft und betäubt. Nun stellte sie – angeregt wohl durch ihren Aufenthalt im belagerten Sarajevo und die Erinnerung an tapfere Bildreporter – diese Forderung zurück und räumte ein, daß Fotos Unrecht und Gewalt zwar nicht unmittelbar bekämpfen können, aber unter Umständen stark genug sind, den Betrachter zu mobilisieren: »Das Bild sagt: Setz dem ein Ende, interveniere, handle! Und dies ist die entscheidende, die korrekte Reaktion.« Allerdings müsse dann immer noch die Apathie derer überwunden werden, die das Foto zu Gesicht bekommen, ein Gemütszustand, den Sontag nicht mehr der visuellen Überreizung, der Bilderflut zuschrieb, sondern der Ohnmacht angesichts des gezeigten Schreckens. Zur »korrekten Reaktion«, zum wirklichen Verstehen dessen, was auf einem Foto zu sehen ist, brauche es das Wissen um Zusammenhänge. Ein Foto, behauptete Sontag, sage nicht mehr als tausend Worte, sondern ohne Worte nichts. »Immer dann, wenn Bilder dessen sind, was wir ›Nachricht‹ nennen, liegt die Wahrheit nicht im Bild selbst, sondern in dessen korrektem Etikett.«

Auch Rieff, der sich oft in Kriegsgebieten umsieht, weist darauf hin, daß es mit Fotos selten gelingt, über den Schock hinaus wirkungsmächtig zu werden: Sie bedürften der Bildlegende oder der danebenstehenden Reportage, oder zumindest eines Titels. Dabei sei es paradox, daß der Schreibende, ungleich dem Fotografen, sich gar nicht an die vorderste Frontlinie, an den Ort eines Massakers oder ins Zentrum einer Naturkatastrophe begeben müsse, um das Geschehen zu erfassen. Denn ihm stehe die Möglichkeit offen, Quellen zu erschließen, Augenzeugen und Überlebende zu befragen, das so gewonnene Material mit seinen historischen, politischen und kulturellen Kenntnissen zu verbinden, zu gewichten und zu relativieren. Es sei demnach ungleich schwerer, die Absichten eines Autors zu verraten oder falsch zu verstehen als die eines Fotografen.

Dieter Masuhr ist vor einigen Jahren, in einem Aufsatz *Über Unterschiede zwischen Fotografie und Malerei*, zu vergleichbaren Ergebnissen über die Beschränktheit der Fotografie gekommen, wobei er, seiner Neigung und seinem Temperament entsprechend, von einem Genre ausging, das von Tagesaktualität und politischem Engagement scheinbar weit entfernt ist: vom Porträt. Während das gemalte Porträt gemäß seinem Entstehungsvorgang das Dauernde beschreibe, sei das Fotoporträt mit dem Vergänglichen befaßt. Denn die Aufnahme erfolge notgedrungen in einem winzigen, technisch bestimmten Moment, das Leben des Porträtierten erstarre zu einem Dokument dieses einen Augenblicks. »Darin liegt zugleich die Unwiederholbarkeit eines Fotos begründet, es ist zwar tausendfach reproduzierbar, jedoch nicht ein einziges Mal zu wiederholen.« Dies sei die Ursache dafür, daß uns ein Foto auf melancholische oder begeisterte Gedanken über die Vergänglichkeit bringe. Gemalte Porträts hingegen teilten sich den Betrachtern als gegenwärtig mit, auch nach Jahrhunderten.

Masuhr ging es nicht darum, die Malerei über die Fotografie zu stellen, aber er wies dieser doch eine Reihe von Merkmalen zu, die sie als wenig geeignet für das Ergründen menschlicher Verhältnisse erscheinen lassen: den schon erwähnten eingefrorenen Moment der Aufnahme; die angehaltene Bewegung; das Unvermögen, innerhalb des gewählten Bildausschnitts etwas wegzulassen, auszusparen, anzudeuten; die ungleich größere Gefahr, unverbindlich zu sein. Und die Vermutung, »daß ein Foto der verstandesmäßigen Einordnung bedarf, damit das Interesse daran nicht nach kurzer Zeit zum nächsten weiterwandert«. Hier verknüpft sich Masuhrs Auffassung mit Sontags und Rieffs Unbehagen daran, daß das Foto als Nachricht, allein, sein gesellschaftliches Umfeld unterschlägt, daß es der Erklärung bedarf, die ihm erst seine Vieldeutigkeit nimmt.

Aber trifft das nicht auch auf andere Sparten künstlerischen Arbeitens zu? Dieter Masuhr hat als Porträtzeichner in sogenannten Konfliktherden unseres Planeten drei bedeutende, einzigartige Zyklen geschaffen, in denen Kunst und Mitleid zueinanderfinden. (Mitleid im Sinne Schopenhauers, als Tugend, die »die Mauer zwischen du und ich« niederreißt.) Den ersten im aufständischen Nicaragua, wo er 1979 Guerilleros der Sandinistischen Befreiungsfront abbildete; den zweiten im ehemaligen Jugoslawien, 1994, als er Hilfsgüter in das belagerte Bihać transportierte und dabei seine bosnischen, serbischen und kroatischen Reisebekanntschaften porträtierte; den dritten in Palästina, wohin er 2003 mit der Absicht aufgebrochen war, Menschen zu zeichnen, die ihrerseits »von der Intifada gezeichnet« sind.

Das sagt sich so leicht: Nicaragua, Bosnien, Palästina. Tatsächlich hat Masuhr sich freiwillig in Gefahr begeben, ohne Auftrag und ohne Aussicht auf Gelingen, nur mit dem unbändigen Wunsch zu helfen, wenn anderswo gelitten und gekämpft wird, dabeizusein, als Augenzeuge im eigentlichen Wortsinn, der das, was er sieht, andere sehen läßt. So begreifen auch Fotografen ihre Tätigkeit. Aber als hätte er die oben referierten Einwände längst bedacht, schloß Masuhr die Kamera als Arbeitsgerät von Anfang an aus. In der Vorbemerkung zu seinen Zeichnungen aus Nicaragua heißt es: »Ein Fotograf schiebt einen Apparat zwischen Ereignis und Wahrnehmung, schon während das Ereignis abläuft. Er zerstückelt, was er erlebt, in Momentaufnahmen. Die ursächlich handelnden oder leidenden Menschen sind in seinen Bildern meistens nur Staffage. Deshalb zeichnete ich die Menschen, die die Ereignisse bestimmen. Was einen Menschen zum Befreiungskampf bewegt, spiegelt sich in seinem Gesicht. Wenn ein Porträt den lebendigen Augenblick wiedergibt, in dem es entsteht, zeigt es nicht nur den Charakter des Dargestellten, sondern auch die Umstände.« Unter den 131 Zeichnungen von Revolutionären und Sympathisanten sind nur zwei gesichtslose, nämlich eine Ansicht des Dorfes Belén und die Darstellung eines Guerilleros, wie er mit verbundenen Augen das Reinigen und Zusammensetzen eines Gewehrs übt. Die Porträts aus Jugoslawien befassen sich – mit einer Ausnahme: dem einer schmächtigen alten Frau in einer Ortschaft nahe Bosanska Krupa – ausschließlich mit Gesichtern, selbst die Schultern, die Hemdkrägen sind bloß angedeutet. Auch im Westjordanland, in mehreren Ortschaften und Flüchtlingslagern zwischen Bethlehem und Hebron, hat Masuhr fast immer darauf verzichtet, ein Motiv außerhalb des jeweiligen Gegenübers zu suchen. Nur einmal tritt er zurück, um die Trümmer eines niedergewalzten oder gesprengten Hauses zu skizzieren, mittendrin eine kleine, unwirklich gefaßte Menschengestalt, die das linke Bein über das rechte Knie gelegt hat. Auf einer anderen Zeichnung stellt ein Mann, an einen Stuhl gefesselt, den er in Balance zu halten versucht, und mit einem über den Kopf gestülpten Sack, eine Foltermethode nach, die israelische Militärs an ihm erprobt hatten.

Das sind, wie gesagt, die Ausnahmen, gezeichnete Fußnoten. Sonst vertraut Masuhr seiner Kunst, im Gesicht eines Menschen auch dessen Umstände zu erfassen. Aber ich glaube, da ist noch etwas, das ihn zum Porträtieren inmitten von Kriegen veranlaßt hat: Wir erliegen, sobald wir von Elend, Verfolgung, Verwüstung hören, der Versuchung, die davon Betroffenen nicht länger in ihrem vollen Menschsein wahrzunehmen, sondern in der ihnen zugeschriebenen

Eigenschaft als Opfer. Wir machen sie dadurch zu Minusmenschen, reduzieren sie auf das, was sie auch sind, aber eben nicht ausschließlich. Dieter Masuhr widersetzt sich dieser Diskriminierung, er will festhalten, wie die Menschen jenseits der aktuellen Bedrohung waren, sein werden, sein könnten.

Gänsekiel und Tusche. Nähe und Zeit. Blick und Blickwechsel, vom Gezeichneten zum Zeichner. (Der Fotograf verschließt sich diesem Schauen, er bedeckt seine Augen im entscheidenden Moment mit der Kamera.) Durch den Vorgang des Porträtierens gibt der Porträtist sich zu erkennen – und gewinnt Vertrauen. »So empfindlich Uniformierte gegenüber einer Kamera reagieren«, notiert Masuhr während seiner Fahrt durch serbisches Gebiet, »so neugierig und vorbehaltlos drängen sie sich um das weiße Blatt, aus dem eine zerrupfte Gänsefeder das Bild eines lebendigen Menschen hervorholt.« Und in der Vorbemerkung zu den Sandinistenporträts erwähnt er, was dank dieser Arbeitsweise zustande kommt: »Während der Zeitspanne höchster Intensität, in der Maler und Dargestellter aufeinander eingehen, übertragen beide ihre Identität auf das Bild. Die Guerilleros haben deshalb die Zeichnungen an meiner Statt signiert. Auch Texte auf den Zeichnungen haben die *compañeros* selbst geschrieben.« Namenszüge, Danksagungen, autobiographische Fragmente, Gedichtzeilen, Klagen, Sätze der Hoffnung und Trauer füllen ebenso die Blätter, die Masuhr aus Jugoslawien und Palästina mitgebracht hat.

Diese Äußerungen von Porträtierten sind nicht die einzigen schriftlichen Zeugnisse, die die Zeichnungen beglaubigen. Über seine Erlebnisse und Gedanken im ehemaligen

Jugoslawien hat er einen umfangreichen Bericht geschrieben, *Die Reise nach Bihać,* und um die Zeichnungen von *Menschen aus Palästina* sind Notizen, Berichte und Aufsätze gruppiert, in denen außer ihm der deutsche Journalist Johannes Zang, dessen Frau Janina, eine Kunsterzieherin, die israelischen Friedensaktivisten Adi Ophir und Uri Avnery sowie der britische Sozialwissenschafter Chris Marsden die Ursachen und Wirkungen der Gewalt erörtern. Heißt das, daß auch für die Zeichnungen, wie für das Foto, die Eindeutigkeit erst durch das geschriebene Wort hergestellt wird? Ich glaube nicht. Die Beigaben der Porträtierten sind ja der Innigkeit im Schaffensprozeß geschuldet, der Kommunikation zwischen, manchmal sogar der Kommunion von Künstler und Modell. Was Masuhr darüber hinaus geschrieben oder von anderen akquiriert hat, verdankt sich seiner zweiten Begabung – er ist nicht nur bildender Künstler, sondern auch Schriftsteller. (Im Aufsatz über Fotografie und Malerei hat er die Bildwerdung sinnlichen Erlebens mit dem Schreiben von Gedichten verglichen.) Man kann also sagen, er zeichnet und malt, schreibt außerdem, und in der Regel vermag die eine Fertigkeit ohne die andere zu bestehen. In der *Reise nach Bihać* jedoch bedürfen die Porträts der Erzählung. Denn hier sind die Menschen, denen Masuhr begegnet, einander feind, ihre Erfahrungen widersprüchlich und gegensätzlich, ihre Anschauungen oft platt und oberflächlich. Haß und Vorurteil lassen sich schwer vom Gesicht abzeichnen.

Der Reisebericht übrigens zeigt, wie schwer es sich der Künstler macht und wie leicht sich dann das Schwere liest. Denn er schreibt nicht einfach eine Chronik seiner Fahrten durch das zerstörte Jugoslawien, sondern muß sich als Ich-Erzähler immer wieder gegen Szenen aus einem Film behaupten, der sich aus den Klischees der Medienindustrie speist, einem erfundenen Film, in dem Dieter Masuhr einer unter vielen Darstellern ist, »der übervorsichtige, dennoch neugierige Maler, Chronist, der den Wagen fährt, um in die eingeschlossene Stadt Bihać zu gelangen«. Auf dem Weg dorthin und zurück treibt ihn ein kindlicher Glaube vorwärts, ohne den wir Friedens-, Gleichheitsträumer freilich gleich den Löffel abgeben könnten – der Glaube an die Fähigkeit der Menschen, sich über ihre Anliegen miteinander zu verständigen. Diese Fähigkeit verlangt nach einer angemessenen literarischen Gestalt, offen für Mitteilung, Räson und Gegenrede, und deshalb wird in der *Reise nach Bihać* soviel gesprochen und laut nachgedacht (auch in Masuhrs ungedrucktem Opus magnum *Angur* übrigens, und in den meisten seiner Gedichte). Gesprochen, sage ich, nicht geschwätzt! Und der Blick findet immer ein Gegenüber.

Das ist es, was Dieter Masuhr erfüllt, das Bemühen um Verständigung und Einsicht. Nicht um den Preis falscher Versöhnung, die er den Christen und den Sozialdemokraten überläßt. Die Neugier auf Fremdes und die glückhafte Erkenntnis, wie vertraut es doch ist. Die Bereitschaft, Menschen und Tiere und Dinge immer wieder neu und von neuem zu sehen, und die Beharrlichkeit, was er als wichtig erkannt hat, gegen alle Widerstände zu verfolgen. Meinen fernen unerläßlichen Freund, in dessen heller Stimme selbst eine Gewißheit wie eine Frage klingt.

(2006)

Was alle angeht

Über Lesen, Verfolgen und den Durst nach Gerechtigkeit

Ein Mann wartet, ab drei Uhr morgens, auf einen andern. Er ist *der Verfolger,* sitzt auf dem Fahrersitz einer schweren Limousine, die er starten wird, sobald der andere, *der Verräter,* vor ihm aus einem Taxi gestiegen ist. Er ist ganz ruhig, er wird ihn totfahren, ihm bleibt keine Wahl.

Während er wartet, vergewissert sich der Verfolger der gemeinsamen Geschichte, die in die Zeit der Naziherrschaft zurückreicht: Beide haben Anfang der vierziger Jahre in einer Tanzkapelle gespielt. Die Musiker druckten und verteilten heimlich Flugblätter, halfen untergetauchten Juden, stiegen sogar in eine Druckerei ein, um Lebensmittelkarten und Reisemarken zu erbeuten. Aber einer von ihnen, der Verräter eben, lieferte sie und andere der Gestapo ans Messer. Vor dem Blutsenat stellte er sich als Kronzeuge zur Verfügung, sorgte dafür, daß sie zum Tode verurteilt wurden. Durch Zufall ist der, der jetzt im Auto wartet, mit dem Leben davongekommen. Nach Jahren begegnet er dem Verräter, folgt ihm, findet heraus, wo er wohnt und arbeitet, nachts als Barpianist. Der Überlebende sucht einen Rechtsanwalt auf, der sich aufgrund der Umstände – die Gerichtsakten sind verbrannt, weitere Zeugen nicht auffindbar – außerstande sieht, Anzeige zu erstatten. Der Anwalt verweist außerdem auf das ungünstige gesellschaftliche Klima der erzählten Gegenwart, im westdeutschen Wirtschaftswunderland, in dem es sich viele Mörder gerichtet haben. Unerwartet trifft der Verfolger ein drittes Mitglied der Gruppe, die Sängerin, die das KZ Bergen-Belsen überlebt hat. Sie lehnt es ab, ihm als Zeugin zur Seite zu stehen, weil sie damit auf ihre Opferrolle festgeschrieben wäre, und sie will doch »ein gesunder Mensch« werden. Auch der Blutrichter von einst (zum Landgerichtsrat hat er es inzwischen gebracht) ist zu keiner Aussage zu bewegen, die ihn selbst belasten würde. So bleibt der Mann mit seinem Verlangen nach Gerechtigkeit auf sich allein gestellt. Er faßt den Plan, Selbstjustiz zu üben.

Der Verfolger ist erstmals 1961 erschienen. Sein Autor, Günther Weisenborn, schöpfte aus eigener Erfahrung. Er hatte, in Nazideutschland, der weitverzweigten Widerstandsbewegung um Harro Schulze-Boysen und Arvid Harnack angehört und war im September 1942 von der Gestapo verhaftet worden. Im Frühjahr 1945 befreite ihn die Rote Armee aus dem Zuchthaus Luckau. Sechs Jahre später wurde der von ihm und zwei weiteren Überlebenden angestrengte Prozeß gegen Manfred Roeder, der als Chefankläger des Reichskriegsgerichts siebenundvierzig Todesurteile gegen Mitglieder dieser Gruppe erwirkt hatte, von der Staatsanwaltschaft Lüneburg eingestellt. In der Begründung führte sie aus, daß Weisenborn der ideologischen Wühlarbeit für die »Ostzonenregierung« verdächtig sei und die von ihm aufgebotenen Belastungszeugen »sich in einen maßlosen Haß gegen den nationalsozialistischen Staat hineingesteigert haben und aus diesem übersteigerten Haß auch heute noch nicht herausgefunden haben zu einer objektiven Würdigung des Geschehens«.

Gegen Ende des Romans – es ist vier vorbei, und immer noch keine Spur vom Verräter – erinnert sich der Verfolger an sein letztes Gespräch mit dem Anwalt, an das Schweigen danach. »Welten lagen auf einmal zwischen uns. Er war einer von den Millionen, die – ständig in Deckung – sich gerissen durch die Zeit lavieren. Ich gehörte zu einer deckungslosen Fronde, für die die Welt veränderbar ist.« Ein kostbares, selten gewordenes Wort, *Fronde,* und ein bitterstolzer Satz.

Ich habe erst jetzt Weisenborns Roman aufgeschlagen. Vor einiger Zeit fand ich das Buch in einer Wühlkiste, es kostete 1 Euro. Damals war ich schon geheilt von der Vorstellung, bei Günther Weisenborn handle es sich um einen konventionellen, unmodernen Autor. Einen solchen hielt ich, mit achtzehn, neunzehn Jahren, für entbehrlich. Später schämte ich mich meiner Einfalt. Die Welt, auch die der Literatur, zerfällt gemäß politischen Kräfteverhältnissen, unter denen das Gewissen erwacht, nicht nach ästhetischen Entscheidungen.

Unlängst hat Margot Schindler, die Direktorin des Museums für Volkskunde in Wien, in einem Zeitungsartikel auf den aus Prag stammenden Schriftsteller Johannes Urzidil hingewiesen. Sie schloß ihr bezauberndes Plädoyer für Urzidils Erzählung *Weißenstein Karl* mit dem Geständnis: »Prinzipiell lese ich nur Bücher, die mit mir selbst zu tun haben.« An diesen Satz muß ich denken, während ich dem Ende des Romans entgegenfiebere – und ihn doch nie enden lassen möchte. In ihm verhöhnt der Verräter seinen Widersacher mit der hinlänglich vertrauten Forderung, das Vergangene ruhen zu lassen. »Auch du solltest endlich vergessen, was gewesen ist. Auf jede Zeit folgt eine andere. Wer heute noch so denkt wie damals, gehört ins Irrenhaus.« Aber schon vorher hat sich der Verfolger mit einem Satz gerechtfertigt, der Schindlers Bekenntnis ergänzt und aufhebt: »Mancher sucht etwas, das andere angeht. Oder alle.«

(2007)

Zur rechten Zeit

Aufforderung, endlich Diego Viga wahrzunehmen

Wenn man nur was aufsprengen, rückgängig machen könnte. Die Ignoranz, das Desinteresse, die blöde Präpotenz. Statt dessen ein bescheidener Hinweis auf den am 27. August 1997 verstorbenen Arzt und Hormonforscher Paul Engel aus Wien, der sich als Schriftsteller Diego Viga nannte, kleine Hommage an das Land seiner Zuflucht, geschuldet der Begeisterung, mit der er schon als Kind auf Berge geklettert war: Diego Largo und El Alto de la Viga, so heißen zwei Gipfel im Südosten der Stadt Bogotá.

Zum Beispiel das Jahr 1969. Da wurde ich fünfzehn und baute mir aus Erzählungen, Romanen und Theaterstücken Wolfgang Bauers, Thomas Bernhards, Peter Handkes, G. F. Jonkes und Oswald Wieners die Welt, und in ihr Österreich, zusammen. Es war das Jahr, in dem Vigas siebenhundert Seiten starker Roman *Die Parallelen schneiden sich* veröffentlicht wurde. Aber in der Bibliographie 1969 erschienener Bücher deutschsprachiger Autoren, im ansonsten doch zuverlässigen *Tintenfisch*, Wagenbachs Jahrbuch für Literatur, ist er nicht angeführt. Weil man Diego Viga für einen spanischen oder lateinamerikanischen Schriftsteller hielt. Oder weil einem, den die Nazis ausgebürgert hatten, nach drei Jahrzehnten sogar die Muttersprache vorenthalten wurde. »Es ist tragisch«, schreibt Konstantin Kaiser in einer Würdigung des Schriftstellers Alfredo Bauer, der mit Viga über den Arztberuf hinaus einiges gemeinsam hat, »daß sich die Autorinnen und Autoren, die aus dem zur Ostmark gewordenen Österreich vertrieben wurden, nach 1945 aus den verschiedensten Weltteilen auf eine gemeinsame Mitte bezogen, die jedoch leer blieb: In Österreich wurde das Phänomen einer weiterhin existierenden, produktiven, einen großen Beitrag liefernden Exilliteratur jahrzehntelang kaum wahrgenommen.«

Diego Viga war einer der produktivsten österreichischen Exilautoren. Zwischen 1955 und 1987 hat er auf deutsch fünfzehn Romane und Erzählungen veröffentlicht, dazu eine naturwissenschaftlich-philosophische Abhandlung, und die meisten sind, in einer fast schmerzlichen Intensität, auf jene Mitte gerichtet, deren Leere der Exilforscher Kaiser beklagt. Denn sie wenden sich voll Vertrauen an ein Gegenüber, das in der Beschäftigung mit ihnen erfahren könnte, daß es nicht allein in der Welt dasteht. Dies gilt vor allem für den schon erwähnten Roman mit dem trotzigen Titel, an dem Viga nach der ersten Niederschrift immerhin fünfundzwanzig Jahre lang gefeilt hat. *Die Parallelen schneiden sich* ist ein polyphones Kunstwerk, Familien- und Zeitroman in einem, auch Psychogramm einer Generation und innerhalb dieser einer ganz bestimmten sozialen Schicht – junges Wiener Bürgertum, tätig, skeptisch, sportlich, außerdem akademisch gebildet. Es teilt seine Erlebnisse wie Empfindungen in Form innerer Monologe mit, die miteinander verschränkt sind. Der Schriftsteller Volker Ebersbach hat zu Recht auf das Vorbild Arthur Schnitzlers verwiesen, auf *Reigen* und *Leutnant Gustl,* und angemerkt, daß Vigas junge Protagonisten gleichsam über zwei Augenpaare verfügen. Das eine sei in ihr Inneres und, soweit sie dazu fähig seien, in ihr Innerstes gerichtet, so daß sie sich selbst preisgeben bis in die letzten Windungen ihres Wesens, das andere werfe scheue Blicke auf den Leser. Die Handlung setzt wenige Monate vor Hitlers Ernennung zum Reichskanzler ein, im Schnellzug von Wien nach Berlin, und endet im Mai 1945, mit der Nachricht von der bedingungslosen Kapitulation Nazideutschlands, im kolumbianischen Exil. In der Gestalt des Arztes Johannes Kramer ist Engel/Viga sich selber auf der Spur, selbstbewußt, aber ohne Anflug von Eitelkeit, ehrlich genug, auch Fehler, Unterlassungen, Charakterschwächen zu benennen. Er ist sich treu geblieben und hat sich doch gewandelt – vom ehrgeizigen Wissenschaftler zum Schriftsteller, der den Menschen auch in kleinen Dingen nützlich sein will. Mittendrin, schon im Exil, wo »alles in Fluß ist, überall Bewegung«, wird Johannes von einem sonderbaren Gedanken erschüttert: »Sollte ich vielleicht ein besserer Mensch sein, als ich gedacht habe? Ich wollte einmal ein guter Arzt werden, dann ein guter Wissenschaftler und Lehrer, und jetzt möchte ich vor allem ein guter Schriftsteller sein … Aber ein guter Mensch? Das wäre mir niemals eingefallen.«

Der Erfinder dieses guten Menschen wurde am 7. Juni 1907 in Wien-Alsergrund geboren, als ältester Sohn eines jüdischen Kleiderfabrikanten, studierte nach dem Besuch des Wasagymnasiums Medizin, promovierte im Februar 1933 und absolvierte anschließend das Praktikum an der II. Chirurgischen Universitätsklinik. Gleichzeitig setzte er seine endokrinologischen Versuche fort, deren Ergebnisse in Fachzeitschriften schon seit längerem publiziert worden waren. Da er aufgrund der antisemitischen Hetze an den österreichischen Universitäten mit keiner fixen Anstellung rechnen konnte, nahm er 1935 einen schlechtbezahlten Posten am Hospital Pasteur in Montevideo an. Ihm war klar, daß Europa auf einen Krieg zusteuerte. Aber die Pläne, seine Freundin Josefine Monath, die er per Ferntrauung geheiratet hatte, nachkommen zu lassen, zerschlugen sich, deshalb kehrte er nach einem halben Jahr nach Wien zurück. Dank einer ungarischen Heilmittelfirma, die ihn zu ihrem Ärztevertreter in Kolumbien ernannte, konnte er kurz nach dem deutschen Einmarsch relativ unbehelligt ausreisen. In Bogotá gelang es ihm, Einreisevisa für seine Frau, deren Eltern und seine nächsten Angehörigen zu besorgen. Schon nach wenigen Monaten wurde er auf den Lehrstuhl für Biologie an der fortschrittlichen, von konservativen Kreisen angefeindeten Universidad Libre berufen, was ihm zwar allerlei Arbeit und Ehre, aber kein regelmäßiges Gehalt einbrachte. An der Universität lernte er Jorge Eliécer Gaitán kennen, Kolumbiens volksnahen Politiker, dessen Ermordung im April 1948 jene Welle der Gewalt auslöste, die bis heute anhält. Nachdem Kolumbien Deutschland den Krieg erklärt hatte, war Engel bei den Behörden vorstellig geworden, um als Freiwilliger am Kampf gegen das Hitlerregime teilzunehmen, und mit Dank und Händedruck wieder nach Hause geschickt worden: Falls es zu militärischen Aktionen seitens Kolumbiens kommen sollte, würde man sich seiner erinnern.

Paul Engel wäre, nach der Befreiung von der Naziherrschaft, einer der wenigen Emigranten gewesen, die in

Österreich eine ihren Fähigkeiten entsprechende Tätigkeit gefunden hätten, jedenfalls machte ihm der damalige Rektor der Universität Wien Hoffnung auf den Lehrstuhl für allgemeine und experimentelle Pathologie. Josefine drängte auf Rückkehr, sie hatte sich in Bogotá nie heimisch gefühlt. Aber da waren die Kinder, die in Kolumbien zur Welt gekommen waren, die Zweifel, ob sie sich an österreichische Verhältnisse gewöhnen würden. Und da war, vielleicht auch, Engels Lust an Abenteuern, sein Tatendrang, die unstillbare Neigung zu reisen, sich in entlegenen Gegenden umzuschauen, neue Erfahrungen zu machen. Als Vertreter hatte er auch die übrigen Andenländer bereist, unter beschwerlichen Umständen, die ihn nicht abschreckten. Die soziale Kluft, das herrschende Unrecht, der rassistische Dünkel der Oberschicht waren ihm zuwider, vermochten seine Zuversicht aber nicht zu lähmen. »Wer einmal in einem lateinamerikanischen Land gelebt hat, ist für Europa verloren«, sagt Johannes Kramer im *Parallelen*-Roman. Und kurz davor: »In Südamerika geht mich die Politik nichts an. Dort bin ich Ausländer, geduldet zwar nur, doch nicht verpflichtet teilzunehmen …« 1950 übersiedelte Engel mit seiner Familie nach Quito – eine Entscheidung, die er nie bereut hat. »In Kolumbien«, schrieb er einmal, »hatten sich viele Menschen freundschaftlich gezeigt; in Ekuador waren und sind wir mit Ekuadorianern befreundet. Und viele wurden mir wichtiger als geborene Europäer. Manche gingen in der einen oder anderen Form auch (entsprechend verarbeitet und verändert, niemals als Porträt) in meine späteren Werke über.«

Paul Engel hat gelegentlich, und mit leisem Bedauern, angemerkt, daß er zu spät als Schriftsteller hervorgetreten ist. Dabei hatte er noch in Wien, als junger Arzt, zu schreiben begonnen, ein Tagebuch geführt, das wie viele Tagebücher daran krankte, daß sein Verfasser sich selbst zu wichtig nahm. (In den *Parallelen* gibt es eine Stelle, in der Johannes Kramer in komischer Verzweiflung ausruft: »Ausgerechnet mein eigenes Tagebuch habe ich als Nachtdienstlektüre mitgenommen, ich Trottel.« In Bogotá versucht er sich an Essays – und diesmal ist es Anna, d.h. seine Frau Josefine, die das Ergebnis kritisch kommentiert: »Er denkt, statt zu beobachten.«) Die Urfassung seines Epochenromans entstand Anfang der vierziger Jahre. Er bot ihn, vergeblich, Alfred A. Knopf in New York an, schickte ihn dann, nach Kriegsende, an den Erwin Müller-Verlag in Wien. Dessen Cheflektor Oskar Maurus Fontana nahm das Manuskript an, aber bevor es erscheinen konnte, war der Verlag bankrott gegangen.

In Bogotá hatte sich das Ehepaar Engel mit Katja und Erich Arendt angefreundet, deutschen Kommunisten, die in Spanien auf seiten der Republik gekämpft hatten. Erich Arendt, der bedeutende Lyriker und Übersetzer Pablo Nerudas, Jorge Zalameas und Nicolás Guilléns, war einer der ersten gewesen, die den Roman gelesen, scharf kritisiert und zugleich den Verfasser zum Weitermachen ermuntert hatten: »Das Buch wäre gut, wenn es nicht so schlecht geschrieben wäre!« Arendt war es auch, der sich nach seiner Rückkehr aus dem Exil in der DDR um einen Verlag für seinen fernen Freund bemühte. Im Roman *Das verlorene Jahr,* das die *Parallelen* in die Jahre 1947 und 1977 fortschreibt, läßt Viga sein Alter ego Johannes Kramer sagen: »Daraufhin ersuchte ich meinen glücklosen Wiener Lektor und Freund, das Manuskript an den Verlag in der Deutschen Demokratischen Republik zu schicken. Entsetzte Antwort – auch dieser fortschrittliche Mann war nicht einverstanden. ›Sie sperren sich doch den Weg in die westliche Welt, wie können Sie daran denken ...‹« Aber Engel war es leid, auf dem stetig wachsenden Berg von Manuskripten sitzenzubleiben. So erschienen in rascher Folge und mehrfach aufgelegt, zuerst bei Paul List in Leipzig, dann im Mitteldeutschen Verlag in Halle, die Romane, nach denen im Westen kein Hahn gekräht hatte. An ihnen besticht der Gerechtigkeitssinn, der Humor, das feine Gehör für Zwischentöne, das immense historische Wissen, das Zusammenspiel von Anschauung und Phantasie. In Österreich ist Diego Viga ein Unbekannter geblieben – bis heute, mehr als zwanzig Jahre nach seinem Tod. Sogar die liebevolle Biographie von Dietmar Felden: *Diego Viga. Arzt und Schriftsteller,* ist, vor fünfunddreißig Jahren, nur in der DDR erschienen. Warum eigentlich. »Man kommt nie zur rechten Zeit«, sagt einer der Romanhelden in den *Parallelen.* Nie zur rechten Zeit und nicht an den rechten Ort: Drei Jahre nach dem Tod des Schriftstellers wurde sein ostdeutscher Verlag zwangsprivatisiert, einer Firma mit dem sprechenden Namen Management-buy-out zugesprochen. Seither findet man Diego Vigas Bücher nur noch in Antiquariaten und auf Flohmärkten.

Vor elf Jahren, anläßlich seines 100. Geburtstages, hatte ich geschrieben, daß eine gesellschaftliche Verpflichtung besteht, das Werk dieses Vertriebenen in Österreich zur Kenntnis zu nehmen, und angeregt, den bedeutenden Roman *Die Parallelen schneiden sich* – dessen ursprünglicher Titel *Die Unpolitischen* lautete – neu zu veröffentlichen. Es wäre nicht nur für die Leser ein Gewinn, sondern auch die angemessene Art, den großen Erzähler zu würdigen, viel zu spät und doch zur rechten Zeit. Mein Appell hat nichts bewirkt und wird auch dieses Mal nichts fruchten.

(2007/17)

Zwei Hemden, drei Freunde

Sicher wäre Fred Wander verwundert, vielleicht sogar böse, mit seinem einzigen Roman an einer Reportage – eigentlich der Reportage einer Reportage – gemessen zu werden, die er 1954 in einer Anthologie mit dem Titel *Der Kreis hat einen Anfang* veröffentlicht hat. Verstimmt oder verwundert nicht deshalb, weil er ungern an seine Zeit als Reporter erinnert werden wollte (»Ich war kein guter Journalist!«), sondern weil ihm die frühen Arbeiten nur als Beweisstücke des Ungenügens nennenswert waren, dafür, wie lange es dauert, das Handwerk des Schreibens zu erlernen. »Ich habe mit 31 meine erste Kurzgeschichte geschrieben und eigentlich nie daran geglaubt, ein Schriftsteller zu werden. Aber ich habe immer gewußt, daß es eine Frage von 10 bis 20 Jahren ist. Und meinen *Brunnen* hab ich mit 50 geschrieben! Und eben hab ich mein zweites Buch begonnen. Nachdem ich schon ungefähr 12 oder 13 verzapft habe. Als Übungsarbeit.« Das behauptete er im Juli 1987, in einem Brief, der mir als Trost fürs eigene Unvermögen zugedacht war. Mit der Arbeit des Fünfzigjährigen war das Meisterwerk *Der siebente Brunnen* und mit dem gerade begonnenen zweiten Buch *Hôtel Baalbek* gemeint, was bedeutet, daß nicht einmal die etwas männerrauhe, unvermutet hoffnungsfrohe Erzählung *Ein Zimmer in Paris* (1975 erschienen, vier Jahre nach dem

Siebenten Brunnen) Gnade vor seinen Augen fand, jedenfalls nicht damals, achteinhalb Jahre später sollte Fred sein strenges Urteil ein wenig revidieren, in einem weiteren Brief, in dem er *Das gute Leben,* das er im Manuskript gerade fertiggestellt hatte, als sein »viertes Buch« bezeichnete, das »von dem ganzen Wust übriggeblieben« sei. Nämlich, »man hat eine Menge Scheiße geschrieben«.

Aber es soll in der literarischen Beurteilung nicht so sehr ums Gelingen gehen, eher darum, ob etwas in einem ist, das die Qual künstlerischer Anstrengung überhaupt lohnt – ein heißer Atem, ein brennendes Verlangen, eine lodernde Sehnsucht. Von ihr, vom ungemein starken Bedürfnis nach Leben und Lebensfülle sind Freds Schriften von Anfang an durchwirkt, die geglückten ebenso wie die verworfenen, die ich jederzeit vor ihrem Autor in Schutz nehmen würde, speziell die *Vierundzwanzig Stunden aus dem Leben eines Reporters* aus dem schon erwähnten Sammelband, weil darin nicht nur sein großes Thema anklingt, eben das in allen Nuancen, Stimmungen, Schattierungen, Verästelungen beobachtete und glückhaft empfundene Leben, sondern auch die Ohnmacht, diesem schreibend gerecht zu werden. »Aber immer ist alles viel feiner, vielfältiger, elementarer, grausamer, schöner als es Worte je auszudrücken vermögen.« Und noch etwas weist aus der Gegenwart der Reportage in die erinnerte Welt der Erzählung: das scheinbar verkehrte Gefühl, in Fremdheit und Anonymität den Menschen besonders nahe zu sein. Der jugendliche Reporter F. W. überwindet es am Ende seiner Recherchen – er will nicht länger zusehen, aufschreiben, registrieren, was andern geschieht: »Schreiben ist nicht genug«, sagt sein Gewissen und fordert ihn auf, einzutreten in die Gemeinschaft der Gefährdeten und Verlorenen, um im Kampf gegen Unrecht ihnen und damit sich selbst beizustehen. Für den Ich-Erzähler des *Hôtel Baalbek* hingegen schließen Abstand und Nähe einander nicht aus; wenn er lauscht oder jemanden beobachtet, dann nicht mit dem Ziel, sich einen Vorteil oder Befriedigung zu verschaffen. Sein heimlicher Blick ist nicht kalt wie einer aus Ödön von Horváths *Zeitalter der Fische*. Er ist bereit, sich hinzugeben, bereit zu lieben, aus Liebe bereit zum Widerstand. Er steht allerdings auch nicht ganz außerhalb der Schar von Gefährdeten, die in Marseille, im Sommer 1942, allesamt der Hilfe bedürften.

Ich glaube, Fred hat der herkömmlichen Praxis der »Vergangenheitsbewältigung« mißtraut, war skeptisch gegenüber der Idee, Überlebende des Naziterrors anzuhalten, kraft ihrer Autorität als sogenannte Zeitzeugen die Finsternis »finsterer Zeiten« zu beglaubigen. Sie werden zu Tableaux vivants der Medienindustrie drapiert, also nicht in ihrer Bewegung, Ganzheit wahrgenommen. Das Leid, das sie erlitten haben, schreibt sie fest, als Minusmenschen, denen Bedauern, Neugier und Sensationslust der andern wie Mühlräder um den Hals hängen. Oft soll ihre Geschichte als Beleg für die Miserabilität der Gegenwart herhalten. Dann wieder stören ihre Erfahrungen, wenn es was zu feiern oder aufzurechnen gibt. Das trifft genauso einen, der um literarische Wirkung bemüht ist. Die Briefe, die Fred während der Arbeit an *Hôtel Baalbek* an Lektorinnen und Freunde schrieb, erhellen seine Absicht, wenigstens ein paar Dutzend unter sechs Millionen Juden »ein Gesicht und eine Stimme zu geben«, der abstrakten Zahl von Ermordeten »ein Stück Leben einzuhauchen«. Aber 1991, als der Roman zuerst veröffentlicht wurde, in der ostseits frisch angeschwollenen Bundesrepublik Deutschland, waren die gewöhnlichen deutschen Literaturrezensenten in einer Mischung aus Argwohn, Euphorie und Rachsucht eifrig damit beschäftigt, die Literatur der DDR (samt ihren Verlagen) abzuwickeln. Wer brachte da schon Interesse auf, für eine mit Geduld und Herzblut geschriebene Geschichte aus dem geteilten Frankreich, die uns so nahe geht.

Die Gefahr, daß sein Buch nicht als Kunstwerk, nur als Zeitdokument erkannt würde, hatte Fred vorausgesehen. Im Gespräch mit Achim Roscher, kurz vor Erscheinen des Romans, wies er auf den Unterschied zwischen dem Erzähler und dem Autor hin, was diesen »jedoch nicht hindern kann, Erlebtes in die Handlung aufzunehmen«. Übrigens habe er nachträglich die Trennung von Erzähler und Autor durch einige Striche verstärkt. (Ich nehme an, Fred hat Passagen getilgt, in denen er, wie verstärkt in den Erinnerungen und späten Prosastücken, seine Meinung äußerte, zu einer Deutung ausholte oder Bilanz zog.) Fiktion also, erhärtet durch eigene Erfahrung, wobei die Lebensphasen in Frankreich, von Freds Flucht aus dem annektierten Österreich im Mai 1938 über seine Internierung als »feindlicher Ausländer« im Stade de Colombes Anfang September 1939 bis zur Deportation drei Jahre später, rasend schnell aufeinanderfolgten. Fred wußte oft nicht mehr, wann und wie lange er in einem bestimmten Lager gefangengehalten worden war oder als *prestataire* in Arbeitskompanien geschuftet hatte, sagt seine Frau Susanne, kein Wunder angesichts der sich überstürzenden Ereignisse vor allem nach dem blitzartigen Vorstoß der

Wehrmacht und dem Waffenstillstand im Juni 1940, der den jüdischen und antifaschistischen Flüchtlingen aus Deutschland und aus den von Deutschland eroberten Ländern einen letzten Aufschub gewährte – sofern es ihnen gelungen war, in die vorerst unbesetzte Zone zu entkommen, und sie dort nicht festgenommen und an die Gestapo übergeben wurden. Fred besaß ein Affidavit seines Onkels in New York, aber es war zu »schwach« für ein Einreisevisum; zusätzlich sollte er nachweisen, über einen Betrag von tausend Dollar zu verfügen – und er kannte keinen, der ihm diese Summe wenigstens für ein paar Stunden, fürs Anstellen und Vorsprechen beim US-amerikanischen Konsulat, geliehen hätte.

Das kommt auch im *Hôtel Baalbek* zur Sprache. Wie der Erzähler brachte Fred die Monate Juli und August 1942 in Marseille zu, im Warten auf ein Visumwunder, auf der Flucht vor Razzien, im Gewirr der Bürokratie, auf Gängen und in Treppenhäusern von Dienststellen und Hilfsorganisationen. Es war ihm klar, daß die deutschen Truppen auch den Süden des Landes besetzen würden. Im September überschritt er bei Genf die Grenze zur Schweiz, wurde dort verhaftet und an die Polizei der Vichy-Regierung ausgeliefert, die ihn ins Sammellager Rivesaltes, bei Perpignan, steckte. Kurz darauf der Transport nach Drancy, in »den ersten Kreis der Hölle«, dann nach Auschwitz, Buchenwald, Ohrdruf. Bis dahin folgt der Romanheld den Fährten des Autors, wie dieser taucht er Anfang der sechziger Jahre wieder in Paris auf, Gefährten zu treffen von früher.

Wir sind reich an Berichten, Romanen, Gedichten, sogar Traumprotokollen über Flucht und Widerstand im bedrohten und besetzten Frankreich. *Hôtel Baalbek* gehört neben das bewegendste unter den vielen bewegenden Werken gestellt, *Transit* von Anna Seghers, und zwar nicht nur wegen der topographischen und thematischen Überschneidung, der atmosphärischen Dichte und der vielen zum Verwechseln ähnlichen Episoden. Dabei sind die Unterschiede augenfällig: Seghers hat den Roman noch in Marseille zu schreiben begonnen, fast zeitgleich mit den geschilderten Ereignissen, ohne Wissen um den Fortgang der Geschichte, während sich in *Hôtel Baalbek* zwischen erzählter und Erzählzeit ein Abgrund von etlichen Jahrzehnten auftut. In *Transit* erzählt der deutsche Flüchtling Seidler streng chronologisch, »einmal alles von Anfang an«, wie er sich gleich zu Beginn vornimmt; Fred hingegen reißt die Chronologie immer wieder auf, fängt übrigens auch mittendrin zu erzählen an (nach dem kargen Rat seines Wiener Lehrmeisters Ernst Epler: »Hineinspringen in das Thema und schwimmen, das ist alles!«), nötigt seinen Ich-Erzähler, den Faden zu verlieren, ihn unvermutet wieder aufzunehmen, abzuschweifen, nachzutragen, anzukündigen, an seinem Vermögen zu zweifeln, sich verständlich zu machen, neu anzusetzen, sich einzureden, was er gern erzählen möchte, und zu fragen, weshalb er davon letztlich Abstand nimmt. Auf diese Weise spannt Fred die Leser und kommt ihnen doch entgegen. *Hôtel Baalbek* ist also, wie schon *Der siebente Brunnen* und *Ein Zimmer in Paris,* ein Lehrstück über die Kunst des Erzählens. Auch Anna Seghers bleibt im Duktus der mündlichen Mitteilung: Seidler offenbart seine Geschichte in einem Café oder Bistro einem imaginären Gegenüber, das immer wieder direkt angesprochen wird, er hat es ja zu einem Glas Rosé oder einem Stück Pizza eingeladen, jetzt muß es sich die Einladung durch Zuhören verdienen.

Gemeinsamkeiten, Unterschiede. Kurt Batt hat zu Anna Seghers angemerkt: »Aufbrüche werden in ihrem Werk stets stärker akzentuiert als Abschiede.« Die Behauptung gilt auch für *Transit,* auf eine paradoxe Weise, möchte man sagen, denn Marseille war weder für einen antifaschistischen deutschen Arbeiter noch für eine kommunistische deutsche Schriftstellerin jüdischer Herkunft der ideale Ort und 1940 nicht das ideale Jahr, um Aufbruchsstimmung zu tanken oder zu verbreiten. Und doch teilt diese sich mit, den Lesern, und die Niederlage trägt in sich den Keim für einen zukünftigen Sieg.

Ganz ähnlich steht es um *Hôtel Baalbek.* Dabei wäre zu erwarten, daß das spätere Schicksal der jüdischen Hotelgäste das Bild von den Menschen und Begebenheiten in Marseille verdüstert. Statt dessen durchzieht auch diesen Roman ein Hauch Zuversicht, Fröhlichkeit, sogar Dankbarkeit, Lebensfreude wie Liebessehnsucht. Fred sträubt sich, die Jahre der Verfolgung und Greuel als verlorene Zeit abzuschreiben. Im Roman findet sich kein Wort des Bedauerns darüber, daß die politischen Ereignisse die private Welt aus den Fugen gebracht haben. Der Kindheit, der Familie wird keine Träne nachgeweint. Da muß ich an die Schriftstellerin Elisabeth Freundlich denken, die wie Fred aus Wien stammte und in Frankreich Zuflucht suchte. Ihren fast zur gleichen Zeit wie *Hôtel Baalbek* erschienenen Erinnerungen (*Die fahrenden Jahre,* 1992) stehen Verse von Günther Anders voran, die Fred vermutlich aus dem Herzen gesprochen haben: »Wer uns in Fahrt bringt, macht uns erfahren, / Wer uns ins Weite stößt, uns weit. / Nun danken wir alles den fahrenden Jahren, / und nicht der Kinderzeit.«

Im schon erwähnten Gespräch mit Achim Roscher, für die *Neue Deutsche Literatur,* wollte er nur »wenig Ähnlichkeit« mit dem Roman von Anna Seghers erkennen, zumal er sich sogar bemüht habe, Ähnlichkeiten zu vermeiden. »Aber die Grundsituation – Flucht, Angst vor den Nazis, Leben in der Emigration – war eben die gleiche. Und, das stimmt, wir hatten eine ›verwandte Grundhaltung‹.« Eine Verwandtschaft anderer Art besteht zwischen Freds geselliger Prosa und den einsamen Erinnerungsschlingen des ehemaligen Widerstandskämpfers und Buchenwaldhäftlings Jorge Semprún. Dessen Buch *Was für ein schöner Sonntag!* habe sie beide tief beeindruckt, berichtet Susanne. Semprún läßt sich von Träumen, Bildern, Namen, Gedichten, Wetterverhältnissen oder Wortfetzen tragen, er verschmäht nicht die freie Assoziation, umkreist ein Erlebnis oder auch nur einen Sinneseindruck über viele Seiten. Obwohl er immer wieder den Leser anspricht, hält er ihn sich mit seiner retardierenden und detailsüchtigen Gedächtniserforschung vom Leib. Freds sinnlich-gestische Erzählweise ist auf Verständigung aus. Dem einen geht's darum, die eigenen Erinnerungen und Schlußfolgerungen zu überprüfen, der andere möchte wissen, »wie die Leute lachen und weinen, warum sie schweigen und wohin sie gehen«. Aber die Behauptungen des Ich-Erzählers im *Hôtel Baalbek,* daß »nur im zweifachen Erinnern, vorwärts und rückwärts gewandt«, die Ereignisse zu erkennen seien, daß er und die Leute um ihn nicht in der Gegenwart lebten, sondern »in einem Nebel aus geronnener Zeit, gefrorenem Blut«, darin Vergangenheit und Zukunft vermischt seien, könnte ebensogut von Semprún stammen.

Hôtel Baalbek ist hauptsächlich in Wien entstanden, ab

dem Jahr 1983, in dem Fred die DDR verlassen hatte. Den Aufenthalt in seiner Geburtsstadt betrachtete er als Provisorium, er wollte weiter nach Südfrankreich, spielte auch mit dem Gedanken, sich in Italien oder Spanien niederzulassen, in seinen jäh wechselnden Vorhaben vermengten sich Abenteuerlust, Verklärung und Ratlosigkeit, Panikanfälle auch, im bürgerlichen Mief zu enden, außerdem traute er seinen Landsleuten nicht über den Weg. Allein schon Tonfall und Aussprache mißfielen ihm, dieses etwas verquollene, von den höheren Ständen genäselte Wienerisch, das in den Jahren seiner Abwesenheit außerdem verkitscht war, ferner das altbekannte Wechselbad aus devoter Unverbindlichkeit, lauernder Heimtücke und unglücklicher Verstocktheit. Vorstellbar, daß sich die Verhältnisse für Fred gar nicht so schlimm darstellten, wie sie hier bezeichnet werden, daß er sich mit Schlechtreden nur die Option offenhalten wollte (vor allem gegenüber Susanne, die sich in Wien bald heimisch fühlte), mit seinem sprichwörtlich gewordenen »leichten Gepäck« abzuhauen, dem Nimbus und Namen Wander treu zu bleiben. Natürlich verdrossen ihn auch der Sieg des mehrfach biegsamen Pflichterfüllers Kurt Waldheim bei der Präsidentenwahl 1986 und der fulminante Aufstieg des rechtsextremen Politikers Jörg Haider zum Liebkind der Medien – auch derer, die vorgaben, ihn zu bekämpfen. »Für mich«, schrieb er mir im Juli 1987, »ist das alles sehr schwierig geworden, weil ich Wien und die Österreicher und diese Sprache nicht mehr ertragen kann.« Und ertrug sie doch, je länger, desto besser, einmal, weil im Gefolge der Auseinandersetzung um Waldheim und Haider Umrisse eines anderen Österreich sichtbar wurden, zum zweiten, weil er auf Reisen durch Frankreich (wie Susanne erzählt) ein wenig enttäuscht war, das, was er erhofft hatte wiederzusehen, nicht mehr vorzufinden, drittens, weil er mit zunehmendem Alter die vergleichsweise geordneten Lebensverhältnisse in Wien zu schätzen lernte, viertens (d. h. erstens), weil im sachten Glück an Susannes Seite ein reiches Leben seine Erfüllung fand, und weil es dafür nicht der Unrast bedurfte. Im November 1994, als ich ihn für ein Aufenthaltsstipendium in seinem geliebten Frankreich empfehlen wollte, schrieb er: »... mach Dir keine Gedanken, ich bin seit langem nicht mehr scharf auf Ortsveränderungen, ich bleibe lieber zuhause. Ich bin faul und bequem geworden, und auch müde. Und ich genieße das. Es ist nicht so, daß es mich deprimiert, weg vom Fenster zu sein. Im Gegenteil. Ich bin genug herumgesprungen in meinem Leben.«

Vom spanischen Lyriker Antonio Machado, der im Februar 1939 im französischen Exil starb, stammt ein dreizeiliges Gedicht, in dem er behauptet, alles vergessen zu haben, nur nicht die Gemütsbewegung in diesem oder jenem Moment seines Lebens. *Sólo recuerdo la emoción de las cosas.* Nicht anders ergeht es mir, wenn ich an Fred denke. Ich sehe ihn vor mir, ich spüre seinen prüfenden Blick, ich höre seine feste, ruhige Stimme, ich höre ihn lachen, kurz und rauh, ich höre ihm zu. (Wir könnten ihm stundenlang zuhören, aber er bringt lieber die andern zum Reden.) Was ich von ihm erfahre, was er in mir weckt, möchte ich bewahren, Wort für Wort oder wenigstens dem Sinn nach – aber es läßt sich nicht halten. Da bleibt, wie in Machados Vers, nur die Erinnerung an die Emotion der Begegnung mit ihm. Zum Glück sind seine Bücher da, in ihnen die Welt und ihr Schrecken, und was es braucht, darin froh zu sein: »Fast nichts, eine Hose, zwei Hemden, drei Freunde.«

(2007)

Glänzende Welt

Ruhmesblatt für Ruth Klüger

Die Entscheidung, Ruth Klüger mit dem Donauland-Sachbuchpreis auszuzeichnen, ist mir im ersten Moment paradox, im zweiten fragwürdig und im dritten völlig angemessen erschienen. Paradox, weil das Wort Sachbuch eine Literaturferne signalisiert, die an Nachschlagewerke, Schauspieler- und Feldherrenbiographien, völkerkundliche Studien, Reiseführer oder Anleitungen zum effizienten Kennenlernen, Kaloriensparen oder Geldvermehren denken läßt (an jene Art Bücher vielleicht, mit denen Ruth Klüger in ihrer Zeit als *bookmobile lady* in kalifornischen Vorortesiedlungen unterwegs war), und in diese Kategorien fällt keines ihrer Werke. Aber sie sind natürlich *non-fiction,* keine Belletristik also, auch nicht die berühmtesten unter ihnen, *weiter leben* und *unterwegs verloren,* die man – in der ebenso kunstvollen wie scharfsinnigen Verschränkung erzählerischer und essayistischer Elemente – ungern als Sachbücher bezeichnen möchte, als blitzschnelles Genre für Leute vorzugsweise männlichen Geschlechts und mittlerer Reife, die andere Möglichkeiten des Daseins als die überlieferten, für gewinnträchtig oder sonstwie nützlich erachteten eher selten in Betracht ziehen.

Klüger hat beide Bücher zu verschiedenen Anlässen unterschiedslos sowohl als Autobiographien als auch als Erinnerungen bezeichnet und sich damit über eine Abmachung hinweggesetzt, die der spanische Schriftsteller José Manuel Caballero Bonald folgendermaßen begründet hat: Erinnerungen bestehen aus einer selektiven Darstellung von Vorfällen, die sich zur Lebensbeschreibung ihres Verfassers verdichten, während die Autobiographie um ein möglichst lückenloses Bild der erfahrenen Geschehnisse bemüht ist. Erinnerungen wären demnach als literarische Werke zu lesen, Autobiographien in erster Linie als Quellen der Geschichtsforschung anzusehen. Implizit ist bei dieser Trennung in ein belletristisches und ein Sachbuchgenre eine Sanktion ausgesprochen, der Klüger einigermaßen vehement widerspricht: daß nämlich die eine Art selbstbiographischen Schreibens sich Freiheiten herausnehmen darf, auf die die andere verzichten muß. Klüger hält dagegen, daß es im einen wie im andern Fall unredlich wäre, die Leserinnen mit Erfindungen zu konfrontieren, die als real erlebt ausgegeben werden. »Ich meine, Autobiographie hat die Funktion einer Zeugenaussage, und von den Zeugen eines Unfalls erwartet die Polizei, daß sie Gesehenes und Imaginiertes auseinanderhalten können.« Zwar räumt sie ein, daß Zeugen oft unverläßlich sind – selbst dann, wenn sie sich um Verläßlichkeit bemühen –, zwei oder mehrere Aussagen über ein und denselben Vorfall widersprüchlich ausfallen und im übrigen auch die Geschichtsschreibung längst nicht mehr den Anspruch auf Objektivität erhebt. Auch wenn Historiker bescheiden geworden seien: so doch »nicht so bescheiden, daß sie die Lust am Fabulieren als gleichwertig mit ihrem

Wissen erachten«. Von daher rührt Klügers Einladung, sich die Literatur und die Historiographie als »unabhängige Länder« vorzustellen, »Nachbarländer, gewiß, mit verschiedenen Sprachen, die zwar besonders im Grenzgebiet leicht zu erlernen, sogar leicht zu verwechseln sind, die aber doch ihren eigenen Regeln folgen«. Und hart an der Grenze, aber doch auf der Seite der Geschichtsschreibung, wenngleich als ihre subjektivste Form, befinde sich die Autobiographie selbst dann, wenn sie sich, bei aller Zurückhaltung, mit der Gattungsbezeichnung Erinnerungen abfindet. »Auf der anderen Seite liegen der autobiographische Roman sowie der historische Roman und das historische Drama. Man kann zu Fuß von einem Dorf ins andere spazieren, sehr weit ist es nicht, und doch geht man von einem Land ins andere, und die Bewohner haben unterschiedliche Ausweise.«

So gesehen war es also ganz in Ordnung, Ruth Klüger gerade diesen Preis anzutragen, und daß sie ihn angenommen hat, gereicht nicht nur denjenigen, die ihn vergeben, sondern auch allen bisher mit ihm Ausgezeichneten zur Ehre. Vor vier Jahren bin ich aus dem gleichen Anlaß wie dem heutigen, allerdings in anderer Funktion, auf das Spannungsverhältnis von Fakten und Fiktionen in der Literatur zu sprechen gekommen, mit dem Ruth Klüger sich immer wieder befaßt hat, und so liegt es nahe, dort fortzusetzen, wo ich damals geendet habe, nämlich mit einem Zitat der polnisch-jüdischen Schriftstellerin und Journalistin Hanna Krall. Krall hatte über die große Verantwortung räsonniert, die das Schreiben über reale Begebenheiten einem Menschen aufzwingt und zugleich dessen Freiheit einschränkt. »Der Belletristikautor hat diese Sorgen nicht. Er erschafft seine

Helden selbst, ruft sie ins Leben, tut mit ihnen, was er will, und schildert sie, wie er will. Da darf es alle literarischen Schönheiten, Ausschmückungen und Verzierungen geben. Aber wenn ich ein authentisches Leben beschreibe, steht es mir nicht zu, einzugreifen. Ich bin zur dienenden Rolle verpflichtet. Zumal wenn ich über schreckliche Dinge berichte, die gezeichnet sind von Angst, Schmerz, Erniedrigung und Tod. Da ziemt sich kein Ornament, keine Schönheit. Die Form hat die allerschlichteste zu sein, aber auch in der allerschlichtesten Form muß mindestens der Rhythmus erhalten bleiben. Jedes Mal, wenn ich diesen Szenen Rhythmus gebe, habe ich ein Gefühl von Ungebührlichkeit. Natürlich kann ich mich freisprechen. Ich kann mir sagen, ich müsse so schreiben, damit die Leser das Buch zur Hand nehmen. Aber das ist eine von den Fragen, die ich mir stelle und auf die ich keine Antwort weiß: Wo ist die zulässige Grenze?«

Nicht als Schreibende, die sie doch auch ist, sondern als Leserin hat Ruth Klüger diese Frage aufgenommen, speziell in ihren Aufsatzsammlungen *Katastrophen. Über deutsche Literatur* und *Gelesene Wirklichkeit. Fakten und Fiktionen in der Literatur,* in denen sie sich wiederholt mit der Schnittstelle auseinandersetzt, an der »Geschichte zu Literatur [beziehungsweise zu Film] verarbeitet wird«. Erstaunlich an diesen Essays sind nicht nur die Einsichten, zu denen sie gelangt, die inspirierte Lektüre und hellsichtige Deutung der Werke, die ihr als Grundlage dienen, sowie die schnörkellose, abwägende, in ihrer Präzision selten schöne Sprache, sondern auch der Mut, gegen allerlei Konventionen und Vorurteile anzugehen – sich von ihnen und ihren

Autoritäten jedenfalls nicht blenden zu lassen. Es ist bezeichnend für Klüger und ihr lauteres Verfahren, daß sie die von Krall aufgeworfene Frage zwar eindeutig, aber nicht ein für allemal, nur von Fall zu Fall zu beantworten weiß. »Das Gefährliche, heutzutage, sind die verschwimmenden Grenzlinien.« Das Mittel, mit dem sie diese Gefahr zu bannen sucht, ist die Erkenntnis, ob und wann ein Text Gefahr läuft, die Realität mittels Dichtung nicht zu transzendieren, sondern zum Kitsch und zur Lüge zu verrühren.

In einem gesellschaftlichen Umfeld, in dem alle Erinnerung frei verfügbar zu sein scheint (frei von moralischen Erwägungen, meine ich, insofern sie wie alles andere auch als Ware gehandelt wird), ist die Essayistin Ruth Klüger ein Glücksfall: auch deshalb, weil sie als Zeitzeugin – ein Begriff, den sie wie ich als unzulänglich, wenn nicht entwürdigend empfindet –, also kraft ihrer Erfahrung als Verfolgte und Überlebende des Naziterrors mißtrauisch ist gegenüber dem hegemonialen Übereinkommen, Leben und Sterben im KZ für Projekte jedweder Art freizugeben, samt Lizenz, die Fakten zugunsten kompositorischer Erfordernisse und ideologischer Absichten zu vernachlässigen und Kritik daran mit dem Argument der pädagogischen Nutzwirkung oder der Freiheit der Kunst zu parieren. Hier erhebt Klüger Einspruch, egal ob es sich um Soazig Aarons als hochliterarisch bejubelten Roman *Klaras* NEIN oder, Jahre davor, um die populäre Fernsehserie *Holocaust* handelt, die ein breites Publikum angeblich erst auf die jüdische Katastrophe aufmerksam gemacht habe und deshalb trotz der darin betriebenen Geschichtsklitterung historisch vertretbar sei. »Da sind es dann die Literaturkritiker wie ich, die meinen, lieber weniger über den Holocaust wissen, als ihn in dieser Verhunzung aufgetischt zu bekommen.«

Klügers Kritik an mißlungenen, verzerrenden Darstellungen von Verfolgung und Widerstand ist nicht mit einem modernen Bilderverbot gleichzusetzen. Eine Tabuisierung des Holocaust hinsichtlich künstlerischer Gestaltung lehnt sie schon deshalb ab, weil sie »so etwas wie eine weitere Ghettoisierung« bedeuten würde. »Der Holocaust wird sozusagen zum Baum der Erkenntnis, als ob wir sagen wollten: Aus allen anderen Geschichten dürft ihr Kunst und Literatur machen, nur aus diesem nicht. Das ist erstens undurchführbar, zweitens ist es auch nicht gerechtfertigt. Man muß bei der künstlerischen Verarbeitung wie immer zwischen Kunst und Kitsch unterscheiden und womöglich die Entrüstung ganz beiseite lassen.« Beiseite lassen sollte man auch, meint sie, die Reduktion eines Menschen, seines Werdens und seines Wesens, auf das erfahrene Leid und dessen Ort. »Ohne Auschwitz«, meinte sie einmal, »hätte ich sehr, sehr gut auskommen können und wäre noch dieselbe.« Und die Journalistin Renata Schmidtkunz, der sie dies mitgeteilt hat, schreibt: »Ihr Satz ›Ich komm' nicht von Auschwitz her, ich stamm' aus Wien‹, der sagt ja auch noch mehr. Er sagt etwas darüber aus, wie Menschen, die den Holocaust oder die Schoah erlebt haben, bis heute in erster Linie damit identifiziert werden. Man nimmt ihnen auch ein Stück Identität, etwas von dem, was vorher war.« Und was nachher kam, und wovon Ruth Klüger in ihren Autobiographien erzählt, worüber sie in Vorlesungen und Aufsätzen nachgedacht hat.

Es ist nicht Thema dieser Würdigung, muß aber zumindest erwähnt werden: wie lebensnotwendig literarische Werke, insbesondere Gedichte, für Ruth Klüger waren und weiterhin sind. Vom Halt, den ihr Schillers »Appellballaden« im Lager gegeben haben, hat sie wiederholt berichtet. Dann sind da ihre eigenen Gedichte, die sie zeit ihres Lebens geschrieben hat, die ihre Erinnerungen an das, was unterwegs verlorengegangen ist, bewahren und verbinden und die gefälligst einmal in einem eigenen Band erscheinen sollten. Die Texte anderer, von Frauen und Männern wie Aichinger, Bachmann, Goethe, Herta Müller, Shakespeare, Stifter und immer wieder Lessing, die den Empfindungen, Wahrnehmungen der oder des Lesenden einen Resonanzkörper verschaffen, ohne den man an der eigenen Existenz und Haltung irre werden könnte. Verse, Romane, Dramen, die nicht der Weltflucht dienlich sind, sondern eine, einen mitten in die Welt stellen. Jean Amérys Äußerung, derzufolge der lebenslange Umgang mit Büchern wesentlich ein Umgang mit Menschen sei, hat Ruth Klüger vor neun Jahren, anläßlich der Verleihung des Bruno Kreisky-Preises, bestätigt und vertieft: Alleinsein als Thema der Literatur interessiere sie weniger als die Frage, wie Menschen miteinander auskommen. So frage sie sich beim Lesen ständig, ob »ihre Meinungen an dieser oder jener Stelle eine Rolle spielen oder ob ich mich getrost für den Augenblick nicht mit ihnen streiten muß. Man könnte sagen, das ist eine politische Art, ein Buch zu lesen, denn sie läßt die Welt nicht außer acht, die außerhalb des Werkes liegt.«

Die Welt außerhalb. Dazu der Drang, sie zu verändern, für mehr Gerechtigkeit und Brot. Ich halte Ruth Klüger nicht gerade für eine Parteigängerin oder Sympathisantin radikaler, revolutionärer, antikapitalistischer Bewegungen. Der zivile Widerstand gegen den Nationalsozialismus erscheint ihr, in einer tollen Verkehrung der Gegebenheiten, als fahrlässig überschätzt. Und die von ihr favorisierte Spielart des Feminismus ist karrieretauglich, mithin abgekoppelt von der Lebenssituation proletarischer und mittelloser Frauen. Aber in der unerbittlichen Genauigkeit ihrer Literaturbetrachtung ist sie weit davon entfernt, sozialrevolutionäre, egalitäre Bestrebungen aus Ressentiment oder Klassendünkel zurückzuweisen oder zu verlachen. Sie warnt zwar davor, Moral und Ästhetik zu verwechseln, weiß jedoch, »daß die beiden miteinander verstrickt sind und sich nicht so leicht auseinanderdividieren lassen«. Erhellend ist in diesem Zusammenhang, wie Klüger Heinrich von Kleists Drama *Die Hermannsschlacht* und seine Erzählung *Die Verlobung in St. Domingo* liest und deutet. Als zentrales Problem in beiden Werken erscheint ihr »das Dilemma einer totalitären Notstandspolitik«, insofern es in ihnen um persönliche Selbstaufgabe für einen höheren Zweck, nämlich die Befreiung von Fremdherrschaft, geht. »Kleist zeigt mit außerordentlicher Klarheit und Kompromißlosigkeit, daß die Strategien eines Befreiungskampfes sich dem Bereich der persönlichen Ansprüche und Gefühle entgegensetzen und darüber hinaus auch die Moral abwürgen, die solchen Privatansprüchen einen hohen Wert beimißt.« Sie zitiert aus Frantz Fanons gern vergessener Schrift *Die Verdammten dieser Erde,* die sich wie ein aktueller Kommentar zum Verhalten von Kleists haitianischem Aufrührer Congo Huango liest. Sie kritisiert Fanon auch nicht, wenn er die sogenannten bleibenden Werte des Menschengeschlechts ideologische

Konstrukte nennt, die »die kolonialistische Bourgeoisie in die Köpfe der Kolonisierten verankert« habe. Wo es um die Befreiung eines Volkes von Fremdherrschaft geht, meint sie, haben Menschenrechte keine Chance. Im Befund stimmt sie demnach mit Kleist, Fanon, auch Brecht und Guevara überein, entschlägt sich aber der Urteilsfindung. Den Glauben an einen dritten Weg zwischen Herrschaft und Befreiung – einen, der tugendsam ist, ohne Gewalt auskommt und Gerechtigkeit durch milde Überzeugungsarbeit oder Appelle an den guten Willen der Mächtigen herbeiführt – hält offenbar auch Klüger für illusorisch. So versetzt uns ihr Interpretationsvermögen von Werken, die sie klassisch nennt, »weil sie uns heute noch etwas zu sagen haben«, in Unruhe und vielleicht auch in Bewegung. Oder in Sehnsucht, eingedenk Heiner Müllers Worten: »Das einzige, was Kunst kann, ist Sehnsucht wecken nach einem anderen Zustand der Welt. Und diese Sehnsucht ist revolutionär.«

Und wieder ein Blick auf die Welt, außerhalb auch der politischen Literatur und deren Deutung in Klügers Sachbüchern. Ich erinnere an eine Stelle aus dem zweiten Teil der Autobiographie, die sich ebenso in *Still Alive* findet, der auf englisch abgefaßten, für US-amerikanische Leserinnen bestimmten Fassung von *weiter leben*. Klüger berichtet hier von der letzten Lebenszeit ihrer Mutter, unsentimental, wie es ihre Art ist, sachlich im Ton, scharf in der Beobachtung, verhalten in der Trauer und mit einem Schuß Übermut, oder Zuversicht, befördert durch die Gegenwart der kleinen Isabela, Ruths Enkeltochter, der die Urgroßmutter Alma Hirschel gegen Ende ihres siebenundneunzigjährigen Lebens »ein Mensch gewesen [ist], der in vieler Hinsicht so wie sie fühlte und dachte«. Leiser inniger Nachruf in der Beschreibung eines späten Fotos: »Auf der einen Seite das Kind, das noch das Denken lernt, auf der anderen die Frau, die einmal einen halbwüchsigen Sohn an anonyme Mörder, die man nicht zur Rechenschaft ziehen kann, verlor und die das Denken weitgehend verlernt hat. Mehr als neunzig Jahre lagen zwischen ihnen, doch wann immer sie beisammen waren, kichernd und schwatzend, trafen sie sich in einer vermenschlichten Gegenwart, die stillstand für sie, wie in Bernstein bewahrt, von Zeit und Raum gelöst, vielleicht gar erlöst – wer weiß?«

Es gäbe noch vieles, es bleibt mir nichts mehr zu sagen über Ruth Klügers Sachbuchkunst. Nichts außer dem Wunsch, es möge ihr häufig noch so ergehen wie während oder nach der Lektüre eines Romans der Schweizer Autorin Gabrielle Alioth, *Der prüfende Blick:* Nichts Böses geschieht darin, hat sie geschrieben, »und die Menschen sind höchstens abwegig oder lächerlich. Die Welt glänzt, es läßt sich leben.«

(2011)

Die Farbe der Welt

Leben, Werk und Wirkung des Schriftstellers Jura Soyfer

Der englische Schriftsteller John Lehmann hat ihn als einen eher schmächtigen jungen Mann beschrieben, »etwas unter mittelgroß«, mit einer weichen Stimme, einem sanften Gesichtsausdruck und einem gewinnenden Wesen. »Aber hinter diesem ruhigen Äußeren verbargen sich, wie mir erst im Laufe unserer Freundschaft klarwerden sollte, nicht nur eine subtile Einsicht in seine Mitmenschen, sondern auch Willensstärke und verhaltene Tapferkeit.« Den kommunistischen Funktionär Franz Marek irritierte seine Lebensweise, die in schroffem Gegensatz zur eigenen stand: daß er bis weit in den Tag hinein geschlafen habe, schrecklich unpünktlich gewesen und »allen Röcken nachgelaufen« sei. »Aber was für eine Begabung!« Seine Jugendfreundin Marika Szécsi fand ihn liebenswert wegen seines Charmes, seines Witzes und seiner Ernsthaftigkeit, und ihr späterer Mann, der Chemiker Mitja Rapoport, meinte, so schnell wie er sei niemand bereit gewesen, »seine Schwächen zu bereuen und zwar so zu bereuen, daß es direkt wieder komisch wurde. Er konnte einem nie etwas übelnehmen und man konnte ihm kaum etwas übelnehmen, auf jeden Fall nicht für lange.«

Die gute Nachrede galt dem österreichischen Dichter und

Dramatiker Jura Soyfer, der in der Nacht auf den 16. Februar 1939, erst 26-jährig, im Konzentrationslager Buchenwald gestorben ist. Zweieinhalb Jahre vor seinem qualvollen Ende, im Herbst 1936, hatte er Marika Szécsi einen Brief geschrieben, in dem er sich ein Wiedersehen mit ihr und Mitja als fröhliche Apokalypse ausmalte: »Ich, ca. 50-jährig, längst ein diskreter, taktvoller Schriftsteller, komme in Cincinnati (Ohio) an. Ich habe bei der Überfahrt eine Schiffskatastrophe mit knapper Not überlebt. Dein Mann, hart vom Schicksal getroffen, steht händeringend vor einem niedergebrannten Laboratoriumsgebäude (Millionenschaden in Dollar, 30 tote Assistenten, die umliegenden Stadtviertel durch Explosion zertrümmert); Du bist soeben knapp vor dem Doktorat zum 15ten Male von der dortigen Universität relegiert. In dieser Situation betrat ich Deine Wohnung. Da springen zwei rothaarige Büblein mit großen Ohren an mir empor: ›Da ist ja der Onkel Jura! Kannst Du uns nicht etwas vorblödeln?‹«

Humor ist, dem Exilforscher Konstantin Kaiser zufolge, die Fähigkeit, sich andere Verhältnisse als die herrschenden vorzustellen. Es ist also nicht verwunderlich, daß der Ernst der Lage und die Vehemenz, mit der er sich ihr stellte, Jura Soyfer fast immer auch Anlaß zum Lachen bot – ob in den satirischen Gedichten, die der Zwanzigjährige in der *Arbeiter-Zeitung,* dem Zentralorgan der österreichischen Sozialdemokratie, auf der Seite »Zwischenrufe links« veröffentlichte, oder in den Stücken, die während der austrofaschistischen Diktatur auf den Wiener Kleinkunstbühnen »ABC im Regenbogen« und »Literatur am Naschmarkt« aufgeführt wurden. Sogar sein einziger Roman, der vom

Untergang der mächtigen Sozialdemokratischen Arbeiter-Partei Österreichs handelt, ist durchdrungen von Soyfers Fähigkeit, das Lachhafte – lachhaft darzustellen. In seinem Wortwitz und Einfallsreichtum, der raschen Auffassungsgabe, dem schneidenden Spott, dem feinen Gehör für die Nuancen der Wiener Umgangssprache war er Österreichs überragendem Dramatiker Johann Nestroy (1801–1862) ebenbürtig. »Wie müßte ein Theater beschaffen sein, um heutzutage Nestroy in dessen lebendigem Geiste spielen zu können?« fragte Soyfer in einem Aufsatz zum 75. Todestag seines Kollegen, im Mai 1937, um die Frage sogleich umzudrehen: Wie dürfte »ein solches Theater auf der ganzen Linie *nicht* aussehen«. Abschreckendes Beispiel war ihm die Verluderung des Wiener Volkstheaters durch den Prinzipal und Namensgeber des Carltheaters, der mit Drill und allerlei Spektakel wettzumachen versuchte, was seinen Inszenierungen an Tiefe fehlte. Von Nestroy vermeldete hingegen ein Konfidentenbericht der Polizei, die Disziplin habe sich unter seiner Direktion so sehr gelockert, daß ihm mehr aus Kollegialität und Dankbarkeit als aus Schuldigkeit gehorcht werde. »Ein guter Tip«, schrieb Soyfer. »Wie wär's heutzutage mit einem Versuch, gerade diese Art Disziplin einzuführen? Wie wär's mit dem Schlachtruf: ›Nieder mit Carl! Hoch Nestroy!‹«

Anders als dieser war Soyfer kein geborener, sondern ein gelernter Wiener. Er ist am 8. Dezember 1912 in Charkow geboren, als Sohn eines jüdischen Industriellen, der mit seiner Familie vor der Oktoberrevolution über Konstantinopel nach Wien floh, der ramponierten Hauptstadt »einer ziemlich kleinen provinziellen Republik von großer Schönheit,

die nicht daran glaubte, daß es sie unbedingt geben müsse«
(Eric Hobsbawm). Hier wurde Jura, eigentlich Juri, wie eine
ganze Generation kunstsinniger und politisch aufgeweckter
Jugendlicher, oft jüdischer Herkunft, von der austromar-
xistisch begründeten Sozial- und Bildungspolitik geprägt.

Sein erstes Gedicht, »An alte Professoren« gerichtet,
veröffentlichte er als Siebzehnjähriger im *Schulkampf,* der
Zeitschrift des Verbandes Sozialistischer Mittelschüler. Zur
selben Zeit begann er, antikapitalistische Agitprop-Szenen
für die Politische Bühne der »Roten Spieler« zu schreiben.
In einem Manifest über »Politisches Theater« bekannte er
sich mit einer Selbstverständlichkeit, die dem Gros heute
schreibender Autoren furchtbar peinlich wäre, zum Agita-
tionstheater als Waffe im Klassenkampf. »Ob das, was wir
schaffen, Kunst ist oder nicht, das ist uns gleichgültig. Wir
dienen nicht der Kunst, sondern der Propaganda. Mag sein,
daß unsere Gesinnung, unsere ethische Kraft uns manches
Mal künstlerischem Schaffen nahebringt.«

Gelegentlich blitzt in Soyfers frühen Texten – alle sind
»früh«, da es kein Später gab – etwas auf, das Kaiser zufolge eine Konstante in seinem Wirken darstellt: die Erbitterung über das Versäumte. »Es ist dies eine angesichts der
Geschichte der Ersten Republik naheliegende Erbitterung.
Die Jahre, die gegeben waren, das bevorstehende Unheil ab-
zuwenden, verstrichen ungenutzt; die inneren Kämpfe, in
denen sich die Republik aufrieb, lenkten oft eher von den
wirklichen Lebensfragen der Nation ab, statt daß sie jene,
die am Herannahen des Unheils interessiert waren, beiseite
geschoben hätten.«

Man fragt sich, wie es Soyfer gelingen konnte, diese Erbitterung umzuspeichern, so daß sie zwar durch das Gespinst seiner Sätze drang, aber nicht in Wut oder Resignation umschlug. Da sein Schaffen in Monate, Wochen, auf Tage fiel, die für Europas Demokratien tragische Veränderungen brachten, drohte ihm die Zeit davonzulaufen. »Zeit ist Blut, Genossen!« heißt es im Gedicht *Einheitsfront*, in einem für Soyfer untypischen hämmernden Tonfall. Im Sommer 1932, als es veröffentlicht wurde, tippelte er gerade durch die deutsche Provinz. Seine in der *Arbeiter-Zeitung* publizierten Chroniken nahmen die »Apokalypse des Dritten Reiches« in kurzen Momentaufnahmen des Naziterrors vorweg. »Die Zukunft Deutschlands ist nicht nur grau, sie ist feldgrau. Die kleinbürgerliche und die großbürgerliche Fraktion des Faschismus, die heute noch in manchem Gegensatz zueinander stehen, werden sich wahrscheinlich auf der Linie der chauvinistischen Außenpolitik, der Aufrüstung, der Kriegsvorbereitung treffen.« Um so schuldhafter erschien ihm die fortgesetzte Spaltung der Arbeiterklasse, für die er »unglückseligen Starrsinn« in beiden Parteien, SPD wie KPD, verantwortlich machte. »Die Arbeiterschaft ist durch und durch revolutioniert«, schrieb er in einem Brief nach Wien, »und es kommen einem Tränen in die Augen, wenn man sieht, wie diese prachtvollen Proleten mit ihrer ganzen Kampfenergie an den Stempelstellen verrecken müssen, weil Wels Wels und Thälmann Thälmann ist.«

Ein halbes Jahr später war Hitler Reichskanzler, und kurz darauf nahm in Österreich der christlichsoziale Bundeskanzler Engelbert Dollfuß den Rücktritt der drei Nationalratspräsidenten zum Vorwand, um im Wochentakt alle demokratischen Errungenschaften zu zerstören. Statt mit einem Generalstreik reagierte die SDAP im März 1933 mit einer Massenkundgebung, die nicht Demonstration ihrer Stärke war, sondern Ausdruck der Illusion, vom Gegner ernstgenommen zu werden. Sie war geschlagen, ohne sich überhaupt geschlagen zu haben. Davon handelt Soyfers Roman *So starb eine Partei,* den er nach dem endgültigen Versagen der sozialdemokratischen Führung, beim Arbeiteraufstand vom Februar 1934, geschrieben hat. Darüber, ob er den Roman fertigstellen konnte, liegen widersprüchliche Angaben vor. Das Originalmanuskript wurde jedenfalls bei Soyfers Verhaftung im November 1937 von der Polizei beschlagnahmt und später vernichtet; erst nach Jahrzehnten konnte ein unvollständiges Typoskript veröffentlicht werden. Das ist seiner Freundin Helli Ultmann zu verdanken, die eine Abschrift ins französische, dann US-amerikanische Exil mitgenommen hatte.

Überwiegend in erlebter Rede gehalten, bietet der Roman nach Meinung Horst Jarkas das Psychogramm einer zum Betrieb erstarrten Partei. Jarka, Herausgeber des Gesamtwerks und Autor einer kundigen und detailreichen Biographie, hat die wichtigsten Facetten dieses vielschichtigen, atmosphärisch dichten, mitreißend spannenden Prosawerks genannt: »Flucht vor der Entscheidung in revolutionäre Erinnerungen, in Vereinsmeierei und eine Scheuklappenbürokratie, der die pünktliche Zahlung der Beiträge wichtiger ist als Hitlers Machtergreifung, die wiederum mit dem Schlachtruf ›Österreich ist nicht Deutschland‹ kühn in den Wind geschlagen wird; Verbürgerlichung der Funktionäre durch Amt und Würden und Karrieredenken, ihre müde Pensionsreife; die Gläubigkeit aller, für die die Partei die

Welt bedeutet; religiös-politische Erlösungshoffnung; die psychologischen Spannungen in einer Kampfgemeinschaft mit ihren Zwischentönen von Kameraderie, Eifersüchteleien, Verantwortung, ja Zärtlichkeit füreinander – das alles wird, wenn auch nicht immer voll ausgearbeitet, in einer Darstellung spürbar, die dem Ineinander von privatem und öffentlichem Schicksal nachgeht, die politischen Ursachen und Auswirkungen des privaten Verhaltens aber in den Vordergrund stellt.«

Erstaunlich ist die analytische Klarheit des Romans, noch erstaunlicher, wenn man bedenkt, daß Erzählzeit und erzählte Zeit praktisch zusammenfallen. Nicht minder verblüffend ist das Vermögen des blutjungen Autors, die alten, gesetzten Genossen in ihrer ganzen Persönlichkeit – und mit gespaltenem Blick: von innen wie von außen – zu erfassen. Soyfer gehörte zur Linksopposition innerhalb der Partei und wechselte wie Ernst Fischer, wie sein Freund und Studienkollege Marek, wie Tausende andere Jungsozialisten nach dem Februar 1934 zur bis dahin unerheblichen KPÖ.

So starb eine Partei ist nach meiner Kenntnis unvergleichlich. Der Roman hat auch keine Nachfolger gefunden, bis heute nicht. Es wäre lohnend, das fortgesetzte Kapitulieren der europäischen Sozialdemokratie, und den mittlerweile fertiggestellten Umbau ihrer Parteizentralen zu Startrampen für Managerinnen und Konzernberater, literarisch darzustellen. Ich glaube nicht, daß das Thema nur noch zur höhnischen Kabarettnummer taugt. Davon gibt es inzwischen zu viele.

Jura Soyfer wußte, daß er den Roman für die Schublade schrieb. Auch seine zur selben Zeit entstandenen *Mittel-*

stücke (ins Nummernprogramm einer Kleinkunstbühne eingeschobene circa fünfzig Minuten lange Stücke) unterlagen der Zensur. Verboten war nicht nur Kritik am austrofaschistischen Regime, sondern nach dem Juliabkommen 1936, zwischen Hitler und Dollfuß' Nachfolger Schuschnigg, auch am nazideutschen. Soyfer machte Anleihen am Raimundschen Zauberstück und verlegte die Schauplätze ins All (*Der Weltuntergang*), in einen erfundenen Staat (*Astoria*), in eine untergegangene Stadt (*Vineta*), auf einen fernen Kontinent (*Broadway-Melodie 1492*). So schuf er politische Allegorien, die den Menschen allerdings nicht zum Anschauungsmaterial degradieren. Das merkten auch die Zensoren, die Kürzungen vornahmen oder verlangten. *Astoria* blieb überhaupt verboten.

In seiner Studie *Theater und revolutionärer Humanismus* hat der Essayist Gerhard Scheit davor gewarnt, Soyfers Stücke als Illustrationen der Zeitgeschichte zu verwenden und somit ihre spezifisch poetische Dimension zu mißachten. Ebenso verfehlt wäre es, sie nur auf ihre tagespolitische Aktualität zu prüfen. Denn dieser Dramatiker werfe die epochalen Fragen des menschlichen Seins auf, »von der Entfremdung in der bürgerlichen Gesellschaft über die faschistische Bedrohung bis hin zu möglich erscheinenden sozialistischen Perspektiven«. Trotzdem entlassen einen die turbulenten Stücke und ihr schlagfertiges Personal unweigerlich in die Gegenwart – *Der Lechner Edi schaut ins Paradies* zum Beispiel, in dem ein ausgesteuerter Fabrikarbeiter in einer Zeitreise der Reihe nach alle technischen Erfindungen, zuletzt sogar die Erschaffung des Menschen ungeschehen machen will, weil er sie für seine Arbeitslosig-

keit verantwortlich macht. Er agiert wie einer jener System-
kritiker, die den Kapitalismus nicht überwinden, sondern in
seiner Entwicklung zurückdrehen wollen, drei, vier Jahrzehnte weit in die Ära des guten alten Wohlfahrtsstaates,
und dafür dessen Voraussetzungen ändern müssen, und als
nächstes die Voraussetzungen der Voraussetzungen …

Nicht daß Soyfers Stücke besonders gut ausgingen. Aber
sie rauben den Zuschauern nicht den Lebensmut, sie ersparen ihnen vor allem nicht die Einsicht, mit der Edi am Ende
des Stücks in die Gegenwart zurückkehrt: »Auf uns kommt's
an.« Auf uns – nicht auf mich allein! Aber es gilt auch Soyfers *Lied des einfachen Menschen*, das vor Überschwang
warnt: »Wir sind das schlecht entworfne Skizzenbild / Des
Menschen, den es erst zu zeichnen gilt. / Ein armer Vorklang
nur zum großen Lied. / Ihr nennt uns Menschen? Wartet
noch damit!«

Als Jura Soyfer Mitte Februar 1938 aus der Untersu-
chungshaft entlassen wurde, im Zuge der Amnestie für alle
politischen Gefangenen, hatte er noch ein Jahr zu leben.
Am 13. März, einen Tag nach der Okkupation Österreichs,
wurden er und sein Freund Hugo Ebner beim Versuch, mit
Skiern in die Schweiz zu flüchten, an der Grenze festgenommen und ins Polizeigefängnis Innsbruck eingeliefert. Seine
letzten Lebensstationen waren Dachau und Buchenwald,
wo er sich als Leichenträger mit Typhus infizierte. Er starb,
als seine Freilassung aufgrund eines Einreisevisums in die
USA bereits genehmigt worden war.

Das *Dachaulied* vom Frühsommer 1938 ist Soyfers letztes erhaltengebliebenes Werk. Sein Leidensgefährte Herbert
Zipper hat es vertont und für die Nachwelt bewahrt. Fast

verbieten es die Umstände seines Entstehens, dieses Gedicht als das zu bezeichnen, was es in dem ernsten Pathos, der gegenständlichen Sprache, dem mächtigen Rhythmus nun einmal ist: ein Höhepunkt politischer Lyrik. Sein Refrain nimmt die zynische Inschrift über dem Lagertor auf und kehrt sie in der vorletzten Zeile als Drohung gegen die Peiniger:

> Doch wir haben die Losung von Dachau gelernt,
> Und wir wurden stahlhart dabei.
> Bleib ein Mensch, Kamerad,
> Sei ein Mann, Kamerad,
> Mach ganze Arbeit, pack an, Kamerad:
> Denn Arbeit, denn Arbeit macht frei!

*

Jura Soyfer war nie vergessen. Im Exil sammelten die aus Wien vertriebenen Freundinnen und Gefährten seine Manuskripte, probten junge, mit Kindertransporten gerettete Landsleute seine Stücke, druckten seine Gedichte. Solange die Hoffnung auf sozialistische Verhältnisse, auf ein breites antifaschistisches Bündnis andauerte, blieb Soyfer auch im befreiten Österreich gegenwärtig. Der Schauspieler Otto Tausig, der schon im Londoner Exilkabarett »Das Laterndl« an Soyfer-Abenden mitgewirkt hatte, brachte 1947 in Wien einen ersten Auswahlband heraus. Sein Kollege Helmut Qualtinger rühmte Soyfer begeistert als »Österreichs Büchner«. Qualtinger wirkte auch an einer denkwürdigen Inszenierung der *Broadway-Melodie 1492* mit. Mit ihr neigte sich in den frühen fünfziger Jahren Soyfers Präsenz auf Österreichs Kellerbühnen dem Ende zu. Ein großes, repräsentatives Theater – mit »an Fundus, ana Traditiaun und ana Subventiaun«, wie es im Vorspiel zur *Broadway-Melodie* der Portier des Burgtheaters charakterisiert – wäre ohnehin der falsche Ort für seine Stücke gewesen. Und den Kalten Kriegern war selbst ein toter Kommunist kein guter Kommunist.

Bezeichnend für die Haltung einer sich durchaus oppositionell verstehenden Neoavantgarde ist eine Briefnotiz des Schriftstellers Konrad Bayer (1932–1964) über den Eindruck, den ein Soyfer-Stück 1956 bei ihm hinterlassen hatte: »›vineta‹ ist von jura soifer (glaube österr. jude) und nicht sehr extravagant. befürchte: gar nicht. du kennst diese tour der halbmodernität. humanistisch etc. schlecht, bemüht sich aber um das gute. beachte: das gute. das ist ja nicht das schlechteste. aber wenn man das wirklich auf klasse baut, wahrscheinlich unerträglich langweilig und mesalliant.« Scheit zu diesem auch in seiner Blasiertheit zeittypischen Urteil: »Soyfer ist gar nicht extravagant – er sucht hingegen nach einer anderen – der bloßen Brüskierung entgegengesetzten – Unmittelbarkeit in der Beziehung zum Publikum, zu den Rezipienten (und findet dabei verschüttete Formen der Volkstheater-Komik). Was Bayer als Halbmodernität moniert, sind die Merkmale einer auf dieser Basis fußenden ernsthaften Auseinandersetzung mit den proletarischen Kunstformen einerseits und der Modernität des französischen Surrealismus andererseits. Und schließlich: Jura Soyfer baut wirklich seinen Humanismus auf eine Klasse.«

Mitte der siebziger Jahre kam es zur Wiederentdeckung

Soyfers durch die Politband »Schmetterlinge«. Tausig und Qualtinger standen Pate. 1983 wurde das Jura Soyfer-Theater gegründet, als Spielstätte des kritischen Volksstücks, elf Jahre später umbenannt, umgemodelt und vergessen. Nur die seit 1988 bestehende Jura Soyfer-Gesellschaft ließ sich von den kulturellen Auswirkungen der Neuen Weltordnung nicht einschüchtern und förderte unverdrossen die Auseinandersetzung mit dem Werk ihres Namensgebers, vor allem im ost- und außereuropäischen Ausland. Es liegt mittlerweile in über fünfzig Sprachen vor.

Die einheimische Literaturwissenschaft hat es sich hingegen leichtgemacht und Jura Soyfer, in den Worten ihres Papstes Wendelin Schmidt-Dengler, zum »Außenseiter« gekürt. Die Wortwahl verrät mehr über die Konventionen einer ranggläubigen Germanistik als über seine Bedeutung. Zutreffend ist, daß sich fast alle Soyferianer die längste Zeit am Rand oder außerhalb des etablierten Wissenschaftsbetriebs bewegt haben. Trotzdem haben sie, allein oder im Verein mit freien Theatergruppen, alle Voraussetzungen dafür geschaffen, daß Jura Soyfer als Zeitgenosse erlebt werden kann.

Der Schauspieler Leon Askin, der ihn durch die gemeinsame Arbeit im »ABC« kennengelernt hatte, meinte einmal, Soyfers Traum sei nicht der himmelblaue Traum des Wiener Spießers gewesen. »Die Farbe der Welt, von der Jura Soyfer träumte, war nicht himmelblau.«

(2012)

Lichtpunkt im Dunkel

Den steirischen Kommunisten, die bei Regionalwahlen beeindruckende Ergebnisse erzielen (in Graz um die zwanzig Prozent), wird von liberalen Kritikern und sogar Angehörigen der ziemlich erfolglosen Bundespartei gerne nachgesagt, daß sie über ihr Kernthema Wohnen kaum hinauskommen, sich im öffentlichen Auftreten harmlos geben – die Bescheidenheit ihrer populärsten Politiker Ernest Kaltenegger und Elke Kahr ist wirklich beispiellos – und Parteiarbeit ohne Prinzipien leisten. Das Gegenteil ist der Fall, das zeigen die breitgefächerten Aktivitäten ihres Bildungsvereins, die gemeinsam mit der Alfred-Klahr-Gesellschaft durchgeführten Symposien zu historischen, wirtschaftspolitischen und gewerkschaftlichen Fragen, nicht zuletzt auch die jährlichen Veranstaltungen zum Nationalfeiertag, den sie als »Neutralitätsfeiertag« begehen – im Wissen um den Anlaß, der am 26. Oktober 1955 vom österreichischen Nationalrat beschlossenen immerwährenden Neutralität, der bei vielen Österreichern und allen anderen Parteien in Vergessenheit geraten ist.

Den Nationalfeiertag 2013 begingen die steirischen Kommunisten, indem sie einem ihrer Genossen, dem Lehrer und Dichter Richard Zach, vor dem Kinderland-Heim von Sankt Radegund bei Graz ein dauerhaftes, vom Bildhauer

Rudi Hirt geschaffenes Denkmal errichteten. Zach ist am 27. Jänner 1943, zwei Monate vor seinem 24. Geburtstag, in Brandenburg hingerichtet worden. Eine Woche später wurde die Leiche eingeäschert, die Herausgabe der Urne an seine Familie verweigert. Während der anderthalbjährigen Haft hatte Zach in den Zuchthäusern Karlau bei Graz und Berlin-Moabit, ja sogar auf den Transporten zwischen Berlin, Graz und wieder Berlin ein umfangreiches lyrisches Werk geschaffen – an die 600 Gedichte, die er mit offizieller Schreiberlaubnis verfaßt hatte, dazu noch 200 heimlich geschriebene, die in achtzig Kassibern, im Gummizug der Schmutzwäsche versteckt, seinem Rechtsanwalt in die Hand gedrückt oder durch die Zellenwand gemorst und von einem Mitgefangenen aufgeschrieben, nach draußen geschmuggelt werden konnten. Es ist vor allem seinem Bruder Alfred zu verdanken, daß sie gesammelt und über die Zeit der Naziherrschaft gerettet werden konnten.

Die Zach-Brüder stammten aus einem armen Elternhaus. Der Vater Faßbinder, die Mutter Aushilfskellnerin in einem Gasthaus. Beengte Wohnverhältnisse, feuchte Mauern, Gitter vor den Fenstern, zuletzt ein Kellerloch, »die Gruft«, wie es ihre Mutter nannte. Als sie starb, 1932, war Richard gerade dreizehn. Er kam in die Obhut von Verwandten, kehrte erst vier Jahre später zu seinem Vater zurück, der inzwischen wieder geheiratet hatte. Bei den ungeliebten, wegen seiner frühen politischen Ambitionen besorgten Zieheltern hatte der Halbwüchsige seine ersten Gedichte geschrieben.

So oder so, ich schlüpfte aus der Schule
und spürte manchmal eine ungekannte Lust,

im Hof zu lauschen, nun auf einem Stuhle,
und das Erlauschte, das da pochte in der Brust
auf losen Blättern, eingesparten Schnitzeln
mit vielem Eifer heimlich hinzukritzeln.

Im Jahr, da Bundeskanzler Engelbert Dollfuß das Parlament
auflöste, die Verfassung außer Kraft setzte und mit einem
kriegswirtschaftlichen Ermächtigungsgesetz aus dem Jahr
1917 regierte, 1933 also beendete Zach die Hauptschule und
trat in die Lehrerbildungsanstalt über. Dort lernte er Josef
Martin Presterl kennen, der im illegalen Kommunistischen
Jugendverband tätig war und einiges Verständnis für den literarischen Eifer seines jüngeren Mitschülers aufbrachte. Die
Februarkämpfe, und ihr blutiges Ende, inspirierten Zach zu
einem seiner ersten politischen Gedichte, der *Ballade vom
Februar 1934*, und beförderten ebenso sein Verlangen, sich
im Widerstand gegen den Faschismus mit Gleichgesinnten
zusammenzuschließen. Es lag vermutlich an seinem sympa-
thischen Auftreten, nicht nur an Mut und Einsatzfreude, daß
ihm dies rasch gelang. Zum Schutz vor Verfolgung arbeitete
die Gruppe Zach in Organisationen der christlichen Arbeiterbewegung mit, unter dem Namen Jungfreiheitsbund, der
später in Studentenarbeitsbund umbenannt wurde. Gleichzeitig war sie bemüht, sich in einem geheimen Arbeitskreis
theoretische Grundlagen des wissenschaftlichen Sozialismus
anzueignen. Ihre Absicht, wie die der Kommunisten insgesamt und von Teilen der Revolutionären Sozialisten, angesichts der drohenden Gefahr aus Nazideutschland ein Bündnis mit dem Schuschniggregime zu schließen, scheiterte am
Zaudern und Mißtrauen des unglückseligen Kanzlers.

Im Juni 1938, drei Monate nach der Annexion Österreichs, maturierte Zach mit Auszeichnung, war kurz als Lehrer tätig und rückte dann zur Wehrmacht ein. Er nahm am Polenfeldzug teil, täuschte während des Urlaubs im Jänner 1940 einen Skiunfall vor (sein Bruder schlug ihm mit einem Nudelwalker das Schienbein ab) und nützte den einjährigen Krankenhausaufenthalt, die marxistische Schulungsarbeit fortzusetzen. An politische Aktionen war in dieser Zeit allgemeiner Nazieuphorie noch nicht zu denken. Anfang 1941 wurde Richard Zach wegen Dienstuntauglichkeit aus der Wehrmacht entlassen und begann in Graz wieder als Lehrer zu arbeiten. »Er war einfallsreich«, erinnerte sich später sein Gefährte Alois Geschwinder, »er hat Schwung gehabt, er hat mit den Schülern keine Schwierigkeiten gehabt; sie waren recht begeistert von ihm.« Immer neue Nazigegner stießen zur Gruppe, die sich zur Tarnung erneut legaler Verbände bediente – der Werks-SA, des BDM, des NSKK, der Hitler-Jugend. Das Problem war, daß ihre Mitglieder häufig auseinandergerissen wurden, durch Militäreinsatz, Arbeitsdienst oder Dienstversetzung in eine andere Stadt. Das erschwerte Absprache und Planung. Es gelang, eine Schreibmaschine zu erwerben, dann einen Vervielfältigungsapparat, sogar einen Setzkasten. So entstand, im Oktober 1940, die erste Flugschrift, ein Aufruf an die Arbeiter, sich gegen die Naziherrschaft zusammenzuschließen. Dazu kamen Streuzettel mit dem Hammer-und-Sichel-Emblem, die vor Fabriken verteilt und an Mauern und Zäune geklebt wurden. Die Flugschrift erschien von nun an monatlich, bis Februar 1941, unter dem Titel *Der rote Stoßtrupp*, enthielt Infomationen ausländischer Sender und selbstverfaßte »Analysen der gegenwärtigen Lage«. Über Franz Muhri, den späteren Parteiobmann der KPÖ, gelangte sie auch in die Provinz. Ein geplanter Sabotageakt, die Sprengung einer Brücke, scheiterte daran, daß der Sprengsatz nicht zündete.

Von einer großen Verhaftungswelle unter den steirischen Kommunisten wurde Anfang 1941 auch die Gruppe Zach erfaßt. Damit die Festgenommenen nicht als Urheber der Flugschriften verdächtigt werden konnten, ließ Richard Zach den *Roten Stoßtrupp* weitererscheinen. Auch Schmieraktionen setzte er fort. Schon von Gestapobeamten beschattet, schaffte er es, Muhri zu warnen. Er selbst wurde am 31. Oktober 1941 verhaftet, eine Woche später mit der Begründung, »nicht mehr Gewähr dafür (zu) bieten, daß Sie jederzeit für den nationalsozialistischen Staat eintreten«, aus dem Schuldienst entlassen. Im Schuldspruch vom 3. September 1942, wegen »der Vorbereitung zum Hochverrat und zugleich auch der Feindbegünstigung«, wurde ihm erschwerend zur Last gelegt, »intelligent und auffallend schreib- und redegewandt« zu sein. Er sei ein gefährlicher Agitator für den Kommunismus und könne deshalb nicht mit Milde rechnen.

Das tat er auch nicht. Seine Kassibergedichte nehmen das eigene Sterben ohne Bitterkeit vorweg – und setzen sich doch, trotzig manchmal, dann wieder zart, bisweilen mit stürmischer Selbstironie, über die Gewißheit des nahen Todes hinweg, im liedhaften, balladesken Ton, der ihm besonders lag. Die Gedichte bedürften des Vortrags, sollten laut gesprochen werden, schrieb er einmal. Oder vertont, gesungen.

Wer sich heute zu Richard Zach bekennt, macht sich

doppelt verdächtig. Zum einen politisch, als Kommunistin oder Kommunistensympathisant, die oder den weiterhin das geballte Ressentiment der veröffentlichten Meinung trifft, zum andern kulturell, weil sie oder er sich dem herrschenden Dünkel entzieht, demzufolge politische Kunst – die gern als »didaktische« kleingemacht wird – muffig, spießerhaft, höchstens gut gemeint sei. Bezeichnend ist in diesem Zusammenhang, was Zachs näherer Landsmann Günter Brus, der als der begabteste und wenigdümmste Vertreter des Wiener Aktionismus angesehen werden darf, in seinem autobiographisch durchwirkten Romanessay *Das gute alte Wien* (2007) geschrieben hat: »Die Aufarbeitung der politischen Vergangenheit Österreichs fiel bei mir weitgehendst durchs Sieb, jedenfalls was die Aktionen betrifft. Ich wie auch meine Kollegen wollten unsere Arbeit politisch wertfrei halten. Unter der ›Aufschreigebärde‹ der Aktionen wäre die Kritik an Österreich in der gesamten Bandbreite subsumiert, meinte ich.« Und weiter: »Der schlimmste Fall auf dem Erdball ist der Einfall. Entweder fallen Horden ein, oder einer hat eine Idee, wie die Welt zu verbessern wäre. Es ist nun einmal klarzustellen, daß die ›engagierte Ästhetik‹ in Österreich immer von zweit- oder drittrangigen Künstlern in Betrieb gesetzt wurde. Selbst von sozialistisch engagierten Künstlern blieben nur Gemeindebaumosaike übrig, so sie nicht später zertrümmert wurden. Und sie wurden ob ihrer lächerlichen Häßlichkeit fast alle zertrümmert. Ich vermute, in Wien wären Grass oder Koeppen arm an Diskussionspartnern gewesen. Auch für Theodor Kramer und Jura Soyfer wurde keine Tribüne errichtet. Sie waren bestenfalls ein ›Brechmittel‹. (Ausdruck vermutlich von Conrad Bering).«

Mit Conrad Bering meint Brus den Schriftsteller Konrad Bayer, ideologischer Anführer der für Innovation und Tabubruch geschätzten Wiener Gruppe; mit den einfallenden Horden offenbar Asylsuchende ebenso wie Revolutionäre; mit den sozialistisch engagierten Künstlern solche, die sich in der Hochkonjunktur der abstrakten Kunst für die gegenständliche entschieden und dafür mit Verachtung gestraft wurden; und als Brechmittel hätte er oder Bayer vermutlich auch die Gedichte Richard Zachs angesehen, wären diese von ihnen überhaupt zur Kenntnis genommen worden. Zach aber blieb außerhalb seiner engeren Heimat Graz, und dazu noch außerhalb der Kommunistischen Partei, lange Zeit unbekannt. Mehr noch als Kramer und Soyfer ausgesperrt aus dem Kanon der österreichischen Literatur, einerseits weil seine Gedichte als zeitgebunden angesehen wurden, durch Pathos und Appell verstörten, wegen des Festhaltens am Reim (der ihm nicht Konvention, sondern Lebenshalt war) für altertümlich galten; andererseits, weil er – vom Lyriker Alois Hergouth abgesehen, der aber außerhalb der Steiermark selbst ein Geheimtip war und geblieben ist – prominenter Fürsprecher ermangelte. Der nach der Befreiung von der Naziherrschaft als erster auf Zachs Gedichte aufmerksam gemacht hatte, sein Freund Presterl, fiel in Jugoslawien einem politisch motivierten Justizmord zum Opfer. So vergingen – von zwei Einzelveröffentlichungen 1948 und 1978 abgesehen – mehr als drei Jahrzehnte, ehe eine historischkritische Auswahl aus Zachs Werk, gleich darauf eine ausführliche Biographie erschienen. Herausgeber wie Verfasser war der junge Germanistikstudent Christian Hawle, dem dieser Bericht alle wesentlichen Informationen verdankt.

Hawles Einstellung unterschied sich grundlegend von dem bürgerlichen Kunstverständnis, das just der Bürgerschreck Brus geäußert hat und das die Verbindung von Kunst und Engagement, Avantgarde und Parteilichkeit als eine Art Erbsünde ansieht. Zach könne, dieser Auffassung zufolge, als Dichter schon deshalb nicht ernstgenommen werden, weil sein literarisches Schaffen vom Widerstandskampf kontaminiert gewesen sei. Hawle dagegen erkannte den behaupteten Sündenfall (der Kunst, die sich mit Politik liiert) nicht an und legitimierte sein leidenschaftliches Interesse mit Bertolt Brechts Gedicht von der Literatur, die »nach Anzeichen / Daß da auch Aufrührer gelebt haben, wo Unterdrückung war« durchforscht werden will. Er unternahm eine ebenso detailreiche wie warmherzige Lebensbeschreibung des Dichters, unterschlug also nicht die tragischen Umstände, unter denen Zachs Gedichte entstanden waren, reduzierte sie jedoch nicht auf ihre Funktion als Quelle der Zeitgeschichte und Dokument eines tapferen Lebens. Seine Forschungen betrieb er im richtigen Moment: als die Überlebenden der Widerstandsbewegung um den Dichter, dessen Bruder, Freundinnen und Gefährten noch am Leben waren, so daß er sie befragen und sie sich über seinen Wissensdurst freuen konnten – dem eines Nachgeborenen, der ihrer Schicksalsgemeinschaft nicht angehört hatte.

Das war in den späten achtziger Jahren – kurz nach der unglücklich verlaufenen Waldheimdebatte, die meines Erachtens das falsche Österreichbild nicht aufgebrochen, sondern zementiert hat, nur mit umgekehrten Vorzeichen. Einig waren sich nämlich die Parteigänger wie die Gegner des damaligen Präsidentschaftskandidaten (eines Altersgefährten Richard Zachs) im Irrglauben, er stehe stellvertretend für eine ganze Generation von Österreichern. Was Waldheim als Tugend pries – Pflichterfüllung –, nannten seine Gegner Opportunismus. Sie hatten recht im Einzelfall, aber unrecht in der Verallgemeinerung: Es gab Abertausende österreichische Widerstandskämpfer, Kämpferinnen, Zehntausende im Graubereich der Verweigerung, zwischen aktivem Widerstand und erzwungener Anpassung. Eine Minderheit, gewiß. Aber es sind, egal wo, fast immer nur Minderheiten, die einem Terrorregime trotzen. Und daß es nicht mehr waren, auf dem Gebiet des heutigen Österreich, hat politische Gründe – in erster Linie die Zerstörung der Demokratie durch das Dollfußregime 1933 und die Niederlage der aufständischen Arbeiter im Jahr darauf – und nicht solche moralischer, völkerpsychologischer oder mentalitätsgeschichtlicher Art, mit denen Künstler seit Jahren hausieren gehen, sekundiert von einer intellektuellen Elite, die den antifaschistischen Widerstand als »vernachlässigbare Größe« abschreibt, weil sie von ihren angepaßten Eltern oder Großeltern auf die Gesamtheit schließt und sich damit der peinlichen Pflicht entschlägt, auf die führende Rolle der Kommunisten im Kampf für ein freies Österreich hinzuweisen. Um die Erinnerung an diese auszulöschen, geht sie sogar so weit, die Moskauer Deklaration vom Oktober 1943 – in der die späteren Siegermächte das Wiedererstehen Österreichs beschlossen – als Ursache der heutigen Misere anzuprangern, und nützt jede Gelegenheit, die sogenannte Vergangenheitsbewältigung in der Bundesrepublik Deutschland (Globke, KPD-Verbot und Radikalenerlaß inklusive) der eigenen Nation als Vorbild zu empfehlen. So macht sich der dumpfe Deutschnationalismus, progressiv gewendet und europäisch aufgebläht, aufs neue breit, während der Österreichpatriotismus, zum Chauvinismus umgespeichert und rassistisch aufgepäppelt, der extremen Rechten überlassen werden soll.

Auch deshalb sind die Gedichte Richard Zachs unerläßlich: weil sich in ihnen die Umrisse eines anderen Österreich abzeichnen, eines tapferen, großherzigen, das um Zusammenschluß bemüht ist, nicht um Vereinzelung, in dem es nicht dauernd um »Bewältigung« geht (Krisenmanagement, Bankenrettung, Gewinnmaximierung), wo auch Platz ist für Verzweiflung.

Aber was tun, damit diese Verzweiflung sich nicht mit dem Gefühl von Vergeblichkeit paart. Daß sie gleichsam produktiv wird, daß sich zur Empörung, die aus der Einsicht in das herrschende Unrecht erwächst, nicht die Ohnmacht – und in Folge die Resignation – gesellt. Vor elf Jahren hat der Exilforscher Konstantin Kaiser geschrieben: »Es ist eine Zeit der Niederlagen. Staaten verlieren ihre Bedeutung, ganze Produktionszweige schrumpfen in wenigen Jahrzehnten zu Nischenproduktionen zusammen, wohlerworbene Rechte werden ausgehöhlt. Die Zukunft bietet viele Herausforderungen, doch wenig Aussichten. Wir scheinen Zeitgenossen einer sogenannten Modernisierungskrise, jedenfalls kommen wir mit unserem bisherigen Repertoire nicht mehr recht weiter. In einer solchen Situation verbreitet sich das Gefühl der Ohnmacht, ein peinliches Gefühl, doch sollte man gerade darum darüber reden.«

Die Ohnmacht, so Kaiser, tritt immer im Geflecht von Machtphantasien, Haß und Lügen auf. »Weil mir die Macht fehlt, mich zu meiner Tat bekennen zu können, muß ich lügen und mit der Lüge den Zusammenhang mit mir selbst und den anderen preisgeben. Die Lüge tritt den Rückzug in die Absonderung an, während die erträumte Macht Zusammenhalt einfordern könnte, auch dort, wo man sich vielleicht ins Unrecht gesetzt hat.« Verhohlen – mit einem Schlenker in die eigene Kindheit – plädiert Kaiser deshalb dafür, den Zustand der gegenseitigen stummen Absonderung zu bekämpfen. Dem Wunsch, sie zu überwinden, dem nach Vereinigung, Gemeinschaft nachzugeben. Sich zu verbünden mit denjenigen, die nicht aufgehört haben, von einer gerechteren, einer Welt der Gerechten zu träumen, und darüber hinaus bemüht sind, das Elend zu lindern – nicht aus Barmherzigkeit (wogegen nichts zu sagen wäre), nicht aus Routine (in Fortsetzung einer einmal getroffenen Entscheidung), sondern aufgrund des Willens, für die Wahrheit und gegen die Lüge einzutreten. Das ist auch der Grund, warum wir Richard Zachs Gedichte lesen, ihre Vertonungen hören sollen: uns zu stärken, nicht aufzugeben.

> *Und wenn ich aber leben muß,*
> so sei's ein arbeitsreiches Leben.
> Die Hände nicht nur zum Genuß
> sollt ihr den andern geben.
> Und wenn ich aber kämpfen muß,
> sagt mir genau: wozu, warum.
> Dann wank' ich niemals bis zum Schluß
> und schlag' die Feinde um.
> Und wenn ich Kinder haben muß,
> aus meinem Fleisch gerissen:

ein jedes hart wie eine Nuß
und in die Welt verbissen.
Und wenn ich einmal sterben muß:
so sei's kein keuchend Mühen.
Gleich einem brennendheißen Kuß
ein zuckendes Verglühen.

Wie wäre es, wenn Zach noch lebte. Stünde er jetzt vor
seinem Denkmal, klapprig am Stock, säße er im Rollstuhl,
müßte man ihm, was gesagt wird, ins taube Ohr brüllen?
In Wien gibt es einen Schriftsteller, der so alt ist wie er,
Jahrgang 1919, rüstig und bei klarem Verstand. Er heißt Alfred Hirschenberger und hat 2013 ein Buch veröffentlicht,
Eruption und Erosion, das er im Untertitel als »Österreich-
Roman« ausweist. Es zerfällt in einen belletristischen Teil,
»Das zwanzigste Jahrhundert«, in dem Hirschenberger die
eigene proletarische Lebensgeschichte, die seiner Familie
und Freunde, einbettet in Aufschwung und Niedergang
der österreichischen Arbeiterbewegung, und in eine theoretische Abhandlung mit dem Titel »Der unerläßlich gesell-
schaftspolitische Wandel!?«, eine lustvoll-kritische Darstellung des Kapitalismus im selben Zeitraum. Diesem Aufsatz
steht, als eine Art Motto, folgende Bemerkung voran: »Der
Kampf gegen Obrigkeit und Macht, wie immer die sich darstellt, ist nicht zu gewinnen. Gesellschaftliche Schichtung ist
vorgegeben, was bleibt, unermüdlich sich ihrer zu erwehren.« Das ist die Einsicht, zu der Hirschenberger sowohl
im Roman als auch im Essay immer wieder zurückkehrt
und mit eigenen Beobachtungen, auch verblüffenden Stati-
stiken untermauert. Das wirkt verstörend. Seltsamerweise

wollen wir gerade von einem Menschen Mitte neunzig etwas Aufmunterndes hören; einem jungen würden wir eine trübe Bilanz des gesellschaftlichen Wandels eher zugestehen. Andererseits gestattet einem die Lektüre des Romans, dessen Protagonist sich über die Verhältnisse erhebt, und die Vehemenz, mit der Hirschenberger die Logik des Kapitals zerpflückt, in ihm einen Sinnesverwandten zu entdecken, einen Gleichgesinnten, einen Gefährten. Er habe resigniert, hat er gesagt, und ich war so kühn, ihn zu verbessern: Nicht von Resignation sei sein Werk durchdrungen, sondern von Skepsis, und ich hätte ihm gleichermaßen Gramscis Satz vom Pessimismus des Verstands, Optimismus des Willens zuschreiben können.

Durch Zachs schönste Gedichte strömen, wie zwei unterirdische Flüsse, diese gegensätzlichen Empfindungen, um sich, Strophe für Strophe, in den Schlußzeilen in ein offenes Herz zu ergießen. Man muß ihn in eine Reihe anderer Schriftsteller stellen, die sich durch die Einheit von Talent und Charakter ausgezeichnet haben und, um noch einmal Kaiser zu zitieren, durch ihr praktisches Engagement von einer bevorstehenden Umkehr, einer Wende zu einem humaneren Verhalten der Menschen zeugen. »Ihre Tat ist der Lichtpunkt im allgemeinen Dunkel.«

(2013)

Auf einem anderen Kontinent

In allem so langsam

Von der Kunst, in schwierigen Zeiten Zeugnis abzulegen

Es ist üblich geworden, Rodolfo Walshs Lebensgeschichte von ihrem Ende her zu erzählen, dem 25. März 1977, an dem er in Buenos Aires in einen Hinterhalt geriet. Der Schriftsteller lebte bis dahin, als pensionierter Englischlehrer getarnt, mit seiner Lebensgefährtin Lilia Ferreyra in einem winzigen Anwesen ohne Strom und ohne Wasserleitung in San Vicente, etwa vierzig Kilometer südlich der Hauptstadt. Am vierundzwanzigsten, pünktlich zum ersten Jahrestag des Staatsstreichs, hatte er einen Offenen Brief an die Militärjunta fertiggestellt, in dem er eine Bilanz der Verwüstungen zog, die sie auf politischem und wirtschaftlichem Gebiet sowie in der Vernichtung ihrer Feinde angerichtet hatte und weiterhin anrichtete. Er tat dies, seinem Schlußsatz zufolge, »ohne Hoffnung, gehört zu werden, in der Gewißheit, verfolgt zu werden, aber getreu der Verpflichtung, die ich vor langem eingegangen bin, in schwierigen Zeiten Zeugnis abzulegen«.

Ein halbes Jahr früher, am Morgen des 29. September 1976, hatte sich seine Tochter María Victoria nach anderthalbstündigem Kampf gegen hundertfünfzig mit Maschinenpistolen bewaffnete Soldaten, einen Panzer und einen

Hubschrauber der Armee auf der Dachterrasse ihres Hauses erschossen, nachdem sie den Männern zugerufen hatte: »Ihr bringt uns nicht um. Wir haben zu sterben beschlossen.« Sie war Mitglied im Range eines Zweiten Offiziers der linksperonistischen Guerrillaorganisation Montoneros gewesen, und während sie hinter der Brüstung der Terrasse die Pistole gegen ihre Schläfe richtete, lag ihre achtzehn Monate alte Tochter im Schlafzimmer auf dem Bett. »Vicky hätte andere Wege wählen können, die nicht weniger ehrlos gewesen wären, aber der, den sie wählte, war der gerechteste, großzügigste, vernünftigste. Ihr hellsichtiger Tod ist eine Synthese ihres kurzen schönen Lebens. Sie lebte nicht für sich, sie lebte für andere, und diese anderen sind Millionen. Nur ihr Tod, ihr ruhmreicher Tod gehört ganz ihr, und in diesem Stolz sehe ich mich bestätigt und werde durch sie wiedergeboren.«

Man kann sagen, daß Rodolfo Walsh mit diesen Worten, in seinem als »Brief an meine Freunde« ausgegebenen Rundschreiben aus Anlaß ihres Todes, seinen eigenen sowie dessen Ursachen und Begleitumstände vorweggenommen hat: Kurz nachdem er am Bahnhof Constitución einige Kopien seines Offenen Briefes an die Junta in einen Briefkasten geworfen und sich von Lilia Ferreyra getrennt hatte, wurde er einige Straßen weiter, an der Ecke San Juan / Entre Ríos, von einem militärischen Einsatzkommando (der berüchtigten *Grupo de Tareas 3.2.2*) angegriffen. Er wußte, was ihn erwartete, würde er den Häschern lebendig in die Hände fallen, und setzte sich mit einer kleinkalibrigen Pistole zur Wehr. Der Korvettenkapitän Jorge Acosta, der das Oberkommando über die Einsatzgruppe ausübte, hat Ende Februar

2010, während des Gerichtsverfahrens gegen ihn und andere Repressoren, aus durchsichtigen Gründen angedeutet, daß Walsh sich selbst getötet haben könnte, entweder mit der Pistole oder mit einer Zyankalikapsel. Andere Angeklagte widersprachen seiner Darstellung. Unterkommissar Ernesto Weber, der wegen seiner Vorliebe für Foltern mit Strom den Spitznamen 220 trug, hatte sich seinerzeit gebrüstet, Walsh zur Strecke gebracht zu haben. Überlebende Gefangene bestätigen, in der Mechanikerschule der Marine, die als Konzentrationslager benutzt wurde, die von Gewehrgarben versehrte Leiche des Schriftstellers gesehen zu haben.

Rodolfo Walsh wurde nur fünfzig Jahre alt. 1927 in der Provinz Río Negro geboren, als Sohn eines Gutsverwalters irischer Herkunft, der zum mittellosen Landarbeiter abstieg, und einer Frau, »die zwischen Dingen lebte, die sie nicht liebte: dem Land, der Armut«, verbrachte er nach dem finanziellen Ruin der Familie mehrere Jahre in katholischen Internaten für Waisen und arme Zöglinge. Mit siebzehn begann Walsh im Verlagshaus Hachette zu arbeiten, als Korrektor und Übersetzer aus dem Englischen. Anfang der fünfziger Jahre veröffentlichte er seine ersten Erzählungen, gab eine Sammlung argentinischer Kriminalgeschichten heraus und bestritt seinen Lebensunterhalt mit »Beschäftigungen, die ich als Journalismus bezeichne, auch wenn es sich bei ihnen nicht um Journalismus handelt«, wie er in seinem Hauptwerk *Operación Masacre* (das auf deutsch unter dem Titel *Das Massaker von San Martín* vorliegt) geschrieben hat: Diese frühen Arbeiten, vermischte Meldungen über Spukgeschichten, Geheimdienste und Katastrophen, erschienen ihm in der Rückschau deshalb ungenügend, weil ihnen zwei Grundelemente seiner späteren Reportagen fehlten – die Notwendigkeit und die Erschütterung. 1953 ließ er sich mit Elina Tejerina, die er drei Jahre zuvor geheiratet hatte, in La Plata nieder, wo Elina eine Blindenschule leitete und ihre Töchter Patricia Cecilia und María Victoria geboren wurden. An Politik war er nur mäßig interessiert. Zwar hatte er als Jugendlicher vorübergehend in der nationalistischen, katholischen und antisemitischen Alianza Libertadora Argentina mitgemacht und später, wie die meisten Intellektuellen des Landes, die Regierung Juan Domingo Perón wegen ihrer autoritären Tendenzen abgelehnt. Deshalb begrüßte er auch den Staatsstreich vom 16. September 1955, der von den Militärs unter den Generälen Eduardo Lonardi und Pedro Eugenio Aramburu als »Befreiungsrevolution« bezeichnet und von einem Teil der Bevölkerung – nicht aber vom Gros des neu entstandenen, vom Land in die Städte gezogenen Proletariats, das Perón und mehr noch seiner Frau Eva Duarte und deren Andenken ergeben war – tatsächlich als befreiend empfunden wurde, zumindest in den ersten Tagen und Wochen nach der Vertreibung des charismatischen Politikers. Erst die Nachricht von einem Massaker, die Walsh im Dezember 1956, sechs Monate nach dem gescheiterten Aufstand peronistischer Militärs, in seinem Stammcafé ereilt hat, sollte sowohl seine politische Einstellung als auch sein literarisches Arbeiten neu bestimmen. Der Aufstand war mißlungen, das Regime hatte hart und unversöhnlich reagiert, und auf Befehl des Polizeidirektors der Provinz Buenos Aires waren zwölf unschuldige Zivilisten auf einer Müllhalde der Ortschaft José León Suárez, im Gemeindegebiet von San Martín, exekutiert worden. Davon erfuhr

Walsh, während er Schach spielte, und er erfuhr auch, daß mindestens einer der Erschossenen am Leben war. So begannen seine Nachforschungen, so entstand der »Tatsachenbericht nach den Aussagen Erschossener« (wie der Untertitel der deutschen Erstausgabe lautet), der zuerst in kleinen Blättern erschien, weil die großen Zeitungen die Wahrheit scheuten, und in Buchform immer wieder aufgelegt – und mit jedesmal bittereren Einsichten versehen – wurde. In einer undatierten autobiographischen Skizze, die nach 1964 und vor 1972 entstanden ist, hat Rodolfo Walsh geschrieben: »*Operación Masacre* hat mein Leben verändert. Bei der Arbeit daran war ich nicht nur persönlich bestürzt; mir wurde auch klar, daß eine bedrohliche äußere Welt existierte.«

In der Tat läßt sich *Das Massaker von San Martín,* über seinen Anlaß und die geschilderten Ereignisse hinaus, samt seinen voran- und nachgestellten Ergänzungen auch als Chronik eines Vertrauensbruchs lesen, in den Rechtsstaat, den die Akteure der »Befreiungsrevolution« nach und durch Peróns Sturz wiederherzustellen versprochen hatten, und in die herrschende Klasse, die sich von den peronistisch gesinnten *Descamisados,* den armen Schichten der Bevölkerung, in ihren Privilegien bedroht fühlte. Dieses Gefühl der Bedrohung war und ist mit Haß grundiert. Beispielhaft hierfür ist eine kurze Szene im Buch, in der eine Frau der sogenannten besseren Gesellschaft in ihrem Auto am Tatort vorbeikommt, den Chauffeur halten läßt und sich den Schaulustigen gegenüber befriedigt über das Geschehene äußert: »Gut gemacht! Man sollte sie alle kaltmachen.«

Im Juni 1957, während noch seine Artikelserie in der Zeitschrift *Mayoría* erschien, versuchte Walsh dem Literaturwissenschafter und Übersetzer Donald Yates das Phänomen des Peronismus begreiflich zu machen. In seinem Brief warnt er davor, die in Europa und Nordamerika vorherrschende Meinung zu übernehmen, derzufolge Perón der typische südamerikanische Militär ist, der die Gunst der Stunde nutzt, um durch eine Revolution (Walsh verwendet, wie in *Das Massaker von San Martín,* die Begriffe Revolution, Aufstand, Meuterei und Putsch unterschiedslos) an die Macht zu kommen, an die er sich dann mit Gewalt und gegen den Volkswillen klammert. »Aber vom Militär hat er nur die Uniform und einen gewissen Hang zur Wichtigtuerei.« Walsh hebt die »positive Angst vor dem Blutvergießen« hervor, die Perón von seinem Nachfolger Pedro Eugenio Aramburu unterscheide, der in seiner Brutalität und Rachsucht der argentinischen Tradition »von Jakobinergeist *plus* ›Spanish blood‹ viel stärker verhaftet sei«, er sieht in ihm mehr einen Demagogen als einen Diktator und zieht eine gemischte Bilanz seiner Regierungszeit: Während der Saldo in den Bereichen Wirtschaft und Soziales mehrheitlich positiv ausfalle, habe Perón in Politik und Kultur fürchterlich versagt. Bei Aramburu verhalte es sich gerade umgekehrt. »Im gesamten politischen Prozeß – Peronismus und Postperonismus – hat das Wort Demokratie eine unklare Bedeutung. Die Widersprüche sind so gewaltig, daß für einen auswärtigen Beobachter *the whole thing must seem a deadful mess.* Trotzdem ist die Erklärung ziemlich einfach. Sowohl damals als auch heute haben ›Freiheit und Demokratie‹ bestanden, allerdings *auf unterschiedlichen sozialen Ebenen,* die einander ausschließen. Während des Peronismus haben die Arbeiterschichten Freiheit und Demokratie genossen; dagegen haben sich der

Mittelstand, die Intellektuellen, die Künstler, Journalisten und die Oberschicht unterdrückt gefühlt. Jetzt passiert das genaue Gegenteil. Die ›Elite‹ und der Mittelstand fühlen sich vollkommen frei, verstanden und in ihren Ansprüchen richtig gedeutet; und da es gerade die ›Elite‹ ist, die sich im Buch, im Journalismus, in der Kunst *ausdrückt,* kann von außen der Eindruck entstehen, daß hier die vollkommenste Demokratie herrscht. Hingegen werden neun von zehn Arbeitern behaupten, unter einer Militärdiktatur zu leben.«

In dieser ausgewogenen Darstellung, die vielleicht auch dem Wissensstand des Briefpartners geschuldet war, ist noch wenig von der wachsenden Empörung, Verzweiflung, Einsicht in die Notwendigkeit revolutionärer Aktionen zu spüren, die *Das Massaker von San Martín* samt den Ergänzungen 1964, 1969 und 1973 (mit der unmittelbar agitatorischen, pamphlethaften Schlußsequenz der Filmversion) auch als heimliche Autobiographie eines Intellektuellen erscheinen lassen, der zwar den Standpunkt des anteilnehmenden Chronisten beibehalten, aber sukzessive jede Illusion von Gleichheit und Gerechtigkeit unter den Bedingungen einer halbkolonialen Gesellschaft verlieren wird. »Ich bin langsam«, hat Walsh im letzten Satz seines Curriculums geschrieben, »ich habe fünfzehn Jahre gebraucht, um vom reinen Nationalismus zur Linken zu gelangen; Jahrfünfte, um zu lernen, wie man eine Erzählung anpackt, um den Atem eines Textes zu spüren; ich weiß, daß mir viel fehlt, um augenblicklich, auf die bestmögliche Art und Weise, sagen zu können, was ich will; ich glaube, daß Literatur, unter anderem, ein mühsames Vorwärtskommen durch das Dickicht der eigenen Beschränktheit ist.«

Das Massaker von San Martín stellt also in zweierlei Hinsicht einen Wendepunkt dar. In politischer, weil die Aufdeckung des Verbrechens den Autor veranlaßt hat, die Postulate der sogenannten Nationalen Linken zu übernehmen, für die der Kampf gegen den Imperialismus mit dem Ziel eines geeinten Kontinents unter sozialistischen Vorzeichen – der *Patria Grande* – nur auf nationaler Ebene, im Fall von Argentinien in Zusammenspiel mit den peronistisch gestimmten Massen geführt werden kann. Deshalb, später, nach seiner Rückkehr aus dem revolutionären Kuba, wo er die Nachrichtenagentur Prensa Latina mit aufgebaut und in ihrem Rang gefestigt hat, seine herausragende Tätigkeit als Direktor der Gewerkschaftszeitung CGT (des Organs der dissidenten, nichtkorrupten peronistischen Gewerkschaft *Confederación General del Trabajo de los Argentinos*) und als Redakteur der Tageszeitung *Noticias,* die bis zu ihrem Verbot Mitte 1974 vom Partido Montonero herausgegeben wurde. Deshalb ist er auch, schon ein Jahr vorher, in diese Organisation eingetreten, in der er für den Nachrichtendienst zuständig sein sollte. Später wird er den Führungsstab wiederholt scharf, hellsichtig und in ungemein präzisen Formulierungen kritisieren – einmal, weil dieser seine Warnung Ende 1975 in den Wind schlug, beim vorhersehbaren Militärputsch handle es sich um mehr als nur um einen von vielen Staatsstreichen in der Geschichte des Landes, nämlich um die Installierung einer neuen Staatsform, die nicht nur die komplette Vernichtung der linken Opposition, sondern auch die praktische Durchsetzung einer Wirtschaftsdoktrin anstrebte, die die soziale Deklassierung von Millionen Argentiniern zur Folge haben würde; ein anderes Mal, weil die

Führer durch ihr militaristisches Konzept und triumphalistisches Gehabe im Widerstand gegen die übermächtige Diktatur die eigene Basis – Zehntausende junge Leute – der Folter und dem Tod überantworteten.

In literarischer Hinsicht bedeutet *Das Massaker von San Martín* einen Bruch mit der Konvention, weil Walsh hier ein Verfahren erprobt und gleich zur Meisterschaft gebracht hat, das bis dahin kaum angewendet worden ist: Um seinen literarischen Anspruch mit den politischen Erfordernissen zu verknüpfen, verzichtet er (von wenigen genretümlichen Details abgesehen, die sich gleich zu Beginn finden, in der Beschreibung der privaten und sozialen Verhältnisse mancher Exekutierter) auf die Fiktion als Mittel künstlerischer Wahrheitssuche. Das ist neu. Truman Capotes »faktischer« Roman *Kaltblütig* erschien erst 1966, war politisch weniger brisant und verfolgte keine vergleichbare gesellschaftliche Wirkungsabsicht. Walsh wollte nicht nur aufklären, nicht nur anklagen; er wollte mit seinem Bericht auch die Voraussetzungen dafür schaffen, daß Unrecht nicht ungesühnt bleibe. In diesem Bemühen ist er gescheitert, aber die Artikelserie, dann das Buch in seinen verschiedenen Fassungen haben Recht gesprochen, wo durch politische Intervention Rechtsprechung verhindert worden ist.

Kurios – und doch nicht überraschend, weil ähnliche Äußerungen auch heute zu hören sind – klingt das zeitgenössische Bedauern darüber, daß Walsh aus diesem Stoff keinen Roman gemacht hat. Aber Tatsachenbericht, Chronik, *Testimonio, Denuncia* – egal, welchen Begriff man für die von Walsh gefundene Gattung findet – und Roman verfolgen einander ausschließende Absichten: Wer eine reale

Geschichte als Steinbruch oder Rohstofflager für Fiktionen verwendet, wird nicht dem Anspruch gerecht, schreibend gegen die gesellschaftlichen Verhältnisse anzugehen. Er kann sie überhöhen, aber dann ist das, was er erzählt, nicht mehr verbindlich, einklagbar und umgekehrt als Klageschrift tauglich. Der Fiktionalist haftet nicht für seine Fabel, er begreift die von ihm erfundene Welt als Versuchsanordnung, er spielt mit den Versatzstücken der Realität und bleibt mit seinem Spiel im Rahmen des Zulässigen. Der politisch engagierte Dokumentarist hingegen läßt, was ernst ist, ernst sein. Er denunziert, er attackiert, er bringt etwas an den Tag. Aber er ist in den Möglichkeiten künstlerischer Gestaltung stärker eingeschränkt – durch die Verantwortung gegenüber seinen Personen, die keine Figuren sind, und durch die Notwendigkeit, den überlieferten Tatsachen treu zu bleiben.

In einem Interview vom Juni 1969, aus Anlaß des Erscheinens seiner letzten großen politischen Reportage *¿Quién mató a Rosendo?* (die unter dem Titel *Wer erschoß Rosendo G.?* ebenfalls auf deutsch erschienen ist), antwortete Walsh auf die Frage, weshalb er keinen Roman geschrieben habe: »In gewisser Weise wäre ein Roman sowas wie eine Repräsentation der Tatsachen, und ich bevorzuge ihre einfache Präsentation.« Drei Jahre später, im Zuge eines Gesprächs, das der Journalist Carlos Tarsitano mit Walsh und dem jungen Schriftsteller Miguel Briante führte, kam letzterer auf die Sehnsucht nach dem wirklichkeitsprallen, politisch gesättigten, phantasievollen Roman zu sprechen: »Ich erinnere mich an Gespräche mit Leuten, die meinten, *Das Massaker von San Martín* hätte einen sensationellen Roman hergegeben. Auch ich hab das einmal gedacht. Nicht mehr, seit ich das Buch vor zwei Jahren wiedergelesen habe. Da war mir klar, daß ich mich geirrt hatte, daß es einen anderen Umgang mit Literatur zeigt.«

Zwischen den beiden Interviews liegt ein drittes, das Ricardo Piglia im März 1970 mit Walsh geführt und unter dem Titel »Heute ist es in Argentinien nicht möglich, politikfreie Literatur zu schreiben« im Jänner 1973 veröffentlicht hat. Anlaß war Walshs dritte »irische Erzählung« *Un oscuro día de justicia* (die das Bild einer Internatsgemeinschaft von Halbwüchsigen zum Panorama eines ganzen Volkes weitet), zentrales Thema aber sein Verdacht, daß Fiktion in der üblichen medialen Wahrnehmung für vollwertiger angesehen werde als ein den Fakten verpflichtetes, sich an ihrem Gehalt reibendes Prosastück. »Ich glaube, daß das ein typisch bürgerliches Konzept ist, und warum ist es bürgerlich? Weil offenbar die Kritik realer Verhältnisse verlorengeht, sobald sie in die Kunst des Romans übersetzt wird, keinen mehr stört, anders gesagt, sakralen Kunstcharakter annimmt. Ich persönlich bin mit dieser bürgerlichen Vorstellung von Kunst großgeworden. Deshalb kann ich auch nur schwer akzeptieren, daß der Roman im Grunde keine höhere künstlerische Form darstellt. Deshalb sehne ich mich danach, endlich Zeit zu finden zum Schreiben eines Romans, wobei ich fraglos von der falschen Voraussetzung ausgehe, daß man auf ihn mehr Zeit, mehr Aufmerksamkeit und mehr Sorgfalt verwenden muß als auf die subversive Reportage, die sich angeblich von selbst in die Maschine tippt. Ich glaube, diese Vorstellung ist stark verbreitet, logischerweise sehr stark, aber gleichzeitig glaube ich, jüngere Leute, die in anderen Gesellschaften sozialisiert worden sind, in nichtkapitalistischen oder in solchen, die einem revolutionären Prozeß unterliegen, können sich leichter mit dem Gedanken anfreunden, daß das *Testimonio* und die *Denuncia* als künstlerische Kategorien der Fiktion zumindest ebenbürtig sind und dieselbe Arbeit und Anstrengung verdienen wie diese und daß sich in Zukunft das Verhältnis sogar umdrehen wird: daß als Kunst tatsächlich die Dokumentarliteratur geschätzt werden wird, die, wie alle Welt wissen müßte, jeden Grad an Perfektion erlaubt. Das bedeutet, daß sich in der Montage, in der Reihung, in der Auswahl, in der Recherche unermeßliche künstlerische Möglichkeiten auftun.«

Sein Freund und Kollege Rogelio García Lupo erinnert daran, daß Walsh in einem Handbuch für Neulinge »Genauigkeit und Schnelligkeit« als die zwei wesentlichen Tugenden des Journalisten bezeichnet hat. Und daß er hinzugefügt hat: »Diese Reihenfolge bedeutet nicht, daß man beides nicht gleichzeitig ausüben soll.« Aber diesem Satz aus dem Jahr 1959 steht sein oben zitiertes Bekenntnis entgegen, daß er in allem so langsam sei. Und man sollte zur genaueren Kenntnis seiner Arbeitsweise auch Walshs Hinweis auf die Umstände einer einzigen Reportage – über die Elektrizitätswerke, die Buenos Aires mit Strom versorgen – in Betracht ziehen: »Für den Artikel über elektrischen Strom habe ich 60 Seiten Notizen und Interviewabschriften, ca. 30 Seiten Entwürfe und 20 Seiten Original investiert, zusammen also 110 Schreibmaschinenseiten. Ich habe 6 Stunden auf Band aufgenommen. Ich habe es auf insgesamt 87 Arbeitsstunden gebracht, aufgeteilt auf 13 Tage, d. h. fast 7 Stunden täglich geschuftet.«

Es gibt, in Europa, nicht viele Autorinnen, Autoren,

Ein paar Fäden, miteinander verknüpft

Gabriela Lotersztain war fünf Jahre alt, als in Argentinien die Militärs putschten, dreizehn, als sie die Macht abgaben. Im Oktober 1983, als endlich wieder demokratische Wahlen abgehalten wurden, besuchte sie die erste Klasse eines Gymnasiums, das vom jüdischen Hilfswerk AMIA unterhalten wurde. In den fünf Jahren, die sie dort zur Schule ging, hörte sie von ihren Lehrern nie ein Wort über die jüdischen Verschwundenen der Diktatur. Gabriela war Mitte zwanzig, als sie anfing, Material für ein Buch über »Die Juden unter dem Terror. Argentinien 1976–1983« zu sammeln. Als es fertig war, erkrankte sie an Leukämie. Sie war überzeugt davon, daß der Ausbruch der Krankheit mit dem Gegenstand ihrer Untersuchung zu tun hatte, der emotionalen Last der Erinnerungen, die ihr die Angehörigen von Verschwundenen anvertrauten, und der Erkenntnis, daß den jüdischen Organisationen in Argentinien, speziell ihrem Dachverband DAIA, mehr daran gelegen war, korrekte Beziehungen zur Militärjunta zu unterhalten, als Hilfesuchenden beizustehen. Zwei Jahre lang kämpfte Gabriela gegen die Krankheit an. Ehe sie starb, verfügte sie, daß ihre aufschlußreiche Studie nicht veröffentlicht werden sollte, und vernichtete zur Sicherheit auch alle Kopien. Aber eine übersah sie, so daß ihre Eltern das Manuskript veröffentlichen konnten, in deren Bücher und Zeitungsartikel neben die von Rodolfo Walsh zu stellen wären. Die mit einer vergleichbaren formalen Anstrengung verfaßten sind politisch trüber. Die ebenso engagierten in ihren ästhetischen Ansprüchen dürftig. Der Dokumentarismus ist auch nicht gerade die Kunstform, die in unseren restaurativen, zur Konterrevolution entschlossenen Zeiten aufblüht. Einen ihm unbekannten jüngeren Bruder, oder Neffen, hatte Walsh sicher im Schweizer Niklaus Meienberg, und *Das Massaker von San Martín* könnte man sowohl im Entstehungsprozeß als auch in der Wirkung, sowie im Wuchern der Prosa- und Filmfassungen, gut mit Meienbergs Reportage über *Die Erschießung des Landesverräters Ernst S.* vergleichen, die ja auch eine Exekution und ein Unrecht schildert, welche dem in Argentinien zeitlich vorausgegangen sind. Finster war's da wie dort. Nur haben im Wald bei Jonschwil (Kanton St. Gallen) die Soldaten besser gezielt und getroffen als die Polizisten mit ihren Mausergewehren auf der Müllhalde von José León Suárez.

(2009)

einem eigens dafür gegründeten Verlag mit dem trotzigen Namen *Ejercitar la memoria editores,* was so viel bedeutet wie: die Erinnerung ausüben, sie geltend machen. Ester und Cacho Lotersztain glaubten sich deshalb berechtigt, den letzten Willen ihrer Tochter zu mißachten, weil deren Arbeit eine falsche Politik anprangert, die unter dem Vorwand, die Gemeinde als Ganzes zu schützen, gegen ein humanitäres Grundprinzip verstoßen hat, das – ihnen und Gabriela zufolge – das Überleben des jüdischen Volkes überall auf der Welt immer wieder ermöglicht habe: das der Solidarität.

Wäre sie noch am Leben gewesen, hätte Gabriela Lotersztain sicher die Veranstaltungen der »Verlorenen Nachbarschaft« besucht, die im Oktober 2008 in Buenos Aires stattfanden, und sich zu manchen dort aufgeworfenen Fragen geäußert, dabei auch leidenschaftlich mitdiskutiert. So aber fielen die von der Familie Litsauer und zahlreichen Mitstreiterinnen organisierten Aktivitäten im Tagungszelt des Parque Thays nur noch mit dem Erscheinen ihres Buches zusammen; ein schöner Zufall immerhin, der dafür gesorgt hat, daß mir während der Lektüre einiges von dem, was ich dort gehört und erfahren hatte, durch den Kopf ging.

Ich erinnere mich zum Beispiel an eine Gesprächsrunde, in der Elio Kapszuk, der für das künstlerische Programm des jüdischen Hilfswerks zuständig ist, *Acciones por la memoria* vorstellte, Aktionen im öffentlichen Raum, die sich mit dem Bombenanschlag auf das Gemeindezentrum der AMIA auseinandersetzen, bei dem am 18. Juli 1994 fünfundachtzig Menschen starben und mehr als dreihundert verletzt wurden; über die Attentäter und ihre Hintermänner herrscht nach wie vor Ungewißheit, unter anderem deshalb, weil die Nachforschungen vom damaligen Präsidenten Carlos Menem massiv behindert und in der Folge für politische Zwecke instrumentalisiert wurden. Es besteht jedoch weiterhin der Verdacht, daß der Anschlag von iranischen Regierungsstellen in Auftrag gegeben und von einem Kommando der libanesischen Hisbollah mit logistischer Unterstützung aus Kreisen des argentinischen Geheimdienstes vollstreckt worden ist. Mit den Aktionen und Objekten, die Kapszuk beschrieb, sollen nicht nur die Toten gewürdigt werden; es geht den Künstlern auch darum, gegen den nationalen Erinnerungsschwund anzukämpfen und die andauernde Straflosigkeit als Schande und Versäumnis zu ächten.

Nach Kapszuk ergriff Daniel Tarnopolsky das Wort, der einzige Überlebende einer Familie, die in der Nacht auf den 15. Juli 1976 von einem Überfallkommando entführt worden war: sein Vater Hugo, seine Mutter Blanca, seine Schwester Bettina, sein Bruder Sergio und seine Schwägerin Laura del Duca. Daniel war damals achtzehn Jahre alt und hat nur deshalb überlebt, weil er bei einem Schulfreund übernachtet hatte. Er begegnete mir auch in Gabriela Lotersztains Buch, in dem er von seinen Bemühungen berichtet, Vertreter der israelischen Regierung für eine Kampagne zur Rettung seiner Angehörigen zu gewinnen: »Ich traf im November 1976 in Israel ein, wo ich ein Gespräch mit Daniel Kaufman führte, der die dortige Sektion von Amnesty International leitete. Er riet mir, Briefe an die Minister zu schreiben, und half mir dabei, einen Termin beim für Lateinamerika zuständigen Beamten des Außenministeriums zu bekommen. Als ich diesem meine Situation erklärte, sagte er, daß Israel nichts für die Verschwundenen machen könne, weil es von der Jüdischen Gemeinde Argentiniens ersucht worden sei, nicht zu intervenieren. Der Grund dafür sei, daß die führenden Funktionäre alles vermeiden wollten, was den Anschein erwecken könnte, daß das Verschwindenlassen von Juden als antisemitisch motivierte Verfolgung angesehen werde. Sie vertraten den Standpunkt, daß die Verschwundenen nicht wegen ihrer jüdischen Herkunft entführt worden seien, sondern weil sie bei linksterroristischen Organisationen mitgemacht hätten. Sie bedienten sich außerdem eines feigen Arguments, das mich an die Haltung erinnert, die polnische und deutsche Juden in der Zeit vor dem Zweiten Weltkrieg eingenommen hatten: ›Wenn wir uns für einzelne stark machen, schaden wir allen.‹« Dabei, so Daniel Tarnopolsky, traf der Vorwurf politischer Betätigung auf seine Familie gar nicht zu. Und selbst wenn sein Bruder, der bis zum Zeitpunkt der Entführung in der ESMA, der Mechanikerschule der Kriegsmarine, seinen Militärdienst abgeleistet hatte, dort als Gegner der Diktatur erkannt worden wäre, dann würde dies nur sein und – gemäß der Mentalität der Militärs – das Verschwinden seiner Frau erklären. »Aber es würde nicht zum Verschwindenlassen meiner Schwester passen. Und im Fall meiner Eltern läßt sich eindeutig erkennen, daß die Ursache ihres Verschwindens der Antisemitismus war.«

An jenem Abend Ende Oktober 2008, im Zelt der »Verlorenen Nachbarschaft«, ging es Daniel Tarnopolsky nicht mehr darum, das Verhalten der jüdischen Gemeindefunktionäre zu kritisieren; er erwähnte statt dessen eine Begleiterscheinung der grausamen Praxis, Menschen verschwinden zu lassen – sich also nicht damit zu begnügen, sie zu ermorden, sondern außerdem noch ihre sterblichen Überreste zu beseitigen und gleichzeitig zu leugnen, irgend etwas über ihr Schicksal zu wissen. So hält sich bei den Angehörigen, den Gefährten, den Freundinnen die peinigende, selbstzerstörerische Hoffnung, daß die Verschwundenen vielleicht doch noch am Leben sind. Daniel brachte hierfür ein Beispiel aus seinem eigenen Leben – wie er Ende der achtziger oder Anfang der neunziger Jahre in seiner zweiten Exilstation, in Frankreich, als Krankenpfleger arbeitete und eines Abends zufällig die Reportage eines bulgarischen Fernsehteams sah, das in Sibirien, in einem halbverfallenen Zuchthaus oder einer ehemaligen Strafkolonie, einen Landsmann gefunden hatte. Der Mann, noch in der Stalinära dorthin verbannt, hatte infolge der erlittenen Qualen den Verstand verloren und war im Lauf der Zeit von den sowjetischen Behörden einfach vergessen worden. In seiner Heimat hatten ihn die Verwandten längst für tot erklären lassen.

Und plötzlich, sagte Daniel Tarnopolsky, habe ich gemerkt, wie mich dieser Fernsehbericht wieder erschüttert. Wie ich mir einrede: Ich muß weitersuchen. Kann sein, daß auch meine Leute – wenigstens einer, eine von ihnen – irgendwo leben, geistig umnachtet, ohne Erinnerung an ihr früheres Dasein und an das ihrer Familie. Der Verstand sagt mir, das ist unmöglich. Die Erfahrung sagt es mir. Und trotzdem will ich an diese Möglichkeit glauben.

Ich dachte, als ich Daniel so reden hörte, an meine Freundin Ditti Hochstimm, die fast jeden Tag eine Veranstaltung der *Vecinos perdidos* besuchte. Ich konnte sie nicht sehen, sie saß hinter mir, und ich wollte mich nicht umdrehen. Ich hatte Angst, daß ihr – der zarten Frau Anfang achtzig – Daniels Bericht schaden könnte, daß er ihr gegenwärtig machen würde, was sie möglichst weit von sich geschoben hatte.

Ditti stammt aus Wien. 1939 war sie mit ihren Eltern (der Vater Jude, nach den Nürnberger Rassegesetzen) und ihrer älteren Schwester Susi nach Bolivien geflüchtet, wo ihre beiden Söhne zur Welt kamen. Bei Kriegsende kehrte die Familie nicht nach Österreich zurück, sondern ließ sich in Buenos Aires nieder. Dort wurde Dittis älterer Sohn Tommy Kornfeld, ein stiller junger Mann und ein begabter Maler, in der Nacht auf den 14. Februar 1977 aus seiner Wohnung in der Calle Esmeralda verschleppt. Er ist seither einer der Verschwundenen der Militärdiktatur, deren Zahl auf mindestens 12 000, höchstens 30 000 geschätzt wird. Seine Mutter klapperte mit wachsender Verzweiflung Polizeikommissariate, Ministerien, auch kirchliche Einrichtungen ab, wurde aber überall zurückgewiesen: Ein Mann namens Tomás Juan Kornfeld befinde sich nicht in Gewahrsam staatlicher Stellen. Nach elf Monaten fand sie unter der Wohnungstür einen Zettel, auf dem stand: »Wenn du nicht binnen 14 Tagen abhaust, gehts dir wie deinem Sohn.« Ihre Schwester, ihr zweiter Sohn Claudio und ihre Schwiegertochter Lidia konnten sie überreden, Argentinien Hals über Kopf zu verlassen. Für drei Jahre fand sie im Land ihrer Herkunft Zuflucht; sowie sich die politische Lage, noch unter dem Militärregime, ein wenig beruhigt hatte, kehrte sie aus Wien nach Buenos Aires zurück. Sie möchte nicht wissen, hatte sie mir schon vor Jahren gesagt, was die Militärs mit Tommy angestellt haben, sie braucht außerhalb ihres Herzens keinen Ort, an dem sie seiner gedenken kann, ein Grab ist ihr nicht wichtig, sie würde es auch nicht besuchen, Friedhöfe sind ihr verhaßt. Die guten Erinnerungen gibt es ja, die kann ihr keiner nehmen.

Ich erinnere mich nicht mehr, was Ditti nach Daniel Tarnopolskys Vortrag zu mir gesagt hat. Ich hätte später nachfragen können, wir schickten ja eifrig offenherzige Mails hin und her, aber ich wollte sie damit nicht belasten, und jetzt ist es zu spät, denn sie ist im Mai 2014 gestorben. Ich weiß, denn ich habe es mir notiert, daß Susi wie ich besorgt war, ob Daniels Bericht bei ihrer Schwester eine kaum verheilte Wunde aufgerissen hatte, und ich weiß noch, daß Susi mir zugeflüstert hat, auch sie werde manchmal von der Vorstellung heimgesucht, daß Tommy noch lebt, irgendwo, ohne Verstand, ohne sich zu erinnern, wer er eigentlich sei.

Mir waren solche Gedanken nicht neu; im Lauf der letzten sechzehn Jahre, in denen ich den Spuren von Österreichern in Argentinien oder Argentiniern österreichischer Herkunft gefolgt bin, die in den Jahren der Diktatur verschwunden sind, stieß ich immer wieder auf Angehörige, die die Hoffnung nicht aufgegeben hatten, dem oder der Vermißten noch einmal zu begegnen. Bis heute ist kein einziger Fall eines Überlebenden bekanntgeworden, der – wie der Bulgare im sowjetischen Zuchthaus – unvermutet wieder aufgetaucht wäre. Auf Gisela Tenenbaum, die seit dem 8. April 1977 verschollen ist, habe ich vor einigen Jahren in einer Erzählung hingewiesen. Gisi war in Mendoza Mitglied der linksperonistischen Montoneros und zum Zeitpunkt ihres Verschwindens zweiundzwanzig Jahre alt gewesen. Ihre Eltern Willi Tenenbaum und Helga Markstein, die aus Wien stammen, besuchten einige Veranstaltungen der *Vecinos perdidos,* ihre Nichte Gabriela Mussuto nahm an einer Diskussionsrunde über *Exilio y desexilio* teil, also über das Leben im Spannungsfeld von Herkunfts- und Zufluchtsland. Giselas Schwester Heidi hatte mir in Mendoza erzählt, sie sei lange Zeit ebenfalls von der Vorstellung heimgesucht worden, daß Gisi unter der Folter ihre Identität verloren hatte. Daß sie schizophren geworden war, nicht mehr wußte, wer sie war, wie sie hieß, woher sie kam. Daß man sie dann ausgesetzt hat, daß sie irgendwo ihr Leben fristet.

Ich erinnerte mich an eine andere Begegnung, mit der aus Paraguay stammenden Hausgehilfin Adelaida Gavilán. Sie war die Lebensgefährtin des Österreichers Wolfgang Achtig, der 1971 in Argentinien eingetroffen war und dort im Propagandaapparat der marxistischen ERP (*Ejército Revolucionario del Pueblo;* Revolutionäres Volksheer) tätig wurde, ehe er ganz legal in einer Fabrik arbeitete. Das Paar lebte mit den Kindern aus Adelaidas erster Ehe und der gemeinsamen Tochter Andrea in einem Häuschen in der Vorstadt Quilmes, das in der Nacht auf den 15. September 1977 von Sicherheitskräften gestürmt wurde. Die Militärs nahmen Achtig mit. Zwei Überlebende des Folterlagers El Vesubio berichteten mir, daß sie ihn dort noch gesehen hatten, sie erkannten ihn auf dem Foto, das ich ihnen vorlegte, außerdem habe er immer wieder gesagt, daß er Österreicher sei, was die Wärter zum Anlaß nahmen, ihn besonders brutal zu behandeln: Was, Österreicher willst du sein? Ein Jude bist du! (Er war keiner, und die tragische Pointe will, daß seine Mutter Bezirksrätin der FPÖ Döbling war.)

Die Begegnung mit Adelaida Gavilán also, die mir gestand, daß sie all die Jahre an der fixen Idee festgehalten habe, die Streitkräfte hätten Wolfgang Achtig freigelassen und er sei daraufhin nach Europa zurückgekehrt. Vielleicht, weil seine Liebe zu ihr erloschen sei. Als sie dann gehört habe, da wolle sie ein Österreicher nach ihrem Lebensgefährten ausfragen, habe sie insgeheim erhofft, er werde diesen gleich mitbringen. Ihre Tagträume, ein Vierteljahrhundert lang, in denen sich die Hoffnung auf ein Wiedersehen und Verlassensängste als stärker erwiesen haben als die traurige Gewißheit, daß jeder Verschwundene tot ist, ermordet.

Achtigs Mutter in Wien war Ende der siebziger Jahre von einem Unbekannten kontaktiert worden, er wisse, wo ihr Sohn gefangengehalten werde, er kenne einen der Aufseher, gegen 20 000 Dollar würde er ihn freibekommen. Sie war bereit, die Summe zu zahlen, stellte ihm aber zur Sicherheit eine Frage, die nur derjenige richtig beantworten konnte, der tatsächlich Kontakt zu ihrem Sohn hatte (nach einer Narbe, an welcher Körperstelle), daraufhin meldete sich der Unbekannte nie wieder. Wolfgang Achtig war zum damaligen Zeitpunkt sicher nicht mehr am Leben.

Auch bei der Familie Tenenbaum hatten sich Leute mit der Behauptung gemeldet, sie hätten die junge Frau gesehen. Eine Kusine ihres Freundes, die felsenfest davon überzeugt ist, Gisi regelmäßig zu treffen. Eine Frau, schon vor Jahren, die sie in einer Apotheke gesehen haben will. Ein Arzt einmal, der im Brustton der Überzeugung verkündet hat, daß sie über Kuba in die Schweiz gelangt sei. Sie werde bald Lebenszeichen von sich geben, sagte er zu einer Krankenschwester, die mit Gisis Eltern befreundet war. Als Helga ihn daraufhin zur Rede stellte, wurde er wütend und beschimpfte sie als Verrückte.

Die Neigung dazu, falsche Tatsachen vorzuspiegeln. Um

den Verzweifelten, wie im Fall Achtig, das Geld aus der Tasche zu ziehen. Oder aus krankhaftem Geltungsbedürfnis, aus verkehrtem Mitleid, aus reiner Freude am Lügen. Da fällt mir noch eine Episode ein, die sich mit den *Vecinos perdidos* verbindet: Auch Julia Hahn war bei den Veranstaltungen in Buenos Aires zugegen, sowohl im Publikum als auch als Teilnehmerin an einer Podiumsdiskussion. Ich hatte sie zwei oder drei Jahre zuvor kennengelernt, über meinen Freund Leo Fleischmann, der im Stadtteil Boca ihr Nachbar ist. Julia war Ende 1938, noch als Baby, mit ihren Eltern und Großeltern nach Argentinien emigriert. Es stellte sich heraus, die Familie hatte bis dahin in der Wiener Hirschengasse im selben Haus gewohnt, in dem ich mit meiner Familie, mehr als vierzig Jahre später, ein paar Jahre lang zubrachte.

Ungefähr zur selben Zeit, in der die Veranstaltungen der *Vecinos perdidos* stattfanden, erinnerte Julia Hahn in der Zeitschrift *Ecos,* die von Tzedaká – einem Hilfswerk für Überlebende der Schoah – herausgegeben wird, an den Journalisten Enrique Raab. Raab war nicht nur einer der bedeutendsten Chronisten des kulturellen und politischen Geschehens in Argentinien, er wird von seinen Verwandten und Kollegen auch als überaus liebenswert, großzügig und mutig geschildert. Noch in Wien geboren, am 2. Februar 1932, war er nach der Annexion Österreichs mit seinen Eltern nach Buenos Aires geflüchtet. Schon vor dem Militärputsch vom März 1976 hatte er Morddrohungen der Todesschwadron *Triple A* erhalten, einmal war auch seine Wohnung in der Calle Viamonte verwüstet worden. Den dringenden Bitten seiner Freunde, wenigstens für einige Zeit das Land zu verlassen, begegnete Raab mit dem Argument, daß er die Gefahr dem Exil vorziehe. Er sei zu alt, um ein zweites Mal in der Verbannung Wurzeln zu schlagen. Am 16. April 1977 wurde er in seiner Wohnung überfallen, angeschossen und gemeinsam mit seinem Lebensgefährten Daniel Girón in die ESMA verschleppt, die in einem langgestreckten Gebäudekomplex an der Avenida Libertador untergebracht war. Girón wurde nach einer Woche freigelassen. Raab ist bis heute verschwunden.

Susi Hochstimm war ihm manchmal begegnet, weil beide – er als Journalist, sie als Graphikerin – für das Verlagshaus Abril gearbeitet hatten. Nun, als sie bei Julia Hahn las, daß Raab einer der Verschwundenen der Diktatur sei, war sie verstört. Das entspreche nicht den Tatsachen, sie habe ihn doch später noch getroffen. Ein Arbeitskollege, ein gewisser Luis Destoet, habe sie eines Tages – es muß im Jahr 1980 gewesen sein oder 1981 – eingeladen, mit ihm ein Café in der Calle Tucumán, Ecke Nueve de Julio (oder war's Lavalle/Nueve de Julio?) aufzusuchen. Enrique Raab wird auch da sein, habe er gesagt, und tatsächlich habe sich Raab zu ihnen an den Tisch gesetzt. Er habe erzählt, daß er die letzten Jahre mit seinem Freund in Frankreich und Spanien gelebt habe. Also müssen sich dieser Destoet, der mittlerweile verstorben ist, und der Mann, der sich als Enrique Raab ausgab und ihm tatsächlich auch sehr ähnlich sah, wie Susi sagt, mit ihr einen bösen Scherz erlaubt haben. Aber warum, was brachte es ihnen, sie hinters Licht zu führen? Und die zweite Frage, was besagt diese Anekdote, über uns und die Welt.

Eines Tages trat ich aus dem Zelt der *Vecinos perdidos,* wandte mich nach rechts und folgte der breiten Avenida Libertador, die 35 Kilometer weit in nordwestlicher Richtung verläuft und dabei die Stadtviertel Recoleta, Palermo, Belgrano und Núñez streift. Zu beiden Seiten etliche Plätze und Parks, zwei prächtige Museen, der Zoologische Garten, die Pferderennbahn, ein Golfplatz, dahinter das Stadion von River Plate. Endlich erreichte ich die ESMA, in der Raab, auch die Familie Tarnopolsky zum letzten Mal gesehen worden sind. Fünftausend Gefangene, von denen knapp vierhundert überlebt haben. Während der Regierungszeit von Néstor Kirchner wurde hier eine Gedenkstätte eingerichtet, die *Espacio para la memoria* heißt. Im angeschlossenen Archiv traf ich Camilo José Juárez, der Tommy Kornfelds Patenkind ist. Er erzählte mir, daß Tommy Sympathisant der Peronistischen Jugend gewesen sei. Die Entscheidung, in den Untergrund zu gehen und den bewaffneten Kampf aufzunehmen, habe er abgelehnt. Camilos Eltern wurden von den Sicherheitskräften umgebracht, als Montoneros. Die Mutter Alicia Pais im Gefängnis Devoto, der Vater Quique Juárez in der ESMA, an Camilos jetziger Arbeitsstätte.

Ich machte eine Führung mit, durch die leeren Gänge, Zellen und Kojen des Offizierskasinos, in denen die Verschwundenen so lange mißhandelt wurden, bis sie starben oder den Militärs lästig fielen. Die Verstorbenen wurden auf einer Sportanlage hinter dem Gebäudekomplex, jenseits der Avenida Leopoldo Lugones, verbrannt. *Asadito* hieß das, im Jargon der Militärs. Über das Schicksal der Lebenden entschieden die Männer vom Nachrichtendienst: wer wegkam, wer noch eine Woche bleiben sollte. Denen, die wegmußten, wurde eine Spritze mit einem Betäubungsmittel verabreicht. In Lastwagen wurden sie zum nahen Flugplatz geschafft, dort ein zweites Mal betäubt, in Transportmaschinen verladen und über dem Río de la Plata oder auf offenem Meer abgeworfen. Einmal die Woche, jeden Mittwoch. Manchmal verfingen sich Leichenteile in Fischernetzen, manchmal wurden sie an die Küste geschwemmt.

Das ist die Rampe, an der die Entführten ausgeladen wurden, sagte die junge Frau, die uns durch das Gebäude führte. Da, der niedere Türstock, an dem sie sich, mit verbundenen Augen oder in übergestülpten Säcken, zum Gaudium ihrer Aufseher den Kopf blutig geschlagen haben. (Die Einbuchtung im Holz, Ahnung Tausender Köpfe.) Hier wurden sie gefoltert. Hier auch. (Das Loch in der Decke, vom Haken, der fehlt.) Da drüben stand das Wasserbecken, in das sie so lange getaucht wurden, bis ihnen die Luft wegblieb. Die Vertiefung im Boden, für die Notdurft. In diesem Trakt mußten ein paar Dutzend Gefangene für Admiral Massera Strategiepapiere und politische Kommuniqués verfassen. Fällt Ihnen an der Wand vor uns was auf? Richtig, die Stufen, die ins Nichts führen. Dahinter befindet sich ein Liftschacht. Die Militärs haben ihn in aller Eile zumauern lassen, 1978, als eine Delegation der Interamerikanischen Kommission für Menschenrechte die ESMA inspizieren wollte. Damit die Besucher nicht zu fragen anfingen, wozu das obere Stockwerk genutzt werde.

Und so weiter. Es waren, außer mir, nur wenige Besucher zu sehen: ein Ehepaar um die vierzig; eine Gruppe ärmlich gekleideter junger Männer und Frauen mit zwei Säuglingen im Arm. Sie waren extra aus einer der südlichen Vorstädte angereist, Quilmes Oeste oder Florencio Varela. Ein Nachbar habe ihm von der Gedenkstätte erzählt, sagte einer von ihnen, und sie zu einem Besuch überredet. Und jetzt habe er sie einfach versetzt. Den Fragen, die sie stellten, und ihren Gefühlsäußerungen war zu entnehmen, daß auch sie, wie Gabriela Lotersztain in ihrer behüteten Mittelschule, kaum was von den Verbrechen der Militärdiktatur mitbekommen hatten. Als ich nach Ende des Rundgangs hinaustrat in den hellen, sonnigen Frühlingstag, blieben sie zurück, im Informationsbüro, aufgewühlt und weil sie noch vieles wissen wollten.

(2010)

Die Beatles in *El Vesubio*

»Fast gleichzeitig.«

»Dich früher als mich.«

»Um Mitternacht«, sagt Pancho, der eigentlich Alberto heißt, Alberto Castrogiovanni, und den sein Freund seit je Lechuga nennt. »Sie hatten das Haus umstellt. Dann traten sie die Tür ein. Sie schlugen meinen Vater, der gerade öffnen wollte. Zwei von ihnen nahmen mich sofort ins Visier. ›Wer von euch ist Pancho.‹ Zuerst dachte ich, eine Verwechslung. In der Nachbarschaft gab es noch einen Pancho. Aber dann der Nachname.«

»Sie haben uns nicht gleich nach El Vesubio gebracht«, sagt Yilio, dessen wirklicher Name Ricardo Cabello ist.

»Zuerst waren wir in Pozo de Banfield.«

»Auch beschissen.«

»Dort bin ich zum ersten Mal mit Strom gefoltert worden. Weil nichts aus mir rauszubringen war, haben sie mich ins Freie gezerrt, auf ein Feld, und mir eine Pistole an die Schläfe gesetzt.«

»Mir haben sie den Lauf in den Mund gesteckt.«

»Und abgedrückt. Klick. Nicht geladen. Aber wie willst du das vorher wissen.«

»Banfield war ausgebucht. Deshalb sind wir in El Vesubio gelandet. Am selben Tag noch.«

»Am vierundzwanzigsten. Siebenundsiebzig, im August.«

»Es war saukalt.«

»Die Kälte hat mich am wenigsten gestört. Sieben endlose Wochen. Dann ein Jahr auf dem Kommissariat, das zweite Jahr im Gefängnis in La Plata. Egal wo, immer ist dir der Österreicher durch den Kopf gegangen.«

»Er rumort noch heute da drin. Manchmal rede ich mit ihm.«

»Und, sagt er was?«

»Ich frag ihn zum Beispiel, wann er in El Vesubio eingetrudelt ist.«

»Als sie uns dort abgeladen haben, war er schon da.«

»Für mich ist er nach uns gekommen. So eine Woche später.«

»Ich kann's nicht beschwören, aber ich bin mir ziemlich sicher, daß er schon da war. Er hat oft geklagt, weil er krank war. Er muß Diät halten, hat er gesagt. Dann haben sie ihn aus seiner Koje gezerrt und in einen anderen Sektor gebracht, wo sie ihn gefoltert haben. Oder sie haben ihn gleich an Ort und Stelle fertiggemacht. Mir ist der kalte Schweiß ausgebrochen. Das Schnalzen jedesmal, wenn der Knüppel auf den Körper trifft.«

»Aber er hat nicht aufgehört, sich über das Essen zu beschweren. *Señores, por favor, soy austriaco.* Erinnerst du dich?«

»Er konnte das R nicht richtig aussprechen. *Señodes,* so hat es geklungen. Wir waren in der Nachbarkoje. Zusammen mit einem Alten, der etliche sechzig Jahre auf dem Buckel hatte.«

»Zu dritt und in Ketten. Den Rücken gegen eine Wand, die Füße auf der andern.«

»Du hast recht, er hat nicht aufgegeben. Immer wieder, *soy austriaco, tengo hepatitis.*«

»Wie oft hab ich geflüstert: Sei still, siehst du denn nicht, daß du es damit nur schlimmer machst. Aber das nächste Mal hat er wieder.«

»Als wäre er nicht mehr bei Verstand. Zermürbt von dem, was sie mit ihm angestellt haben.«

»Ich glaub fast, er hat das mit voller Absicht gemacht.«

»Mit Absicht, wieso? Damit sie ihn schneller umbringen?«

»Er wollte nicht einfach verrecken. Er hat sich gesagt: Das sind Bestien. Aber sie werden aus mir keine Bestie machen. Warum sonst, glaubst du, hat er zu diesen Sadisten *señores* gesagt.«

»Weil er es nicht besser wußte. Er hat nicht gut Spanisch gesprochen.«

»Er war seit langem in Argentinien. Er hat hier gearbeitet, Frau und Kinder gehabt. Natürlich hat er perfekt Spanisch gekonnt.«

»Dann hat er es in El Vesubio verlernt. Würde mich auch nicht wundern.«

»Ich bleib dabei, das war seine Strategie. Erinnerst du dich an seine Nummer? Ich war M27.«

»Ich M29. Er … Ich weiß nicht, ich hab immer nur gehört, *el austriaco*. Sogar die Aufseher haben ihn so genannt.«

»Eben. Weil er es durchgesetzt hat. Wir waren eine Nummer, ein Buchstabe und eine Nummer, um genau zu sein, und er war immerhin der Österreicher.«

»Einmal bin ich ihm außerhalb der Kojen begegnet. Ich hatte mich bis obenhin angeschissen. Hör auf zu lachen, das war überhaupt nicht lustig.«

»Ich lach dich nicht aus. Es ist nur. Wo du ohnehin kaum was runtergewürgt hast.«

»Stimmt. Und du hast alles gefressen. Noch den Napf hast du saubergeleckt.«

»Weil ich ständig Hunger hatte. Was hat es gegeben. Zu Mittag einen Patzen Reis mit etwas Paprika. Am Abend matschige Nudeln, wieder mit Paprika und Wasser. Manchmal ein winziges Stück Kuttelfleisch.«

»Und er hat gesagt, er darf das nicht essen.«

»›Ah, der Herr möchte lieber ein Steak mit Salat.‹ Das war ihre Antwort. ›Gleich wird serviert.‹ Und wieder mit dem Knüppel auf ihn.«

»Wie gesagt, als ich mich angeschissen hatte, haben sie mich ins Bad gesteckt, damit ich mir das runterwasche. Es gab zwei Badezimmer, im einen war nur eine Klomuschel, in dem andern gab's auch eine Dusche, dazwischen Sperrholz, und ich hab mitbekommen, was sie mit ihm angestellt haben. Ich habe es gehört. Außerdem ist das Wort gefallen, *el austriaco*. Mir haben sie bei der Gelegenheit einen Knüppel in den After schieben wollen. Beim Hinausgehen ist der Sack verrutscht, den sie mir übergestülpt haben, da hab ich ihn gesehen.«

»Ich habe ihn auch gesehen, in der Koje, von meinem Platz aus. Ich bin ganz außen gelegen, und wenn gerade kein Aufseher herumgeschlichen ist, habe ich vorsichtig den Kopf rausgestreckt. Er trug eine Leinenjacke. Er war gelb im Gesicht.«

313

»Klar, mit dieser Krankheit.«

»Da haben wir auch reden können. Leise. Wenn keine Wache in der Nähe war.«

»Mir war nicht zum Reden zumute.«

»Aber getan hast du es doch. Ohne Miteinanderreden hätten wir es nicht durchgestanden.«

»Wir haben es durchgestanden, weil wir Glück hatten. Weil wir jung waren. Fünfzehn, du sechzehn. Weil wir kräftig waren. Weil wir schon als Kinder gelernt hatten, uns durchzuboxen. Weil sie uns am zehnten Oktober von dort weggeholt haben.«

»Du hast recht, wir hatten mehr Glück als Verstand.«

»Das mit dem Glück ist relativ. Mir haben sie in der Folter, mit dem Strom, beide Achillessehnen abgerissen. Ich kann immer noch nicht richtig gehen. Aber schlimmer sind die psychischen Folgen. Bis heute.«

»Träumst du davon, Lechuga?«

»Immer noch, Yilio.«

»Ich auch.«

»Und daß du mit niemand darüber reden kannst. Mit der Familie nicht, weil du sie nicht belasten willst, und mit andern nicht, weil du nie weißt, was sie damals getan haben. Vielleicht sind sie bei der Polizei gewesen, beim Militär, haben selber gefoltert. Jedenfalls gibt es eine Grenze. Was darüber hinausgeht, behältst du besser für dich. Aber durch das Schweigen wird es nicht besser.«

»Immerhin gibt es uns noch.«

»Stimmt. Wir haben El Vesubio hinter uns gebracht, und wir können berichten, wie es dort zugegangen ist. Wie viele haben überlebt? Ein Dutzend, wenn's hochgeht.«

»Und du und ich. Wie lange kennen wir uns?«

»Eine Ewigkeit.«

»Und schon als Kinder zusammengehalten.«

»Aber ganz verschieden, wir beide. Es dauert lange, bis mir die Geduld platzt. Bei dir ist es anders, du hast dir nie was gefallen lassen.«

»Weil bei mir die Sicherungen durchbrennen, wenn mir wer dumm kommt.«

»Wie damals, als mich einer der Aufseher geprügelt hat.«

»Ja, ich hab geschrien. Er soll dich in Ruhe lassen.«

»Er war so perplex, daß er abgehauen ist. Aber das hätte dir den Kopf kosten können.«

»Daran denkt man erst hinterher. Im Moment war es ein großes Gefühl. Ich hab schon auch gute Erinnerungen an El Vesubio. Denk an unseren letzten Samstag dort. Einen ganzen Nachmittag lang ist das Radio gelaufen, und was haben sie gespielt? Die Beatles!«

»Und du hattest nichts Besseres zu tun, als wie verrückt herumzuhüpfen, auf einem Bein –«

»Das andere war ja angekettet.«

»Und zur Musik zu tanzen.«

»Ich kann gar nicht tanzen. Mir war auch nicht danach. Aber es hat geholfen. Mich zu bewegen, den Körper zu verrenken, die Augen zu verdrehen, zum Lärm dieser verrückten Engländer zu tanzen, nicht nach der Pfeife der Scheißkerle da.«

»Alle haben gelacht. Sogar die Aufseher.«

»Der Österreicher hat nicht gelacht. Dabei hab ich die Show vor allem für ihn abgezogen. Damit er durchhält.

Weißt du, daß er selbst in einer Band gespielt hat, in Wien, bevor er zu uns nach Argentinien gekommen ist.«

»Woher hast du das?«

»Von einem Landsmann von ihm, der mich irgendwie gefunden hat. Der hat mir auch seinen Namen verraten. Wolfgang Achtig. So ähnlich.«

»Das könnte auch wer anderer gewesen sein. Sicher ist er nicht der einzige Österreicher, der während der Diktatur verschwunden ist.«

»Nein, er war es. Der Mann hatte ein Foto von diesem Achtig dabei. Ich hab ihn gleich wiedererkannt. *Por favor, soy austriaco.* Was ist deine letzte Erinnerung an ihn?«

»Meine letzte … Ich weiß nicht. War er noch bei Bewußtsein? Sie sind alle krepiert, einer nach dem andern.«

»Doch, er hat noch gelebt, wie sie uns überstellt haben. Ich hab mich halb umgedreht und die Arme gehoben, samt den Handschellen. Um ihm Mut zu machen. Er hat mich angesehen. Ich bin hart im Nehmen, Lechuga, dir brauch ich das nicht zu sagen, aber sein Blick hat mich mitten ins Herz getroffen.«

(2012)

In Gang setzen

*Huldigung an den salvadorianischen Schriftsteller
und Revolutionär Roque Dalton*

Die schönsten Stellen in Tina Leischs Porträtfilm *Roque
Dalton, erschießen wir die Nacht!* aus dem Jahr 2013 sind
zweifellos solche, an denen sich Passanten, Wirtinnen, Mü-
ßiggänger, Schulmädchen, Sträflinge und Polizisten über
den salvadorianischen Dichter und Revolutionär äußern.
An denen sie vorlesen, was er geschrieben hat, und dabei
erkennen lassen, wie gültig ihnen sein Werk erscheint. Das
ist nicht nur deshalb erstaunlich, weil seit Daltons Tod fast
vierzig Jahre vergangen sind, sondern weil er nicht davor zu-
rückschreckte, komplexe Sachverhalte auch komplex darzustellen und starke Empfindungen, wie die Liebe, übermütig
zu verrätseln. Er war eben, wie sein Landsmann Jaime Barba
gesagt hat, kein Barde, sondern ein Intellektueller. »Diese
Klarstellung ist nicht selbstverständlich. Um gute Verse zu
schmieden oder sich um einigermaßen effektvolle Fiktionen
zu bemühen, braucht es eine gewisse Fingerfertigkeit, nicht
aber eine intellektuelle, reflexive, präzise Grundlage. Das
ist auch gut so. Aber im Fall Dalton ist die Literatur eng
mit einer expliziten Weltsicht verknüpft. Roque Dalton läßt
sich nicht in zwei konträre Wesen – hier der gescheiterte

Dichter, da der einem Irrtum erlegene Revolutionär – aufspalten.«

Das hatte auch Leisch erkannt, als sie vor einigen Jahren ihr Filmprojekt begründete: »Dalton war Pionier einer linken Geschichtsschreibung und Kulturforschung seines Landes, er machte emphatisch Gebrauch von ›Guanakismen‹ (salvadorianischen Varianten des Spanischen) und integrierte als erster Dichter Mittelamerikas die Sprache der Straßen und Spelunken, Bordelle und Gefängnisse in seine Dichtung. Er beschoß eine sich globalisierende Popkultur mit antikapitalistischen Pointen und kritisierte politische Befreiungskonzepte mit der feingeschliffenen Machete seines Witzes. Sein Leben und Werk steht – exemplarischer noch als das Che Guevaras – für den Versuch, neokoloniale und imperialistische Unterdrückungsstrukturen mit literarischen und politischen Mitteln zu bekämpfen, aber auch für die Widersprüche und Konflikte, in die man dabei geraten kann.«

Weil ich selbst, wenn auch nur am Rand, an Leischs Film beteiligt war, will ich ihn nicht kommentieren, statt dessen Neugier wecken auf den Schriftsteller, der im deutschen Sprachraum wenig bekannt ist. Daltons Biographie in aller Kürze: Geboren 1935 in San Salvador, als uneheliches Kind einer Krankenschwester und eines aus den USA stammenden Gutsbesitzers; aufgewachsen in kleinbürgerlichen Verhältnissen, aber unterrichtet an einer Jesuitenschule für Oberschichtkinder. Der Vater spendiert ihm ein Studienjahr in Chile. Dort erste Berührung mit marxistischen Ideen; nach der Rückkehr in El Salvador, neben dem Studium der Jurisprudenz, intensive literarische und politische Aktivitäten, jeweils nicht isoliert, allein, sondern gemeinsam mit anderen jungen Schriftstellern, ab 1957 als Mitglied der Kommunistischen Partei. Heirat mit Aída Cañas und Geburt dreier Söhne: Roque Antonio, Juan José, Jorge. Die Dichtergruppe um Dalton radikalisiert sich unter dem Einfluß des Guatemalteken Otto René Castillo, bricht mit den bis dahin dominanten Einflüssen, dem Modernismus Rubén Daríos, der Sprachgewalt Pablo Nerudas, nimmt sich den Peruaner César Vallejo zum Vorbild, der auf originäre Weise die Errungenschaften des Surrealismus mit dem sozialen Realismus verbunden hat. Dalton wird als Kommunist verfolgt, festgenommen, zweimal durch Zufall oder Vorsehung vor der Exekution gerettet. Zuflucht in Guatemala und Mexiko. Dann ist er, in Havanna, Prag, wieder Havanna, dauerhaft im Exil, ehe er im Dezember 1973 nach monatelanger militärischer Ausbildung und einer kosmetischen Gesichtsoperation nach El Salvador zurückkehrt, um in den Reihen einer Guerrillaorganisation, des Ejército Revolucionario del Pueblo, den Volksaufstand zu schüren. Im Mai 1975 wird er vom Führungsgremium des ERP wegen *sedición,* Aufwiegelung, zum Tode verurteilt und erschossen. Man kennt die Namen der Täter, nicht aber ihre wahren Beweggründe: Eifersucht, weil er einem von ihnen die Freundin ausgespannt hat; disziplinloses Verhalten; Kritik an der militaristischen Ausrichtung der Organisation; Angst vor einem Konkurrenten, der ihnen intellektuell überlegen war …? Einem Kommuniqué des ERP zufolge sei Dalton ein »Agent des Feindes und der CIA« gewesen. Diese Nachrede hatte ihm, wie er in seinem postum erschienenen autobiographischen Roman *Pobrecito poeta que era yo (Armer kleiner Dichter, der ich war*, deutsch 1986) geschrieben hat, elf Jahre zuvor ein CIA-Agent prophezeit. In der revolutionären Linken El Salvadors bleiben seine Todesumstände lange Zeit ein Tabu – gerechtfertigt durch die Absicht, die untereinander zerstrittene Opposition zu einen und dann, als dies gelungen ist, im Bürgerkrieg nicht durch Erörterung krimineller Praktiken zu schwächen; erst seit dem ersten Wahlsieg der vom Guerrillabündnis zur Linkspartei gewandelten Nationalen Befreiungsfront Farabundo Martí (FMLN) 2009 werden sie in El Salvador öffentlich diskutiert. Das ändert nichts daran, daß Daltons Mörder bis heute nicht gerichtlich belangt worden sind. Einer von ihnen, Alejandro Mira Rivas, soll vor acht Jahren in Mexiko-Stadt gestorben sein. Der zweite, Joaquín Villalobos, lebt in Oxford und hat die Regierungen Mexikos und Kolumbiens in der Aufständischenbekämpfung beraten. Der dritte, Jorge Meléndez, ist seit 2009 Direktor der staatlichen Zivilschutzbehörde und wegen seines autoritären Amtsstils einigermaßen umstritten. In einem Interview mit dem Journalisten Tomás Andreu hat er die Exekution Daltons als kollaterale Lappalie kleingeredet. »Ich kann mich an keine Ermordung Roque Daltons erinnern, ich erinnere mich an politische Prozesse, die mit dem Tod einiger Personen endeten, darunter Roque Dalton.« Wie vor ihm Villalobos weigerte sich Meléndez, Details über das Verbrechen, und was nachher mit dem Leichnam des Dichters geschehen ist, bekanntzugeben. Irgendwann werde er sich darüber äußern, zu einem von ihm selbst bestimmten Zeitpunkt.

Man könnte, wie der Romancier Horacio Castellanos Moya, zur Ansicht gelangen, daß Dalton von seinem eigenen Modell, dem des kämpfenden Schriftstellers, von »seiner eigenen Utopie« getötet worden sei. Dem wäre entgegenzuhalten, daß die Todesumstände des Dichters zwar symptomatisch, aber nicht typisch waren. Hätte Dalton, seinem Wunsch entsprechend, in einer anderen Guerrillaorganisation Aufnahme gefunden, dann wäre die Kugel, die ihn tötete, eher vom Feind und nicht von den vermeintlichen Gefährten abgefeuert worden, wie im Fall seines ältesten Sohnes, der im Oktober 1982, bei einer Offensive der Regierungstruppen, gefallen ist. Oder wie in so vielen anderen Fällen von Schriftstellern, die als revolutionäre Regimegegner ums Leben gekommen sind: unter anderen der schon erwähnte Otto René Castillo, der Peruaner Javier Heraud, der Nicaraguaner Leonel Rugama, die Argentinier Haroldo Conti, Francisco Urondo und Rodolfo Walsh. Einigen von ihnen wäre allenfalls anzulasten, daß sie das politische und militärische Kräfteverhältnis falsch eingeschätzt oder das Gewicht der Literatur, *ihrer* Literatur, unterschätzt haben: schreibend im Exil wären sie den Kämpfenden nützlicher gewesen. Mit diesem Argument hatte Salvador Cayetano Carpio, der Mitbegründer der Fuerzas Populares de Liberación, Daltons Bitte um Aufnahme in seine Organisation abgelehnt. Eine Ausrede vielleicht, weil er ihm nicht zutraute, die Strapazen zu ertragen, Disziplin zu wahren, den Alkohol zu meiden. Carpio soll auch das Gerücht von der Agententätigkeit des Dichters gestreut haben.

Offen bleibt, ob die repressive Kulturpolitik Kubas Anfang der siebziger Jahre Daltons Entscheidung beschleunigt hat. 1970 war ihm von Funktionären vorgeworfen worden, Ernesto Cardenal nicht daran gehindert zu haben, sich über die Lage der Homosexuellen, den Strafvollzug, die Versorgung und Behandlung von Geisteskranken zu informieren. Als Reaktion auf die Kritik hatte Dalton sich aus dem Mitarbeiterstab der Literaturzeitschrift *Casa de las Américas* zurückgezogen. Ein Jahr später war das Erscheinen der marxistischen Monatsschrift *Pensamiento Crítico*, deren Mitarbeitern er eng verbunden war, von der Regierung eingestellt worden, und kurz darauf hatten Beamte der Staatssicherheit einen seiner Freunde, den Lyriker Heberto Padilla, wegen »konterrevolutionärer Aktivitäten« verhaftet. Dies, mehr noch die darauffolgende Selbstkritik, in der Padilla die Schuldgeständnisse der Angeklagten bei den Moskauer Prozessen 1937 karikierte, kostete das Regime die Sympathien renommierter Intellektueller in Europa.

Möglich also, daß Dalton die politische Erstarrung fürchtete, den von Apologeten des Bestehenden als unausweichlich postulierten Wesenszug jeder siegreichen, aber vom Klassenfeind bedrohten Revolution, sich der repressiven Gewalt schuldig zu machen. Ausschlaggebend war sie freilich nicht für seinen Wunsch, den bewaffneten Kampf aufzunehmen, innerhalb einer organisatorischen Struktur, die er – Castellanos Moya zufolge – »als die reinste und am meisten authentische angesehen hatte, die einzige, die er in seinen Versen nicht kritisiert hatte«. Unzutreffend ist in seinem Fall auch der oft erhobene Vorwurf, daß linke Künstler und Intellektuelle ihre Sehnsucht nach Belieben verlagern, dorthin, wo sie gerade nicht sind: in eine andere Klasse, auf einen anderen Kontinent, in eine andere Zeit, und deshalb von einem Schuldgefühl geplagt werden, einer Art Phantomschmerz, nachdem scheinbar das Subjekt der Geschichte verschwunden ist. Dalton hatte kein Schuldgefühl, sondern einen Anspruch. Im titelgebenden Gedicht des Bandes *Taberna y otros lugares* (*Kneipe und andere Orte*, 1969), das aus aufgeschnappten Prager Wirtshausgesprächen montiert ist, heißt es:

> Politik macht man, indem man sein Leben riskiert,
> oder man redet erst gar nicht davon. Klar,
> man kann auch Politik machen, ohne das Leben
> zu riskieren, aber wie einer gemeint hat: Nur im Lager
>   des Feindes.

Dieses Risiko einzugehen trotzte ihm nicht den Verzicht auf die Literatur ab. Mit 28 Jahren hatte er in einem Aufsatz, *Dichtung und Militanz in Lateinamerika*, geschrieben: »Jemand hat Dichter als Menschen definiert, die nicht normal leben können, wenn man ihnen das Schreiben verbietet. Die Beschaffenheit dieses Konzepts ähnelt der eines Gefühls, das seit langem in mir verwurzelt ist: das der Unmöglichkeit, kreative Arbeit außerhalb der Reihen der Revolution auszuüben. Wenn die Revolution, das heißt der Kampf meines Volkes, meine Partei, meine revolutionäre Theorie die Grundpfeiler sind, auf die ich mein Leben bauen will, und wenn ich das Leben in seiner ganzen Intensität als den großen Ursprung und den großen Inhalt von Dichtung ansehe – welchen Sinn hat es dann, an literarisches Schaffen zu denken, wenn man die Pflichten des Menschen und des Militanten aufgibt? Zweifellos keinen. Und das, es sei hier klargestellt, hat nichts mit der ›expressiven Form‹ (man verzeihe mir die Redundanz) zu tun, mit der Dichtung selbst den bürgerlichen Ansprüchen gerecht werden muß.«

Tatsächlich setzte Dalton seine literarische Arbeit auch im Untergrund fort. Die *Poemas clandestinos* wurden zwei Jahre nach seinem Tod von der Resistencia Nacional, einer vom ERP abgespaltenen Organisation, hektographiert und verbreitet. Ihr Verfasser hatte die Gedichte fünf Heteronymen zugeordnet, die sich – der jeweils ersonnenen Biographie zufolge – aus unterschiedlichen Gründen für den Kampf gegen das Regime entschieden haben. Gemeinsam ist ihnen, vier Männern und einer Frau, die Gewißheit, die richtige Wahl getroffen zu haben, die spürbare Freude daran, zu ungewöhnlichen Einsichten zu gelangen oder die gewöhnlichen auf ungewöhnliche Art zu referieren, und die einfache Sprache. Die genaue Kenntnis der nationalen Geschichte, die häufige Verwendung von Zitaten aus Zeitungen, Gedichten und Politikerreden, vor allem aber der sarkastische Tonfall machten es nicht schwer, den für seine Spottlust und Respektlosigkeit bekannten Urheber zu identifizieren.

Mehrere dieser »klandestinen Gedichte« sind noch während des Bürgerkriegs (1980–1992) vertont und in den befreiten Zonen des Landes gesungen worden, werden weiterhin gesungen. Sein *Poema de amor* gilt überhaupt als offiziöse Nationalhymne. Das überrascht schon deshalb, weil es Not, Elend und Gewalt der »gottverdammten Guanaco-Hunde« aufzählt und sich erst in den Schlußversen emphatisch wendet:

> Die jeden Dreck machen, jeden Dreck verkaufen,
>   jeden Dreck fressen.
> Die als erste das Messer in der Hand haben.
> Die traurigsten Menschen der Welt.

Meine Landsleute,
meine Brüder.

Kaum weniger populär als dieses »Liebesgedicht« ist die in
der ersten Person abgefaßte Lebensbeschreibung des Revolutionärs und Schuhmachers Miguel Mármol (*Die Welt
ist ein hinkender Tausendfüßler*, dt. 1997). Dalton war diesem »roten Gespenst« El Salvadors, das seine eigene Hinrichtung 1932 und ein halbes Dutzend Mordanschläge auf
wundersame Weise überlebt hat, in Prag begegnet. Die dort
geführten Gespräche verdichtete er zum packenden Porträt
eines Menschen, der sich bei aller Tragik Witz, Zärtlichkeit und Lebensfreude bewahrt hat. In Mármols Biographie
spiegelt sich die seines Chronisten ebenso wie die kollektive,
die der armen und rebellischen Salvadorianer.

Dalton war kein »perfekter« Dichter. Bei der Lektüre
weiß man oft nicht, ob ein kühner poetischer Einfall seiner Produktivität geschuldet ist, seiner Unbekümmertheit
oder seinem Kalkül. Aber gerade das Unfertige, Ungeglät-
tete der Sprache, ihr Widersinn machen die Gedichte und
Prosastücke so frisch. Anregend, sie aufzunehmen und fortzusetzen:

Entdecken,
entziffern,
artikulieren,
in Gang setzen:
alte Tätigkeiten der Befreier und der Märtyrer,
denen wir nun verpflichtet sind,
die drüben unsere Schritte zählen:

vom Frühstück zum Traum,
von Geheimnis zu Geheimnis,
von Aktion zu Aktion,
von Leben zu Leben.

In einem Interview hatte er auf die Frage nach seinen Vor-
bildern gemeint, daß außerliterarische Elemente für ihn zunehmend wichtiger würden, »zum Beispiel, was das Kino
betrifft, die französische Nouvelle Vague, Filme von Cha-
brol, von Truffaut«, die ihm nicht nur Kriterien zur Beurteilung der eigenen Arbeit gegeben hätten, sondern sogar
formale poetische Verfahren, hinsichtlich Schnittechnik und
Bilderfolge.

Zwei Bücher will ich in diesem Zusammenhang hervor-
heben. Beide sind aus eigenen und fremden Texten montiert, mit weichen und mit harten Übergängen. Die weichen
halten den roten Faden – chronologisch, thematisch –, die
harten zerreißen ihn, um überraschende Zusammenhänge
herzustellen: *Las historias prohibidas de Pulgarcito* (*Däum-
lings verbotene Geschichten*, dt. 1989) und *Un libro rojo para
Lenin* (»Ein rotes Buch für Lenin«). Das eine ist noch zu
Lebzeiten seines Autors erschienen, 1974, und stellt die offizielle Geschichtsschreibung El Salvadors auf den Kopf,
die der ehrwürdigen, tapferen und uneigennützigen Helden
der Nation, indem es diese mit viel Witz und Ironie, aber
auch mit lapidarem Ernst als Schlächter, Verräter und Räuber entlarvt. Zwei blutig niedergeschlagene Aufstände, der
indigene von 1833 und die Revolte landloser Bauern neun-
undneunzig Jahre später, bilden die Achse der »verbotenen
Geschichten«. Dalton rehabilitiert ihre Anführer Anastasio

Aquino und Farabundo Martí als die eigentlichen Helden El Salvadors und verweist auf die Aktualität ihrer Forderungen. Auch den sogenannten Fußballkrieg zwischen El Salvador und Honduras, von Mai bis Juli 1969, zeigt er in einem neuen Licht – als Folge chauvinistisch verbrämter Wirtschaftsinteressen –, indem er Zitate aus Agenturmeldungen, Zeitungsberichten, Flugblättern und Hetzreden aneinanderreiht. Der Gesamteindruck, der sich aus der Lektüre dieser »Materialien für ein Gedicht« ergibt, wird im Titel vorweggenommen: »Der Krieg ist die Fortsetzung der Politik mit anderen Mitteln, und die Politik ist nur die Quintessenz der Ökonomie.«

Daltons Anspruch besteht darin, die fatale Trennung zwischen den historischen und den gegenwärtigen Kämpfen aufzuheben, fatal deshalb, weil durch sie ein ums andere Mal die gemeinschaftliche Erfahrung verlorengeht. Die Geschichte erscheint bei ihm, allen geschilderten Greueln und Niederlagen zum Trotz, nicht als vernichtende Macht, sondern – profaner, verbindlicher – als Privateigentum, dessen Inhaber auch die Inhaber der meisten irdischen Güter sind. Man soll nicht glauben, daß diese Sichtweise heute, und auf Europa bezogen, überholt wäre. Denken wir nur an die politischen Interessen, die sich mit der Geringschätzung des antifaschistischen Widerstands und dem nach wie vor virulenten Antikommunismus verbinden.

Ein rotes Buch für Lenin ist zwischen 1970 und 1973 entstanden, aber erst 1986 – in Nicaragua – erschienen. Anlaß waren die von *Casa de las Américas* geplanten Aktivitäten zum 100. Geburtstag des russischen Revolutionärs, und Dalton ging es darum, dessen Aktualität im Kontext der politischen Debatten innerhalb der lateinamerikanischen Linken zu entdecken. Damals diente den Kommunistischen Parteien des Kontinents Lenins Schrift »Der ›linke‹ Radikalismus, die Kinderkrankheit im Kommunismus« (1920) als Argument gegen die Verfechter des bewaffneten Kampfes. Dalton drehte es um, indem er sich auf die Frage der Machterringung konzentrierte und hierfür die kurz vor der Oktoberrevolution entstandene Abhandlung über »Staat und Revolution« heranzog, Lenin also zum Kronzeugen dafür aufrief, daß sich der Kapitalismus im Rahmen des bürgerlichen Staates nicht verändern lasse (der Militärputsch in Chile, am 11. September 1973, galt ihm als erschreckend zeitnahes Beweismittel). Eine Bewegung, die den Kapitalismus stürzen will, müsse ihre eigenen politischen Strukturen entwickeln.

Eigentlich ist Dalton gleichzeitig Autor und Herausgeber dieser Collage: Denn die knapp hundert Kapitel bestehen zum größeren Teil aus Zitaten – von Lenin selbst, aber auch von Trotzki, Gramsci, Georg Lukács, sowjetischen Lenin-Exegeten, Ho Chi-Minh, Ernesto Guevara, Régis Debray, den Castro-Brüdern. Dazu kommen Exzerpte aus Vorträgen, Wortfetzen, Losungen von Plakaten, eigene Gedichte und Miniessays. So entschieden Dalton, in der Zusammenführung des heterogenen Materials, für die Strategie des bewaffneten Kampfes eintrat, so wenig konnte er sich den Humor verkneifen, mit dem er den Jargon der Militanz in die Sphäre des Alltags übersetzte. Das Problem, dem er sich – nach eigenen Worten – mit diesem Buch stellte, bestand darin, »über Lenin in Lateinamerika zu sprechen, und mit dem erschwerenden Umstand, dies von einem Gedicht aus zu tun«.

Ich halte *Un libro rojo* für Daltons aktuellstes Werk, ungeachtet des Anscheins, daß es das doktrinärste, am wenigsten eigenständige, am meisten situationsgebundene ist: Es trifft sich mit dem Problem heutiger Autoren, über die Revolution in Europa zu sprechen, »und mit dem erschwerenden Umstand«, sich dabei auf Lenin zu beziehen. Dietmar Dath hat dies getan, u. a. in einer kommentierten Neuausgabe von »Staat und Revolution«, 2012, und im selben Jahr der spanische Publizist Constantino Bértolo, im Vorwort zu einem von ihm zusammengestellten Sammelband von Lenin-Schriften mit dem programmatischen Titel *El revolucionario que no sabía demasiado,* »Der Revolutionär, der nicht zu viel wußte«. Von den verschiedenen Absichten, die Bértolo mit seiner Anthologie verfolgte, ist die titelgebende wohl die interessanteste: Lenin nicht als Verkünder ewig gültiger Wahrheiten vorzustellen, sondern als einen Menschen, der ständig gezwungen war, »auf die Dringlichkeit des Neuen zu reagieren«. Gemeint sind damit, auf Spanien bezogen, die Protestbewegungen des 15-M gegen den neoliberalen Umbau des Staates, die in abgeschwächter Form trotz des neuen Sicherheitsgesetzes weitergehen – in Aktionen zur Verhinderung von Delogierungen verschuldeter Wohnungsinhaberinnen, Flash-Mobs in Bankfilialen, Kundgebungen vor den Wohnungen oder Villen korrupter Politikerinnen und Unternehmer. Der Emotionalismus der Indignados, ihre Fetischisierung der Vollversammlung als Entscheidungsgremium und ihre Opposition gegenüber Parteien und Gewerkschaften, die sie unisono als Teil des Systems abtun, wirft für Bértolo die Frage nach »der Organisation der Unzufriedenheit und des Protestes« auf, und diese Frage habe notgedrungen auch Lenin und seine Mitstreiter beschäftigt, die aufgrund der ausgebliebenen Revolution in den industrialisierten Ländern vor unvorhergesehenen Problemen gestanden seien. Es ist also nicht der charismatische Parteiführer, den Bértolo präsentiert, sondern der flexible Revolutionär, der imstande war, auf neue Gegebenheiten zu reagieren. Aber welche Anhaltspunkte ergeben sich daraus für die Literatur? Die Antwort ist, glaube ich, bei Roque Dalton zu finden.

(2014)

Wirbelwind der erotischen Linken

In Guatemala, wo nur wenige satt werden und nicht alle, die satt werden, auch lesen können, ist 1973 ein Buch erschienen, das als pornographisch, schamlos und sensationslüstern verteufelt wurde. Schon der Titel *Poemas de la izquierda erótica,* »Gedichte der erotischen Linken«, sorgte für Aufsehen in einer Gesellschaft und zu einer Zeit, in der es als obszön galt, erotisches Verlangen zu äußern, als gefährlich, sich zur Linken zu bekennen, und innerhalb dieser als eine Zumutung betrachtet wurde, die Gleichberechtigung der Frauen ebenso wichtig zu nehmen wie die Befreiung der Armen, deren Anteil an der Gesamtbevölkerung in den letzten fünfzig Jahren weitergestiegen ist und inzwischen knapp sechzig, in den Provinzen Alta Verapaz und Sololá sogar mehr als achtzig Prozent ausmacht.

Die Autorin, Ana María Rodas, war damals sechsunddreißig Jahre alt und als Journalistin tätig, wurde aber im schmalen kulturbeflissenen Mittelstand, von dem die indigenen Einwohner bis heute ausgeschlossen sind, nur als Muse zahlreicher Künstler zur Kenntnis genommen, darunter des exzentrischen Malers Arnoldo Ramírez Amaya, mit dem sie in zweiter Ehe verheiratet war. Von ihren Dichterfreunden kam nur einer zur Buchpräsentation, nicht ohne der Verfasserin vorzuwerfen, *la poesía cosificada,* die Poesie also zur

Ware herabgewürdigt zu haben, weil sie ihr Buch allen Ernstes verkaufte und nicht an ihre Bekannten verschenkte. Ein anderer Schriftsteller meinte, was Ana María geschrieben habe, sei nicht als Dichtung anzusehen, weil ihr die Verse spontan herausgerutscht seien, wie bei Frauen so üblich. Lediglich die Essayistin Luz Méndez de la Vega, der Journalist Roberto Paz y Paz und der Literaturwissenschaftler Dante Liano rühmten die Vehemenz, mit der die Autorin das traditionelle Rollenbild von Mann und Frau zertrümmert hatte.

Neunzehn Jahre später bekräftigte der Lyriker Francisco Nájera das Urteil dieser drei Kritiker. Er maß die Bedeutung der Gedichte an zwei Aufsätzen: In dem einen, über Sexismus in der Literatur, hatte der Mexikaner Carlos Monsiváis 1979 darauf hingewiesen, daß in Hispanoamerika das Wort weiblich mit den Attributen zärtlich, sittsam, geduldig, lieblich, selbstlos, schmerzvoll, passiv, träge, willensschwach, frivol, geschichtslos und klatschsüchtig gleichgesetzt werde. Monsiváis wies damit auf Zustände hin, die Rodas früher und radikaler als er bezeichnet hatte:

Die Grammatik lügt
(wie jede männliche Erfindung)
Weiblich ist kein Geschlecht, es ist ein Eigenschaftswort,
das minderwertig, unzurechnungsfähig, benutzbar,
erschwinglich, leicht zu bedienen,
entsorgbar bedeutet. Und vor allem
verletzbar. Das zuerst, vor jeder
anderen vorgefaßten Bedeutung.

In der zweiten Abhandlung, auf die sich Nájera stützte,

hatte Luz Méndez de la Vega 1984 angemerkt, daß unter Frauenliteratur in Guatemala noch gegen Ende dieses – also des zwanzigsten – Jahrhunderts »keusche, um Harmonie bemühte Dichtung« verstanden werde. Deshalb, so Nájera, mußte in einem Land wie Guatemala weibliche Literatur, wollte sie sich in feministische verwandeln, Ausdrucksweisen und Themen finden, die bis dahin den Frauen verboten waren. »Was Rodas von ihren Vorgängerinnen und Zeitgenossinnen unterscheidet, ist ihre Sprache«, die Vorliebe fürs Prosaische und Narrative, »im Dienste einer offenen, nicht verbrämten sexuellen Konfrontation«. Zudem habe sich die Autorin sprachlicher Register bedient, die in Guatemala Männern vorbehalten waren: die Gedichte sind sarkastisch, ungestüm und voll direkter sexueller Bezüge. »Dies alles, und hierin liegt, ideologisch gesehen, der vielleicht wichtigste Aspekt ihrer Poesie, mit einem Diskurs, der die Klage als Ausdruck der Ohnmacht verwirft. Solcherart bekämpft Rodas das Bild der unterwürfigen und abhängigen, unterdrückten und willenlosen Frau.«

Tatsächlich ist es die Kombination aus Wut, Witz, Aufrichtigkeit und Scharfsinn, die den »Gedichten der erotischen Linken« eine Frische verleiht, der die Jahre und Moden nichts anhaben konnten. In ihnen werden Themen verhandelt, die von Autorinnen in der Ersten und mittlerweile einzigen Welt erst viel später, und fast immer mit politischer Ahnungslosigkeit und kommerziellem Kalkül, aufgegriffen wurden: Inzest, Masturbation, Eifersucht, Depression, Medikamentensucht.

Rodas dagegen suchte weder Anerkennung noch Skandal. Es ist nicht einmal sicher, daß sie die Sprengkraft ihrer Gedichte vorausgesehen hat. Mit Lyrik hatte sie sich bis dahin kaum befaßt, ihr Interesse galt der Prosa, den Romanen und Erzählungen französischer, nordamerikanischer, lateinamerikanischer Autoren, die mit der Tradition des bürgerlichen Realismus (auch in seiner sozialistischen Spielart) brachen, und ihre Gesprächspartner waren hauptsächlich Maler und Graphiker, die auf ihrem Gebiet Ähnliches erprobten und – wie fast überall – in der Regel mehr von Literatur verstanden als die eigentlichen Literaten. Sie erinnert sich an die stundenlangen Gespräche damals. Aber anders als heutzutage üblich hätten sie stundenlang und mit großem Ernst nicht über das eigene, sondern das Schaffen anderer diskutiert. Ihre Gedichte, sagt sie, seien anfangs spontan entstanden, als Aufzeichnungen dessen, was sie erlebt und empfunden hatte. Der Gestaltungswille kam erst später hinzu, und damit der Gedanke, daß sie anderen nützlich sein könnten. Deshalb auch die von Gedicht zu Gedicht jäh wechselnden Stimmungen und Blickwinkel, aus denen sie den Zusammenhang von Begehren, Abscheu und Unterwerfung ergründet. Ich du er wir sie, es geht stürmisch voran, Verluste sind eingeplant und Pardon wird nicht gegeben.

BENEHMEN WIR uns wie Jungfrauen.
So
wollen sie uns.

Vögeln wir in Gedanken,
sanft und leise
mit der Haut eines Geistes.

Lächeln wir
unschuldige Weibchen.

Und in der Nacht stoßen wir zu, mit dem Dolch
und springen in den Garten
verlassen wir
was nach Tod stinkt.

Heute, im Rückblick auf Jahrzehnte ohne Freiheit, ohne
»diese Dame, die wir nur vom Hörensagen kennen«, ist sich
Ana María Rodas bewußt, daß ihre Gedichte nicht isoliert
von anderen Werken gesehen werden dürfen: Mit Luis de
Lión (der 1984 von Militärs ermordet wurde) und Margarita
Carrera, Marco Antonio Flores und Mario Roberto Morales, Luis Eduardo Rivera und José Mejía hat sie eine ganze
Generation geprägt, die der siebziger Jahre. Gemeinsam war
ihnen die fehlende Ehrfurcht – als *generación irreverente,*
respektlose Generation, hat sie deshalb auch Morales bezeichnet –, die Angriffslust und die Freude an der Provo-
kation, der Kampf gegen das Gutgemeinte, aber schlecht
Gemachte, gegen den Mythos vom siegreichen Aufstand,
gegen Romane und Gedichte, in denen für Indios, für Arme
und für Frauen, aber unter deren Ausschluß, Partei ergriffen
wurde. Diese Generation scharte sich um die kulturpolitische Zeitschrift *Alero,* die 1970 an der ältesten und größten
Universität Zentralamerikas, der Universidad San Carlos,
gegründet wurde und zehn Jahre lang durchhielt; sie diente
der Selbstverständigung in einer schlechten Zeit, die noch
schlechteren Zeiten entgegenging. In diesem Jahrzehnt erschien neben den »Gedichten der erotischen Linken« Lia-

nos Erzählung *Jorge Isaacs habla de María* (»Jorge Isaacs
redet über María«), mit der ein Klassiker der lateinamerikanischen Literatur verhöhnt wird, veröffentlichte Morales
den Aufruf zum literarischen Vatermord an Guatemalas
Nobelpreisträger, *Matemos a Miguel Ángel Asturias* (»Töten wir Miguel Ángel Asturias«), vollendete Flores seinen
Roman *Los compañeros* (»Die Gefährten«), der perspekti-
venreich, zeitlich verschränkt und auf mehreren Sprachebe-
nen die Widersprüche zwischen Vorsatz und Gelingen einer
Handvoll junger Revolutionäre beschreibt. Schon 1975 legte
Rodas ihren zweiten Gedichtband vor, dessen kaum über-
setzbarer Titel *Cuatro esquinas del juego de una muñeca* auf
das Kinderspiel *Bäumchen, wechsel dich* Bezug nimmt. Für
sie stellt dieses Buch das Mittelstück einer Trilogie dar, die
mit dem Band *El fin de los mitos y los sueños* (»Das Ende der
Mythen und Träume«) 1985 ihren Abschluß fand.

Cuatro esquinas setzt mit einem furiosen »Brief an die
sterbenden Väter« ein, in dem die Autorin sich nicht nur
gegen den aggressiven Machismo der postkolonialen Gesellschaft und das paternalistische Getue ihrer Kollegen richtet;
seine Adressaten waren auch die reichen Ladinos (Weiße
und Mestizen), die Guatemala beherrschten und eben dar-
angingen, es in Blut zu ersticken: Ende der siebziger Jahre
wurde die strukturelle Gewalt derer, »die das Land ein
Jahrhundert lang wie ihre Hacienda verwaltet hatten«, ab-
gelöst von der Politik der verbrannten Erde, der verbrannten
Dörfer, der verbrannten Menschen. Den Oppositionellen
blieb nur die Wahl zwischen *encierro, entierro, destierro,*
will heißen Stillhalten, Sterben, Fliehen. Ins Exil zu gehen,
dort mittellos von vorn zu beginnen, als Alleinerzieherin

dreier halbwüchsiger Töchter, das kam für Rodas nicht in Frage. Als Reporterin Greuel zu verschweigen, von denen sie Kenntnis erlangte, genausowenig. Deshalb brachte sie sich aus der Schußlinie der Militärs und Paramilitärs, indem sie eine Stelle in der Presseabteilung der französischen Botschaft, Jahre später als Assistentin des US-amerikanischen Kulturattachés annahm. Sie weiß, wie privilegiert sie dadurch war. Aber eine Überlebensgarantie war auch das nicht.

Die Erfahrungen der achtziger Jahre, dieses verlorenen Jahrzehnts, hat Rodas in ihrem vierten Gedichtband *La insurrección de Mariana* (*Marianas Aufstand*, 1990/93) verarbeitet. Hier fehlt der freche, selbstbewußte Ton der ersten drei Bücher. Statt dessen dominieren Trauer, Ohnmacht, Widerwille, das Geschehene zu begreifen, die Mordmaschinerie von Polizei, Militär, Todesschwadronen hinzunehmen, den Tod ihrer Freundin und Kollegin Irma Flaquer zum Beispiel, die, weil sie in ihrer Zeitungskolumne *Lo que otros callan* (»Was andere verschweigen«) schrieb, was sie sah und wußte, eines Tages überfallen und verschleppt wurde – und deren sterblichen Überreste bis heute nicht aufgetaucht sind. »Aus dem Mark ihrer Knochen zog ich mein Lächeln / aus den Resten ihres Leibes meinen Leib / aus den Schwielen ihrer Hände diese verfluchte Einsamkeit.«

Dem Untersuchungsbericht *Memoria del Silencio* zufolge hat der sogenannte Interne Bewaffnete Konflikt in Guatemala von 1960 bis 1996 250 000 Tote und Vermißte gefordert und eine Million Menschen zu Flüchtlingen – im eigenen und im Ausland – gemacht. 83 Prozent der Ermordeten gehörten einer der vielen indigenen Gemeinschaften an, von denen die der Maya-Quiché am meisten betroffen war. Sie waren, zynisch gesprochen, Kollateralschäden der Guerrillabekämpfung: Die Massaker an ihnen folgten dem Kalkül der Armeeführung, die Aufständischen von denen zu isolieren, für die der Aufstand gedacht war. Obwohl sie selbst nur weitschichtig, von der Vaterseite her, mit Quichés verwandt ist und wie fast alle Intellektuellen die Ureinwohner hauptsächlich als Dienstboten wahrgenommen hat, ist Rodas dem tiefverwurzelten Rassismus nie erlegen.

Ich liebe an dir
die Füße der Indios.

Die dunkle Haut
die schwarzen Augen.

Und dich liebe ich
weil ich sie liebe.

Im Oktober 1994 war ich Gast in dem freundlichen Haus, das Ana María damals zusammen mit dem Schriftsteller Luis Aceituno bewohnt hat. Da waren auch, eines Abends, einige Autoren versammelt, die die blutigen Jahre in Guatemala zugebracht hatten: das Dichterpaar Enrique Noriega und Aída Toledo, die Erzähler Adolfo Méndez Vides, Carlos Paniagua und Arturo Monterroso. Arturo sagte, es sei die Gewalt, die sie alle verbindet, die sie – ob gewollt oder ungewollt – zusammenschweißt, ungeachtet des jeweiligen Alters. »Wir schlagen morgens die Zeitung auf. Lesen von vierzig Verschwundenen. Sind nicht mehr entsetzt, überfliegen bloß die Liste mit den Namen, ob wir jemand Bekannten darunter finden. Frühstücken zu Ende. Gehen zur Tagesordnung über. Die Gewöhnung an die Gewalt, das ist die Erfahrung, die wir miteinander teilen.«

Ana María Rodas steht im Zentrum dieser Schar Überlebender. Kaum eine oder einer, die oder der ihr nicht ein Gedicht, einen Erzählband gewidmet hat. Ihr Mut, sexuelle und gesellschaftliche Tabus zu brechen, hat in Guatemala Schule gemacht. Drei Generationen von Frauen setzen fort, was sie begonnen hat, und wenn ich einige hier aufliste, dann nicht in der ohnehin geringen Hoffnung, Neugier auf ihre Gedichte zu wecken, sondern als eine Art Beschwörung – als könnte die Namensnennung dazu beitragen, die sexuelle Gewalt in Guatemala (zwei Femizide und dreißig Vergewaltigungen täglich, dazu tausend Frauen, die pro Jahr spurlos verschwinden) zu stoppen: Carmen Matute, Aída Toledo, Rossana Estrada Búcaro, María Elena Schlesinger, Alejandra Flores, Johanna Godoy, Regina José Galindo, Nora Murillo, Guisela López, Carolina Escobar Sarti, Maya Cu, Gabriela Gómez.

In Nicaragua hatte sich bald nach der Revolution von 1979 eine Gruppe von Feministinnen gebildet, die den selbstbewußten Titel von Ana Marías Gedichtband für sich beanspruchte: *Partido de la Izquierda Erótica,* Partei der Erotischen Linken. Die Bekannteste unter ihnen, Gioconda Belli, veröffentlichte 2010 den Roman *El País de las Mujeres* (dt. *Die Republik der Frauen*, 2012), in dem die Partei der Erotischen Linken in einem imaginären mittelamerikanischen Staat die Präsidentschaftswahlen mit dem Versprechen gewinnt, gerechte und lebenswerte Zustände auf der

Grundlage von Fürsorglichkeit zu schaffen. Dazu ist es fürs erste notwendig, die Geschlechterrollen in Beruf und Familie umzukehren; den Männern wird die Chance geboten, sich im Haushalt die soziale und emotionale Intelligenz der Frauen anzueignen, während diese die Machtverhältnisse in Politik und Wirtschaft radikal umkrempeln. Bellis Erzählerin verrät den Leserinnen ihre Inspirationsquelle, Ana Marías Gedichte, und wird ihrer Kollegin im Roman nicht untreu. Ich würde mich trotzdem lieber an die Gedichte halten, denn sie sind frei von Illusion. Eines von ihnen endet mit lapidarem Bedauern:

> Schade, daß man die Männer noch nicht bekommt
> als Ampullen
> als Pillen
> als Salben.

Was soll, was darf ich von Ana María Rodas verraten? Daß sie immer noch in ihrer Geburtsstadt Guatemala lebt, siebenfache Groß- und vierfache Urgroßmutter inzwischen, mit einigen Preisen ausgezeichnet wurde, unter denen ihr der für Pressefreiheit, von der nationalen Journalistenvereinigung, der liebste ist, und vier Monate lang – von Mitte September 2015 bis Mitte Jänner 2016 – Kulturministerin in einer Übergangsregierung war, nachdem der zuvor amtierende Präsident, ein General namens Otto Pérez Molina, wegen schweren Betrugs und der Mittäterschaft am Genozid der indigenen Völker Guatemalas zum Rücktritt gezwungen worden war.

Als Journalistin hat Rodas seit ihrem zwölften Lebensjahr gearbeitet, zuerst als Chronistin von Geburtstagsfeiern, Hochzeiten, Gartenfesten der Oberschicht, dann, ab fünfzehn, als Sportreporterin mit den Spezialgebieten Baseball, Ringen und Boxen. Später wechselte sie in das innenpolitische Ressort, schrieb Tag für Tag Kolumnen unter Titeln wie *Bühne der Dummköpfe, Respektlose Chroniken, Ohne Betäubung, Die Ziehharmonika.* Fünf Jahre lang leitete sie die Kulturredaktion des Wochenmagazins *Crónica,* war dreiundzwanzig Jahre lang Lehrbeauftragte für Publizistik an den Universitäten San Carlos und Rafael Landívar, bis sie es müde wurde, Studenten zu unterrichten, die sich während der Vorlesung mit Facebook und WhatsApp beschäftigten. Mit neunundfünfzig hatte sie ihren ersten Erzählband veröffentlicht, mit sechzig angefangen, Literaturwissenschaft zu studieren. Vielleicht, damit ihr nicht erneut widerfahren würde, was bei Erscheinen der »Gedichte der erotischen Linken« passiert war: Da hatte einer der wenigen gutmeinenden Kritiker geglaubt, den Einfluß des großen Rubén Darío in ihren Versen zu erkennen. Und dabei waren, wenn überhaupt, die Beatles oder Elvis Presley oder einfach die Wechselfälle des Lebens entscheidend. Sagt sie, mit etwas Koketterie.

Sie sagt auch, daß sie früh zu lesen begann, mit vier Jahren, in einem musischen Elternhaus aufwuchs, sich mit achtzehn, als sie zum ersten Mal heiratete, schon schrecklich alt und erwachsen vorkam. Im übrigen herrsche in ihr ein entsetzliches Durcheinander, sie lebe leidenschaftlich gern und beabsichtige nicht, dieser Leidenschaft vor ihrem 85. Geburtstag, an einem 12. September Punkt zwei Uhr morgens, zu entsagen. *Moriré protestando,* hat sie dieser Tage in einem

Interview prophezeit. Sie werde noch im Sterben protestieren. *Morirás escribiendo,* hätte ich geantwortet, du wirst schreibend sterben oder gar nicht, und sie bei dieser Gelegenheit an einige Zeilen aus den »Gedichten der erotischen Linken« erinnert:

> Wenn ich sterbe, sofern ich überhaupt sterbe
> werde ich mit mir
> die Geschichte begraben, die Kunst und diesen
>   ganzen Mist
> der andere vor Ehrfurcht
> erstarren läßt.

(1995/2018)

Der Aufwand einer Revolution

Vor mehr als drei Jahrzehnten machte ich eine Reise durch die Dichterwerkstätten Nicaraguas. Ich besuchte nicht alle, dazu hätte die Zeit nicht gereicht, auch wenn von den sechzig *Talleres,* die nach dem Sieg der sandinistischen Revolution überall im Land entstanden waren, nur mehr die Hälfte betreut werden konnte, weil Nicaragua sich schon wieder im Kriegszustand befand. Es mußte sich der Konterrevolutionäre erwehren, die mit massiver Unterstützung der Vereinigten Staaten von Honduras aus Anschläge verübten. Dazu kamen Engpässe bei der Versorgung, Treibstoffmangel, durch Regenfälle oder Attentate der *Contras* unterbrochene Straßenverbindungen, vor allem im Norden des Landes. Dorthin machte ich mich in Begleitung des Dichters Gonzalo Martínez auf, der gerade zweiundzwanzig Jahre alt war und Werkstätten in Matagalpa, Estelí, Palacagüina und Ocotal betreute. Gonzalo stammte aus Bluefields, wohnte aber in der Hauptstadt, in einer Bretterbude zusammen mit sechs oder sieben Mitbewohnern, und der einzige Luxus, den es dort gab, war ein Schachbrett, vor dem er saß, als ich ihn eines Morgens abholte.

Die erste Werkstatt war schon vor der Revolution eingerichtet worden, auf einer Insel des Archipels Solentiname im Nicaraguasee, wo Ernesto Cardenal 1966 eine christliche

Gemeinschaft gegründet hatte. Die costaricanische Lyrikerin Mayra Jiménez regte Cardenals Nachbarn – Bäuerinnen, Fischer, Handwerker – dazu an, ihre Erlebnisse und Empfindungen in freien Versen, ungebundener Sprache aufzuschreiben. Cardenal besann sich dieser Tradition, als er 1979 Kulturminister wurde. Ihm schwebte ein Volk vor, das nicht nur die Dichtkunst durch seine spezifischen Erfahrungen bereichern, sondern sich schreibend auch als Subjekt der gesellschaftlichen Erneuerung wahrnehmen würde; Poesie als Rückversicherung gewissermaßen, als Korrektiv und Garant dafür, daß die Entwicklung nicht über die Köpfe und Herzen der Menschen hinweggehe. Das Vorhaben barg auch eine Gefahr, die nämlich, daß sich die Leute konventioneller Vorbilder versicherten, die Erfahrung von Revolution und Krieg rhetorisch überhöhten und ihre Lebensbedingungen unter abstrakten Begriffen und schmückenden Beiwörtern begruben. Dagegen setzte Cardenal zweierlei. Erstens sollten die *poetas orientadores,* die Betreuer der Werkstätten, die wie Gonzalo Martínez selbst aus ihnen hervorgegangen waren, den Laiendichtern die universale Dichtung, von Sappho über Eliot, Pound, Kafavis bis zu den Gesängen indigener Völker, nahebringen, zum andern erließ er Merkregeln, die an der Poetik des *Exteriorismo,* der in Nicaragua vorherrschenden Literaturströmung, angelehnt waren: »1. Verse brauchen keinen Reim. 2. Konkrete Begriffe sind abstrakten vorzuziehen. 3. Gedichte gewinnen an Aussagekraft, wenn sie Eigennamen von Ortschaften, Flüssen oder Leuten beinhalten. 4. Nicht so sehr auf Ideen, sondern auf Dingen soll Dichtung basieren, auf Gegenständen, die wir berühren, hören, sehen, riechen können. 5. Man soll schreiben, wie man spricht. 6. Gemeinplätze sind zu vermeiden. 7. Bemühe dich, die Sprache möglichst zu verdichten. Vermeide den Superlativ. Und Gedichte sollen subjektive Gefühle beinhalten, die aber objektiv beschrieben werden müssen.«

Auch wenn Cardenal sie nur als Richtlinien verstanden hatte, waren seine Regeln umstritten; besonders die spätere Präsidentengattin Rosario Murillo bekämpfte die Dichterwerkstätten in ihrer doppelten Funktion als Vorsitzende der Vereinigung Sandinistischer Kulturarbeiter und als Herausgeberin der führenden Literaturbeilage des Landes. Murillo schrieb und schreibt selbst Gedichte, die – so könnte man sagen – alle Mängel aufweisen, vor denen der Kulturminister warnen wollte.

Einige *Talleristas,* die ich treffen sollte, waren mir schon durch ihre Gedichte vertraut, Aura Sofía Sánchez zum Beispiel, die in Matagalpa als Sekretärin arbeitete, oder der Bauer Modesto Silva, der in Palacagüina die Koordinationsstelle für Wiederaufbau leitete. Mit fünfundvierzig Jahren war er der älteste Laiendichter, den ich kennenlernte. Der zweitälteste, der scheue Juan Urbina, der in Estelí Tabakblätter zu Zigarren rollte, war achtunddreißig. Der drittälteste war ich selbst, mit dreißig. Ich erinnere mich an eine stille Nacht, in der wir bei Modesto um einen aus ungehobelten Brettern gezimmerten, von einer Kerosinlampe beleuchteten Tisch saßen und die Gedichte anhörten, die seit Gonzalos letztem Besuch entstanden waren, von einer Lehrerin verfaßt, einem Arbeiter, einem Studenten, drei jungen Mädchen, dem Buchhalter der örtlichen Genossenschaft. Und natürlich von Modesto selbst, der unter dem Gelächter der anderen dreimal dasselbe Gedicht rezitierte, weil es schon in vier Sprachen übersetzt worden war, worauf er mächtig stolz war:

Miriam
So groß war die Freude
über deinen Brief,
daß beim erstenmal Lesen
mir nicht klar wurde,
was da stand:
Ich liebe dich nicht.

Aura in Matagalpa hatte ein ähnlich knappes, lakonisches Gedicht geschrieben, über einen fünfzehn- oder sechzehnjährigen Jungen, dem sie in einem entlegenen Weiler Lesen und Schreiben beigebracht hatte. Ehe sie mit der Alphabetisierungsbrigade ins nächste Dorf aufbrach, hatte er ihr sein Heft gezeigt, darin das erste Wort, das er allein, ohne Anleitung geschrieben hatte: ihren Namen. Das habe, sagte sie, ein warmes, zärtliches Gefühl in ihr wachgerufen, das sie in Versen bewahren wollte.

Die meisten Gedichte verdankten sich solchen warmherzigen Empfindungen. Der Erinnerung an die verstorbene Großmutter, dem Gesang der Vögel vor Tagesanbruch, der ersehnten wie der erfüllten Liebe, dem Trennungsschmerz, den Freundinnen, Freunden, Angehörigen, die von Somozas Nationalgarde oder von Söldnern aus Honduras ermordet worden waren. Mich überraschte, wie selten Mißstände zur Sprache kamen, und noch mehr erstaunte mich das Fehlen von Haß. Selbst in der Darstellung von Greueltaten überwog fast immer das Andenken an die Tugenden dessen, der sie erlitten hatte, und sooft von der Notwendigkeit des Kämpfens die Rede war, schwang das Bedauern darüber mit, wie in diesem Gedicht des Arztes Luis Santiago Palacios Gómez aus Jalapa:

> Unsere 120 mm-Granatwerfer
> machen beim Feuern einen Krach
> daß einem Hören und Sehen vergeht.
> Trotzdem packt uns jedesmal
> eine Wut
> denn da fliegen sie hin
> die Krankenhäuser, die Schulen
> die Erholungsheime
> die wir nicht bauen können
> weil wir uns verteidigen müssen.

Der nahe Krieg weit weg. Nach Ocotal, meiner nördlichsten Station, waren zwei Dichter aus Palacagüina mitgekommen. Tags zuvor hatten *Contras* die Ortschaft angegriffen, und nun war es unmöglich, die lokalen Werkstättendichter zusammenzutrommeln: Ein Mädchen machte, von Tür zu Tür, »politische Arbeit«, die anderen standen Wache, hoben Schützengräben aus oder waren mit dem Beseitigen der ärgsten Schäden beschäftigt. Aber meine Begleiter redeten nicht von der Bedrohung, sondern unterhielten sich über gemeinsame Bekannte, Mädchen, das Schreiben von Gedichten.

Schon vorher, in Estelí, hatte ich über die Behutsamkeit gestaunt, mit der Gonzalo die vorgelesenen Gedichte kritisierte. Das von Félix Rubén Espinoza schlug einen kühnen Bogen von Grillengezirpe nachts und Schlaflosigkeit über

Stimmen aus dem Radio, Heiligenbilder und eine Lenin-büste bis zum Memento mori. Mit beiläufigen Fragen, wie nebenher, gelang es Gonzalo, die verschlungenen Gedanken so weit zu entwirren, daß der Dichter Lust bekam, sich das Gedicht noch einmal vorzunehmen.

Drei Frauen in frischgestärkten Uniformblusen traf ich nach meiner Rückkehr in Managua. Ana Sofía Martínez aus der Dichterwerkstatt der Sandinistischen Luftwaffe hielt ihr einjähriges Kind im Arm, während sie mir ein Gedicht über einen Kameraden vorlas, der nachts Wache schiebt. Die anderen beiden, Lorena Montiel und Gladys Paguaga, waren Aufseherinnen in einem Gefängnis. Sie sagten, sie hätten es lange nicht gewagt, über das zu schreiben, was ihnen besonders wichtig war, das erotische Begehren. »Am Anfang dachten wir, so was zeige ich lieber nicht her, was werden die Leute von mir denken, aber diese Scham haben wir mittlerweile verloren.«

Während ich, zurück in Österreich, ihre Verse übersetzte, hörte ich von wachsender Militarisierung und Entbehrung. Freunde brachten Briefe, Gedichte, neue Ausgaben der auf grobem Packpapier gedruckten und mit Jute zusammengebundenen Zeitschrift der *Talleres*, die den Titel *Poesía Libre* trug. Ich erfuhr, daß Gonzalo Martínez, der *poeta orientador*, zum Militärdienst eingezogen und an die Nordfront geschickt worden war. Sein Kollege Gerardo Gadea, selbst ein talentierter Lyriker, bat um Geld für Medikamente. Er schrieb auch, daß die Dichterwerkstätten infolge der Kriegshandlungen nur noch fallweise existierten. Dann blieben die Briefe aus. Bei den Wahlen 1990 siegte das bürgerliche Oppositionsbündnis, und damit war es mit der Volksdichtung vorbei. Seither habe ich mich oft gefragt, was wohl aus den Menschen geworden ist, denen ich auf meiner Reise begegnet war. Ob sie noch Gedichte schreiben oder Gedichte lesen. Wer von ihnen überhaupt noch am Leben ist. Und wer von den Lebenden nach wie vor in Nicaragua anzutreffen wäre, auf welcher Seite der Barrikaden, im Aufruhr gegen ein Präsidentenpaar, das die eigene Revolution verraten hat.

In schlechten Stunden frage ich mich sogar, ob sich der Aufwand des Gedichteschreibens gelohnt hat. Der Aufwand einer Revolution, die zum Gedichteschreiben anstiftet. Man müßte Ernesto Cardenal fragen, oder Mayra Jiménez in Costa Rica. Vor fünf Jahren, habe ich gelesen, hat sie wieder eine Werkstatt geleitet. In Solentiname, dort, wo alles angefangen hat.

(2011)

Rede auf Alfredo Bauer

Ich bitte lieber gleich um Vergebung für den Etiketten-
schwindel, denn das hier wird keine Rede auf Alfredo
Bauer, oder schon, aber anders als geplant, und nicht deshalb, weil ich schon mehrmals eine Rede auf ihn und sein
Werk gehalten habe und das meiste von dem, was ich damals
gesagt habe, für mich auf ihn immer noch zutrifft; in den
vergangenen zwei Jahrzehnten ist beides, sein Werk, unsere
Freundschaft, gewachsen, und es wäre verführerisch, zumal
dieses Wachsen zu beschreiben, in der Erinnerung an vieles,
das uns verbunden hat und weiterhin verbindet. Momente
fallen mir ein, Gegebenheiten, Begegnungen mit dritten und
vierten, die sich – und das ist der Schaden – justament zu
Anekdoten ballen wollen, heiteren, komischen, tiefbewe-
genden, auch peinlichen.

Als peinlich ist mir etwa unser gemeinsamer Besuch in der
Dokumentationsstelle für neuere österreichische Literatur,
die sich damals noch in der Gumpendorfer Straße befand, in
Erinnerung geblieben, irgendwann Ende der achtziger Jahre,
bald nachdem wir uns in Buenos Aires kennengelernt hatten. Alfredo hatte Bücher von sich nach Wien mitgebracht
und wollte sie in einer öffentlichen Einrichtung deponieren,
in der sie seinen Landsleuten nützlich sein könnten, und da
fiel mir dieser Orkus des heimatlichen Schrifttums ein. Aber

die Germanistin, die wir darin antrafen, nahm sich nicht einmal die Zeit, mir überhaupt zuzuhören, wir beschäftigen uns nur mit österreichischer Literatur, sagte sie abwehrend, als handelte es sich bei Alfredo Bauer um einen Piefke oder Eskimo, einen Außerösterreicher, Außerirdischen gewissermaßen, dessen Bücher nicht in ihre Regale gehörten. Mir ist, damals, jenes bittere Gefühl hochgekommen, für das es im Spanischen einen präzisen Begriff gibt, den der *vergüenza ajena.* Es gehört zu Alfredos Erfolgsgeschichte, daß dieselbe Person, die endlich doch die Bücherspende angenommen hat (oder haben wir sie ihr kleinlaut wieder entzogen?), seinen Namen inzwischen geläufig auszusprechen weiß.

Bewegend war, zum Beispiel, unser Zusammensein im September 1996, am Lehrstuhl für Menschenrechte in der Philosophischen Fakultät der Universität Buenos Aires. Osvaldo Bayer hatte mich eingeladen, dort zu sprechen, und seinen Freund, mich dem Publikum vorzustellen. Was Alfredo bei dieser Gelegenheit über mich gesagt hat, will ich verschweigen, diesmal nicht aus *vergüenza ajena,* sondern *por falta de méritos* meinerseits; was mir aber außerdem in Erinnerung geblieben ist, war die Atmosphäre in jenem riesigen, schäbigen, mit Plakaten und Spruchbändern verhängten, mit Flugblättern gepflasterten, überfüllten Saal, in dem sich ein Teil jener Menschenrechtsgesellschaft versammelt hatte, derentwegen ich mich in Argentinien geborgen fühle. Das Empfinden, unter Gefährten zu sein, die man nie zuvor gesehen hat, die von einem nie zuvor gehört haben, aufgehoben, verstanden, akzeptiert bei allen Meinungsverschiedenheiten, die an jenem Abend auch zur Sprache kamen, ungestüm, rauh und von Alfredos Seite mit Geduld ausgeräumt. Nicht daß ich seinen Aufsatz *Ein Gringo wird Patriot* bis dahin eng aufgefaßt hätte – aber nun las ich ihn mit neuer Gewißheit: der von der Glückseligkeit des Wurzelschlagens, in einem andern Land.

Ich verrate nichts Ehrenrühriges, wenn ich Alfredos unkonventionell riskanten Fahrstil erwähne, und ich tue das auch nur, weil das Wissen um ihn die Freude an seiner Glosse *Gerechtigkeit* noch erhöht. (Überhaupt bin ich ein großer Liebhaber von Alfredos kleinen Texten, an denen sein trockener Humor besticht.) Er beschreibt darin seinen Kampf mit Windmühlen, will heißen mit dem Städtischen Verkehrsamt von Buenos Aires infolge einer willkürlich verhängten Strafverfügung – angeblich soll der Ich-Erzähler, der mit Alfredo identisch ist, sein Auto falsch geparkt haben, was er entschieden in Abrede stellt, worauf das Geschehen seinen Lauf nimmt. Allein die Beschreibung des handtuchgroßen roten Strafzettels auf der Windschutzscheibe des Fahrzeugs, der sich, wie allgemein bekannt, nur mit Coca-Cola ablösen läßt, einem imperialistischen Gesöff, dem der Antiimperialist A. B. für gewöhnlich gerne zuspricht, das ihm in diesem Moment aber nicht zur Verfügung steht – diese Beschreibung also, und die Darstellung seiner Bemühungen, das Auto mit verrenktem Hals und schmalem Sehschlitz vorsichtig nach Hause zu steuern, unter den höhnischen Blicken und Zurufen anderer Verkehrsteilnehmer, ist derart anschaulich ausgefallen, daß ich bald nicht mehr wußte, hatte ich die Geschichte gelesen, geträumt oder erlebt.

Ganz ähnlich erging es mir mit einer Episode, die sein jüngerer Sohn Jorge kolportiert hat und von der ich folgendes behalten habe: Jorge, oder Schorsch, wie er von seinem Vater gerufen wird, war vielleicht zwölf oder vierzehn Jahre alt, als sein Vater von der Klassenlehrerin vorgeladen wurde, einer behaupteten Verfehlung des Schülers Bauer wegen, der konkrete Anlaß ist vergessen, nicht jedoch die Strittigkeit des Sachverhalts, und daß Alfredo, auf Verlangen der Lehrerin, Jorge für eine Untat bestrafen sollte, die dieser, seiner Auffassung nach, gar nicht begangen hatte. Alfredo hörte sich beide Versionen an, dann sagte er zu der Frau: Meinen Sohn kenne ich seit seiner Geburt. Sie kenne ich erst seit kurzem. Gestatten Sie mir also, ihm mehr zu glauben als Ihnen.

Anekdoten. Soll ich noch eine erzählen, die zum Beispiel, wie Alfredo wähnte, als Starhembergmörder Nr. 2 in die Geschichte einzugehen, so wie sein Parteigenosse Georg Auer vier Jahrzehnte vor ihm als Mörder Nr. 1, Auer, der 1956 den alten, den fürstlichen, den Heimwehrfaschisten Starhemberg fotografiert hatte, worauf dieser, außer sich vor Erregung, seinen Stock erhob, aber nicht mehr zum Zuschlagen kam, weil er im selben Moment tot zusammenbrach, angeblich. Alfredo Bauer wiederum zog sich mit einem Zeitungsartikel über den Fürstensohn, der die sozialistischen Arbeiter bei einem Vortrag in Buenos Aires als *bandidos* bezeichnet hatte, dessen Zorn (und eine Verleumdungsklage) zu, woran ich nicht ganz unschuldig gewesen bin, wie folgender Satz aus einem Brief Alfredos nahelegt: »Übrigens: Im allgemeinen hetzt Du mich auf; ich hoffe, der Ton war diesmal aggressiv genug!« Als dann, nach seinem Freispruch und kurz vor dem Berufungsverfahren, Heinrich Starhemberg unerwartet das Zeitliche segnete, schrieb Alfredo treuherzig: »Der Talmud sagt: ›Möge die Sünde sterben, aber nicht der Sünder!‹ Sollte wirklich Gott ihn gestraft haben: ich schwöre, daß nicht ich es war, der ihn darum bat!«

Aber ich wollte wirklich nicht ins Anekdotische kommen, das, was von gesellschaftlicher Brisanz sein sollte, ins Harmlose drängt. Und ich möchte mich auch vor einer Rede drücken, weil es nicht die erste wäre, die ich auf meinen Freund halten würde, und die erste ist meistens die beste. Zum Glück gibt es ja Alfredos Briefe, in ihnen das Ringen um Verständigung über Fragen, die uns beschäftigen, und ich habe mir erlaubt, aus seiner Korrespondenz eine kleine Auswahl zu treffen, die mit einer als Katastrophe empfundenen historischen Niederlage einsetzt, 1989, und gut zehn Jahre später endet, zu einem Zeitpunkt, ab dem aus Buenos Aires, Calle Superí 1430, keine Luftpostbriefe mehr eintrudeln, weil a) die Post hier wie dort bei immens gestiegenen Portokosten immer unzuverlässiger funktioniert, b) Jorge es mit Lammsgeduld endlich geschafft hat, Alfredo in den Geheimnissen der Elektropost zu unterweisen. Kann sein, daß mir zwischen die eine und andere Briefstelle ein Fremdzitat geraten ist; wer aufmerksam zuhört, wird es sicher merken.

Antología mínima de D. Alfredo Bauer also, oder:
Spaziergang durch hauchdünnes Pauspapier (1989–2000)

I.

Etliche Irrtümer und Fehler der Partei habe ich, mit meinem eigenen Kopf denkend, mitgemacht; es wäre unanständig, mich da heraushalten zu wollen. Nun ja, es ist die alte Frage, wie weit Ordnung und Disziplin, wie weit die Unterordnung des einzelnen nötig ist. Da sind nicht nur Irrtümer, sondern auch Mißbrauch ist da möglich. Wir wollen den Mißbrauch ausschließen und den Irrtum selten halten; mehr ist da nicht drin.

(15. März 1989)

2.

Wer garantiert uns für den Menschen? Ist es denn ausgemacht, daß er, wovon wir überzeugt waren, in seinem innersten Wesen gut ist, und nicht mittels Zuckerbrot und Peitsche zu allem zu bringen? Wäre es doch so, daß die Gegenseite recht hätte, daß sie besser wäre. Es wäre keine Schande, früherer Meinung abzusagen, wenn man sich überzeugt hätte, daß das Gegenteil richtig ist. Aber es ist ja nicht richtig; es ist falscher, verderbter, tödlicher als je zuvor; nur siegreich ist es. Wie soll man da leben?

Freilich, man lebt dennoch. Ich bin beinahe ruhiger, seitdem – zumindest für Europa – nichts mehr zu erhoffen ist, und für die Neue Welt bestenfalls (bestenfalls: wohin ist es nur mit uns gekommen, daß wir da »bestenfalls« sagen müssen!) eine maßlos blutige Auseinandersetzung. Was mich tröstet, ist, daß ich, so oft ich auch geirrt habe, nie unanständig und eigennützig, nie ein Verfolger, sondern immer ein Verfolgter war, und daß es so auch bleiben wird. Aber das ist doch ein echter Alterstrost. Wie Ihr Jungen fertigwerdet mit dem, was geschieht, ich kann es mir wahrhaftig nicht vorstellen. Vielleicht, weil Ihr denkt, daß Ihr doch noch die Wende sehen werdet?

Was in unserm Lande geschieht, ist unvorstellbar. Sie machen, was sie wollen, stehlen und rauben, denn wir haben nicht die Kraft, sie daran zu hindern. Es gibt keine Grenze mehr zwischen Geschäft und Delikt. Wie in der Dreigroschenoper: Der Räuber ein Bürger, der Bürger ein Räuber. Aber weiter führen sie groß die Moral im Munde. Für mich alten Moralisten ist es das Schlimmste – freilich weiß ich, daß ich, da ich zum Unterschied mit der Hälfte der Bevölkerung noch im materiellen Sinne menschenwürdig lebe, es mir leisten kann, *das* für das Schlimmste zu halten! –, mit welchem Zynismus sie ungeniert das Gegenteil von dem tun, was sie versprochen haben, was ihrer eigenen Tradition entspricht.

Ja, so ist es.

(19. Februar 1990)

3.

Eigentlich begreife ich die echten Rechten noch besser als diese formellen Demokraten und Sozialdemokraten, für die das Böse, das geschieht, bloß ein Anlaß zum Spott, zu höhnischen Bonmots ist, und für sensationalistische Artikel, die gar nicht versuchen, ein wenig in die Tiefe zu gehen. Sie kommen gar nicht auf den Gedanken, auf den doch, wenn das nicht Politik und Weltgeschichte wäre, sondern tägliches Leben, jedes Kind käme: daß nämlich die Kraft, die da zusammenbricht, sympathisch oder nicht, Gegengewicht und daher ein gewisser Schutz war gegen jene Kraft, die uns allen ans Leben – auch an das gute Leben der Konsumgesellschaft, das ihnen so teuer ist – will und geht. Wahrhaftig, hier bei uns Unterentwickelten spüren das auch die Rück-

ständigen, selbst die geistig Rückständigen in den privile-
gierten Schichten; und das äußert sich bei vielen, die unserer
Denkweise fernstehen, sich aber nun prononciert freundlich
gegen uns verhalten. Wenn es etwas gibt, was ein kleinwenig
Trost spendet, so ist es das. Wie bescheiden man doch wird!

(23. März 1990)

4.

Was mich [an meinem Aufenthalt in Österreich] am meisten beeindruckt, ist das Gefühl der eigenen Nützlichkeit.
Das bedeutet, nach dem Erleben der letzten zwei Jahre, ein
persönliches Erfangen; nachdem ich eigentlich, wenigstens
für mein eigenes Erdenleben, mit der optimistischen Perspektive bereits abgeschlossen hatte. Eingebettet ist das in
das allgemeine Erleben der neuen Weltlage, die gerade durch
ihre Tragik eine neue Eindeutigkeit herbeiführt, die vorher
verlorengegangen war. Da hat man auch wieder – trotz des
Schwindens unmittelbarer historischer Perspektive – das
Gefühl, »richtig zu liegen«. Freilich meine ich, daß sich dieses Gefühl bei der Mehrzahl der Menschen weit langsamer
durchsetzen dürfte als bei Leuten wie Du und ich, die nicht
nur zum Denken und Handeln, sondern auch zum Träumen
befähigt sind. Aber es liegt wohl nicht nur daran, daß ich
sowohl in Österreich als auch auf meinen darauf folgenden
Stationen in Deutschland so etwas wie einen bescheidenen
Aufbruch konstatieren konnte. Spürt man einen solchen
Rückhalt in der Welt, dann kann man wieder schaffen und
kämpfen, und also leben.

(11. Februar 1991)

5.

Über die allgemeine Lage läßt sich nur sagen, daß es so nicht weitergehen kann. Aber leider, nach dem berühmten, bittern Wort von Karl Kraus: »auch anders nicht«.

(25. Mai 1991)

6.

Ich bin hier weiter sehr geschäftig, bringe auch einiges fertig, bin aber doch nicht ganz zufrieden. Wahrscheinlich liegt es daran, daß es zu viele Dinge sind, die geschehen müssen. Und zumal daran, daß das, was ich tun *muß*, sich mit dem, was ich tun *will*, ins Gehege kommt.

(30. April 1991)

7.

Sehr böse ist, was Du über Kuba schreibst. Auch ich meine, daß nicht die materielle Not das Schlimmste ist, sondern die leider Gottes bekannte Zwickmühle, daß man, um das Gute zu erhalten, Bösem Raum geben muß. Es kann dann geschehen, wie man es gerade anderswo erlebt hat, daß gerade das so gemachte oder geduldete Böse das Gute erstickt. Und wir, die wir von außen dazu Stellung nehmen müssen, sind dann auch in der Zwickmühle: Soll man, um das Gute zu verteidigen, das Böse mitverteidigen oder gerade bekämpfen? Wir erinnern uns beide daran, daß es gerade diese Frage war, über die wir entgegengesetzter Meinung waren. Und jetzt sind wir wohl durch das tiefe Unglück, das gekommen ist, dahingehend belehrt worden, daß wir beide auf diese Frage keine Antwort wissen. Das eine aber ist, glaube ich, klar: In beiden Fällen ist es die Schuld des Feindes, wenn

der Zusammenbruch kommt; sowohl wenn wir gezwun-
genermaßen in Praktizismus verfallen und Untolerierbares
tolerieren, als auch wenn wir »stur« sind und uns weigern,
Konzessionen zu machen.

(4. Juli 1991)

8.

Literatur hat Zeit, und kann deshalb auch Geduld haben
und darauf vertrauen, daß der Irrationalismus, der die Menschen erfaßt hat, wieder ebbt. Mag sich der Kapitalismus nur
einbilden, über die ethischen Grundwerte gesiegt zu haben!
Gerade diese ethischen Grundwerte, besser gesagt seine eigene Unvereinbarkeit mit Güte und Menschenwürde, werden ihm schließlich den Garaus machen. Allerdings wird
sich sein Abtreten von der historischen Bühne in einer so
blutigen und dreckigen Weise vollziehen, daß es durchaus
möglich ist, daß die ganze Menschheit mit ihm in den Abgrund gerissen wird. Aber selbst wenn das nicht geschieht:
er zwingt die Kämpfer für die gute Sache zum Haß, und der
wird, wie es leider schon einmal geschah, auch deren eigene
Seele Schaden nehmen lassen. Nun, nach solcher Gesetzmä-
ßigkeit geht es leider, nicht nach der ethischen!

(11. November 1991)

9.

Man hat manchmal wirklich die Meinung, daß es auch in
der großen Bewegung der Welt »mehr auf den Glauben ankommt als auf die Werke« (in unserm Österreich stieße dieser
antikatholische Satz wohl traditionell auf Ablehnung!), also
auch sehr auf uns, die wir nach wie vor an die Menschen glau-

ben. Der jüdische Talmud wieder sagt, um der sechsunddreißig Gerechten willen, die nie aussterben, lasse Gott die Welt
nicht untergehen. Nun, wir »Gerechten« sind zwar wenige,
aber doch mehr als sechsunddreißig. Also haben Gott oder
die Weltgeschichte vielleicht ein Einsehen, und es geht weiter
mit der Welt. Daß sie schlauer sind als wir, das kann, »ob-
gleich« es der alte Marx gesagt hat, wohl als bewiesen gelten.

(23. April 1992)

10.

Was meinen Optimismus betrifft, so bin ich selbst ihm gegenüber illusionslos: Er beinhaltet persönlichen Verzicht, und es
hat mit meinem Alter zu tun, daß ich fähiger bin, die Dinge
in »historischer« Distanzierung zu sehen als Ihr Jüngeren.
Aber er kommt auch vom persönlichen guten Gewissen her.
Ich bin überzeugter denn je, daß der Haupterfolg der echten
Menschheitsfeinde darin bestand, daß sie uns moralisch ver-
unsichern konnten, nicht etwa um es besser zu machen als
wir, sondern ganz skrupellos zur Sicherung bzw. Wiederge-
winnung ihrer Macht. Ich habe es früher begriffen als andere,
daß wir keinen Grund haben, selbst dabei mitzumachen.
Denn das Fazit unserer – im weitesten Sinne »unserer« – Bemühungen seit 1933 ist eindeutig positiv zu bewerten.

(6. November 1992)

11.

Wir waren wie alljährlich am 26. Oktober in der Botschaft.
Da hielt der Botschafter eine Rede, die für mich wie eine
kalte Dusche war. Er sagte ziemlich unverblümt, daß wir
von Österreich Abschied nehmen müssen. Rein in die EG,

das sei die beste Art, sich gegen das übermächtige Deutschland zu wehren. Bei Nestroy steht: »Der Papa will mir seinen Willen aufzwingen, aber das scheitert an meinem Gehorsam.« Er sagte auch, der Botschafter, nicht der Nestroy!, daß ohnedies schon alles festgelegt sei. Anschließend wurde die Bundeshymne gespielt, und alle waren sehr gerührt.

(13. November 1993)

12.

Ich gebe zu, daß es für mich ein großer Moment war, als der Emigrant, Jude und ehemalige Offizier der Roten Armee [Konrad Wolf] begraben wurde von dem Staatschef Honekker, der zehn Jahre im Zuchthaus Brandenburg gesessen hat, weil er Leute wie [das ehemalige Mitglied von NSDAP und SA, dann der CDU und Bundespräsidenten der BRD Karl] Carstens bekämpft hat.

(Thomas Brasch, zum Begräbnis des Filmregisseurs und Akademiepräsidenten K. W., März 1982)

13.

Weil wir gerade bei solchen Dingen sind: ich bin vorige Woche endlich in Chile gewesen und habe Honecker besucht. Er ist körperlich in einem bösen Zustand: Haut und Knochen; hat seit seiner Ankunft in Chile 10 Kilo abgenommen, ist aber immer noch aktiv und beweglich, mehr als hell im Geist und vor allem entschlossen, für sein Lebensideal bis zuletzt einzutreten. Auch er relativiert durchaus »sein Modell« und orientiert sich auf die sozialistische Alternative im allgemeinen als Inhalt seines Lebens, der er treu bleiben will. In solcher Treue liegt schon – wir haben ja leider genug schmähliche Beispiele vom Gegenteil –, liegt meines Erachtens eine menschliche Würde, der man unabhängig von der unmittelbaren politischen Einschätzung Respekt zollen soll. Besonders bei einem Menschen, der schon vom Tod gezeichnet ist und der das weiß. Das ist auch der offizielle Standpunkt meiner Partei, die sonst seiner Vergangenheit und auch zum Teil seiner jetzigen Einstellung kritisch gegenübersteht.

(23. Juni 1993)

14.

Es gibt eben zweierlei Mitleid. Das eine, das schwachmütige und sentimentale, das eigentlich nur Ungeduld des Herzens ist, sich möglichst schnell freizumachen von der peinlichen Ergriffenheit vor einem fremden Unglück, jenes Mitleid, das gar nicht Mit-leiden ist, sondern nur instinktive Abwehr des fremden Leidens von der eigenen Seele. Und das andere, das einzig zählt – das unsentimentale, aber schöpferische Mitleid, das weiß, was es will, und entschlossen ist, geduldig und mitduldend alles durchzustehen bis zum Letzten seiner Kraft und noch über dies Letzte hinaus.

(Stefan Zweig, *Ungeduld des Herzens,* 1939)

15.

Also, Honecker ist nun tot. Ich weiß ja, daß wir uns in diesem Punkt nicht verstehen. Aber für mich ist es ein gutes Gefühl, daß wir ihm ein friedliches Sterben in Freiheit sichern konnten. Bei Gorbatschow würde gewiß die Gegenseite weiß Gott was hermachen. Daß er nicht auf der Seite der Gewinner stand (die ihn liebend gern genommen hätten), ist für mich das Entscheidende. So dachten wohl auch die

Chilenen, als sie ihm mit DDR-Fahne und Internationale das letzte Geleit gaben. Selbst die chilenische Regierung gedachte mit Dank der Hilfe für die Pinochet-Flüchtlinge in der DDR.

(7. Juni 1994)

16.

Immerhin: ein langes, erfülltes Leben und ein leichtes Sterben; mehr ist keinem von uns gegeben.

(Auf der Parte von Alfredos Mutter Elena Mittler de Bauer, † 24. August 1994, mit knapp 96 Jahren)

17.

Ich hab das Buch [mit den Kramer-Gedichten] auf meinem Schreibtisch liegen, und wenn ich beim Arbeiten eine Pause mache, lese ich wieder ein paar Gedichte. Manchmal heul' ich! Was mir doch da bis heute entgangen ist! So kunstvoll die Sprache, und so ungekünstelt das Gefühl! Auch einer, der einen trösten kann! Und so ›österreichisch‹ ist es! Soll doch die, die nichts als schimpfen können über ›dieses Land‹, der Teufel holen! Am Ende rechtfertigen sie damit doch nur ihre eigene Untätigkeit! Nein: Wir liegen schon richtig. Und wenn wir auch noch so wenig aufstecken!

(11. Jänner 1997)

18.

Vielleicht ist das Thema [meines Mussolini-Romans] überhaupt zu groß für mich. Aber man sollte sich immer Aufgaben stellen, die *über* die eigenen Kräfte gehen, sonst leistet man nie etwas Ordentliches.

(11. Jänner 1997)

19.

Wir müssen langsam wieder lernen, daß Unvorhergesehenes geschehen kann. Das hat mit »Ende bzw. kein Ende« der Geschichte zu tun. Und mit der berühmten »List der Geschichte«, die immer wieder neue Möglichkeiten schafft. Nur *die* Möglichkeit, daß die Entwicklung sanft vonstatten gehen könnte, ist nicht gegeben.

(18. Juni 1998)

20.

Du hast immer meinen Optimismus gelobt. Ich vergesse nicht, daß der Lebens-Optimismus am Ende des Lebens eher mit dem guten Gewissen der geleisteten Arbeit gegenüber zu tun hat als mit dem Ausblick. Eigentlich aber ist das ja absurd: In Wirklichkeit entspricht es ja gerade dem jüngeren Alter, darauf zu vertrauen, daß nichts bleibt wie es ist, und daß man selbst den Wandel noch sehen wird. Du verzeihst doch diese Kopfwäsche durch einen um vieles älteren Freund! [...] ›Que yo me meta‹ entspringt meiner Liebe, meiner Sorge für Dich, für Euch alle.

(15. Juli 2000)

(2009)

Besuch bei einer alten Schachtel

In der Kleinstadt San Miguel, eine knappe Fahrstunde von Buenos Aires entfernt, befindet sich ein Altersheim, das nach dem jüdischen Wohltäter Baron Moritz Hirsch benannt ist. Der »Hogar Hirsch« wird von der 1933 gegründeten Asociación Filantrópica Israelita betrieben und ist so großzügig angelegt, daß man sich gut vorstellen kann, seinen Lebensabend hier zu verbringen – am besten Tür an Tür mit Thea Lüftig, damit einem nicht langweilig wird. Einmal in der Woche kommt sie nämlich ihr Sohn Raúl Kersenbaum besuchen, und es ist ein Vergnügen, den beiden beim Schmähführen auf spanisch, auf deutsch und in einem Mischmasch aus beiden Sprachen zuzuhören.

Thea ist in Wien aufgewachsen, als älteste von drei Töchtern des Ehepaars Heinrich und Hedwig Lüftig. Die Mutter führte eine Gemischtwarenhandlung in der Leopoldstadt, der Vater war ein eher erfolgloser Anzeigenakquisiteur, die Kinder arbeiteten in einer Schuhfabrik und halfen im Geschäft der Mutter aus. Im August 1938, fünf Monate nach der Annexion Österreichs durch das Deutsche Reich, gelang es der Familie, ein Visum für Argentinien zu erwirken. Dort heiratete Thea zwei Jahre später ihren Landsmann Gustav Kersenbaum aus Eisenstadt, dem ebenfalls die Flucht nach Südamerika geglückt war. Kersenbaum hatte in Buenos

Aires zuerst als Kellner, dann in einer Autosattlerei gearbeitet, ehe Thea und er ein Unternehmen gründeten, in dem sie Säcke aus Polyethylen herstellten. Nach dem Tod ihres Mannes arbeitete Thea bis zur Pensionierung im Textilbetrieb ihrer Schwester Gerti und ihres Schwagers Fritz Fleischmann, der über Frankreich nach Argentinien gelangt war. Gemeinsam mit Raúl, einem Drehbuchautor und Filmprofessor, und ihrem Neffen Leonardo Fleischmann habe ich Thea Lüftig im Dezember 2017 in San Miguel besucht.

Thea Lüftig: Ich werde im Jänner hundert Jahre alt.
Glaub ich nicht.
Ich glaube es, weil ich es spüre. Bueno, ich bin zufrieden. Ich möchte nur etwas kräftiger sein und aktiver.
Aber du bist doch eh quicklebendig.
Zwei neue Füße könnte ich schon brauchen. Du kannst dir denken, daß ich in meinem Alter nicht mehr so laufen kann wie früher. Ich kann gehen mit dem Andador, ich weiß nicht, wie man auf deutsch dazu sagt, aber nicht weit, und für die Freizeitaktivitäten habe ich einen Rollstuhl, damit man mich schieben kann. Mit den anderen Heimbewohnern komme ich gut aus, aber richtige Freundschaften entstehen nicht mehr. Y bueno, so lebt man. Ich bin seit achteinhalb Jahren fix in diesem Heim. Aber Mitglied der Filantrópica bin ich fast, seit sie besteht. Gleich nachdem wir geheiratet haben, sind mein Mann und ich ihr beigetreten.
Also vor mehr als fünfundsiebzig Jahren.
Ungefähr, ja. Früher war es ein Heim nur für jüdische Emigranten, jetzt sind wir schon halb und halb – katholisch und jüdisch und andere Religionen auch.

*Ich bin auf dem Weg hierher an einer Synagoge vorbeige-
kommen. Eine Kirche habe ich aber nicht gesehen.*

Die gibt es auch nicht. Auch die Synagoge ist erst später
dazugekommen. Aber wie gesagt, das Heim hat sich stark
verändert. Für mich ist es billig, weil ich so lange eingezahlt
habe, aber die meisten anderen müssen in die Tasche greifen.
Oder sie überschreiben der Filantrópica ihre Wohnung. Das
geht auch.

*So ein schönes Altersheim hättest du in Wien jedenfalls
nicht gefunden.*

Hast du dich umgesehen? Es ist sehr groß, sehr schön,
es gibt sogar ein Schwimmbad. Apropos Schwimmbad, in
Wien, im Augarten, wo die Porzellanfabrik drinnen war, hat
es in meiner Kindheit ein Planschbecken gegeben.

Das gibt es immer noch. Auf der Brigittenauer Seite.

Zur Brigittenau hin, ganz richtig. Da sind wir oft baden
gegangen. Was mich in Wien aber am meisten begeistert
hat, war das Wellenbad im Dianabad. Alle Viertelstunde ist
eine Welle gekommen. Ich kann mich erinnern, bei zehn
Eintrittskarten hat es einen Spezialtarif gegeben. Wir haben
als junge Menschen immer zusammengewartet, bis wir zu
zehnt waren, damit wir billiger hineinkommen.

Wo bist du eigentlich in die Volksschule gegangen?

In der Darwingasse.

Und danach?

Bin ich gegangen in die Handelsschule, oder Gewerbe-
schule, wie sie geheißen hat, beim Karlsplatz. Die Lehre
habe ich im Geschäft meiner Mutter gemacht. Hab auch
noch die Bestätigung, daß ich sie ordnungsgemäß abgeschlossen habe.

Hatte deine Mutter nicht ein Gemüsegeschäft?

Ein Lebensmittelgeschäft. Förstergasse 7. Ich kann mich erinnern, an der Ecke zur Unteren Augartenstraße war eine Apotheke, daneben der Uhrmacher Werfel, dann das Geschäft meiner Mutter und auf der anderen Seite »Wäschezubehör Berger«. Im Haus Förstergasse 7 haben zwei Mädchen gewohnt, die waren dann hinter der Apotheke versteckt, und ganz am Schluß, als der Krieg eigentlich schon zu Ende war, hat man sie angezeigt und mit anderen Juden, die im Keller versteckt waren, erschossen.

Wie hast du davon erfahren?

Das muß mir nach dem Krieg jemand erzählt haben.

Wann seid ihr von Wien weggefahren?

Ende August achtunddreißig. Nur meine jüngere Schwester ist mit einem Hausgehilfinnen-Visum schon zwei oder drei Monate früher nach England abgereist.

Das heißt, du hast fünf Monate Naziherrschaft erlebt.

Jeder sagt, daß Österreich ärger war als Deutschland. Die Verfolgung. Es war so komisch – von einem Tag auf den andern hatten alle plötzlich das Hakenkreuz.

Gab es bei euch mit den nichtjüdischen Nachbarn Probleme? Haben sich die schlecht benommen?

Nein. Sie haben uns nichts gemacht. Aber sie haben geschaut. Du weißt, die Häuser in Wien sind so gebaut, daß mehrere Höfe zusammenstoßen, und da hab ich von meinem Zimmer aus gesehen, es war dunkel, daß einer im Hof des Nebenhauses steht und unsere Wohnung beobachtet. Wie habe ich's gesehen? Der hat eine Zigarette geraucht, da hab ich die Glut gesehen.

Hast du das Ausmaß der Gefahr damals schon erfaßt?

Ich habe es gespürt, weil viele verschwunden sind. Aber ich habe es mir nicht so arg vorgestellt, wie es wirklich war. Wir haben Am Tabor 15 gewohnt, unten im Haus war ein italienisches Zuckerlgeschäft und eine polnische Greißlerei, von einem Juden, und gegenüber war auch ein Greißler. Und der Sohn von diesem Greißler, der nicht älter als sechs oder sieben Jahre gewesen ist, hat den jüdischen Greißler herumkommandiert: »Marsch!«, »Rechtsum!«, »Halt!« und so weiter.

Du hast mir einmal erzählt, daß man dich gezwungen hat, in einem HJ-Heim zu putzen.

Da wurde ich von der Straße weggeholt, um ein Hitlerjugendheim beim Praterstern sauberzumachen. Ist mir noch gut in Erinnerung. Der Junge, der mich dazu gezwungen hat, hat mich dann insofern gerettet, als er mich hat laufenlassen. Er hat die Tür aufgemacht und mir gedeutet, ich soll verschwinden. Die anderen Mädchen, die sie zum Putzen geholt haben, sind dort vergewaltigt worden. Ja. Man will nicht mehr daran denken. Man müßte, wie sagt man, Haß haben, den hab ich nicht. Ich denke mir, es ist vorbei, aber jetzt, wenn ich höre, was sich in Österreich alles entwickelt, wie der Nazismus wieder hochkommt, sogar in der neuen Regierung …

Deinen Schwestern ist damals nichts passiert?

Nein, bis auf das, daß sie den Boden reiben mußten. Aber wir waren das Arbeiten gewöhnt, uns hat das nichts ausgemacht. Die Nazijungen waren richtiggehend enttäuscht deshalb. Meine kleinere Schwester hatte einen Freund, einen katholischen. Damit sie nicht belästigt oder aufgehalten wird, hat er sie auf seinem Motorrad mit Hitlerfahne zum Bahnhof gebracht, als sie nach England gefahren ist.

Auch nicht ungefährlich.

War eine Gefahr für den Jungen. Rassenschande. Und mein Mann war bis zu seiner Abreise bei einem Freund versteckt. Das hat er mir später erzählt, denn ich habe ihn ja erst in Buenos Aires kennengelernt: daß ihn ein christlicher Freund in Wien bei sich versteckt hat, und sooft er frische Luft schnappen gegangen ist, hat der Freund ihm seine Jacke mit dem angesteckten Hakenkreuz geborgt.

Hattest du in Wien schon einen Freund?

Ich hab einen Novio gehabt. Er ist vor mir weg. Da konnte man nach Italien ohne Visum, wenn man das Flugzeug genommen hat, also ist er nach Italien geflogen und von dort in die Schweiz, wo eine Tante von ihm gelebt hat. Unsere Familie hätte, weil ein Bruder meines Vaters hier gelebt hat, eine Llamada bekommen sollen, das Visum für Argentinien. Aber das hat gedauert. Deswegen haben wir uns in der Zwischenzeit um ein anderes Fluchtland bemüht und für meine Mutter, meine Schwester und mich schon die Bewilligung bekommen, in England im Haushalt zu arbeiten. Wie meine andere Schwester.

Hattet ihr in England auch Verwandte?

Nein. Sagt mein Vater: Warten wir noch die Post ab, ob aus Argentinien was dabei ist, und tatsächlich war am Montag darauf die Einreiseerlaubnis da, und so sind wir nach Argentinien gekommen. Hier habe ich durch Zufall für meinen Novio eine Einreisebewilligung besorgen können, er hätte auch ins Land kommen können, aber nicht seine Mutter, wegen dem Alter. Hat er geschrieben, er kann sie nicht allein lassen, ich soll in die Schweiz kommen, und ich hab als Antwort gegeben, weißt du was, denke, daß du frei bist, ich kann meine Eltern auch nicht allein lassen. Und so sind wir auseinandergekommen.

Wie hat er geheißen?

Er hat geheißen Fritz Herzfeld. In Wien war er Dekorateur, Auslagengestalter. War auch noch jung. Er war, glaube ich, nur vier Jahre älter als ich.

Hattet ihr nachher noch Kontakt?

Nein. Mit seiner Mutter habe ich korrespondiert, bis sie gestorben ist. Mit ihm schon nicht mehr. Er ist geblieben in der Schweiz, und ich bin geblieben in Argentinien. Bueno, inzwischen habe ich meinen Mann kennengelernt, er hat mir sehr gut gefallen, und dann habe ich ihn lieben gelernt, und dann haben wir geheiratet.

Wie hast du ihn kennengelernt?

Ich habe ihn bald gekannt, weil meine Mutter in einem Gasthaus als Köchin gearbeitet hat, und dorthin ist er essen gegangen und hat zu ihr gesagt: Ich werde eine Ihrer Töchter heiraten. Hat meine Mutter gesagt, nein, beide haben schon Novios. Aber er hat mich doch bekommen.

Wie war es bei deinen Schwestern, wo haben sie ihre späteren Männer kennengelernt?

Gerti hat ihren Fritz schon in Wien gekannt. Er hat es geschafft, sich zu ihr nach Argentinien durchzuschlagen. In Frankreich hat er ein chilenisches Visum bekommen. Er ist in Buenos Aires auch brav in den Zug nach Chile gestiegen, aber bei der nächsten Station ausgestiegen und hiergeblieben. Y bueno, irgendwann hat er legale Papiere erhalten. Auch Hilde, meine andere Schwester, hat ihren Mann schon aus Wien gekannt. Aber er war damals noch nicht ihr Novio. Sie hat zuerst in London im Haushalt von einem Militär gearbeitet. Später hatten sie das Glück, aus London wegzukommen. Das Haus, in dem sie bis dahin gewohnt hatten, ist von einer Bombe getroffen worden. Es ist ihr in England sehr gut gegangen. Ich glaube, ihr Mann war siebzehn Jahre älter als sie. Mein Mann war auch viel älter als ich. Vierzehn Jahre.

Zurück zu eurer Flucht aus Nazideutschland. Auf welcher Route seid ihr nach Argentinien gekommen?

Wir sind mit dem Zug nach Belgien gefahren. Die Grenzstadt hat geheißen Aachen. Und dort war ein Kontrolleur, ein Deutscher, der Mitleid mit mir hatte. Im Bahnhof hat er mir einen heißen Kaffee gekauft. An das kann ich mich genau erinnern.

War die Angst weg, als ihr nach Belgien gekommen seid?

Ja. War ich ruhiger. Vor allem meine Eltern. Denn wenn man jung ist, geht das rasch. Vorbei, vorbei …

Von Belgien aus seid ihr mit dem Schiff …

… sind wir auf der »Copacabana« nach Buenos Aires gefahren. Die Reise hat über zwei Wochen gedauert. Das Schiff hat in Pernambuco angelegt, in Rio und in Montevideo. In Buenos Aires war Endstation.

Durftet ihr etwas mitnehmen?

Wir hatten nichts, wir waren arm. Die Schiffskarten hätten wir nie bezahlen können, die hat uns ein jüdisches Hilfswerk vorgestreckt. Ich habe aus Wien nur zwei Sachen mitgebracht: eine vertrocknete Zitrone und meinen Wanderstock aus der Zeit, als ich unsere Verwandten in der Tschechoslowakei besucht habe. Schlecht ist es uns hier nicht gegangen, aber wir haben in einfachen Verhältnissen gelebt, zu viert in einem Zimmer. Auf jeden Fall ist uns Argentinien wie das Paradies erschienen. Essen in Hülle und Fülle. Die Leute waren offen und freundlich. Sie haben uns nicht abgelehnt. Ich hab Gott sei Dank arbeiten können, und es ist mir nicht schlechtgegangen. Aber ich hab viel gearbeitet. Um sechs haben wir die Werkstatt zugesperrt, dann bin ich schnell nach Haus und hab das Nachtmahl gekocht. Ojalá, ich könnt's noch machen.

Habt ihr von seiten Österreichs eine Art Entschädigung bekommen?

So wie die Deutschen nicht. Aber es hat für die Österreicher eine Wiedergutmachung insofern gegeben, als uns die Jahre auf die Pension angerechnet worden sind. In meinem Fall sechs Jahre, glaube ich, und zehn Jahre habe ich für die Mindestpension nachgezahlt. Ist auch was!

Seid ihr nach dem Krieg in Österreich gewesen?

Zusammen nicht. Mein Mann ist nie wieder nach Österreich zurückgekehrt.

Und du allein?

Ich bin vor achtzehn Jahren in Wien gewesen. Man hat mich eingeladen, in ein Hotel am Ring in der Nähe der Votivkirche. Steht die noch, mit ihren zwei Türmen?

Natürlich. Bist du bei der Gelegenheit auch in den Zweiten Bezirk gegangen, wo ihr gewohnt habt und wo deine Mutter das Geschäft betrieben hat?

Nein. Ich hätte auch nicht gewußt, wie ich hinkomme.

Mit der Straßenbahnlinie 5, genauso wie in deiner Kindheit.

Meine Schwester Gerti und mein Schwager sind schon früher nach Wien gefahren. Sie haben auch nicht die Gegenden aufgesucht, in denen sie früher gewohnt haben. Ich kann mich erinnern, daß meine Schwester gemeint hat, sie hat bei dem Besuch in Wien so etwas wie Eifersucht gefühlt, weil alle so elegant angezogen waren. Die Frauen sind im Pelzmantel einkaufen gegangen, hat sie erzählt. Mir ist das nicht aufgefallen.

Hatte dein Mann eigentlich auch soviel Humor wie du und Raúl?

Er hat als Burgenländer ungarisches Blut gehabt. Viel Temperament. Er war sehr lustig.

In welcher Sprache habt ihr mit euren Kindern geredet?

Auf deutsch. Das war automatisch, weil wir waren Emigranten. Später hat sich das verloren. Aber mit einem Enkel habe ich immer nur deutsch gesprochen. Hat mir einmal ein Arzt gesagt, man soll ein Kind nicht in zwei Sprachen aufziehen. Das war natürlich falsch von ihm. Aber ich habe mich daran gehalten, und so kann nur dieser eine Enkel deutsch, und er spricht mit seinem Kind, meinem jüngsten Urenkel, auch nur deutsch. Wie alt ist das Kind schon? Sechs Jahre, und es geht in Buenos Aires auf die Pestalozzischule.

Was war der traurigste Moment in deinem Leben?

Es waren so viele traurige. Einer nach dem andern ist gestorben. Meine Freunde, und selbst die Leute, mit denen ich mich hier im Heim angefreundet hatte, leben nicht mehr. Meine zwei Schwestern sind fünfundachtzig geworden, jede von ihnen. Mein Vater ist jung gestorben. Er ist sehr streng gewesen, also habe ich keine Jugend gehabt. Mit zweiundzwanzig habe ich geheiratet und verhältnismäßig jung meinen Mann verloren. Ich bin die letzte. Ich bin schon eine alte Schachtel. Ich habe mir heute extra eine Bluse angezogen mit Ärmeln, damit man die Runzeln nicht sieht.

Was wünscht du dir zu deinem Geburtstag?
Daß ich nichts Trauriges mehr erlebe.

(2017)

Danke und bald wieder!

Rede vor dem Buffet

anläßlich der Verleihung des Bruno-Kreisky-Preises

Geschätztes Publikum,
Edle Führungskräfte,
Teure Adabeis,
Erlauchte Kollegen der Zunft & angrenzender Disziplinen,
Hartgesottene Vertreter des Anderen Steyr,
Unerläßliche Freunde & Angehörige aus Wien, aber auch
Gijón,
und last but not least Ruth Klüger, die ich hiermit öffent-
lich der Last enthebe, noch jemals einen Satz über Hackls
Schaffen zu verlieren (auch wenn derselbe davon nie genug
bekommen kann) –

Wie kaum jemand unter Ihnen erkannt hat, ist die Person,
die gerade den Preis eingeheimst hat, ich also, nicht mit jenem Erich Hackl identisch, der eigentlich ausgezeichnet
wurde. Er selbst, Erich Hackl I. sozusagen, hat es vorgezogen, der Verleihung fernzubleiben. Er hat mich aber gebeten,
an seiner Stelle ein paar Dankesworte, die er gemeinsam mit
mir redigiert hat, zum Vortrag zu bringen. Deshalb spricht
jetzt nicht das Original zu Ihnen, sondern ein Duplikat des
prämierten Hackl. Lassen Sie sich von physischen Ähnlich-

keiten nicht irreführen. Diese Einrichtung hat sich bewährt, seit Hackls Vorbild, der Schweizer Schriftsteller Niklaus Meienberg, sich anläßlich der Vergabe des St. Galler Kulturpreises in einen wilden, bösen, sarkastischen Meienberg, quasi in den Nestbeschmutzer, und in einen lyrischen, kantenlosen, fast milden Meienberg aufgespalten hat, in einen anwesenden und einen abwesenden, ganz nach dem Vorbild des Papstes, der ja auch seinen Stuntman Wojtila auf Reisen schickt, während der eigentliche Papst in Castel Gandolfo vor dem Fernseher knotzt und sein Double bestaunt.

Der Grund für das Fernbleiben Erich Hackls ı. ist in Bedenken allgemeiner wie spezieller Natur zu suchen. Er hat mir nach Bekanntwerden der Auszeichnung gestanden, gar nicht würdig zu sein, den Preis auch anzunehmen. Und zwar nicht deshalb, weil er sich im sozialdemokratischen Milieu rar macht (so hat er im Gegensatz zu großen, imposanten und wortmächtigen Kollegen weder die Eierspeise mit Kreisky geteilt noch Vranitzkys rauschendes Sommerfest besucht, noch mit Hawlicek getanzt, noch in Scholtens Literaturzirkus Bälle apportiert, noch, im Gegenteil, wie ein anderer, verblichener, Kollege auf die rotbraunschwarze Saubagage geschimpft, in langen gedrechselten Sätzen, und Schimpfen wäre ja immerhin, so sie sich mit Prominenz paart, eine Hetz und damit auch eine der Sozialdemokratie nicht fremde Eigenschaft – nicht deshalb also scheint ihm die Würdigung unangemessen), sondern weil die SPÖ in seinem Werk, zumal dem preisgekrönten, schlecht wegkommt. Und ist es kein Zufall, daß eine Kulturpolitikerin dieser Partei das auch zu erkennen gab, als sie vor ein paar Jahren die Hand, die ihr Hackl arglos entgegenstreckte, übersah, so daß er dieselbe nach einer Schrecksekunde, in der er nach Trauerrändern unter den Fingernägeln forschte, vorsichtig zurückzog, während sie ihn mit harter Stimme fragte, was er gegen die Sozialdemokratie habe und, mangels einer Antwort des solcherart Überraschten, nachsetzte, er würde ja immer »gegen uns« schreiben, und das würde wohl dem Haider (Hans, nicht Jörg) zupaß kommen, und zitiere sie ihn hiermit zu sich in ihre Amtsräume, worauf der jetzige Preisträger meinte, er wolle sich diesem Ansinnen doch besser entschlagen. Sagte die Kulturpolitikerin abschließend, das werde sie sich merken. Allerdings fällt das Sich-Merken leider nicht in den Aufgabenbereich der Politik, sondern in jenen der Kunst, und nimmt überdies die Merkfähigkeit ab, je heftiger die Diskussion über die Höhe von Politikergehältern brandet, während beispielsweise selten über die Höhe von Preisgeldern für Schriftsteller debattiert wird, weil sie sich unter der Wahrnehmungsgrenze bewegt.

Aber das Eigentliche, hat mir Erich Hackl 1. gesagt, ist doch folgendes: Er hat in dem Buch *In fester Umarmung* mehrere Berichte über Menschen stehen, in deren Leben das Handeln oder Nichthandeln österreichischer Sozialdemokraten unheilvoll eingegriffen hat. Da ist zum Beispiel die Sache mit Pomar, seinem kubanischen Freund und Übersetzer: Jorge Pomar war im November 1991 als Mitglied eines demokratischen Oppositionsbündnisses von einem Rollkommando des kubanischen Sicherheitsapparates zusammengeschlagen, dann wegen Diffamierung des Staates und illegaler Versammlungtätigkeit zu zwei Jahren Haft verurteilt worden. Ich erspare es mir, die Einzelheiten der Haftbedingungen im Gefängnis von Ariza, im Süden der Insel, zu schildern, auch wenn sie die menschliche Vorstellungskraft bereichern würden. Man muß es der damaligen österreichischen Botschafterin hoch anrechnen, daß sie sich bemühte, Pomars Lage im Rahmen des Möglichen zu verbessern. Immerhin hatte er sich in seiner Arbeit als Herausgeber und Verlagslektor große Verdienste um die Verbreitung österreichischer Kultur erworben. Als er Anfang 1993 entlassen wurde – inzwischen war seine Frau gestorben –, bemühte sich Pomar um Ausreise nach Österreich. Dazu mußte er, entsprechend den rigiden gesetzlichen Bestimmungen unseres Landes, Antrag auf Erteilung eines Sichtvermerkes stellen – eine reine Routinesache angesichts seines Leidensweges, wie mir (oder dem eigentlichen Erich Hackl) von der zuständigen Abteilungsleiterin, einer Sozialdemokratin, unter einem sozialdemokratischen Sektionschef unter einem sozialdemokratischen Innenminister versichert wurde. Die Frau beteuerte, so wie der Fall liege, werde Pomars Anliegen jedenfalls positiv behandelt werden. Doch es kam anders; sein Antrag wurde vom österreichischen Innenministerium zweimal abgelehnt, ohne daß er den Grund der Ablehnung erfahren hätte. Da die Lage in Kuba unhaltbar geworden war (Pomar galt seit seiner Entlassung als arbeitslos und sozial gefährlich und mußte mit neuerlicher Festnahme rechnen), tat ein deutscher Diplomat, wozu die österreichischen Behörden nicht fähig und nicht willens waren: Auf Bitten des Verbandes Deutscher Übersetzer stempelte er ein Visum in Pomars Paß. Pomar konnte nach Deutschland ausreisen. Er lebt seit November 1993 in Köln im Exil und weiß jetzt, wie österreichische Sozialdemokraten mit Verfolgten umspringen.

Hackl hat auch über seine Geburtsstadt Steyr geschrieben, und zwar anläßlich einer Initiative des Steyrer Komitees »Mauthausen aktiv«, zum 55. Jahrestag der sog. Reichskristallnacht die aus Steyr vertriebenen und noch lebenden Juden in die Stadt einzuladen. Die Stadtgemeinde – die SPÖ stellt den Bürgermeister und verfügte damals, 1993, noch über eine satte Mehrheit – sperrte sich dagegen, für die Reisekosten der Geladenen aufzukommen. Daß ÖVP und FPÖ sich ebenfalls weigerten, entlastet die sozialdemokratischen Stadtpolitiker nicht, im Gegenteil vergrößert dies noch ihre Schande und unsere Scham.

Geschrieben hat Erich Hackl, und zwar mit der ganzen Zuneigung, zu der er fähig ist, über einen geborenen und gestandenen Sozialisten, den Spanienkämpfer Hans Landauer. Auch da gab's freilich, was die Partei und ihre Häupter betrifft, manch Schwarzes zu berichten – Hans macht aus seinem Herzen keine Räubergrube, und sein Gedächtnis funktioniert, im Unterschied zu dem vieler seiner Genossen, ziemlich gut. Deshalb erzählt er auch, und Hackl erzählt es nach, wie sich der frühere sozialdemokratische Innenminister Oskar Helmer (derselbe, der im Ministerrat – wir lesen es in den von Oliver Rathkolb herausgegebenen Protokollen – manch antisemitischen Schlenker tat) seiner Verfolgung durch die Nazis brüstete und wie er, Hans Landauer, der es besser wußte, dem Minister antwortete: »Die Zeit, die du bei den Nazis gesessen bist, sitz ich auf der Rasierklinge ab.« Hans erzählt aber auch von seinen Erfahrungen mit einem anderen sozialdemokratischen Innenminister, Otto Rösch nämlich, der bekanntlich nicht nur an die SPÖ Mitgliedsbeiträge abgeführt hat. Hans war in den siebziger Jahren als Verbindungsoffizier zwischen dem österreichischen Friedenskontingent und der griechischen Polizei auf Zypern tätig und stieß zu seiner Entrüstung, wenn auch nicht Überraschung, auf österreichische UNO-Soldaten, die Nazilieder schmetterten und die Arme zum Hitlergruß in die Höhe warfen. Er schlug Krach, protestierte – und wurde vom Genossen Minister als »Unruhestifter« nach Österreich zurückbeordert. In dieser Affäre hat der damalige Kanzler Kreisky keine gute Figur gemacht, ich erwähne das nur, damit klar ist, warum dem eigentlichen Erich Hackl der Namenspatron dieses Preises keinen extra Begeisterungssturm wert ist, wiewohl Bruno Kreisky ihm stets achtenswert war und sein legendäres Brille-Abnehmen, Brille-Aufsetzen, Brille-wieder-Abnehmen den effektvollen Schlußstein in einem frühen Gedicht des Ausgezeichneten setzt, in dem der Sieg des Sozialismus, mit kindlicher Zuversicht, auf das Jahr 3000 datiert wird.

Überhaupt hat die Sozialdemokratie des öfteren ins Leben der von Hackl Porträtierten eingegriffen, so z.B. bei seinem Namensvetter und lieben Freund Ferdinand Hackl, der als Jugendlicher eine Vorstrafe aufgebrummt bekam und Jahre später, als er aus dem KZ Dachau, in das er als Spanienkämpfer, Kommunist und Patriot gesperrt worden war, in seine Geburtsstadt Wien zurückkehrte und sich um eine Stelle bei der Aktion Jugend am Werk bewarb, die ihm der soz.dem. Stadtrat Afritsch (von dem nicht bekannt ist, wie er den Naziterror überlebt hat, vermutlich bequemer) wegen dieser längst getilgten Vorstrafe verwehrte. Aber das gehört in den Unterabschnitt Sozialdemokratie und Antikommunismus, der insbesondere im Steyrer Raum heftig geblüht hat, weit über den Oktoberstreik 1950 hinaus, und hat Hackl schon als Kind und politisch weder in der einen noch in der anderen Richtung belastet auf das Mißverhältnis von antikommunistischer Inbrunst und kommunistischer Bedeutungslosigkeit sich so seinen Reim gemacht. Später hat er dann Sidonie Adlersburgs Ziehbruder Fred Breirather kennengelernt, der den Gehörnten gleich doppelt verkörperte, als Polizist *und* Kommunist, und deswegen wenig Freude mit seinen vorgesetzten Dienststellen erlebte, und kaum eine Beförderung, genausowenig übrigens wie seine Frau, die keine Kommunistin war, aber wozu haben wir Sippenhaftung.

Wie funktioniert der sozialdemokratische Antifaschismus, fragt sich Erich Hackl in diesem Zusammenhang, und da erinnert er sich an die Rezeptionsgeschichte seiner Erzählung *Abschied von Sidonie,* die er im Impuls geschrieben hat, das Schweigen um Leben und Tod eines Mädchens zu brechen. Waren ja jahrelang alle Bemühungen der Familie Breirather umsonst gewesen, ihr Erinnern mit anderen zu teilen, etwa durch eine Inschrift an einer Tafel, und waren sie von wechselnden Bürgermeistern der Gemeinde Sierning immer vertröstet worden. War dann die Erzählung geschrieben, und gab es plötzlich noch vor ihrem Erscheinen eine Gedenktafel im Ortsteil Letten, dreihundert Meter von Sidonies Elternhaus entfernt. Und das kam nicht aus Reue oder später Einsicht: für sein Drehbuch über Sidonie wurde Hackl mit einem internationalen Preis ausgezeichnet, was der *Steyrer Zeitung* einen Aufmacher wert war, in dem Hackl mit seiner Forderung nach einer Gedenktafel oder einem Gedenkstein für Sidonie Adlersburg zitiert wurde, was ein soz.dem. Stadtpolitiker las, der daraufhin seinen Parteifreund, den soz.dem. Bürgermeister der Nachbargemeinde Sierning, anrief und sinngemäß meinte, du, Freundschaft! da müssma was machen, worauf der Bürgermeister sinnierte, wie machen wir was, ohne die Ewiggestrigen, die Rassisten und Rechtsgewickelten unter dem Wahlvolk vor den Kopf zu stoßen, und folgende Lösung fand: Eine Gedenktafel wurde in Arbeit gegeben, aber nicht namens der Gemeinde, sondern im Auftrag der Sozialistischen Jugend, einer Schar von Hitzköpfen, die niemand ernstzunehmen braucht, schon gar nicht die Partei, und angebracht wurde die Tafel an der Fassade des Jugendheims, das so gut versteckt ist, daß es selbst Ortskundige kaum finden.

Nun hat diese Geschichte insofern eine Fortsetzung, als im Gefolge des Aufsehens, das die Lebensgeschichte des Mädchens bis heute erregt, die sozialdemokratischen Gemeindeväter Fred Breirather gelegentlich versprachen, einen neuen Kindergarten nach Sidonie Adlersburg zu benennen – ein schöner und würdiger Einfall –; und sprach zu diesem Behufe der soz.dem. Vizebürgermeister von Sierning unlängst bei Fred vor, um ihn auf den Herbst, also die Zeit nach den Gemeinderatswahlen, zu vertrösten, denn jetzt könnte ihnen eine solche Tat erhebliche Stimmenverluste bringen. Und erinnert diese Taktik der eilfertigen Anpassung Fred Breirather frappant an die dreißiger Jahre, ans Zurückweichen und Nachgeben der Sozialdemokratie, so lange zurückgewichen, so lange nachgegeben, bis hinter ihr kein Platz mehr blieb, nur noch der Abgrund.

Jetzt, wo ich Ihnen diese Anekdoten zugemutet habe, verstehen Sie vielleicht, warum *ich* heute hier stehe und den

Preis entgegennehme und nicht der eigentliche Preisträger. Aber Sie verstehen noch nicht, warum er mich vorgeschickt hat, statt die Auszeichnung kurzerhand abzulehnen.

Das ist schnell erklärt. Erstens hätte die Ablehnung einen Skandal, wenn auch einen winzig kleinen, hervorgerufen und hält der Preisgekrönte die Skandalisierung des öffentlichen Lebens durch die Medienindustrie allein schon für einen Skandal und für eine Ablenkung von dem, was ihm wichtig ist und am Schreiben hält: im Erinnern an von Menschen erlittenes Unglück Möglichkeiten des unverstellten Glücks aufzuspüren. Zweitens gilt auch im kulturellen und politischen Bereich das Relativitätsprinzip: Noch ist es weniger ehrenrührig, einen Preis anzunehmen, den ein Sektor innerhalb der SPÖ stiftet, als einen, der etwa von konservativen oder gar offen reaktionären Vereinen vergeben wird. Wer etwas zurückweist, muß sich auch überlegen, welche öffentliche Deutung die Zurückweisung erfährt. Drittens schließlich bietet mir, oder meinem Alter ego, der Bruno Kreisky-Preis die Gelegenheit, darauf hinzuweisen, daß Österreich nicht nur in böses Ressentiment und plumpe Modernisierung zerfällt. Eine der vielen unbedankten und kaum wahrgenommenen Initiativen, dieser Gesellschaft ihr Ansehen zurückzugeben oder zu erhalten, besteht in Steyr: das Integrationsprojekt für In- und AusländerInnen »Paraplü«, das sich personell übrigens mit jenen unentwegten Demokraten überschneidet, die das jüdische Erbe der Stadt hochgehalten haben und deswegen von der Stadtgemeinde als Störenfriede empfunden wurden. »Paraplü« besteht seit drei Jahren und wird von öffentlichen Stellen, gelinde gesagt, kurzgehalten. Es kämpft um sein Überleben in einer kleinen

Arbeiterstadt, die ihren frühen Aufstieg und ihre Identität unter anderem den auswärtigen Fabrikarbeitern verdankt, die im 19. Jahrhundert zugezogen sind. Einige Vertreter dieses Projekts sind heute hier, unter uns, und ich benutze Hackls großmütige Entscheidung, den Preis artig anzunehmen, um das Preisgeld an sie weiterzureichen, wohl wissend, daß 30 000 Schilling etwas dürftig sind, aber vielleicht gelingt es der Sozialdemokratie, ihre Spendierhosen runterzuziehen und auf den kleinen Haufen was draufzuscheißen, sagen wir: einen Betrag in der Höhe des durchschnittlichen Monatseinkommens eines Europa-Werbefritzen oder des Gehalts eines zwischen Wien und Brüssel hin und her düsenden Parlamentariers oder meinetwegen nur in der Höhe der Ausgaben für das Buffet, das ich, indem ich hiermit schließe, sozusagen für eröffnet erkläre.

(1996)

Sealsfield, dahinter ich

Rede in Solothurn

Als österreichischer Schriftsteller, der sich in Solothurn einen Preis abholen darf, bin ich eigentlich gehalten, an einen Landsmann zu erinnern, der seine letzten Lebensjahre in dieser Stadt verbracht hat, hier auch gestorben ist, an meinem Geburtstag übrigens, nur neunzig Jahre früher. Im Jahr 1858 hatte er sich in der Bergstraße einen Gutshof gekauft und als Junggeselle bewohnt, in seinem Testament zeichnete er als »Charles Sealsfield, Bürger von Nord Amerika«, so steht es auch eingemeißelt auf dem Grabstein an der Kirchenmauer von St. Niklaus. Geboren wurde er 1793 in Poppitz bei Retz, als ältester Sohn eines Obst- und Weinbauern, sein wirklicher Name war Karl Anton Postl. Er war nach dem Theologiestudium in Prag zum Priester geweiht worden und in den Kreuzherrenorden eingetreten, für den er Besitzungen in Böhmen und Mähren inspizierte. Postl kam dadurch weit herum, erhielt Einsicht in die bestehenden Verhältnisse und das herrschende Unrecht, fand Zugang zu Kreisen, auf die die Polizei ein Auge geworfen hatte, und geriet in Konflikt mit den Ordensoberen. Von einem Kuraufenthalt in Karlsbad, im April 1823, kehrte er nicht mehr ins Kloster zurück. Die Polizei begann zu ermitteln, ein

Steckbrief wurde erlassen, die Verwandten einvernommen. Aber auch sie wußten nicht, wo Postl geblieben war. Nach einem halben Jahr wurde die Suche nach ihm abgebrochen.

Postl aber lebte weiter, ganz real und legal in Louisiana, eben als *Charles Sealsfield, citizen of the United States, clergyman, native of Pennsylvania,* und betätigte sich unter dem Pseudonym Charles Sidon als Zeitungskorrespondent und Reiseschriftsteller. Der Kontrast zwischen zwei Welten – dem in Stillstand und Willkür erstickenden Mitteleuropa und dem dynamischen Republikanismus der Vereinigten Staaten von Amerika – prägte sein literarisches Schaffen, das die in der alten Heimat geltenden Gattungsgrenzen sprengt: Sealsfield interessierte sich nicht so sehr für individuelle Schicksale, sondern für das »gesellschaftliche Leben in allen seinen Nuancen«. Das Muster des deutschen Bildungsromans verwarf er, statt dessen wollte er »Tatsachen, lebende, ja geschichtliche Personen« aus dem Geist des Fortschritts schildern. Das gelang ihm nicht immer, so haute er etwa ganz schön daneben, wenn er auf Mestizen, Schwarze, Juden und spanische Kreolen zu sprechen kam. Aber immerhin – Sealsfield ist zugute zu halten, daß er zu kennen trachtete, worüber er schrieb, Empörung und Mitleid nicht als primitive Regungen verschmähte, die eigene Herkunftskultur vor dem Hintergrund seiner Reisen durch Amerika schärfer sah und in der Kritik steinerner Verhältnisse die Möglichkeiten wahrnahm, die ihr innewohnten. *Austria as it is,* »Österreich, wie es ist«, heißt eines seiner bekanntesten Werke, in dem bei aller unversöhnlichen Kritik an Kaiser, Fürsten und Untertanen doch auch Funken der Hoffnung sprühen, auf ein Land, wie es sein könnte. Er sieht, daß »in Wien alles

auf eine derbe Genußsucht in allen Schichten des Volkes«
zutreibt, »auf stummen Gehorsam bei den Beamten – auf
Verdrossenheit oder Verschwendungssucht unter der Ari-
stokratie – und auf den vollendetsten Despotismus der Regierung«, registriert aber auch »eiserne Tüchtigkeit«, »einen hohen Grad an Bildung« und »stolzen, unabhängigen
Geist«. Es stimmt also nicht, was Philologen hin und wieder
behaupten: daß er der erste in einer Reihe österreichischer
Übertreibungskünstler war, die Land und Leute ausschließlich mit negativen Eigenschaften ausstatten, auf daß es ihnen
erlassen sei, außer an die eigene Melancholie an die Wider-
ständigkeit anderer zu denken.

Daß Sealsfield sich gerade in der Schweiz niedergelassen
hat, darf aufgrund seiner ausgeprägten *sceptrophobia* – der
Abneigung gegen jede Form von Monarchie – nicht wundern. Immerhin war dieses Land damals das einzige in Europa, in dem die Krankheit erfolgreich bekämpft werden
konnte. Mag sein, daß auch ein heutiger, nachgeborener
Sealsfield sich hier niederlassen würde – er verdiente ja
nicht schlecht mit seinen Romanen und Reiseerzählun-
gen, womöglich hatte er die Kreuzherren mit einer vollen
Reiseschatulle verlassen, sein Geld in den USA jedenfalls
nutzbringend angelegt, und einem gutsituierten Ausländer
gegenüber verhalten sich sogar die Wohlstandswächter im
allgemeinen recht kooperativ.

Warum ich in ihm einen sehe, der mir vorangegangen ist,
habe ich schon angedeutet: da ist die Vorliebe (bei ihm die
unabdingbare Notwendigkeit), das Herkunftsland aus der
Entfernung von ein paar tausend Kilometern zu betrachten,
denn aus der Nähe wirkt vieles trüb, und umgekehrt das

andere, frei gewählte in der Außenansicht wahrzunehmen, Geschichten da wie dort zu verfolgen oder, besser noch, zwischen hier und dort gespannte Lebensfäden aufzuspüren, sie neu zu knüpfen, wenn sie gerissen sind, auch wenn nichts mehr zu retten ist. Außerdem imponiert mir, daß er irgendwann, Jahre vor seinem Tod, zu schreiben aufhörte. Weil es ihm zur Qual geworden war, weil er die Zeit nicht mehr als seine eigene begriff, weil er spät erkannte, daß er mit seiner Literatur keinen Tyrannen vom Thron gekippt hatte?

Der Anflug von Vergeblichkeit, den ich diesem austrohelvetischen Amerikaner unterstelle, ist mir nicht fremd. Er überkommt mich – als Grant, eleganter gesagt: in Form lähmender Selbstzweifel – nicht nur beim Anblick einer aus den Fugen geratenden Welt, der die Perspektive von Gerechtigkeit, Gleichheit, Gemeinschaftlichkeit anscheinend verlorengeht. Auch Ritterlichkeit – ein altmodischer Begriff, nur fällt mir kein besserer ein; Postl / Sealsfield hätte *fairness* gesagt – ist als gesellschaftliche Tugend ausgestorben. Die Umgangsformen sind ruppig, öffentliche Kenntnisnahme ist an ebensolche Erregung gekettet, die Literatur und ihr Umfeld bilden da keine Ausnahme. Wer gehört werden will, muß sich dessen Grobheiten zu eigen machen. Oder er hat, wie dieser Sealsfield, einen Batzen Geld und Ländereien irgendwo in den USA und kann es sich leisten, in Solothurn als Privatier seinen Lebensabend zu verbringen, zurückgezogen, vereinsamt, verstummt. Oder er sucht nach Spuren Gleichgesinnter, innerhalb und außerhalb der Literatur, in der Vergangenheit und in der Gegenwart. Er geht, wie es so schön heißt, beharrlich seinen Weg. Glücklich wird er dabei trotzdem nicht. Der Schatten der Verlorenheit begleitet ihn. Um so mehr bedarf er der Anerkennung. Deshalb tut es gut, gelegentlich mit einem Preis ausgezeichnet zu werden. Für den ehrenvollen Zuspruch danke ich der Jury, für die finanzielle Zuwendung den Sponsoren.

(2002)

Warum noch schreiben? Wozu leben?

Rede zur Verleihung des Ehrenpreises des österreichischen
Buchhandels für Toleranz in Denken und Handeln

Ich versuche mir zu erklären, warum ich mit dem Begriff
der Toleranz wenig anzufangen weiß, mich andererseits
durch die Zuerkennung des Ehrenpreises des österreichischen Buchhandels »für Toleranz in Denken und Handeln«
doch erkannt fühle, und muß mich aus diesem Grund ein
wenig an Überlegungen meines Freundes und Kollegen
Lothar Baier anhalten, dessen Tod, im Juli dieses Jahres,
mich sehr erschüttert hat. Sein Aufsatz, »Antiutopie, Skepsis, Toleranz« überschrieben, ist 1993 erschienen, also kurz
nach dem Ausbruch der Neuen Weltordnung. Hellsichtig
nimmt Lothar Baier darin den Stimmungsumschwung unter den europäischen, speziell deutschen und französischen
Intellektuellen wahr, der sich seither zur Ideologie verfestigt hat: den Irrglauben nämlich, mit dem Verschwinden
der sowjetisch geprägten Diktaturen sei es auch, auf nicht
absehbare Zeit, vielleicht und tunlichst für immer, mit der
Utopie vorbei, mit der Vorstellung einer menschengerechten
Gesellschaft und mit der unstillbaren Sehnsucht, sie auch zu
verwirklichen, auf Grundlage dessen, was war, was ist, was
andere vor uns mit diesem Ziel bereits unternommen haben.

Seltsam genug, daß der Niedergang von Staaten wie UDSSR, ČSSR und DDR das Ende und den Ausverkauf dieser Utopie belegen soll, wiewohl dem sogenannten real existierenden Sozialismus am meisten doch wohl erhoffte und erträumte Zukunftsaussichten abgingen, während an Zumutungen des realen Lebens nie Mangel herrschte.

Ist die Utopie also gemeinsam mit den gestürzten Denkmälern des Marxismus-Leninismus und den Trümmern der Berliner Mauer verräumt oder an Andenkensammler verhökert worden, so hat die Skepsis einen gewaltigen Aufschwung erlebt und sich mittlerweile zur Grundhaltung des modernen Menschen schlechthin verfestigt.

Die Linke im Büßerkleid, der vormals das Augenmaß in der Beurteilung revolutionärer oder fortschrittlicher Politik abging, fürchtet offenbar, neuem Irrglauben zu verfallen, wenn sie sich und andere nicht an die Kandare des permanenten Zweifels nimmt, erkennt aber nicht den inneren Zusammenhang von Skepsis und Fanatismus. Lothar Baier verweist, Jahre vor den Anschlägen in New York und Madrid, auf die Tatsache, daß der neue islamische Fundamentalismus nicht von finsteren langbärtigen Predigern, »sondern von westlich ausgebildeten, mit allen Wassern des technischen Denkens gewaschenen Akademikern« getragen wird. Und er hält es mit Max Horkheimer, der schon 1938, im US-amerikanischen Exil, im modernen Skeptiker den Prototyp des Mitläufers ausgemacht hat: »Aus der skeptischen Toleranz gegen die Freiheit des Gewissens wird der Konformismus mit dem Regime der Geheimpolizei.«

Ein Alltagsskeptiker reinsten Wassers ist mir, in Gestalt eines jungen österreichischen Historikers, einmal in Buenos

Aires erschienen. Der gab stolz bekannt, daß er nirgendwo Mitglied sei, keinem einzigen Verein angehöre, niemandem Rechenschaft schulde. Allerdings befand er sich auf einer Recherchereise durch das österreichische Exil am Río de la Plata und bereicherte sich dabei an den Erinnerungen der Vertriebenen, denen 1939/40 nichts dringlicher war, als sich zusammenzuschließen, zur Asociación Austria Libre zum Beispiel. Nun ließe sich zur Verteidigung dieses Mannes anführen, daß er in einem Land aufgewachsen ist, in dem ohne Mitgliedsbuch der Horizont für bedürftige Menschen vernagelt war, zu einem Gutteil immer noch ist. Die damit verbundene Demütigung derer, die zum Fortkommen auf Beziehungen angewiesen sind, erklärt ja auch, unter anderem, den Zulauf zur rechtsextremen Bewegung der Saubermacher und Aufräumer. Auf die falsche Gemeinschaft von Parteien, Bünden, Klubs und Klüngel mit skeptischer Vereinzelung zu reagieren bedeutet freilich nichts anderes, als diesen zuzuarbeiten.

Eigentlich ist das haufenweise Erscheinen von Skeptikern nichts Neues. *Die skeptische Generation* hieß 1957 ein Buch des deutschen Soziologen Helmut Schelsky, der seinen jüngeren Landsleuten bescheinigte, vom Fanatismus der NS-Ära geheilt zu sein. Schon damals äußerte Hannah Arendt ihre Vorbehalte angesichts dieser geballten Ladung Skepsis. »Die normale Reaktion einer Jugend, der es mit der Schuld der Vergangenheit ernst ist, wäre Empörung«, schrieb sie. »Und Empörung wäre zweifellos mit gewissen Risiken verbunden – nicht gerade für Leib und Leben, doch entschieden ein Handicap für die Karriere. Das ist alles sehr verständlich; aber wenn diese Jugend von Zeit zu Zeit – bei

Gelegenheit des Anne-Frank-Rummels oder anläßlich des Eichmann-Prozesses – in eine Hysterie von Schuldgefühlen ausbricht, so nicht, weil sie unter der Last der Vergangenheit, der Schuld der Väter, zusammenbricht, sondern weil sie sich unter dem Druck sehr gegenwärtiger und wirklicher Probleme durch Flucht in Gefühle, also durch Sentimentalität, entzieht.«

Aber Empörung – die es zwischenzeitlich auch tatsächlich gab, während der Studentenrevolte 1967/68 etwa und in der Dritte-Welt-Bewegung der Siebziger – verträgt sich eben schlecht mit den posttotalitären Tugenden »Antiutopismus« und »Skepsis«. Fast schäme ich mich zu sagen, daß es immer noch die Empörung ist, die mich zum Schreiben drängt – Empörung über erlittenes, erfahrenes Unrecht, die das Leben der Kinder, Frauen und Männer in meinen Erzählungen bestimmt; Empörung als Ausdruck meines Mitleids und meiner Trauer; Empörung über die milde oder aggressive Skepsis, die Empörung als anachronistischen Ausbruch blinden Eiferns abtut. Daraus wird dann, in Rezensionen, der Vorwurf konventioneller Treue oder die Behauptung, ich würde über »kleine Leute« schreiben. Klein sind sie offenbar, weil sie sich empört haben, und zwar nicht aus verletzter Eitelkeit oder zu ihrem persönlichen Vorteil, und natürlich auch, weil sie es zu nichts gebracht haben, außer vielleicht zur Verbannung oder zu einem Tod durch Genickschuß, im Gefecht oder in der Gaskammer, der schnell vergessen ist. Mit der Skepsis hingegen, natürlich auch mit Unwillen oder Gleichgültigkeit sozialen Utopien gegenüber, lebt es sich ganz wunderbar.

Dann die Toleranz. Ich bin versucht zu sagen, daß Horkheimers Urteil über die Skepsis, daß sie nämlich von »einer humanistischen Geistesverfassung zum reinen Konformismus« verkommen sei, auch auf die Toleranz zutrifft. Für mein Schreiben und seine Voraussetzungen hat sie jedenfalls keine Rolle gespielt. Auch nicht für mein Denken, meine Biographie, meine Annäherung an Menschen außerhalb der Gesellschaft, in der ich aufgewachsen bin. Mag sein, daß ich sie einfach übersprungen habe. Dabei bin ich als Lesender sehr wohl auf sie gestoßen. Seinerzeit, während des Studiums, in Wolfram von Eschenbachs Versepos *Willehalm*, das mir die Unlust am sogenannten Alten Fach der Germanistik genommen hat. Der darin verkündete Toleranzgedanke gegenüber den Heiden – gemeint waren die muslimischen Feinde des christlichen Heeres – ging freilich um etliches über den heutigen Gehalt des Wortes Toleranz hinaus; der Autor war in seiner Zwischenrede so kühn, diese Heiden als den Christen ebenbürtig, im Edelmut sogar als überlegen anzusehen.

Unlängst habe ich mich wieder an die Notwendigkeit dieser Art Wahrnehmung des anderen erinnert gefühlt, bei der Lektüre der Schriften des in Grein geborenen Aufklärers Amand Berghofer, der als Direktor und Lehrer an der ersten Normalschule (d. i. Hauptschule) vier Jahre in meiner Geburtsstadt Steyr zugebracht hat. In einem reellen, vielleicht auch nur fiktiven, von vornherein der Literatur zugedachten Brief vom 1. Jänner 1776 hat er seine Erfahrungen mit kleinstädtischen Mönchen, Prälaten und dem von diesen aufgehetzten Menschen- und Tiervolk angedeutet, und man möchte schon glauben, daß Toleranz eine nützliche, für den Tolerierten gar lebensverlängernde Sache sein kann:

»Die Schule des alleinseligmachenden Aberglaubens in Fel-
bingers Methodenbuch hat mich ausgesandt, einem unwis-
senden Völklein die pädagogischen Scharlatanerien auszu-
kramen. Gleich bei der Ankunft des Schulpersonals stieg ein
Mönch auf die Kanzel und suchte das Volk aufzuhetzen. Er
fing seine Predigt damit an: Es werden falsche Propheten
kommen; und setzte weislich hinzu: Sie sind schon da. Hm!,
dacht' ich, der Mann hat so unrecht nicht. – Die Einwohner,
vom Geiste der Jesuiten, die wir verdrängt haben, und vom
Hasse gegen alle Neuerung besessen, locken ihre Hunde von
uns; strafen ihre Kinder, die uns freundlich tun, wenn wir
vorübergehen; und der Pöbel wirft Steine nach uns.«

Für Toleranz, so wie sie heute propagiert und von den
Propagandisten verstanden wird, taugen diese negativen Ex-
empel nur bedingt. Sie hat sich in einen Herrschaftsbegriff
verwandelt, der sich – Lothar Baier zufolge – der Übertra-
gung auf Verhältnisse demokratischer Gleichberechtigung
sperrt: »Der andere, den die Toleranz ins Auge faßt, ist nicht
nur ein bloßes Ding, ein Objekt des Blicks von oben, er ist
von vornherein als Delinquent gedacht: von Rechts wegen
müßte er bestraft werden, doch diesmal läßt man Gnade vor
Recht ergehen.« Er wird also geduldet, und dulden heißt
beleidigen, wie Goethe geschrieben hat. Und der Satz vor
diesem Satz, Nummer 875 seiner *Maximen und Reflexionen,*
lautet: »Toleranz sollte eigentlich nur eine vorübergehende
Gesinnung sein: sie muß zur Anerkennung führen.«

Nun ist aber in der Klassengesellschaft, in der wir leben,
und aufgrund der bestehenden Kräfteverhältnisse schwer
vorstellbar, daß die Toleranz von Unternehmern oder an-
onymen Konzernleitungen so weit geht, die Bestrebungen

der angestellten oder auf Basis sogenannter Werkverträge als Selbständige schuftenden Arbeitskräfte zur Vergesellschaftung der Betriebe anzuerkennen. Keine Toleranz in der Arbeitswelt also, dafür der Appell, Flüchtlinge und Asylsuchende zu tolerieren, wenigstens für die Zeit bis zu ihrer Abschaffung. Aber diese Aufforderung, so gut sie auch gemeint sein mag, findet kaum Verständnis: In den scheinbar Fremden, gewiß Verarmten, Notleidenden spiegeln die gefährdeten Einheimischen sich selbst, die Deklassierung, die ihnen ansteht, und sie hassen dieses Spiegelbild, weil ihnen beigebracht wurde, alles zu hassen, was nicht triumphiert. Mit der treuherzigen Aufforderung, sich doch gut zu benehmen, ist der Angst vor sozialem Abstieg nicht beizukommen. Noch dazu, wo sie zugleich geschürt wird, zur Ruhigstellung, damit das Volk nicht auf dumme Gedanken kommt. Toleranz in Verbindung mit Angst, heutzutage, wie auf dem Schild, das ich unlängst auf dem Gartentor einer Villa in Berlin-Wannsee gesehen habe, die Abbildung eines Rottweilers, darunter die Warnung: »Vorsicht! Ich könnte heute schlecht drauf sein. Betreten auf eigene Gefahr.«

Ich weiß gar nicht, ob es – im Sinne Horkheimers – zu Zeiten der Aufklärung um die Toleranz besser bestellt war. Der schon erwähnte Schriftsteller Amand Berghofer hat in seinem Traktat *Unwissenheit der Vielwisserei* geschrieben: »Toleranz, Kraftwort unserer Zeit, die Menschheit schämt sich, daß man unbescheiden sichs zur Ehre rechnet, einander weniger leids zu tun. Nichts beweist die Verderbnis der Menschen mehr, nichts ist demütigender, als Toleranz einzuführen. Der Staat sollte Bußkleider anziehen aus Scham, daß er sich durch gemietete Seeligkeitspächter je verleiten ließ, ihre elend zusammengeflickte Religion, und mit ihr das größte Laster, Unverträglichkeit und Menschenhass, in seinem Schoße aufzunehmen und so lang zu dulden.« Und François-Marie Arouet, besser bekannt als Voltaire, trug unter dem Stichwort Toleranz in seinem *Philosophischen Wörterbuch* folgendes ein: »An der Börse von Amsterdam, London, Surat oder Basra handeln der Anhänger des Zoroaster, der Anhänger der Seelenwanderung, der Jude, der Mohammedaner, der chinesische Götzenanbeter, der Brahmane, der römische Christ, der protestantische Christ und der Quäker miteinander: Sie werden nicht das Messer gegeneinander zücken, um sich Seelen für ihre Religion abzujagen. Weshalb nur haben wir uns seit dem Konzil von Nicäa fast ununterbrochen gegenseitig abgemurkst?« Lothar Baier hierzu: »Es ist eine richtige multikulturelle Versammlung, die Voltaire hier einberuft, um die Notwendigkeit der Toleranz vorzuführen. Sie wird recht unfeierlich aus dem Interesse an einem reibungslosen Geschäftsablauf heraus begründet. Diese Sprache, so konnte Voltaire seinerzeit annehmen, wurde nicht nur von den handelnden Bürgern, sondern auch von manchen Herrschern verstanden: eine Aufforderung, sich von den Kirchen nicht die immer wichtiger werdenden Geschäfte stören zu lassen.«

Toleranz als Errungenschaft der Geldwirtschaft. Vor vier Jahrzehnten attackierte Herbert Marcuse, der zu einer Leitfigur der rebellischen Jugend, dann schnell vergessen wurde, die »repressive Toleranz« in kapitalistischen Gesellschaften als Mechanismus der Unterdrückung. Er meinte die Tendenz, oppositionelle politische Praktiken, Gesinnungen und Meinungen nicht zu unterdrücken, wohl aber zu neutralisieren: Alles ist möglich oder genehm, auch sein Gegenteil. Dagegen schwebte Marcuse eine »befreiende Toleranz« vor, die ihre Kraft aus der Vergangenheit schöpft, und deshalb sei es Aufgabe und Pflicht der Intellektuellen, »an geschichtliche Möglichkeiten, die zu utopischen geworden zu sein scheinen, zu erinnern und sie zu bewahren«.

Es ist diese Stelle, die mich mit der Entscheidung der Jury versöhnt, gerade mir den Preis zu verleihen: Nicht weil es mir um Toleranz oder um Europa geht, sondern weil ich diese geschichtlichen Möglichkeiten, im individuellen wie kollektiven Sinn, lebendig halten will: Die Geschichte hätte, an ihren Knotenpunkten, auch anders verlaufen können, die Menschen, über die ich schreibe, sind Garant dieser Vermutung, nein Gewißheit, und daß es so gekommen ist, wie es eben gekommen ist, nehme ich als keinen nachhaltigen Beweis ihrer Niederlage, nur als Ansporn, es immer wieder zu versuchen. Trotzdem bin ich kein Optimist. Schon die Formel Gramscis: »Pessimismus des Verstands, Optimismus des Herzens«, erscheint mir als zu positiv angesichts der nationalen und internationalen Lage. Ich werde älter, die Aussicht schwindet, noch eine Zeit zu erleben, in der die Menschen über ihre Verhältnisse hinauswachsen, aufstehen, sich als Brüder und Schwestern und auch als Liebende erkennen, nicht länger als Konkurrenten. In seinem Abschiedsbrief, Jahre bevor er sich das Leben nahm, nannte Lothar Baier unter den Gründen, die ihn zu seinem letzten Schritt bewegten, auch diesen: daß es neben dem physischen auch das soziale und kulturelle Altwerden gebe, »und das scheint sich mir gerade in dem Maß zu beschleunigen, in dem ich Anstrengungen unternehme, den Anschluß nicht zu verlieren und neuen Entwicklungen zu folgen«. Es sei auch in dieser Hinsicht alles umsonst gewesen, er komme nicht mehr mit und habe die Hoffnung verloren, jemals wieder mitzukommen.

Die Vergeblichkeit – und das Wissen um sie. Wenn die Utopie abgeschafft, die Empörung durch die Skepsis ersetzt ist, der Mitmensch nicht anerkannt, nur toleriert wird: Warum noch schreiben? Wozu leben? In seiner Rede bei der Entgegennahme des Erich-Fried-Preises hat der Schriftsteller und Psychoanalytiker Paul Parin einst gesagt: »Wenn mir die Ereignisse auf den Leib rücken, kann ich keine Geschichten mehr erzählen.« Die Option des Todes hat er freilich verworfen. Und hat sich doch zum Schreiben ermahnt, denn: Er schreibe gern, und er halte es mit Christa Wolfs Aussage: »Wer zu verzichten angefangen hat, ist auf Ungerechtigkeit festgelegt.«

Da mir das Schreiben gar nicht leicht von der Hand geht und ich auch weiß, daß Ungerechtigkeit trotz meines Einspruchs andauert, fühle ich mich Lothar Baier mehr verwandt. Aber nicht nur in der Verzweiflung, auch im Überschwang: Einmal verfaßte Lothar eine *Kleine Ode an die Freundschaft,* die ich, verfügte ich über die poetischen Mittel, zum Großen Gesang erweitern wollte. Ohne daß es meine Absicht gewesen wäre, hat mich mein Schreiben – ein dokumentarisches, forschendes Schreiben – zu den Menschen und damit zur Freundschaft gebracht. Gabriel García Márquez hat einmal auf die Frage, warum er denn schreibe, geantwortet: »Damit mich meine Freunde noch mehr lieben.« Ich müßte antworten: Damit mir noch mehr Freundschaften zuwachsen. Freundschaften mit den Heldinnen,

Helden meiner Geschichten, mit ihren Gefährten und Partnerinnen, Freundinnen, Genossen, Töchtern, Söhnen, Enkelkindern; Freundschaften mit Menschen hierzulande, aber auch in Argentinien, Uruguay, Guatemala, Mexiko, Spanien, Frankreich, in Deutschland und in der Schweiz; Freundschaften mit den Dichterinnen, Frauen wie Männern, die ich übersetzt oder aufgesucht oder gewürdigt habe, weil mich ihre Werke beflügelt und ergriffen haben.

Nicht Toleranz also; lieber Theodor Kramers Staunen darüber, daß es nach wie vor möglich ist, mit neuen Leuten sich anzufreunden:

> Vertraulichkeiten schweigsam zu empfangen,
> von sich erhitzt zu reden, bis die Wangen
> glühn und der Raum erfüllt ist von Gedröhn
> und Rauch und Weindunst, oh, wie ist das schön!

»Nichts«, hat der arme Berghofer geschrieben, »habe ich je in Glück und Unglück sehnlicher gewünscht, als mich mit guten Menschen zu guten Absichten zu verbrüdern.« Mir ist dieser Wunsch in Erfüllung gegangen, und dafür danke ich, wem.

(2004)

Das Leben in unserer Hand

Rede zur Verleihung des Adalbert-Stifter-Preises
des Landes Oberösterreich

Bei einem Anlaß wie dem heutigen stellt sich unweigerlich die Frage, was denn dieses Bundesland ausmacht, dem man durch Geburtsurkunde oder Meldezettel zugehört. Ob es mehr ist als eine mit allerlei Rechten und Pflichten ausgestattete politische und administrative Einheit innerhalb der Republik Österreich, die ohnehin dabei ist, in einer von Profitinteressen gesteuerten Großmacht aufzugehen. Ob es also eine kollektive Identität gibt, historisch gewachsen, die sich im Gepräge der Landschaft, im Volkslied, in Lexik und Klang der Mundart, in Mentalität und Temperament der hier ansässigen Frauen, Männer und Kinder erweist. Ich würde die Frage ohne nachzudenken bejahen, allerdings mit der Einschränkung, daß das Bewußtsein regionaler Gemeinsamkeit weniger stark ausgeprägt ist als etwa in der Steiermark, in Kärnten oder in Tirol. Oberösterreicher vermag ich in der Fremde nur daran zu erkennen, daß sie eben nicht oder schwer als solche zu erkennen sind. Sie repräsentieren gleichsam die Schnittmenge der nationalen Bevölkerung, so wie das Bundesland als Ganzes in seiner Gleichzeitigkeit von Industrie, Gewerbe, Landwirtschaft und Fremdenverkehr, und ohne landschaftliche Extreme, diese Schnittmenge darstellt. Es hat keinen Bedarf, sich von seinen Nachbarn scharf abzugrenzen oder mit diesen zu konkurrieren, der Übergang ist fließend in alle vier Himmelsrichtungen. Oberösterreichs Eigenart beruht darauf, daß es sich dieser nicht ständig zu versichern braucht, und das weckt meine Sympathie: mehr herb als lieblich, eher bedächtig als über-schwenglich, und sein Gang durch die Geschichte gleicht – wie Franz Kain geschrieben hat – den groben Bewegungen eines Sautanzes, nicht der zierlichen Schrittfolge nach einem Mozart-Menuett. Die oberösterreichische Landeshymne ist die weltweit am wenigsten martialische, un-, wenn nicht an-tiheroisch gedichtet wie vertont, und wenn in Stelzhamers Versen so etwas wie Stolz aufblitzt, dann ist es ein nach innen gekehrter, verborgener.

Haben also die Klassenkämpfe, hat die lange Kette von Unterdrückung und Rebellion, von den Wiedertäufern, den leibeigenen Bauern und den vom Adel gequetschten Bür-gern bis herauf zu den Februarkämpfern 1934, den Verfolg-ten des Naziregimes und den streikenden Arbeitern vom Oktober 1950, gar keine Spuren hinterlassen, die sich dem Charakter eingeschrieben haben? Nicht einmal negative, dem Totalitarismus der Gegenreformation geschuldete, wie manche Intellektuelle meinen? Verschreckt seien sie, die Oberösterreicher, hat mir einmal Joscho Adlersburg ge-sagt, ein Überlebender des Vernichtungslagers Auschwitz. Er hatte diesen Begriff gewählt, um sich und mir klarzuma-chen, weshalb es den Pflegeeltern seiner Schwester Sidonie nicht gelungen war, das Mädchen vor der Deportation zu bewahren, während einer anderen, gleichaltrigen, Romni,

Margit Reiss, in einer steirischen Ortschaft unter gleichen Voraussetzungen geholfen werden konnte. Wahrscheinlich ist es Zufall, daß in Pölfing-Brunn möglich wurde, was sich in Sierning als aussichtslos erwies, aber nachdenklich hat mich Joschos Äußerung doch gemacht. Sie sollte jedenfalls der Stachel in unserem Fleisch sein, Unrecht nicht zuzulassen, nicht wegzuschauen, wenn Hilfe vonnöten ist, uns zu empören und mit der eigenen Ohnmacht nicht das Gewissen zu betäuben, auf daß es lax, dehnbar und geschmeidig werde. Was meine Berufskollegen, Kolleginnen betrifft, weiß ich mich diesbezüglich in bester Gesellschaft; ich brauche nur auf Franz Kain zu verweisen, auf Kains Tochter Eugenie und auf Walter Kohl, der heute mit uns ausgezeichnet wird: drei unter vielen oberösterreichischen Schriftstellern, die die soziale Verantwortung von Kunst nicht nur behauptet, sondern auch praktiziert haben und, im Fall Walter Kohls, weiterhin praktizieren werden.

Mir fällt noch ein vierter ein, dessen Nähe zum Werk Adalbert Stifters übrigens augenfällig ist, der im Vorjahr viel zu früh verstorbene Schriftsteller, Kunstvermittler und Lehrer Franz Xaver Hofer. Mit Stifter verbindet ihn der ruhige, genaue Blick auf die Natur, in der er nicht einen Gegenentwurf zum menschlichen Dasein erkennen mochte, sondern einen Ort, der es einem ermöglicht, zu sich zu kommen und bei sich zu bleiben. Anders als Stifter, der unwirsche und pedantische Schulinspektor, war er als Pädagoge freilich ebenso behutsam, menschenfreundlich wie als Autor. In seiner kürzlich wiederaufgelegten Erzählung *Sigmund oder Die Kälte* folgte Hofer dem Bildungsweg eines unehelich geborenen, empfindungsstarken Buben, der vom abgeschiedenen Dorf in die halbgebildete Kleinstadt führt, wo Sigmund die Mittelschule besuchen darf, um es einmal weit zu bringen – als Arzt, als Pfarrer oder als Advokat. Man kann, lesend, daran teilhaben, wie er sein Gewissen ausbildet, nicht im Einklang mit, aber auch nicht in Opposition zu den Menschen, die um ihn sind. Seine Naivität ist nicht die eines Einfaltspinsels, oder eines heillos in die Verhältnisse Verstrickten, sondern eines jungen Menschen, der unbeschädigt und unbeirrbar an Stärke gewinnt. Sosehr er auch auf sich angewiesen ist, er verfängt sich nicht in der Einsamkeit. Dem, was er für richtig hält, will er treu sein. Sigmund ist kein Aufrührer, aber er ist auch nicht verschreckt. Er hält sich an das Bibelwort: Widersteht nicht dem Bösen. »So hatte er es eigentlich immer gehalten. Wenn er es über sich ergehen ließ, blieb er sich gleich, und das Böse behielt seinen Schwung, ging durch ihn hindurch, ging über ihn hinweg. Das Böse hatte damit keine Freude.« Sigmund liebt das Vertraute – die eigene Herkunft, das Gehöft der Großeltern, die bäuerlichen Verrichtungen –, aber er sehnt sich nicht danach, dorthin zurückzukehren. »Ich kenne das alles. Ich könnte nur wiederholen, was die vor mir gemacht haben. Ich könnte nichts finden, nichts entdecken dabei, und ich will etwas finden, etwas entdecken, etwas anders machen, nur für mich. Ich will mich mit dem Unbekannten konfrontieren, das mich fordert.« Er sieht zwar »einen Unterschied zwischen dem, was man mir zuteilt, und dem, was ich bin«, bemüht sich aber nicht, »ein Urteil zu beeinflussen, sofern es ihn betraf, sondern bedachte, daß jeder mit seinem Urteil, das er über ihn fällte, sich selbst beurteilte«. Unser Leben ist nicht in unserer Hand, sagt seine Großmutter.

»Sigmund fand, daß es heißen müsse: Unser Leben ist in unserer Hand. Er sagte aber nichts. Schließlich konnte er mit seinem Leben auch nicht anders verfahren als jemand, der es dem Schicksal überließ.«

Sie merken schon – ich habe deshalb so ausführlich aus Hofers Erzählung zitiert, weil ich in ihrem Protagonisten, in dessen Güte, dem Bemühen um Sittlichkeit, der Gelassenheit, aber auch in der Abwesenheit von Erbitterung, vom Drang danach, sich mit den Erbitterten zusammenzuschließen, Wesenszüge wahrzunehmen glaube, die ich den meisten Menschen in diesem Bundesland zuschreibe. Ein Verhalten, das mich rührt, aber von dem ich nicht weiß, ob es auf Dauer nicht doch des radikalen Widerspruchs, des Aufruhrs und des Mitleids bedarf.

＊

Ein Wort noch in eigener, wenn auch vergangener Sache. »... er spürte keine Bedürfnisse, denen mit Geld abzuhelfen gewesen wäre«, heißt es in Hofers Erzählung. Das ist zwar zurückhaltend – man könnte sagen: gut oberösterreichisch – formuliert, verfehlt jedoch die Lebenspraxis fast aller Kunstschaffenden. Ich bin einer der wenigen Glücklichen, denen im Lauf der Jahre alle wesentlichen Preise des Landes Oberösterreich zugesprochen worden sind: die Talentförderungsprämie, der Kulturpreis, nun der Adalbert-Stifter-Preis. Die Talentförderungsprämie war 1980 bei einer zweijährigen Laufzeit mit monatlich 2000 Schilling dotiert. Von diesem Betrag konnte ich nach der damaligen Kaufkraft jeden Monat die Miete, die Heizkosten, dazu Strom und

Vierteltelefon bezahlen. Das war mir eine unerhörte Hilfe, was bei einem Bettel von 225 Euro – der aktuellen Monatsrate – kaum jemand behaupten wird. Ich verbinde meinen Dank, auch im Namen aller heute Ausgezeichneten, deshalb mit der inständigen Bitte, die seit langem tiefgefrorenen Prämien aufzutauen, zum Wohl der Talente und zur Ehre ihres Förderers, des Landes Oberösterreich.

(2013)

Freiheit durch Besitz?

*Rede über die Schnittmenge zwischen dem Dichter
Anton Wildgans, der österreichischen
Industriellenvereinigung und meiner Wenigkeit*

Der Ordnung halber sei darauf hingewiesen, daß die Auszeichnung diesmal einen trifft, der ihr nicht wirklich gerecht wird. Der Wildgans-Preis soll nämlich, wie es in der Beschreibung heißt, an eine Schriftstellerin, einen Schriftsteller der jüngeren oder mittleren Generation fallen, deren oder dessen Schaffen die abschließende Krönung noch erwarten lasse, und ich gehöre mit meinen fast zweiundsechzig Jahren schon zu den Alten, zweifle außerdem daran, das, was ich bisher geschrieben und veröffentlicht habe, übertreffen zu können, und bringe nicht einmal den Ehrgeiz auf, es übertreffen zu *wollen:* Es wäre ein seltsames Bestreben, das zwischen den Menschen etablierte Konkurrenzgebot nach dem Motto ›Wer leistet mehr: ich oder ich‹ an mir selbst zu exekutieren.

Die Juryentscheidung bedarf aber auch des warnenden Zusatzes, daß zwischen der österreichischen Industriellenvereinigung und mir (wie übrigens fast allen Frauen und Männern, über die ich geschrieben habe) praktisch keine Übereinstimmung in weltanschaulichen, politischen und wirtschaftlichen Belangen sowie solchen der öffentlichen Moral besteht. Ich will in diesem Zusammenhang nicht auf die Praxis politischer Einflußnahme der Industriellenvereinigung zu sprechen kommen, die mein Autorenkollege Markus Wilhelm schon vor Jahren am Beispiel Tirol beschrieben und belegt hat, sondern unsere gegensätzlichen Auffassungen anhand einiger Detailfragen andeuten. So habe ich seinerzeit gegen den Beitritt Österreichs zur Europäischen Gemeinschaft gestimmt (und bereue es nicht), während die Industriellenvereinigung enorm viel Geld und Energie in Kampagnen gesteckt hat, mit denen die Österreicher von den Vorzügen des neoliberalen Wirtschaftsblocks überzeugt werden sollten. Ich bin für, sie ist gegen die Wiedereinführung der Vermögenssteuer. Ich bin für die Beibehaltung, im Grunde sogar für eine Erhöhung, sie ist für eine Senkung der Körperschaftssteuer. Ich bin für ein beschäftigtenfreundliches, sie ist für ein unternehmerfreundliches Arbeitszeitgesetz. Ich befürworte die Konteneinsicht durch die Finanzbehörden und vermag, anders als sie, darin weder einen »massiven Eingriff in bürgerliche Grundrechte« noch die unzulässige Lockerung »eines umfassenden Datenschutzes« zu erkennen. Ich bin für effektive Maßnahmen zum Klima- und Umweltschutz, die Industriellenvereinigung ist immer dann dagegen, wenn solche Maßnahmen den Profit großer Unternehmen schmälern könnten. Ich halte das Transatlantische Freihandelsabkommen, sollte es doch noch durchgehen, für eine Katastrophe, ihr erscheint es als ein Segen.

In der Schnittmenge zwischen meinen Zielvorstellungen und den Forderungen der Industriellenvereinigung bleibt also wenig übrig – gerade nur, wenigstens solange Georg Kapsch ihren Kurs bestimmt, die Idee einer gemeinsamen Schule aller Sechs- bis Fünfzehnjährigen und die Überzeugung, daß Österreich aus humanitären Gründen verpflichtet ist, schutzbedürftige Menschen aufzunehmen. Man soll letzteres nicht geringschätzen, aber auch nicht so tun, als reichte das schon aus, die grundlegenden Differenzen zu übergehen. Ich glaube, mich keiner Unterstellung schuldig zu machen, wenn ich behaupte, daß die Industriellenvereinigung – voller Überzeugung und mit allen ihr zur Verfügung stehenden Mitteln – für eine »marktkonforme Demokratie« eintritt (der Begriff stammt von der deutschen Kanzlerin Angela Merkel), die ich für ein Unglück halte, weil sie einen entscheidenden Bestandteil unseres Lebens – Arbeit, sowie die Verfügungsgewalt über Produktionsmittel – demokratischen Entscheidungsprozessen entzieht. Was passiert, wenn die ökonomische Rationalität der Warenproduktion das alles entscheidende Kriterium der gesellschaftlichen Prozesse ist und die Verwertung des Menschen als naturgegeben außer Diskussion gestellt wird, ist am gegenwärtigen nationalen und Weltgeschehen abzulesen, in dem sich die Beherrschten untereinander zum Feind machen. Ich sage das nicht, um den Anwesenden ins Gewissen zu reden (es wäre ein anmaßendes, auch folgenloses Bemühen), sondern nur, um den Verdacht auszuräumen, daß sich unversöhnliche Standpunkte doch überbrücken lassen.

Zum Namensträger des Preises habe ich kein Verhältnis. Vor die Wahl gestellt, mich zwischen dem abschätzigen Urteil Thomas Bernhards, der Wildgans mit Weinheber zusammengewürfelt und als »Wiener Vorstadt-Hölderlin«

bezeichnet hat (was mehr über Bernhards soziale Dünkel als über Wildgans' Rang aussagt), und der tiefen Verehrung zu entscheiden, die im seinerzeitigen Beschluß der Industriellenvereinigung zum Ausdruck kam, einen Literaturpreis nach ihm zu benennen, würde ich mich jedoch eher auf ihre Seite schlagen. Erstens, weil es mir prinzipiell sympathisch ist, wenn ein Preis den Namen eines Schriftstellers und nicht den eines Bankdirektors oder eines Landeshauptmanns oder überhaupt nur der vergebenden Instanz trägt. Zweitens, weil sich darin die Wertschätzung für Wildgans' patriotische Gesinnung äußert und ohne Patriotismus auch kein Internationalismus zu haben ist. Drittens, weil mir sein Werk zwar fremd geblieben ist, das Ringen um Verständigung und Gerechtigkeit aber Respekt abverlangt. Er hat Themen aufgegriffen, die heutzutage in der Literatur vergleichsweise verhohlen behandelt werden: Armut, Mitleid, Pflicht. Viertens, weil sein früh deklarierter Glaube an Freiheit durch Besitz zwar durch und durch illusionär, aber hegemonial geworden und deshalb diskussionswürdig ist. »Der Sozialismus ist die Existenzfrage der Besitzlosen und die Ehrensache der Besitzenden«, hatte Wildgans 1908 geschrieben. »Denn nur der Besitz macht frei und nur die Freiheit erzeugt Menschen.« Diese Behauptung deckt sich mit der Meinung, »daß Eigentum VERDINGLICHTE FREIHEIT sei«, die Peter Handke sechsundsechzig Jahre später »im Wirtschaftsteil einer Zeitung« gefunden und in der Erzählung *Wunschloses Unglück* erörtert hat. Darin geht es, wie wir uns erinnern, um das unerfüllte Leben seiner Mutter, die mit zweiundfünfzig Jahren an einer Überdosis Schlaftabletten gestorben ist. Daß es unerfüllt blieb, lag nicht so sehr an der Not der

Familie als an der vermeintlichen Minderung dieser Not durch Besitz. Vielleicht, schreibt Handke, habe die Gleichsetzung von Freiheit und Eigentum auf seinen vom Knecht zum Kleinbauern aufgestiegenen Großvater wirklich noch zugetroffen: »[...] das Bewußtsein, etwas zu besitzen, war so befreiend, daß nach generationenlanger Willenlosigkeit sich plötzlich ein Wille bilden konnte: noch freier zu werden, und das hieß nur, und für den Großvater in seiner Situation sicher zu Recht: den Besitz zu vergrößern.« Wenn aber der »Anfangsbesitz« so klein ist, daß es die ganze Arbeitskraft braucht, um ihn auch nur zu erhalten, ist man gezwungen, die eigenen Bedürfnisse zu unterdrücken und Frau und Kinder in »diese gespenstische Bedürfnislosigkeit« einzuschließen. Das »wunschlose Unglück«, das daraus erwächst, wendet sich, wie im Fall der Schriftstellermutter, als Gewalt gegen die wunschlos Unglücklichen selbst.

Obwohl Handkes Beschreibung auf Dreiviertel der Weltbevölkerung immer noch zutrifft, ist sie paradoxerweise nicht mehr aktuell: Nur drei Jahre nach der Veröffentlichung der Erzählung, 1975, schrieb sich der italienische Dichter und Regisseur Pier Paolo Pasolini in einer Streitschrift gegen die Ansichten des radikalen Politikers Marco Pannella seine Verzweiflung über den modernisierten Kapitalismus von der Seele, den er für zerstörerischer hielt als den bisherigen, gerade weil er die Armen nicht mehr zur Unterdrückung ihrer Bedürfnisse zwingt, sondern in einen Zustand der Schwerelosigkeit versetzt, »damit sie dem Konsum und der Befriedigung hedonistischer Bedürfnisse als dem einzigen noch möglichen existentiellen Akt nachkommen können. Natürlich wird der Mensch dadurch degradiert zu

einer Art Automat, ein Prozeß, der einhergeht mit einer vor-
getäuschten Demystifizierung, mit der ständigen Verlaut-
barung von Demokratie und Toleranz, die in Wirklichkeit
rein rhetorisch ist.« Erstaunlich, daß Pasolini einen Zustand
beschrieb, den er damals, vor Beginn des massiven Einsat-
zes kommunikationstechnologischer Errungenschaften zur
Zerstörung sozialer Werte, mehr erahnen als wahrnehmen
konnte. In einem Moment, in dem die 62 Reichsten genauso
viel besitzen wie die ärmere Hälfte der Erdbevölkerung
(3,6 Milliarden) und Aufruhr fast nur unter dem Banner
des religiösen und rassistischen Fanatismus erfolgt, besteht
kein Anlaß, Pasolinis Pessimismus als rückwärtsgewandte
Sehnsucht nach Würde in Armut abzutun.

Vom Eigentum als »charakterbildender Eigenschaft«
hatte Anton Wildgans geschrieben, und ich frage mich, ob
er, lebte er noch, sich dafür schämen oder trotzig an diesem
Postulat festhalten würde. Die Antwort läßt sich erraten,
wenn wir uns seinem ältesten Sohn zuwenden. Bei Bernhards Wildgans-Verteufelung ist Friedrich Wildgans gut
weggekommen, als »ein ganz und gar genialer Musiker […]
der zu den hoffnungsvollsten Komponisten seiner Zeit gehört hat«. Was Bernhard nicht erwähnt, ist die konspirative
Tätigkeit des jungen Wildgans unter der Naziherrschaft,
seine Gestapohaft und sein politisches wie künstlerisches
Engagement nach der Befreiung 1945, das auch das Bemühen
eingeschlossen hat, Hanns Eisler eine Professur am Konser-
vatorium der Stadt Wien zu verschaffen. Dank des Historikers Manfred Mugrauer wissen wir, daß Friedrich Wildgans
dafür doppelt bezahlt hat, als Antifaschist, der sich gegen
die restaurativen Tendenzen im Musikbetrieb der Zweiten

Republik gewendet hat und aus diesem Grund wüst angefeindet wurde, und als Kommunist, der die ideologische Verhärtung seiner Partei nach dem Stalin-Tito-Bruch nicht hingenommen hat und deshalb gleichzeitig ausgeschlossen wurde und ausgetreten ist. Er wurde trotzdem kein Renegat und blieb seinen ästhetischen wie gesellschaftlichen Idealen bis zu seinem Tod treu. Nicht zuletzt wegen der Überlegungen, die in Anton Wildgans' Gedicht *Im Anschaun meines Kindes* eingeflossen sind, gefällt mir die Vorstellung, daß Friedrichs lauterer Charakter und großes Talent auch dem Einfluß des Vaters geschuldet waren.

So kehre ich an den Beginn dieser kleinen Rede zurück: Friedrich ist mit zweiundfünfzig Jahren gestorben, Anton mit einundfünfzig. Viel zu früh, nicht nur nach heutigen Begriffen, und wir wissen nicht, ob der Tod die Krönung ihres Schaffens verhindert hat. Ich habe sie gleichsam überlebt und streife, dankend, einen Preis ein, für den ich eigentlich nicht bestimmt bin.

(2016)

Nachweise und Anmerkungen

Alphabet mit Auslassungen. Eröffnungsrede für das Festival Der neue Heimatfilm in Freistadt (Oberösterreich) am 23. 8. 2017. In: Schulheft (Wien) 167, 2017.

Geschichte, die immer erst anfängt. In: Die Presse (Wien), Sondernummer »2000«, Dezember 1999. Auch in: Das Y im Namen dieser Stadt. Ein Steyr Lesebuch, hrsg. von Erich Hackl und Till Mairhofer, Ennsthaler Verlag, Steyr 2005.

Steckbrief Rudi Strittich. In: … wenn der Rasen brennt … 100 Jahre Fußball in Oberösterreich, hrsg. von Michael John und Franz Steinmaßl. Edition Geschichte der Heimat, Grünbach 2008. – Rudi Strittich ist am 10. Juli 2010 verstorben.

Sonntagsausflug nach Brihuega. Rede zur Eröffnung der Donaufestwochen in Grein (Oberösterreich) am 29. 7. 2011. – Manuel Leguineche ist, zweiundsiebzigjährig, am 22. Jänner 2014 in Madrid verstorben.

Dieses andere. Rede an der Gedenkstätte des KZ-Nebenlagers Bretstein (Steiermark) am 23. 6. 2012. – Das Gedicht »Menge« (Masa) aus: César Vallejo, Poesía Completa. Editorial Arte y Literatura / Casa de las Américas, Havanna 1988.

Wo Gott war. In: Der Standard (Wien), 22. 8. 2015. Auch in: Gedenkbuch für die Toten des KZ Mauthausen. Kommentare und Biografien, hrsg. von Andreas Kranebitter u. a. New Academic Press, Wien 2016.

Der gefundene Vater. In: Der Standard, 9. 5. 2015.

Tote, an die man mit Zuversicht denkt. Rede beim Gedenken an die Opfer der NS-Herrschaft in Bachmanning (Oberösterreich) am 8.6.2017. In: Die Presse, 9.6.2017; junge Welt (Berlin), 10.6.2017.

Im Leben mehr Glück. In: Augustin (Wien) 461, Juni 2018.

Verlustanzeige. Rede bei der Verabschiedung von Leopold Spira (1913–1997) in der Feuerhalle Simmering. In: Mit der Ziehharmonika (Wien), Dezember 1997. – Antonie Lehr (1907–1997), Mitarbeiterin der Komintern. Unter deutscher Besatzung aktiv im französischen und österreichischen Widerstand. 1944–1945 KZ-Haft in Auschwitz und Ravensbrück. Redakteurin. 1970 aus der KPÖ ausgeschlossen. Mitarbeiterin des Wiener Tagebuch. – Elsa Leichter (1905–1997), Jugendfürsorgerin in Wien. 1938 Flucht in die USA. Familientherapeutin in New York. – Ruth Fischer (1915–1997), Studium in Wien. Exil in Großbritannien. Arbeit für die KPÖ. 1969 Parteiaustritt. Mitarbeiterin des Wiener Tagebuch. – Franz Kain (1922–1997), Holzknecht im Salzkammergut. Widerstandskämpfer gegen das Naziregime. Strafdivision 999. Nach Rückkehr aus der US-Kriegsgefangenschaft Journalist und Schriftsteller. Funktionär der KPÖ, Gemeinderat der Stadt Linz. – Franz Marek (1913–1979), Germanistikstudent, dann illegaler Funktionär der KPÖ. Unter deutscher Besatzung Widerstandskämpfer in Paris. Mitglied des Politbüros der KPÖ. 1970 Parteiausschluß. Chefredakteur des Wiener Tagebuch. – Geiselaffäre von Lima: Besetzung der japanischen Botschaft durch Guerrilleros des Movimiento Revolucionario Túpac Amaru mit der Absicht, ihre gefangenen Genossen freizupressen. Nach 126 Tagen Geiselnahme wurde das Gebäude von peruanischen Streitkräften gestürmt, alle an der Aktion beteiligten Guerrilleros getötet. – Das Gedicht »Kleine Erinnerung an den Fortschritt« aus: Karin Kiwus, Das Chinesische Examen. Suhrkamp Verlag, Frankfurt/M. 1992.

Harrys Angst. Rede, gehalten am Abend für Harry Spiegel

(1910–2000) im Wiener Werkstätten- und Kulturhaus, 3.2.2000. In: Mit der Ziehharmonika, März 2000. – Dorothee Sölle (1929–2003), deutsche Theologin und Publizistin, aktiv in der Friedens- und Frauenbewegung. – Friedl Fürnberg (1902–1978), Generalsekretär der KPÖ, galt als besonders dogmatisch und moskauhörig.

Kalenderblatt 18. November. In: Literatur Küchenkalender 2001, Literaturhaus am Inn, Innsbruck 2000. – Peter Hofer (1911–1996), Schutzbundemigrant in der Sowjetunion, Spanienkämpfer, Kommandant des 2. Österreichischen Freiheitsbataillons in Jugoslawien. Nach der Befreiung 1945 Wien, Polizeidienst.

Am Leben lassen. Rede bei der Verabschiedung von Pieter Siemsen (1914–2004) am Friedhof Baumschulenweg. Berlin, 17.6.2004. – Die Schweizerin Nelly Meffert, geb. Guggenbühl (1904–1999), lebte mit ihrem deutschen Mann Carl Meffert, der sich als Maler und Graphiker Clément Moreau nannte, von 1935 bis 1961 im argentinischen Exil.

Herkulesstark und lebensfroh. Rede zum 90. Geburtstag von Dagmar Ostermann (1920–2010) im Wiener Theater Nestroyhof Hamakom, 5.12.2010. In: Mitteilungsblatt der Österreichischen Lagergemeinschaft Ravensbrück & FreundInnen, Dezember 2010. – Dagmar Ostermann ist am 28. Dezember 2010 verstorben. Ihr Buch »Eine Lebensreise durch Konzentrationslager«, hrsg. von Martin Krist, erschien im Verlag Turia + Kant, Wien 2005.

Reisen wir mit, bleiben wir da. Rede bei der Verabschiedung von Eugenie Kain (1960–2010) am Urnenhain Linz-Urfahr, 15.1.2010. In: Die Presse, 16.1.2010.

Die leise Laute. Rede bei der Verabschiedung von Friedl Hofbauer (1924–2014) am Wiener Zentralfriedhof, 22.4.2014. In: junge Welt, 23.4.2014; Zwischenwelt (Wien), Mai 2014. – Die zitierten

Gedichte aus: Gerhard Schoenberner, Fazit. Prosagedichte. Argument-Verlag, Hamburg 2011; Wisława Szymborska, Die Gedichte. Hrsg. und übertragen von Karl Dedecius. Suhrkamp Verlag. Frankfurt / M. 1997; Bernardo Atxaga, Adan eta bizitza / La vida según Adán. In: El País / Babelia (Madrid), 23. 6. 2001.

Wer da liegt. Rede bei der Verabschiedung von Hans Landauer (1921–2014) am Friedhof von Oberwaltersdorf (Niederösterreich), 25. 7. 2014. In: Die Presse, 26. 7. 2014; junge Welt, 26. 7. 2014.

Links und glücklich. Rede beim Gedenken für Werner Hörtner (1948–2015) im Bockkeller des Wiener Volksliedwerks. In: Zwischenwelt, September 2015.

Kalmar in Büttelsburg. Rede zur Verleihung des Theodor-Kramer-Preises an Fritz Kalmar (1911–2008) in Krems, 26. 4. 2002. In: Zwischenwelt, Dezember 2002. – Kalmars Buch »Das Wunder von Büttelsburg und andere Erzählungen« ist im Ibera Verlag, Wien 1999, erschienen.

Von der Angst, daß einem einer abhanden kommt. In: Klemens Renoldner, Hagenwil-les-deux-Églises. Ein Gespräch mit Niklaus Meienberg. Limmat Verlag, Zürich 2003.

Im Blick immer ein Gegenüber. In: Dieter Masuhr. Porträts der Zeit, hrsg. von Irmgard Born. Katalog zur gleichnamigen Ausstellung in der Kommunalen Galerie Berlin 28. 5.–9. 7. 2006. – Dieter Masuhr, Jahrgang 1938, ist am 24. Jänner 2015 in Berlin verstorben. Veröffentlichungen u. a.: Die Augen der Guerrilleros. Büchergilde Gutenberg, Frankfurt / M., 1979; Eine Reise nach Bihać. Rotpunkt Verlag, Zürich, und Otto Müller Verlag, Salzburg 1994; Menschen in Palästina. Verlag Melzer, Neu-Isenburg 2005.

Was alle angeht. In: Die Presse, 21. 9. 2007. – Günther Weisenborns Roman »Der Verfolger« ist nach wie vor nur antiquarisch zu haben.

Zur rechten Zeit. In: Die Presse, 1.6.2007; Zwischenwelt, Oktober 2007.

Zwei Hemden, drei Freunde. Nachwort zu Fred Wander, Hôtel Baalbek. Roman, Wallmann Verlag, Göttingen 2007.

Glänzende Welt. Rede zur Verleihung des Donauland-Sachbuchpreises an Ruth Klüger in Wien, 25.10.2011. In: Die Presse, 28.10.2011; junge Welt, 29.10.2011.

Die Farbe der Welt. In: Die Presse, 6.12.2012; junge Welt, 8.12.2012. – Die von Horst Jarka herausgegebene Jura-Soyfer-Werkausgabe ist 2002 im Verlag Deuticke, Wien erschienen.

Lichtpunkt im Dunkel. Rede am Neutralitätsfeiertag der KPÖ Steiermark in St. Radegund. In: Die Presse, 24.10.2013; junge Welt, 26.10.2013. – Von Richard Zach sind zwei Auswahlbände erhältlich: Die schönen Worte fallen welk und fremd … Kassibertexte, hrsg. von Christian Hawle, Bibliothek der Provinz, Weitra 1993, und Den andern Weg gegangen. Gedichte, hrsg. von Karl Wimmler, Clio, Graz 2017.

In allem so langsam. Nachwort zu Rodolfo Walsh, Das Massaker von San Martín. Ein Bericht. Aus dem Spanischen von Erich Hackl, Rotpunkt Verlag, Zürich 2010.

Ein paar Fäden, miteinander verknüpft. In: Verlorene Nachbarschaft. Jüdische Emigration von der Donau an den Rio de la Plata, hrsg. von Alexander und Barbara Litsauer. Mandelbaum Verlag, Wien 2010.

Die Beatles in El Vesubio. In: SWR 2 (Regie: Judith Lorentz), 22.3.2010. – Unter den Knochenfunden von 336 Opfern der Militärdiktatur, die auf dem Friedhof von Avellaneda (Provinz Buenos Aires) zwischen 1998 und 1992 exhumiert worden waren, konnten im Mai 2011 mittels DNA-Analyse die sterblichen Überreste des Österreichers Wolfgang Achtig identifiziert werden.

In Gang setzen. In: junge Welt, 20.5.2014. – Zum Weiterlesen: Roque Dalton, ¡Fusilemos la noche! Erschießen wir die Nacht!

Auswahl und Übersetzung Tina Leisch und Erich Hackl. Edition Meerauge, Klagenfurt 2015 (enthält die CD mit Leischs gleichnamigem Film).

Wirbelwind der erotischen Linken. Stark verändertes Nachwort zu Ana María Rodas, Gedichte der erotischen Linken. Aus dem guatemaltekischen Spanisch von Erich Hackl und Peter Schultze-Kraft, Otto Müller Verlag, Salzburg 1995.

Der Aufwand einer Revolution. In: Der Standard, 28.1.2011. – Die Gedichte von Modesto Silva und Luis Santiago Palacios Gómez wurden von Dieter Masuhr und Peter Schultze-Kraft übersetzt und im Lesebuch Dritte Welt, Band 2, Peter Hammer Verlag, Wuppertal 1984, veröffentlicht.

Rede auf Alfredo Bauer. Gehalten in Wien, 7.10.2009. In: Der Hammer (Wien) 40, Dezember 2009. – Bauer, Jahrgang 1924, in Wien geboren und aufgewachsen, ist mit seinen Eltern 1939 nach Buenos Aires geflüchtet, wo er am 21. Mai 2015 verstorben ist. Sein Romanzyklus »Los compañeros antepasados« ist auf deutsch unter dem Titel »Die Vorgänger« im Verlag der Theodor Kramer Gesellschaft, Wien 2012, erschienen.

Besuch bei einer alten Schachtel. In: Die Presse, 4.1.2018; ila (Bonn), Juli/August 2018.

Rede vor dem Buffet. Rede zur Verleihung des Bruno-Kreisky-Preises für das politische Buch. Wien, 26.5.1997. In: Die Presse, 31.5.1997; Die Rampe (Linz) 3/2005.

Sealsfield, dahinter ich. Rede zur Verleihung des Solothurner Literaturpreises. In: Solothurner Zeitung, 15.7.2002.

Warum noch schreiben? Wozu leben? Rede zur Verleihung des Ehrenpreises des österreichischen Buchhandels für Toleranz in Denken und Handeln. Wien, 15.11.2004. In: Die Presse, 20.11.2004.

Das Leben in unserer Hand. Rede zur Verleihung des Adalbert-Stifter-Preises des Landes Oberösterreich. Linz, 15.11.2013.

Freiheit durch Besitz? Rede zur Verleihung des Anton-Wildgans-Preises. Wien, 25. 5. 2016. In: Die Presse, 27. 5. 2016.

Alle Texte wurden nochmals durchgesehen und bei Bedarf erweitert, umgeschrieben oder sonstwie korrigiert.

Bitte beachten Sie
auch die folgenden Seiten

Erich Hackl
im Diogenes Verlag

Auroras Anlaß
Erzählung

»Eines Tages sah sich Aurora Rodríguez veranlaßt, ihre Tochter zu töten.« So beginnt die außergewöhnliche Geschichte der Aurora Rodríguez, die auf der Suche nach Selbstverwirklichung an die Schranken gesellschaftlicher Konventionen stößt und ihre Träume von einer besseren Welt von einer anderen, fähigeren Person realisiert sehen möchte: einer Frau, ihrer Tochter Hildegart.

»Hackl erfindet seinen Stoff nicht, er findet ihn im vermischten Teil der Zeitungen. Und wie einem Chronisten gelingt es ihm, die Ereignisse der Vergangenheit wiederzubeleben.«
Deutsches Allgemeines Sonntagsblatt, Hamburg

»Ein großartiges Debüt.« *Le Monde, Paris*

Ausgezeichnet mit dem Aspekte-Literaturpreis 1987.

Abschied von Sidonie
Erzählung

Am achtzehnten August 1933 entdeckte der Pförtner des Krankenhauses von Steyr ein schlafendes Kind. Neben dem Säugling, der in Lumpen gewickelt war, lag ein Stück Papier, auf dem mit ungelenker Schrift geschrieben stand: »Ich heiße Sidonie Adlersburg und bin geboren auf der Straße nach Altheim. Bitte um Eltern.«

»Erich Hackl erzählt den authentischen Fall unprätentiös schlicht, wie eine Kalendergeschichte – und erzeugt heilsame Wut gegen Denunziantentum.«
Stern, Hamburg

»*Abschied von Sidonie* ist ein außergewöhnliches Stück literarisch aufbereiteter Zeitgeschichte.«
Profil, Wien

Sara und Simón
Eine endlose Geschichte

Sara Méndez flieht 1973 aus Uruguay und wird kurz nach der Geburt ihres Kindes vom Geheimdienst verschleppt. Ihren Sohn Simón muß sie zurücklassen – einen von Tausenden ›Verschwundenen‹. Erst Mitte der achtziger Jahre stößt sie auf die Spur eines ausgesetzten Jungen, bei dem es sich wahrscheinlich um Simón handelt. Ihrem Verlangen, Gewißheit zu bekommen, widersetzen sich alle anderen betroffenen Parteien: die Justiz, die Adoptiveltern des Jungen und der Junge selbst. Hackl erzählt diesen genau recherchierten Fall in einer klaren, poetischen Sprache, und er ergänzt die ›endlose Geschichte‹ um ihr unerwartetes und glückliches Ende.

»Drei Jahre hat Hackl für *Sara und Simón* vor Ort recherchiert, und das Ergebnis ist frei von Verkünderpathos. Ein schlichter, berührender Tatsachenbericht mit dem durch nichts zu übertreffenden Vorzug der Wahrheit.« *News, Wien*

In fester Umarmung
Geschichten und Berichte

Unbeirrt von Lärm und Hast der Tagesaktualität erzählt Erich Hackl Geschichten von Aufruhr und Widerstand, Wut und Geduld, Würde und Freundschaft. Geschichten über ein Gelage und über die Winde, die dabei entschlüpfen; über Liebesbriefsteller und ihren zweifelhaften Nutzen; über die Entdeckung der Stadt Schleich-di; über die Wiederkehr des Che Guevara; über Gedichte einer Frau, die immer alles gewußt hat, und über Gedichte einer Frau, die sich nie überschätzt

hat; immer wieder über Menschen, denen der Autor
zugetan ist – ›in fester Umarmung‹.

»Knapper, präziser und schöner lassen sich indivi-
duelles Leid und gesellschaftliche Not, Mensch und
Welt, nicht in Sätzen vereinen.«
Thomas Rothschild / Freitag, Berlin

Entwurf einer Liebe
auf den ersten Blick
Erzählung

Eine Liebesgeschichte, die am Krankenbett beginnt:
Im Januar 1937 wird der österreichische Spanienkämpfer Karl Sequens in ein Krankenhaus der Stadt
Valencia eingeliefert. Als Herminia Roudière Perpiñá
ihn dort kennenlernt, ist es für beide Liebe auf den
ersten Blick. Sie heiraten, überstürzt, als wüßten sie,
daß ihnen nicht viel Zeit bleibt. Nach einem Jahr
kommt ihre Tochter Rosa María zur Welt, kurz vor
der Niederlage der spanischen Republik trennen sich
ihre Wege. Herminia flieht mit dem Kind nach Frankreich, später nach Wien, zu Karls Schwester, die sie
bald darauf nach Bayern evakuieren läßt. Jahrelang ist
Herminia ohne Nachricht von ihrem Mann, bis drei
Briefe eintreffen: aus Dachau, aus Lublin, aus Auschwitz.

»Ein stiller, bestürzender Tatsachenbericht, große Literatur über kleine Leute.«
Dagmar Kaindl / News, Wien

Die Hochzeit von Auschwitz
Eine Begebenheit

Die Geschichte von zweien, die sich lieben, durch die
politischen Ereignisse immer wieder getrennt werden
und dann diese Liebe endlich legalisieren dürfen – unter den denkbar widrigsten Umständen: Für einen Tag
und eine Nacht darf die Spanierin Marga Ferrer das KZ

Auschwitz betreten, um mit dem Häftling Rudi Friemel den Bund fürs Leben einzugehen. Ein bewegendes Buch über Hoffnung und Verzweiflung, über die Niederlagen eines halben Jahrhunderts.

»Mit *Die Hochzeit von Auschwitz* ist Erich Hackl sein literarisch ambitioniertestes Buch gelungen.«
Kristina Pfoser / Österreichischer Rundfunk 1, Wien

Anprobieren eines Vaters
Geschichten und Erwägungen

Geschichten und Erwägungen von beeindruckender Vielfalt, doch mit einer Absicht: in der genauen Darstellung von Gewalt und Unrecht etwas von jenem Glück zu retten, ohne das die Welt nicht zu verändern wäre.

»Ein Erinnerungsprojekt der besonderen Art.«
Sigrid Löffler / Die Presse, Wien

Als ob ein Engel
Erzählung nach dem Leben

Mendoza, eine beschauliche argentinische Provinzstadt am Fuße der Anden. Der 8. April 1977 ist der letzte Tag, den Gisela Tenenbaum, 22, mit Sicherheit noch erlebt hat. Ihr weiteres Schicksal ist ungewiß. Erich Hackl hat nach den Erinnerungen ihrer Eltern, Schwestern und Freunde ihr Leben rekonstruiert – bis hin zu der Zukunft, die sie hätte haben können.

»*Als ob ein Engel* ist Erich Hackls schwierigstes, sein schönstes, vielleicht sein bestes Buch.«
Rose-Maria Gropp / Frankfurter Allgemeine Zeitung

Familie Salzmann
Erzählung aus unserer Mitte

Die Geschichte der Familie Salzmann, die quer durch beide deutsche Staaten, durch Österreich, Frankreich, die Schweiz verläuft, über drei Generationen und ein Jahrhundert. Aber auch eine kollektive Geschichte »aus unserer Mitte«, die uns vor Augen führt, was schützens- und liebenswert ist, gerade dann, wenn die Umstände die Menschen zu überfordern scheinen.

»Eine brillante Erzählung.« *Passauer Neue Presse*

Drei tränenlose Geschichten

Die Geschichte des Häftlings und »Lagerfotografen« von Auschwitz, Wilhelm Brasse. – Aufstieg, Enteignung, Flucht und Widerstand der jüdischen Familie Klagsbrunn. – Und die Spurensuche nach der Österreicherin Gisela Tschofenig, die ihre Trauung in Dachau feiern musste.
Drei Geschichten, die sich an Fotografien entzünden und diese doch weit übertreffen, denn sie machen das Abgebildete wieder lebendig.

»Erich Hackl hat uns drei berührende Erzählungen geschenkt.« *Richard Wall / Die Presse, Wien*

Am Seil
Eine Heldengeschichte

Wie es dazu kam, daß der stille, wortkarge Kunsthandwerker Reinhold Duschka in der Zeit des Naziterrors in Wien zwei Menschenleben rettete. Wie es ihm gelang, die Jüdin Regina Steinig und ihre Tochter Lucia vier Jahre lang in seiner Werkstatt zu verstecken. Wie sie zu dritt, an ein unsichtbares Seil gebunden, mit Glück und dank gegenseitigem Vertrauen überlebten. Was nachher geschah. Und warum uns diese Geschichte so nahegeht.

»Hackl ist nicht hinter der historischen Faktizität her. Sein Wahrheitsbegriff ist ein anderer. Wahr ist sein Text, wenn in ihm steht, was und wie es ihm die Menschen erzählten.« *Neue Zürcher Zeitung*